기업에서 쓰는 엑셀 대학에서 꼭 배우기

이대용 · 구철모

비앤엠북스

머리말

엑셀은 전 세계에서 가장 널리 사용되는 소프트웨어 중의 하나이다. 세계적으로 매일 4억 명 이상의 사용자가 기업체나 관공서에서 매일 엑셀을 사용하고 있으며 의사결정과 관련된 중요한 계산에 엑셀이 사용된다. 엑셀이 이처럼 중요한 소프트웨어임에도 불구하고 엑셀에 대한 체계적인 교육은 제공되고 있지 않고 대부분의 사용자들은 독학에 의해 엑셀을 익히고 있다.

현재 우리나라 대학에서 엑셀에 대한 교육은 다음과 같은 문제점을 지니고 있다.

첫째, 엑셀에 대한 교육이 너무 초보적인 수준에 머무르고 있다는 것이다. 엑셀은 기업체나 관공서에서 매우 중요한 업무에 사용되고 있다. 엑셀을 제대로 다루기 위해서는 대학에서 중급 정도 수준의 엑셀 교육이 제공되어야 함에도 불구하고 대학에서는 초보적인 수준의 교육에 머무르고 있다.

둘째, 엑셀의 교육이 현업의 사례 중심이 아니라 매뉴얼 중심의 사용법에 대한 교육에 치우치고 있다는 것이다. 이러한 교육의 결과로 학생들은 수업시간에 배운 내용을 현장에서 접하는 문제의 해결과 연계하지 못하여 엑셀을 활용한 문제해결 능력이 배양되지 않는다는 것이다.

셋째, 엑셀의 올바른 사용에 대한 교육이 부재하다는 것이다. 엑셀은 사용이 용이하지만 엑셀 내에서는 수많은 값들이 상호 연결되어 있어서 오류가 발생한 경우 이를 발견하기가 어렵고 조그만 오류가 심각한 결과를 가져올 수도 있다. 엑셀 사용의 위험을 줄이기 위해서는 엑셀의 올바른 사용에 대한 교육이 필요하다.

이 책은 대학에서 엑셀을 체계적으로 교육하는 목적에 적합하게 구성하였다. 초보에서 시작하여 데이터베이스와 함수 활용의 중급, 그리고 매크로에 이르기까지 한 학기에 소화할 수 있도록 구성하였다. 또한 엑셀의 사용 위험과 올바른 사용에 대한 내용을 포함하고 있다.

이 책은 6개의 부분으로 구성되어 있다. 첫 번째 부분은 엑셀의 기초로 엑셀이라는 프로그램의 특징과 중요성, 사용분야 등에 대한 소개를 시작으로 첫 화면과 메뉴에 대한 설명을 담고 있다. 여기에서는 마우스 동작과 간단한 데이터 입력 그리고 간단한 서식을 적용하는 방법에 대해 설명한다.

두 번째 부분은 기초 수준의 엑셀 활용으로 6개의 간단한 사례를 통해 서식 적용과 간단한 수식과 함수 사용을 위한 기초, 그리고 차트 작성까지를 포함하고 있다. 초보자들이 혼동하기 쉬운 상대주소와 절대주소를 사례를 이용하여 쉽게 이해할 수 있도록 구성하였다.

세 번째 부분은 데이터베이스로 기업에서 실제로 사용하는 자료를 이용해 엑셀의 데이터베이스 기능에 대해 설명하고 있다. 현업에서는 엑셀의 데이터베이스 기능이 가장 많이 사용되고 있음을 고려하여 정렬, 자동필터, 부분합, 조건부 서식과 피벗테이블에 대해 비교적 상세히 설명하였다. 그리고 현업에서 잘못 사용되고 있는 데이터베이스 사례를 소개하고 이를 해결하기 위한 방안에 대해 제시하였다.

네 번째, 사례로 배우는 엑셀함수에서는 7가지 구체적인 사례를 이용해 엑셀에서 사용되는 기본적인 함수는 물론 엑셀 고유의 참조함수를 활용할 수 있는 방법에 대해 설명하고 있다. 사례의 문제를 해결하는 과정에서 엑셀함수뿐만 아니라 목표값찾기, 양식도구 사용하기, 하이퍼링크 등의 기능도 설명하고 있다.

다섯 번째, 경영자료분석에서는 엑셀의 사용 위험과 올바른 사용법에 대해 비교적 상세히 설명하고 경영 사례를 통해 엑셀을 이용해 해결하는 방안을 제시하고 있다. 구체적인 사례를 통해 엑셀을 이용한 추정현금흐름표 작성, 시나리오 작성, 시뮬레이션 모형 작성 등을 익힐 수 있다.

마지막으로 매크로와 VBA에서는 구체적인 사례를 이용해 매크로를 기록하고 수정하여 활용하는 방법과 더 나아가 대화상자 활용법과 사용자 정의함수 사용법에 대해 설명하고 있다. 프로그램 언어에 대한 설명은 최소화하고 실제 문제를 해결하는 코딩을 통해 VBA를 접할 수 있는 기회를 제공하였다.

사례만을 중심으로 엑셀의 기능과 사용법을 설명하다보니 엑셀의 모든 기능과 함수를 포함하지 못하는 등 여러 가지 어려움이 있었다. 이 책이 대학에서 엑셀을 교육하는 데 조금이나마 도움이 되기를 바란다.

이 책이 완성되기까지 도움을 준 박경아 선생님과 전유희 학생에게 감사를 표하며, 경영 사례를 발굴하는 데 도움을 준 조선대학교 경영대학원 학생들에게도 감사를 드린다.

이대용 · 구철모

차례

Part 01 엑셀의 기초

Part 02 기업에서 쓰는 엑셀 활용

Contents

Contents

Contents

Chapter 04

백두산 등산구점

엑셀은 계산을 주로 하는 작업에 사용되는 프로그램이므로 엑셀에서의 자료의 입력과 조작은 워드프로세서와는 다르다. 문서 작성에 사용되는 워드프로세서는 페이지 중심으로 데이터가 입력되는 반면, 엑셀은 셀을 한 단위로 데이터를 입력하고 조작한다. 다음의 예제를 이용해 엑셀에서의 데이터 입력과 조작을 연습해 보자.

1. 자료 입력하기

다음의 워크시트는 '백두산 등산구점'의 지난해 품목별 판매금액을 나타낸 것이다. 이와 동일한 워크시트를 작성해 보자.

	A	B	C	D	E	F	G	H
1	품목별 판매금액(단위: 천원)							
2	품목	1사분기	2사분기	3사분기	4사분기	합계	비율	평균
3	의류	143,397	71,767	143,494	215,358	574,016	67.50%	143,504
4	등산화	44,312	22,166	44,318	66,501	177,297	20.85%	44,324
5	배낭	11,270	5,629	11,276	16,927	45,102	5.30%	11,276
6	취사도구	3,675	1,838	3,670	5,510	14,693	1.73%	3,673
7	취침도구	4,470	2,233	4,470	6,704	17,877	2.10%	4,469
8	기타소품	5,368	2,683	5,367	8,054	21,472	2.52%	5,368
9	합계	212,492	106,316	212,595	319,054	850,457	100.00%	212,614
10	비율	24.99%	12.50%	25.00%	37.52%	100.00%		

❶ 빠른 실행 도구 모음에서 새로 만들기 버튼( )을 클릭하여 새 파일을 만든 다음, 역시 빠른 실행 도구 모음의 저장 버튼( )을 클릭하여 **'품목별 판매금액'** 이라

는 이름으로 저장한다.

❷ 새로 만들어진 파일의 Sheet1에 다음과 같이 데이터를 입력한다. 맨 먼저 A1 셀을 선택하여 **'품목별 판매금액(단위: 천원)'** 이라고 입력한 다음 Enter↵ 키를 누른다. 그러면 바로 아래의 셀인 A2 셀이 선택될 것이다.

❸ A2 셀에 **'품목'** 이라고 입력한 다음 우측 방향 키(→)를 누르면, B2 셀이 선택될 것이다.

❹ B2 셀에 **'1사분기'** 라고 입력한 다음 셀 포인터의 우측 하단에 있는 점인 **채우기 핸들**을 이용하여 **우측으로 E2 셀까지 복사**한다.

	A	B	C	D	E	F
1	품목별 판매금액(단위: 천원)					
2	품목	1사분기	2사분기	3사분기	4사분기	
3						
4						

❺ 나머지 자료는 아래의 그림에 나타나 있는 대로 입력한다.

	A	B	C	D	E	F	G	H
1	품목별 판매금액(단위: 천원)							
2	품목	1사분기	2사분기	3사분기	4사분기	합계	비율	평균
3	의류	143397	71767	143494	215358			
4	등산화	44312	22166	44318	66501			
5	배낭	11270	5629	11276	16927			
6	취사도구	3675	1838	3670	5510			
7	취침도구	4470	2233	4470	6704			
8	기타소품	5368	2683	5367	8054			
9	합계							
10	비율							
11								

❻ 자료의 합계를 구하기 위해 **B3 셀부터 F9 셀까지**(B3:F9)를 **선택**한 다음, 빠른 실행 도구 모음의 자동합계 버튼(Σ ▾)을 클릭한다. 해당 셀들의 합계가 자동으로 계산될 것이다.

	A	B	C	D	E	F	G	H
1	품목별 판매금액(단위: 천원)							
2	품목	1사분기	2사분기	3사분기	4사분기	합계	비율	평균
3	의류	14[illegible]97	71767	143494	215358	574016		
4	등산화	44312	22166	44318	66501	177297		
5	배낭	11270	5629	11276	16927	45102		
6	취사도구	3675	1838	3670	5510	14693		
7	취침도구	4470	2233	4470	6704	17877		
8	기타소품	5368	2683	5367	8054	21472		
9	합계	212492	106316	212595	319054	850457		
10	비율							

❼ 분기별 비율을 계산하기 위해 B10 셀을 선택하여 '=B9/$F$9'을 입력한다. 수식 내의 셀 주소를 일일이 입력하는 번거로움을 피하기 위해 다음과 같이 Point & Click 방법을 이용한다. 우선 B10 셀에 '='를 입력한 다음 B9 셀을 선택하고, '/'를 입력한 후 다시 F9 셀을 선택한다.

▶ B10 : =B9/$F$9

절대주소

F4 키를 한 번 눌렀을 때 : =$B2*$C$2

F4 키를 두 번 눌렀을 때 : =$B2*C$2

F4 키를 세 번 눌렀을 때 : =$B2*$C2

F4 키를 네 번 눌렀을 때 : =$B2*C2

	A	B	C	D	E	F	G	H
1	품목별 판매금액(단위: 천원)							
2	품목	1사분기	2사분기	3사분기	4사분기	합계	비율	평균
3	의류	143397	71767	143494	215358	574016		
4	등산화	44312	22166	44318	66501	177297		
5	배낭	11270	5629	11276	16927	45102		
6	취사도구	3675	1838	3670	5510	14693		
7	취침도구	4470	2233	4470	6704	17877		
8	기타소품	5368	2683	5367	8054	21472		
9	합계	212492	106316	212595	319054	850457		
10	비율	=B9/$F$9						

셀 내의 **커서**가 F9에 **위치**한 상태에서, F4 키를 입력하여 '=B9/F9'이 '=B9/$F$9'으로 **변경**되면 수식 입력줄 옆의 확인 버튼(✓)을 클릭하거나 Enter↵ 키를 쳐서 입력을 완료한다.

❽ 이제는 B10 셀에 입력되어 있는 공식을 인접한 셀들에 복사할 차례이다. B10 셀을 다시 선택하고 셀 포인터의 우측 하단에 있는 **채우기 핸들**을 이용하여 F10 셀까지 복사한다.

❾ 마찬가지 방법으로 G3 셀에 '=F3/$F$9'를 입력한 다음, 이 공식을 G3:G9의 영역에 복사한다.

▶ G3 : =F3/$F$9

❿ H3:H9에 평균을 계산하기 위해서는 함수를 사용해야 한다. H3 셀을 선택한 다음, 수식 입력줄 좌측의 함수 마법사 버튼()을 **클릭**하여 함수 마법사를 부른다.

⓫ 함수 마법사 대화상자 화면에서 **'범주 선택'**을 클릭하여 **'통계'**를 선택한 다음 함수 선택 목록에서 AVERAGE를 선택하고 **확인**을 클릭한다.

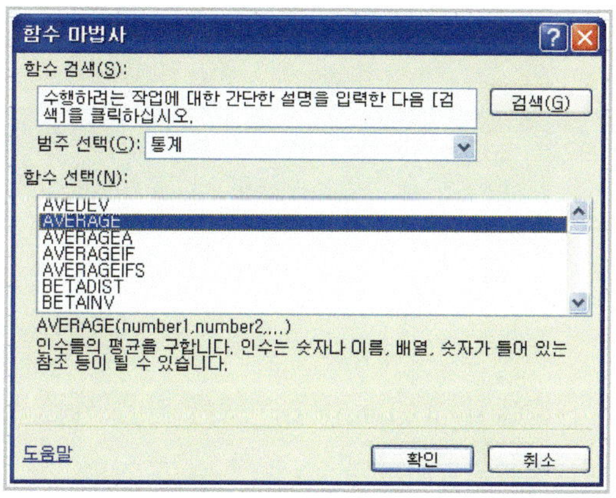

함수 인수 대화상자에서 Number1 옆의 참조 영역 버튼()을 클릭하여 영역 참조 대화상자가 나타나면 워크시트에서 B3부터 E3까지(B3:E3)를 **지정**한 다음 **확인**을 선택한다.

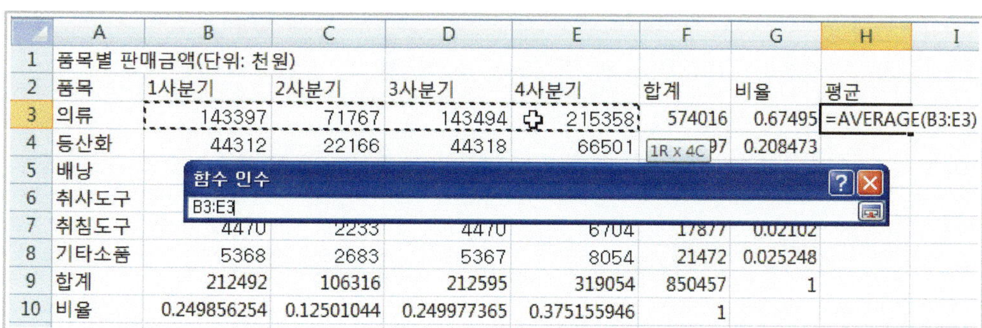

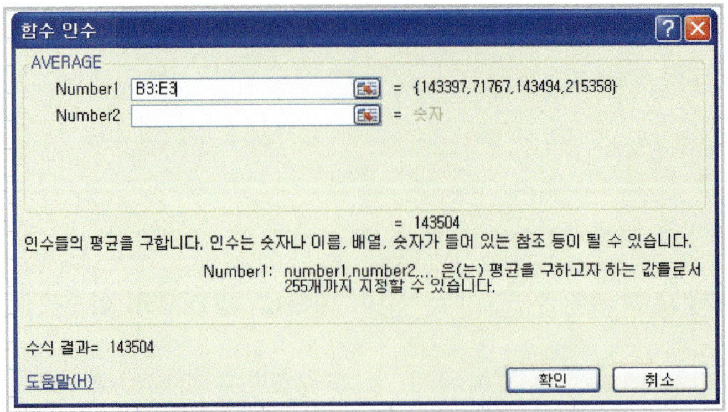

⓭ H3 셀에 입력된 함수식을 채우기 핸들을 이용하여 H9 셀까지 복사한다.

2. 입력된 자료 꾸미기

이제까지 필요한 계산을 마쳤으므로 계산된 시트를 보기 좋게 서식을 적용해야 한다.

❶ 우선 A1 셀부터 H1 셀까지(A1:H1)를 선택한 다음 빠른 실행 도구 모음의 병합하고 가운데 맞춤 버튼( )을 클릭한다. 그리고 빠른 실행 도구 모음의 글꼴 크기 버튼(14)을 선택하여 글꼴의 크기를 14로 선택한다.

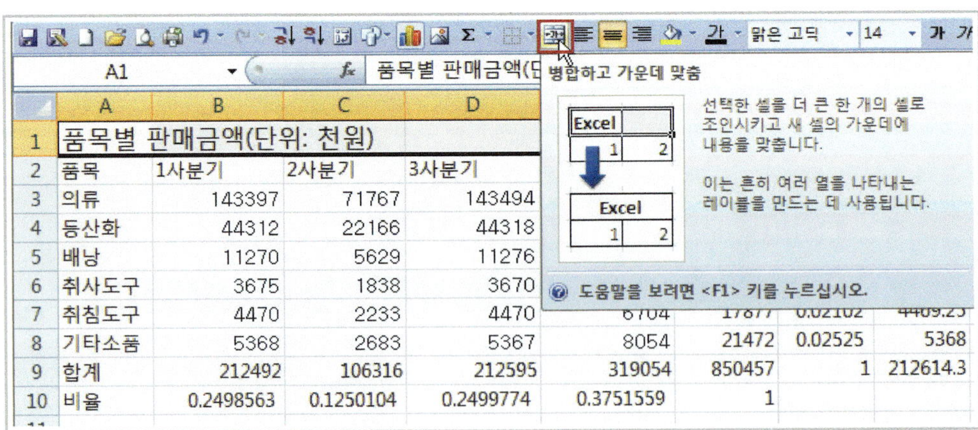

❷ B3 셀부터 H10 셀까지(B3:H10)를 선택한 다음 빠른 실행 도구 모음의 쉼표 스타일 버튼(,)을 클릭한다. 시트 내의 값들이 1,000단위에서 쉼표가 나타난 상태가 된다. 이때 비율은 1을 제외하고는 모두 0으로 나타난다. 이제 비율이 나타난 셀들의 서식을 지정해야 한다.

❸ G3 셀부터 G9 셀까지(G3:G9)를 선택한 다음, Ctrl 키를 누른 상태에서 다시 B10 셀부터 G10 셀까지(B10:G10)를 선택한다. 이와 같이 한 영역을 지정하고, 추가로 다른 영역을 지정하기 위해서는 Ctrl 키를 이용한다.

	A	B	C	D	E	F	G	H
1	품목별 판매금액(단위: 천원)							
2	품목	1사분기	2사분기	3사분기	4사분기	합계	비율	평균
3	의류	143,397	71,767	143,494	215,358	574,016	1	143504
4	등산화	44,312	22,166	44,318	66,501	177,297	0	44324.25
5	배낭	11,270	5,629	11,276	16,927	45,102	0	11275.5
6	취사도구	3,675	1,838	3,670	5,510	14,693	0	3673.25
7	취침도구	4,470	2,233	4,470	6,704	17,877	0	4469.25
8	기타소품	5,368	2,683	5,367	8,054	21,472	0	5368
9	합계	212,492	106,316	212,595	319,054	850,457	1	212614.3
10	비율	0	0	0	0	1		

❹ 이 상태에서 빠른 실행 도구 모음의 백분율 스타일 버튼(%)을 클릭하여 백분율 스타일을 지정한 다음 자릿수 늘림 버튼( )을 두 번 클릭한다.

❺ 이제는 제목들을 가운데로 정렬하기 위해 A2 셀부터 H2 셀까지(A2:H2)를 선택한 다음, Ctrl 키를 누른 상태에서 다시 A2 셀부터 A10 셀까지(A2:A10)를 선택한다. 그리고 빠른 실행 도구 모음 중 가운데 맞춤 버튼( )을 클릭한다.

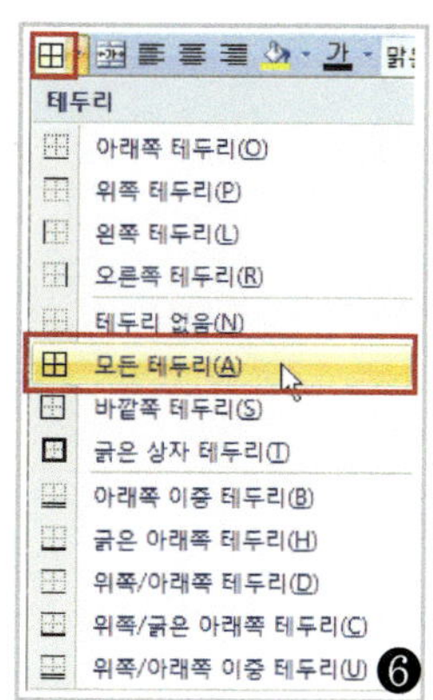

❻ 자료가 입력된 모든 영역을 선택하고 빠른 실행 도구 모음 중 테두리 그리기 버튼( )에서 모든 테두리( )를 클릭하여 테두리를 그린다.

❼ 엑셀 표준화를 적용한 최종적으로 완성된 워크시트는 다음과 같다.

	A	B	C	D	E	F	G	H
1	품목별 판매금액(단위: 천원)							
2	품목	1사분기	2사분기	3사분기	4사분기	합계	비율	평균
3	의류	**143,397**	**71,767**	**143,494**	**215,358**	574,016	67.50%	143,504
4	등산화	**44,312**	**22,166**	**44,318**	**66,501**	177,297	20.85%	44,324
5	배낭	**11,270**	**5,629**	**11,276**	**16,927**	45,102	5.30%	11,276
6	취사도구	**3,675**	**1,838**	**3,670**	**5,510**	14,693	1.73%	3,673
7	취침도구	**4,470**	**2,233**	**4,470**	**6,704**	17,877	2.10%	4,469
8	기타소품	**5,368**	**2,683**	**5,367**	**8,054**	21,472	2.52%	5,368
9	합계	212,492	106,316	212,595	319,054	850,457	100.00%	212,614
10	비율	24.99%	12.50%	25.00%	37.52%	100.00%		
11								

이번 예제에서 배운 내용은 다음과 같다.

- 연속 데이터 입력하기
- 수식을 사용하여 계산하기
- 절대주소 사용하기
- 함수 마법사 이용하기
- 셀 서식 지정하기
- 복수의 영역 지정하기
- 테두리 그리기

엑셀 오류 사례

파일 저장 실수로 10억 달러 피해

연방에너지규제위원회의 조사에 의하면 버지니아 주 리치먼드에 소재한 위 위원회의 자회사인 Dominion Resources가 잘못된 주간 가스 저장 수치를 제출함으로써 가스 가격이 불필요하게 상승하였다고 한다. 이 사건에 대한 소송이 제기되었는데 이로 인한 소비자들의 가격부담은 2억 달러에서 10억 달러에 달할 것으로 예상된다. 조사위원회는 이 사건이 의도적이지는 않지만 치명적인 실수로 인한 업무상 과실에 해당된다고 결론지었다.

원고 변호사인 Oleman Allen Jr.에 의하면 소비자들은 이 현상이 국제적인 것으로 오해하였고 이로 인해 피해를 보았다고 한다. 이 실수는 이 회사가 매주의 재고를 기록한 스프레드 시트 파일에 같은 이름을 사용하였고 이로 인해 잘못된 파일을 보낸 것으로 인해 발생했다고 한다.

http://www.dailypress.com/news/local/virginia/dp-naturalgaslawsuit0617jun17,0,2841429.story?coll=dp-headlines-virginia에서 인용

EXERCISE

연습문제

01 커피 판매 회사 자료

다음은 어느 커피 판매 회사의 매출 자료이다.

담당자	1월	2월	3월	4월	5월	6월
김병준	34,086,000	39,128,500	21,310,000	21,180,000	27,382,500	26,215,500
김선출		4,517,500	23,241,000	10,950,000	21,274,500	27,005,000
김철민	10,231,500	7,500,000	21,690,000	19,745,000	13,445,000	3,742,500
박준호		5,667,500	15,840,000		10,615,000	26,000,000
이동수	16,212,500	13,212,500	8,430,000	15,637,500	17,137,000	8,037,500
이미영	15,390,000	5,703,000	10,582,500	17,870,000	14,635,000	16,252,500
정영수	12,967,500		1,525,000	4,320,000	12,107,500	13,383,500
최수봉	36,349,500	34,710,000	29,527,500	26,482,500	23,028,500	24,303,500
황보경	19,837,500	28,312,500	30,403,500	11,920,000	12,228,500	8,892,500

- 엑셀에 자료를 입력하고 월별과 담당자별 판매량의 합계, 평균, 비율을 계산해 보자.

02 조선식품 분기별 판매실적.HWP 파일에 입력된 자료를 이용하여 매출 요약보고서를 작성해 보자.

- 제품별, 분기별 판매 금액의 합계, 비율, 그리고 평균 매출액을 계산하고 이를 표로 작성하시오.
- 각 분기별, 제품별로 가장 높은 판매금액을 기록한 분기와 제품을 눈에 띄게 표시하시오.

EXERCISE

연습문제

- A1 셀을 선택하고 빠른 실행 도구 모음의 자동서식에서 목록형1을 선택해 보자. 어떤 서식이 나타나는가?

※ 워드프로세서에서 엑셀로 데이터를 입력하기 위해서는, 표로 작성된 데이터의 경우 워드프로세서에서 그 표를 복사해서 엑셀의 원하는 영역에 붙이면 자료가 입력된다. 따라서 엑셀에서 자료를 일일이 입력하는 번거로움을 피할 수 있다.

기업 경영에서 주로 사용되고 있고, 경영학을 공부하는 데 필수적으로 요구되는 엑셀은 실생활은 물론 일반 직장생활을 하는 데도 없어서는 안 될 프로그램이라 할 수 있다.

Part 1에서 배운 엑셀의 기초에 대한 내용을 바탕으로 Part 2에서는 일반적으로 많이 사용되고 있는 사례를 통해 엑셀에 대한 활용도를 높이고자 한다.

P·A·R·T

02

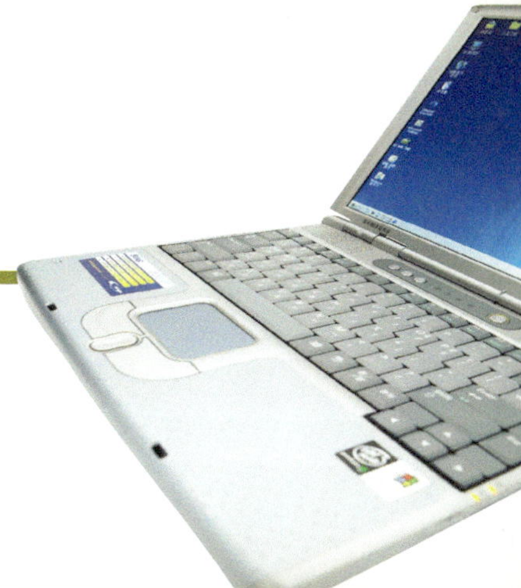

기업에서 쓰는 엑셀 활용

EXCEL

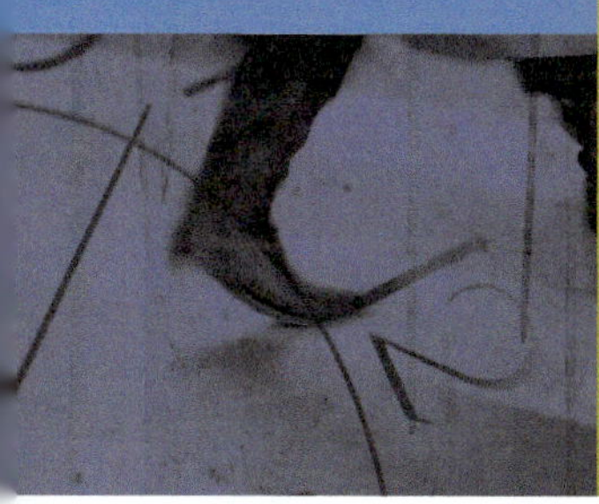

Chapter 01

시간표 만들기

엑셀의 워크시트는 셀로 이루어진 표로 구성되어 있으므로 표 형식의 자료를 작성하는 데 매우 편리하다. 또한 엑셀의 셀 서식 기능을 활용하면 복잡한 표도 쉽게 구성할 수 있다. 이번에는 시간표를 작성하면서 엑셀의 셀 서식 기능을 익혀 보도록 하자.

김경식 군은 올해 경영학부에 입학하였다. 대학의 강의는 고등학교와 달리 학생 각자가 수강할 과목을 선택하여 결정하고 시간표를 짜서 수강한다. 김경식 군이 이번 학기에 수강 신청한 내용은 다음과 같다. 그리고 영어 공부를 위하여 매주 월요일, 수요일, 금요일의 오후 6시부터 7시까지 교내 어학원에서 토익 강의를 수강하기로 하였다.

과목명	시간	강의실	담당 교수
경영통계학	월 2 / 수 2, 3	4115 강의실	김동철
경영전산처리	화 3, 4 / 목 3	전산실습실 A	이회수
경영학의 이해	월 3 / 수 5, 6	5105 강의실	박진수
현대사회와 무역	화 2 / 목 1, 2	4113 강의실	정회광
경제의 이해	월 5, 6 / 목 5	5101 강의실	최경석
생활영어	화 7 / 금 2, 3	어학실습실 B	Jim Smith
재무회계원리	수 8 / 금 5, 6	4209 강의실	김수화

위의 표를 보아서는 어느 요일에 어느 수업이 있는지 한눈에 파악할 수 없다. 따라서 요일과 시간으로 구성된 시간표를 만들어 보자.

1. 자료 입력하기

❶ 먼저 엑셀을 실행하여 새로운 문서를 부른 다음 **'시간표'** 라는 이름으로 **저장**한다.

❷ A1 셀을 선택하여 **'시간표'** 라고 입력한다. B3를 선택하여 **'월요일'** 이라고 입력한 다음, 셀 포인터의 **채우기 핸들을 F3까지 드래그**하여 요일을 입력한다. 이때 자동으로 화요일부터 금요일이 입력되는 것은 엑셀에 이러한 목록이 이미 저장되어 있기 때문이다. 이를 사용자 정의 목록이라고 하고, **Excel의 옵션→기본 설정→사용자 지정 목록 편집**에서 지정할 수 있다.

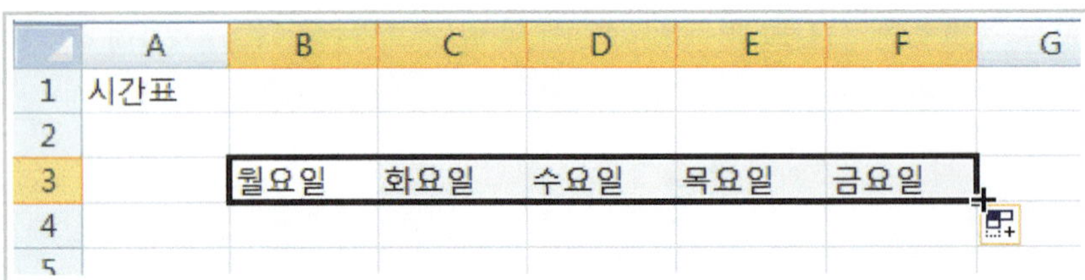

❸ 다시 A4를 선택하고 **'1교시'** 라고 입력한 다음, 셀 포인터의 **채우기 핸들을 A12까지 드래그**하여 1교시부터 9교시까지를 입력한다.

이제 요일과 시간으로 구성된 표에 과목명과 강의실 그리고 담당 교수의 이름을 기입해 보자.

❹ 김동철 교수가 4115 강의실에서 강의하는 경영통계학은 월요일 2교시와 수요일 2교시, 3교시에 있으므로 월요일 2교시에 해당하는 B5를 선택하고 **'경영통계학'** 이라고 입력한 다음, Alt + Enter↵를 누르면, 셀을 벗어나지 않고 줄만 바뀔 것이다. 그리고 **'4115 김동철'** 이라고 입력한 다음 Enter↵를 누른다.

❺ 이번에는 수요일 2교시에 해당하는 D5에 입력하기 위해 B5를 Ctrl 키를 누른 상태로 이동하여 D5에 복사한다.

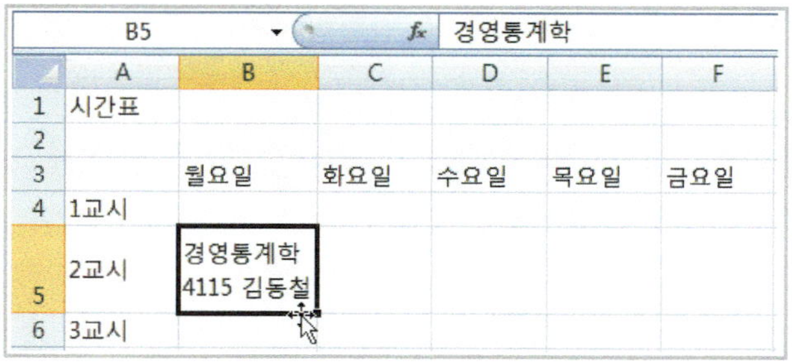

❻ 수요일 2교시와 3교시는 같은 강의가 연속으로 진행되므로 동일한 내용이 반복된다. 이를 해결하기 위해서는 D5와 D6를 병합한다. 따라서 D5와 D6을 선택한 다음, 빠른 실행 도구 모음의 병합하고 가운데 맞춤( )을 클릭한다. 이제 두 셀이 합쳐질 것이다.

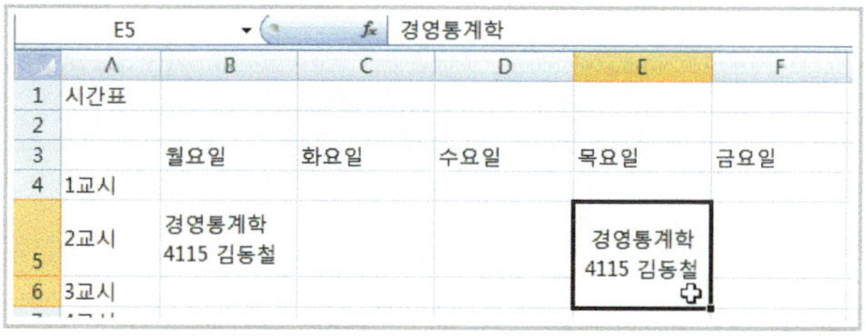

❼ 마찬가지 방식으로 다음 그림과 같이 나머지 과목들을 강의실과 담당 교수명과 함께 입력한다.

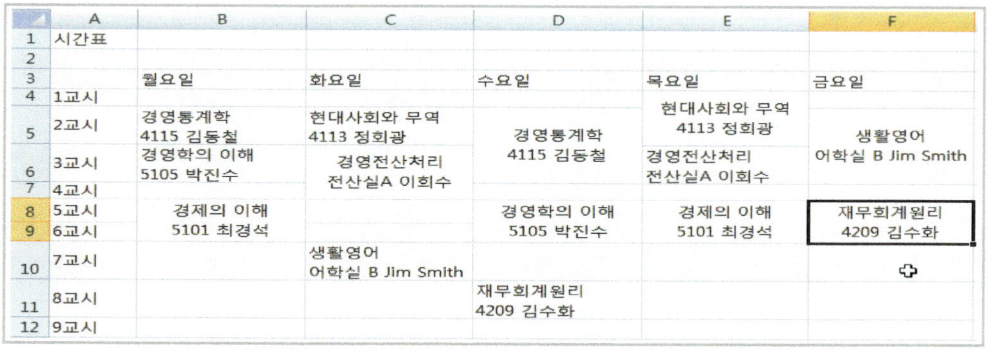

이제는 어학원에서 수강하는 TOEIC을 입력하도록 하자.

❽ A14를 선택하여 '6:00 PM' 이라고 입력하고 채우기 핸들을 이용하여 A15까지 복사하면 A15에는 7:00 PM이라고 입력된다.

❾ B14를 선택하여 'TOEIC' 이라고 입력하고 Alt + Enter↵를 누른 다음 '어학원' 이라고 입력한다.

❿ 다시 B14와 B15를 선택하여 빠른 실행 도구 모음의 병합하고 가운데 맞춤( ) 을 클릭한다. 병합된 B14:B15를 복사하여 D14:D15와 F14:F15에 각각 복사한다.

2. 자료 꾸미기

지금까지 시간표를 작성하는 데 필요한 자료는 모두 입력하였다. 이제는 입력된 자료를 보기 좋은 형태로 바꾸는 작업이 필요하다.

❶ 먼저 각 셀들의 너비와 높이에 각각 차이가 있으므로 이들을 조정한다. 열 머리글의 B부터 F까지(B:F)를 선택하여 C열과 D열 사이에 마우스 포인터를 놓고 모든 셀들이 2줄로 입력되도록 너비를 14.22(135픽셀)로 조정한다. 그러면 모든 셀들의 너비가 동일하게 조절될 것이다.

❷ 다음에는 같은 방법으로 셀들의 높이를 조절한다. 행 머리글을 이용하여 3행부터 15행(3:15)을 선택한 다음 6행과 7행 사이에 마우스 포인터를 놓고 높이를 30.00(40픽셀)으로 조정한다. 모든 셀들의 높이가 동일하게 조절될 것이다. 13행은 비어 있으므로 높이를 다시 15로 조정한다.

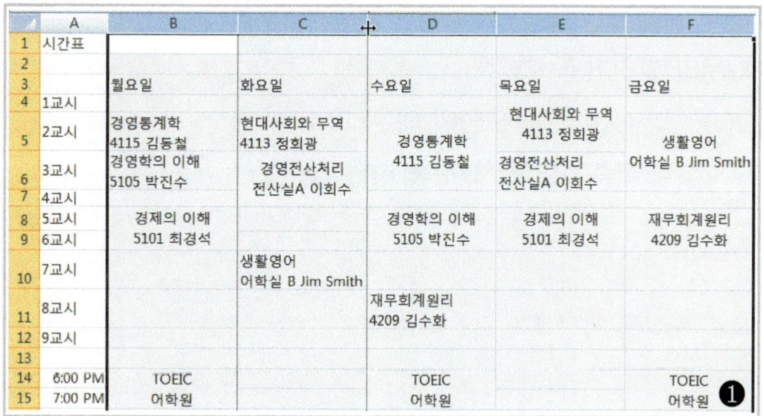

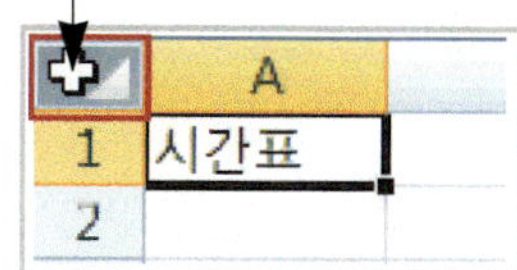

❸ 열 머리글 A와 행 머리글 1 사이의 **모두 선택 버튼**을 클릭하여 시트 전체를 선택한 다음 빠른 실행 도구 모음에서 가운데 맞춤 버튼(▤)을 클릭하여 모든 셀들이 가운데로 정렬되도록 한다.

❹ A1:F1을 선택하여 빠른 실행 도구 모음의 병합하고 가운데 맞춤(▣)을 클릭하고 빠른 실행 도구 모음의 글꼴 크기의 펼침 버튼을 클릭하여 **글꼴 크기 20**을 선택하고, 굵게 버튼(가)을 클릭한다. 다시 테두리 펼침 버튼(□▾)을 클릭하여 모든 테두리(⊞)를 선택한다.

❺ A3:F15를 선택하여 다시 모든 테두리(⊞)를 클릭하여 시간표의 괘선을 그린다.

❻ A3:F3을 선택하고 Ctrl 키를 누른 상태에서 **A3:A15를 선택**한다. 서로 교차하는 영역이 선택되었을 것이다. **글꼴 크기**에서 14를 선택하여 요일과 시간의 글꼴을 14로 크게 만든다.

❼ A3에는 요일과 시간을 구분하는 내용을 입력해 보자. A3를 선택하고 **'(빈칸)요일'** 을 입력하고 Alt + Enter↵를 누른 다음 **'시간'** 을 입력한다.

❽ A3 셀의 글꼴 크기를 12로 조정한 다음, 테두리 버튼에서 테두리 그리기를 선택한다.

테두리 도구 모음에서 연필 모양의 테두리 그리기를 선택하여 A3 셀의 좌측 상단에서 우측 하단으로 선을 그린다.

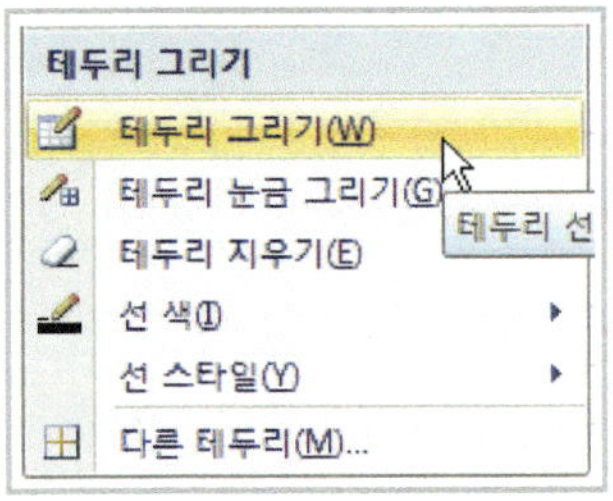

최종적으로 완성된 시간표는 다음과 같다.

	A	B	C	D	E	F
1	시간표					
2						
3	요일 시간	월요일	화요일	수요일	목요일	금요일
4	1교시				현대사회와 무역 4113 정회광	
5	2교시	경영통계학 4115 김동철	현대사회와 무역 4113 정회광	경영통계학 4115 김동철		생활영어 어학실 B Jim Smith
6	3교시	경영학의 이해 5105 박진수	경영전산처리 전신실 A 이회수		경영전산처리 전신실 A 이회수	
7	4교시					
8	5교시	경제의 이해 5101 최경석		경영학의 이해 5105 박진수	경제의 이해 5101 최경석	재무회계원리 4209 김수화
9	6교시					
10	7교시		영어회화 어학실 B Jim Smith			
11	8교시			재무회계원리 4209 김수화		
12	9교시					
13						
14	6:00 PM	TOEIC 어학원		TOEIC 어학원		TOEIC 어학원
15	7:00 PM					

TIP

Alt + Enter↵

수동으로 줄 바꿀 위치를 지정하기 때문에 원하는 위치에서 줄 바꿈을 할 수 있다. 열 머리글과 같은 제목을 입력할 때 사용하면 좋다.

텍스트 줄 바꿈

편리하지만 열 너비와 행 길이를 어떻게 조절하느냐에 따라 줄 바꿈 위치가 달라진다. 이 방법은 한 셀에 입력할 값이 조금 긴 경우 자동으로 줄을 바꿔 한 셀에 표시할 때 편리하다.

이번 예제에서 배운 내용은 다음과 같다.

- 셀 내에서 줄 바꾸기
- 테두리 그리기
- 맞춤
- 셀의 너비와 높이 조정
- 글꼴 지정하기
- 다중 영역의 선택
- Ctrl 키를 이용한 복사

엑셀 오류 사례

잘라내어 붙이기 오류로 학업성취도가 하락

지역전략센터는 이 조직의 연구 보조원이 스프레드시트에서 범한 잘라내어 붙이기 오류로 인해 이 지역의 학업성취도가 실제보다 훨씬 낮게 계산된 것을 확인했다고 발표했다. 버지니아 공대에 소재한 이 센터는 이 지역 25세 이상의 학사 학위 이상 학력 소지자가 11%라고 아주 낮게 발표했는데 실제 수치는 20%였다.
이 센터의 대변인인 Stuart Mease에 의하면 이는 단순한 잘라내어 붙이기 오류로 왜 이러한 오류가 발생했는지는 알 수가 없다고 한다. 여하튼 발생한 오류에 대해 사과하고 이를 정정할 것이라고 한다.

http://www.roanoke.com/business/23037.html 에서 인용

EXERCISE

연습문제

01 자신만의 이력서를 엑셀에서 작성해 보자. 인터넷이나 문방구에서 이력서 양식을 구해 그와 동일하게 이력서를 엑셀에서 작성한다.

셀 병합, 테두리 그리기, 맞춤 등의 기능을 이용하면 쉽게 작성할 수 있다. 엑셀에서 한자를 사용하려면 수식 입력줄에서 변경하고자 하는 문자열에 커서를 위치시키고 한자 키를 누른다.

02 다음은 엑셀에서 만든 명함이다. 이와 비슷한 자신만의 명함을 만들어 보자.

- 셀 서식의 맞춤 기능이나 테두리, 무늬, 글꼴 등을 이용하면 다양한 형식의 명함을 만들 수 있다.
- 그림을 붙이거나 워드아트(WordArt)를 이용하면 보다 화려하고 설득력이 있는 명함을 작성할 수 있다.

E X E R C I S E

연습문제

03 여러분이 휴대전화 회사로부터 받는 전화요금 통지서와 동일한 양식의 통지서를 엑셀에서 작성해 보자.

셀 서식의 다양한 기능을 활용하면 청구서와 유사한 양식을 작성할 수 있다. 통지서의 계산 내역이 어떻게 계산되는지 알아보자.

Chapter 02

표준체중표

엑셀의 장점 중의 하나는 복잡한 계산이 필요한 표를 쉽게 구성할 수 있다는 것이다. 워드프로세서를 이용해서 작성하는 경우에는 각각의 칸에 들어갈 값을 휴대용 계산기를 이용하여 계산하고 그 결과를 따로 입력해야 한다. 워드프로세서에서의 입력도 힘들지만 계산은 더욱 번거롭다. 이 경우 엑셀을 이용하면 몇 번의 마우스 조작과 키 입력으로 상당한 노력이 수반되는 계산을 요구하는 표를 쉽게 작성할 수 있다. 다음의 예제를 익히면서 엑셀의 수식과 서식에 대해 알아보자.

현대인들은 전반적으로 운동이 부족하여 과체중이나 비만에 걸리기 쉽다. 특히 40대 이후에는 성장 호르몬이 분비되지 않기 때문에 과체중이나 비만에 해당되는 사람이 많다. 과체중이나 비만은 체지방을 기준으로 결정되지만, 키와 몸무게만으로 간단하게 계산하는 방법도 있다. 가장 널리 알려진 간편 계산법으로 브로카법이라는 계산법이 있다.

이 계산법에서는 Cm로 측정한 키에서 100을 뺀 수치에 0.9를 곱해서 나타난 값에 Kg을 적용하여 표준체중을 계산한다. 이렇게 계산된 표준체중에서 10%가 부족하면 저체중, 10%가 초과되면 과체중, 20%가 초과되면 비만, 30%가 초과되면 중증비만, 50%가 초과되면 고도비만에 든다. 다음에서는 이러한 식을 이용해 각각의 키에 해당하는 표준체중과 저체중, 과체중, 비만, 중증비만, 고도비만에 해당하는 체중표를 작성해 보도록 하자.

1. 계산하기

❶ 엑셀을 시작하여 자동으로 만들어진 새 문서에서 빠른 실행 도구 모음의 저장 버튼( )을 클릭하고, '표준체중표' 라는 제목으로 저장한다.

❷ 'Sheet1' 의 시트 탭을 **더블클릭** 하여 시트 탭의 이름을 **'브로카법'** 로 변경한 나음, Enter↵ 키를 누른다.

❸ A1 셀을 선택하여 **'표준체중표'** 라고 제목을 붙인다. A1 셀부터 G1 셀까지(A1:G1)를 **선택**한 다음, 빠른 실행 도구 모음의 병합하고 가운데 맞춤 버튼( )을 클릭하고 빠른 실행 도구 모음의 글꼴 크기 버튼(14)에서 14를 선택하여 제목을 완성한다. 빠른 실행 도구 모음의 테두리 그리기( ) 중 모든 테두리( )를 선택한다.

❹ A3 셀부터 F3 셀까지(A3:F3)의 각 셀에 **'신장'**, **'표준체중'**, **'저체중'**, **'과체중'**, **'비만'**, **'중증비만'**, **'고도비만'** 을 각각 입력한다. 신장이 140Cm 이상인 사람에 대해서만 표준체중과 비만을 계산하기로 하자.

❺ A4 셀을 선택하여 140을 입력한다. Enter↵ 키를 눌러 입력을 완료한 다음, 다시 A4 셀을 선택하고, **마우스 포인터를 A4 셀에 놓고 마우스의 오른쪽 버튼을** 클릭하여 단축메뉴를 부른 다음 '셀 서식(F)...' 을 선택한다.

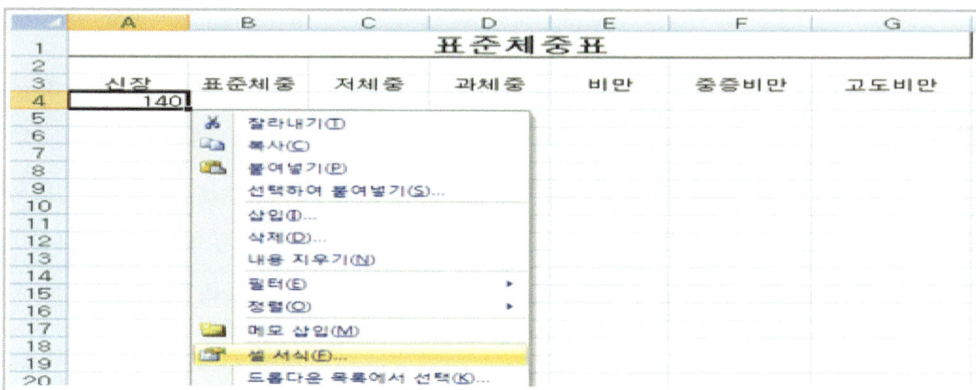

❻ 셀 서식의 대화상자에서 **표시 형식** 탭을 선택하고, 표시 형식 중 맨 아래의 '**사용자 지정**'을 선택한다. 대화상자의 **형식(T)** 란에 '0 "Cm"'을 입력한 다음 **확인**을 클릭한다.

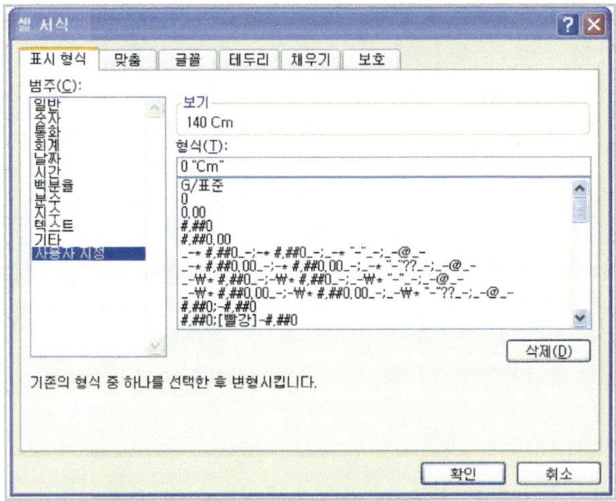

이제 A4 셀이 140이 아니라 140Cm로 나타날 것이다. 하지만 수식 입력줄에 나타난 A4 셀의 값은 140이다. 엑셀에서는 이처럼 입력된 값과 화면에 보이는 값이 다른 경우가 많다.

❼ A4 셀에서 셀 포인터의 오른쪽 하단에 있는 **채우기 핸들**로 마우스를 가져가 **마우스 포인터가 채우기 형태로 된 상태에서** Ctrl **키를 누르면서 마우스의 왼쪽 버튼으로 A59 셀까지 드래그**한다. A59 셀에는 195Cm가 나타날 것이다.

❽ B4 셀에는 신장 140Cm에 해당되는 표준체중을 계산하려고 한다. 앞에서 언급했다시피 브로카 계산법에 의한 표준체중은 (신장−100)*0.9이다. 그리고 신장은 A4 셀에 입력되어 있다. 따라서 B4 셀에는 '**=(A4−100)*0.9**'라고 입력되어야 할 것이다. B4 셀에서 '=('를 입력하고 A4 셀을 선택한 다음 '−100)*0.9'를 마저 입력하고 Enter↵ 키를 누르거나 수식 입력줄 좌측에서 입력 버튼(☑)을 클릭한다. B4 셀에는 36이 나타날 것이다.

▶ B4 : =(A4-100)*0.9

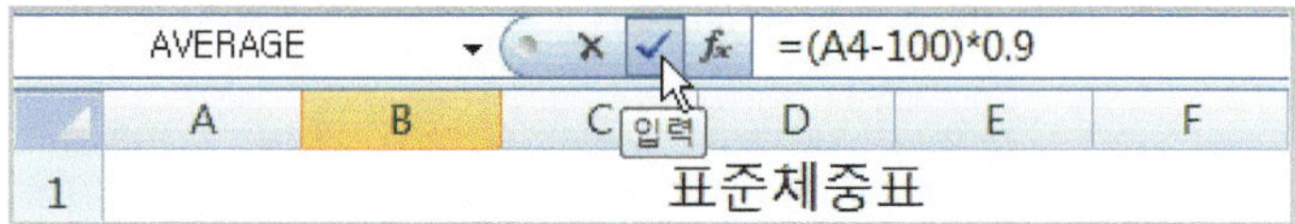

❾ C4 셀을 선택하여 140Cm에 해당되는 저체중을 계산해 보자. **저체중은 표준체중에서 10%가 미달한 체중**이므로 36에서 3.6을 뺀 32.4가 계산되어야 할 것이다. 이를 달리 표시하면 36*0.9이다. 따라서 C4 셀에 입력될 공식은 '=B4*0.9'이고, C4 셀에는 32.4가 나타날 것이다.

▶ C4 : =B4*0.9

❿ 다시 D4 셀을 선택하여 140Cm에 해당되는 과체중을 계산하자. **과체중은 표준체중에서 10%를 초과한 체중**이므로, 140Cm에 해당되는 과체중은 36*1.1인 39.6이다. D4 셀에 '=B4*1.1'을 입력하면, B4 셀에는 39.6이 나타날 것이다.

▶ D4 : =B4*1.1

⓫ E4 셀을 선택하고 '=B4*1.2'를 입력하여 **표준체중의 20%가 초과**된 140Cm에 해당되는 **비만 체중**을 계산한다.

▶ E4 : =B4*1.2

⓬ F4를 선택하여 140Cm에 해당되는 중증비만 체중을 계산한다. **중증비만은 표준체중의 30%를 초과한 체중**이므로, F4 셀에는 '=B4*1.3'을 입력한다. F4 셀에는 46.8이 나타날 것이다.

▶ F4 : =B4*1.3

⓭ G4를 선택하여 **고도비만** 체중 계산을 위한 수식인 '=B4*1.5'를 입력하면 신장 140Cm에 해당되는 고도비만 체중인 54가 나타날 것이다.

▶ G4 : =B4*1.5

이제는 신장을 Cm로 표시했듯이 체중도 Kg으로 표시하는 방법을 알아보자.

⓮ B4:G4를 **선택**한 다음, 역시 셀 서식의 표시 형식 중에서 **'사용자 지정 서식'** 을 선택하고 형식에 Kg을 입력한다. 하지만 이번에는 '0.00 "Kg"' 이라고 입력해야 한다. 왜냐하면 체중은 신장과는 달리 소수점이 포함되어 있으므로 '0 "Kg"' 라고 지정하면 소수점 이하의 자릿수가 표시되지 않기 때문이다. 서식을 제대로 지정했으면 화면에 다음과 같이 나타날 것이다.

	A	B	C	D	E	F	G
1	표준체중표						
2							
3	신장	표준체중	저체중	과체중	비만	중증비만	고도비만
4	140Cm	36.00kg	32.40kg	39.60kg	43.20kg	46.80kg	54.00kg
5							

⓯ 위와 같이 선택된 상태에서 셀 포인터 우측 하단의 **채우기 핸들**에 마우스 포인터를 가져다 대고 밑으로 드래그하여 **G59까지 채운다.** 놀랍게도 195cm까지의 모든 키에 대한 표준체중, 저체중, 비만, 중증비만, 고도비만이 한꺼번에 계산될 것이다.

엑셀에서는 어떻게 자동으로 이 모든 계산을 했을까? 이를 알아보기 위해 C10 셀에 자동으로 복사된 공식을 살펴보자. C10에는 =B10*0.9가 입력되어 있을 것이다. 이 수식은 원래 우리가 C4 셀에 입력했던 수식인 =B4*0.9가 자동으로 변경되어 만들어진 것이다. C10 셀이 C4 셀보다 6행만큼 아래에 있으므로 수식에 들어 있던 셀 주소들도 자동으로 변경되어 계산된 것이다. 이렇게 셀 주소의 차이에 의해 복사된 수식이나 함수에 포함된 셀 주소가 자동으로 변경되는 것을 상대주소라고 한다. 이에 대해서는 다음에 더 자세히 배운다.

❶ E열과 F열, G열의 일부는 원하는 결과가 아닌 ########가 나타날 것이다. 이는 셀의 너비가 계산된 숫자를 표시하기에는 너무 좁기 때문에 나타난 오류이다. 이때는 당황하지 말고 E열의 머리글과 F열의 머리글 사이로 마우스 포인터를 가져가

더블클릭 하면 셀들의 크기가 해당 열에서 가장 큰 값을 표시할 수 있도록 자동으로 조정된다. 마찬가지 방법으로 F열과 G열, G열과 H열 사이를 더블클릭 하여 F열과 G열의 크기를 조절한다.

❷ 마지막으로 데이터가 들어 있는 전체 영역을 선택한 다음, 빠른 실행 도구 모음의 가운데 맞춤()과 테두리 그리기() 중 모든 테두리()를 선택하여 표 모양을 완성한다.

❸ 빠른 실행 도구 모음의 저장 버튼()을 클릭하여 저장한다. 브로카법에 의한 표준체중표가 완성되었다. 자신의 키에 해당하는 표준체중과 과체중을 찾아보자. 과체중인가?

	A	B	C	D	E	F	G
1	표준체중표						
2							
3	신장	표준체중	저체중	과체중	비만	중증비만	고도비만
4	140Cm	36.00kg	32.40kg	39.60kg	43.20kg	46.80kg	54.00kg
5	141Cm	36.90kg	33.21kg	40.59kg	44.28kg	47.97kg	55.35kg
6	142Cm	37.80kg	34.02kg	41.58kg	45.36kg	49.14kg	56.70kg
7	143Cm	38.70kg	34.83kg	42.57kg	46.44kg	50.31kg	58.05kg
8	144Cm	39.60kg	35.64kg	43.56kg	47.52kg	51.48kg	59.40kg
9	145Cm	40.50kg	36.45kg	44.55kg	48.60kg	52.65kg	60.75kg
10	146Cm	41.40kg	37.26kg	45.54kg	49.68kg	53.82kg	62.10kg
11	147Cm	42.30kg	38.07kg	46.53kg	50.76kg	54.99kg	63.45kg
12	148Cm	43.20kg	38.88kg	47.52kg	51.84kg	56.16kg	64.80kg
13	149Cm	44.10kg	39.69kg	48.51kg	52.92kg	57.33kg	66.15kg
14	150Cm	45.00kg	40.50kg	49.50kg	54.00kg	58.50kg	67.50kg
15	151Cm	45.90kg	41.31kg	50.49kg	55.08kg	59.67kg	68.85kg
16	152Cm	46.80kg	42.12kg	51.48kg	56.16kg	60.84kg	70.20kg
17	153Cm	47.70kg	42.93kg	52.47kg	57.24kg	62.01kg	71.55kg
18	154Cm	48.60kg	43.74kg	53.46kg	58.32kg	63.18kg	72.90kg
19	155Cm	49.50kg	44.55kg	54.45kg	59.40kg	64.35kg	74.25kg
20	156Cm	50.40kg	45.36kg	55.44kg	60.48kg	65.52kg	75.60kg
21	157Cm	51.30kg	46.17kg	56.43kg	61.56kg	66.69kg	76.95kg
22	158Cm	52.20kg	46.98kg	57.42kg	62.64kg	67.86kg	78.30kg
23	159Cm	53.10kg	47.79kg	58.41kg	63.72kg	69.03kg	79.65kg
24	160Cm	54.00kg	48.60kg	59.40kg	64.80kg	70.20kg	81.00kg
25	161Cm	54.90kg	49.41kg	60.39kg	65.88kg	71.37kg	82.35kg

2. 간단하게 계산하기

❶ 먼저 이미 작성된 **'브로카법' 시트**의 시트 탭에 마우스 포인터를 위치시킨 다음,

Ctrl 키를 누른 상태에서 **오른쪽으로 드래그**한다. 이렇게 하면 '브로카법(2)' 라는 이름의 시트가 만들어지고 그 내용은 '브로카법' 시트와 동일하다. 이 방법을 사용하면 시트를 쉽게 복사할 수 있다.

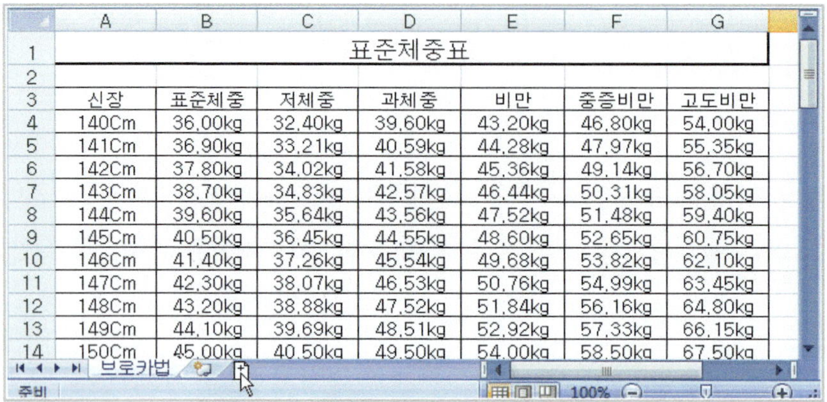

	A	B	C	D	E	F	G
1	표준체중표						
2							
3	신장	표준체중	저체중	과체중	비만	중증비만	고도비만
4	140Cm	36.00kg	32.40kg	39.60kg	43.20kg	46.80kg	54.00kg
5	141Cm	36.90kg	33.21kg	40.59kg	44.28kg	47.97kg	55.35kg
6	142Cm	37.80kg	34.02kg	41.58kg	45.36kg	49.14kg	56.70kg
7	143Cm	38.70kg	34.83kg	42.57kg	46.44kg	50.31kg	58.05kg
8	144Cm	39.60kg	35.64kg	43.56kg	47.52kg	51.48kg	59.40kg
9	145Cm	40.50kg	36.45kg	44.55kg	48.60kg	52.65kg	60.75kg
10	146Cm	41.40kg	37.26kg	45.54kg	49.68kg	53.82kg	62.10kg
11	147Cm	42.30kg	38.07kg	46.53kg	50.76kg	54.99kg	63.45kg
12	148Cm	43.20kg	38.88kg	47.52kg	51.84kg	56.16kg	64.80kg
13	149Cm	44.10kg	39.69kg	48.51kg	52.92kg	57.33kg	66.15kg
14	150Cm	45.00kg	40.50kg	49.50kg	54.00kg	58.50kg	67.50kg

표준체중에서 저체중, 과체중, 비만, 중증비만, 고도비만을 계산하기 위해 우리는 5가지의 계산식을 입력하였다. 그런데 우리가 입력한 수식들은 각각의 체중을 계산하기 위한 비율만 다를 뿐 나머지 부분은 동일하였다.

- ▶ C4 : =B4*0.9
- ▶ D4 : =B4*1.1
- ▶ E4 : =B4*1.2
- ▶ F4 : =B4*1.3
- ▶ G4 : =B4*1.5

이러한 경우에 엑셀에서는 하나의 수식만으로도 전체를 계산할 수 있다. 물론 여기에는 엑셀의 수식에 대한 좀 더 높은 수준의 이해가 필요하다. 이에 대해 알아보자.

새로 만들어진 시트에서 수식들을 살펴보면, 비율을 나타내는 숫자 부분을 제외하고 '=B4*' 부분은 모두 동일하다. 따라서 숫자 부분을 워크시트의 적당한 곳에 입력하고 이를 사용하면, 하나의 수식으로도 모든 계산을 끝낼 수 있다.

❷ 먼저 원래의 계산식이 입력되어 있는 C4:G59 영역을 선택하고 Del 키를 눌러서 내용을 지운다.

❸ C2 셀에 저체중에 해당되는 비율인 0.9를 입력한다. 나머지의 숫자들인 1.1, 1.2, 1.3, 1.5를 D2, E2, F2, G2에 각각 입력한다.

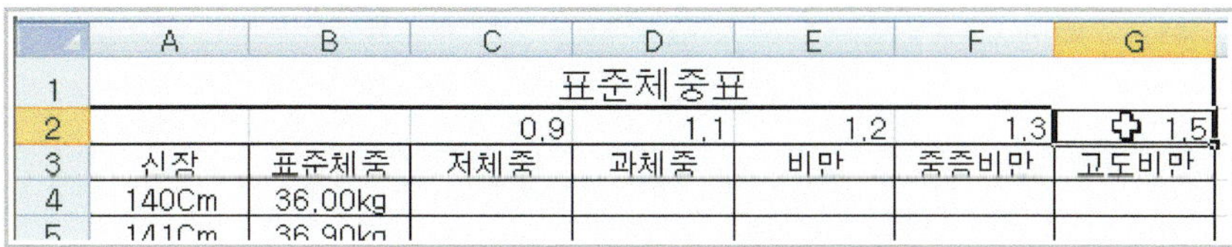

	A	B	C	D	E	F	G
1	표준체중표						
2			0.9	1.1	1.2	1.3	1.5
3	신장	표준체중	저체중	과체중	비만	중증비만	고도비만
4	140Cm	36.00kg					
5	141Cm	36.90kg					

❹ C4를 선택하고 C4에 입력될 수식에 대해 생각해 보자. 원래 C4에는 '=B4*0.9' 가 입력되었다. 하지만 이제는 0.9라는 숫자가 C2에 입력되어 있으므로 이를 이용하여 수식을 작성하려면, '=B4*C2' 가 되어야 할 것이다.

❺ 마우스와 키보드를 이용하여 위의 수식을 입력하고, 이 수식을 채우기 핸들을 이용하여 C10까지 복사해 보자.

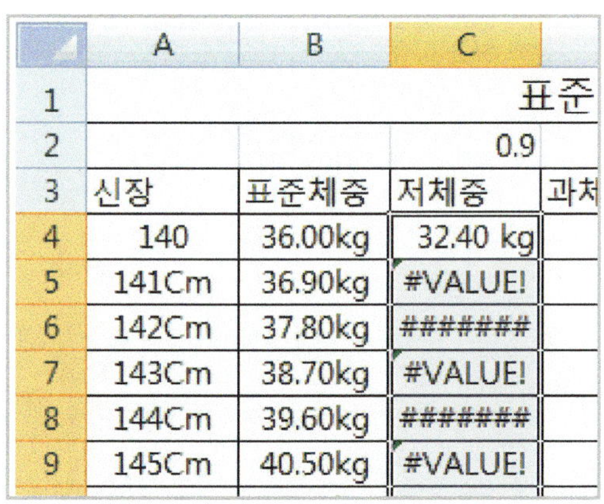

	A	B	C	
1	표준			
2			0.9	
3	신장	표준체중	저체중	과처
4	140	36.00kg	32.40 kg	
5	141Cm	36.90kg	#VALUE!	
6	142Cm	37.80kg	#######	
7	143Cm	38.70kg	#VALUE!	
8	144Cm	39.60kg	#######	
9	145Cm	40.50kg	#VALUE!	

이 결과는 우리가 원하는 것이 아니다. 왜 그럴까? 그 이유를 알아보기 위해 C6에 복사된 공식을 살펴보자. C6에는 =B6*C4가 입력되어 있을 것이다. 원래의 수식 =B4*C2가 아래로 2칸만큼 떨어져 있는 곳에 복사되었으므로 공식 속에 들어 있는 셀의 주소들이 자동으로 변경된 것이다. 앞에서 언급한 것처럼 복사된 셀의 수식은

원본 셀의 주소와의 차이만큼 자동으로 변경된다. 하지만 이번에는 우리가 원하는 결과를 얻기 위해서는 B4는 B6으로 변경되는 것이 좋지만, C2는 C4가 아니라 C2로 남아 있어야 한다. 이처럼 복사된 셀의 수식에서 셀 주소가 변경되지 않기 위해서는 해당 셀 주소에 $를 붙여 주어야 한다.

예를 들어 C2가 변경되지 않기 위해서는 C4에 원래의 수식인 '=B4*C2' 를 '=B4*C$2' 로 바꾸어 주어야 한다.

▶ C4 : =B2*C$2

❻ 수식을 이렇게 변경하고 나서 C10까지 복사하면 C6 셀에는 =B6*C$2가 자동으로 입력된다.

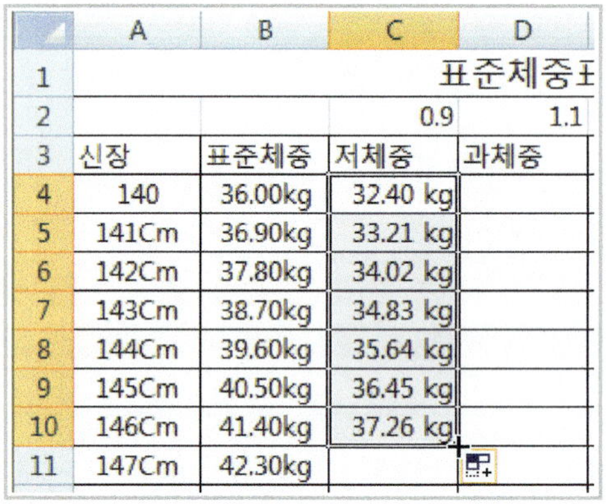

	A	B	C	D
1			표준체중표	
2			0.9	1.1
3	신장	표준체중	저체중	과체중
4	140	36.00kg	32.40 kg	
5	141Cm	36.90kg	33.21 kg	
6	142Cm	37.80kg	34.02 kg	
7	143Cm	38.70kg	34.83 kg	
8	144Cm	39.60kg	35.64 kg	
9	145Cm	40.50kg	36.45 kg	
10	146Cm	41.40kg	37.26 kg	
11	147Cm	42.30kg		

자, 이제 수식을 아래로 복사하는 것은 문제없이 처리될 수 있다.

❼ 이제는 C4를 오른쪽으로 G4까지 복사해 보자. D4:G4에 나타난 값들이 예상했던 결과가 아닐 것이다. 예를 들어 과체중은 표준체중보다 값이 작고 고도비만은 표준체중의 2배가 넘는다.

	A	B	C	D	E	F	G
1				표준체중표			
2			0.9	1.1	1.2	1.3	1.5
3	신장	표준체중	저체중	과체중	비만	중증비만	고도비만
4	140	36.00kg	32.40 kg	35.64 kg	42.77 kg	55.60 kg	83.40 kg
5	141Cm	36.90kg	33.21 kg				
6	142Cm	37.80kg	34.02 kg				

왜 이런 결과가 나타났을까? 앞에서와 마찬가지로 C4 셀에 입력된 수식을 오른쪽으로 복사하면서 수식 내의 셀 주소가 자동으로 이동 거리만큼 변경되었기 때문이다. D4 셀을 선택하여 D4에 복사된 수식을 살펴보면, '=C4*D$2'가 입력되어 있을 것이다. 이는 C4에 입력된 수식 '=B4*C$2'가 오른쪽으로 한 열씩 이동하였으므로 B4는 C4로, C$2는 D$2로 자동 변경된 것이다. 여기에서 C$2가 D$2로 변경된 것은 우리가 원하는 결과이지만, B4는 C4로 변경되지 않고 B4로 남아 있어야 한다.

❽ 따라서 C4에 입력된 수식을 다음과 같이 변경해 주어야 한다.

▶ C4: =$B4*C$2

❾ 이렇게 변경된 수식을 **채우기 핸들**을 이용해 **G4까지 복사**한 다음, **다시 G59까지 복사**하면 한 번에 표준체중표를 완성할 수 있다.

C4 | fx =$B4*C$2

	A	B	C	D	E	F	G
1	표준체중표						
2			0.9	1.1	1.2	1.3	1.5
3	신장	표준체중	저체중	과체중	비만	중증비만	고도비만
4	140Cm	36.00kg	32.40kg	39.60kg	43.20kg	46.80kg	54.00kg
5	141Cm	36.90kg	33.21kg	40.59kg	44.28kg	47.97kg	55.35kg
6	142Cm	37.80kg	34.02kg	41.58kg	45.36kg	49.14kg	56.70kg
7	143Cm	38.70kg	34.83kg	42.57kg	46.44kg	50.31kg	58.05kg
8	144Cm	39.60kg	35.64kg	43.56kg	47.52kg	51.48kg	59.40kg
9	145Cm	40.50kg	36.45kg	44.55kg	48.60kg	52.65kg	60.75kg
10	146Cm	41.40kg	37.26kg	45.54kg	49.68kg	53.82kg	62.10kg
11	147Cm	42.30kg	38.07kg	46.53kg	50.76kg	54.99kg	63.45kg
12	148Cm	43.20kg	38.88kg	47.52kg	51.84kg	56.16kg	64.80kg
13	149Cm	44.10kg	39.69kg	48.51kg	52.92kg	57.33kg	66.15kg
14	150Cm	45.00kg	40.50kg	49.50kg	54.00kg	58.50kg	67.50kg
15	151Cm	45.90kg	41.31kg	50.49kg	55.08kg	59.67kg	68.85kg

이처럼 엑셀에서는 수식을 적절하게 작성할 경우 한 번의 입력으로도 복잡한 표를 만들 수 있다. 물론 경우에 따라 수식이 좀 더 복잡해진다는 점이 있다.

이와 같이 수식에 포함된 셀 주소를 고정시키는 것을 절대주소라고 한다. 절대주소를 나타내는 $ 표식은 직접 입력할 수 있지만, F4 키를 이용하면 더 쉽게 입력할 수 있다.

셀 주소를 절대주소로 표시하기 위해서는 해당되는 셀 주소에 커서를 위치시키고 F4 키를 누른다. 이때 F4 키를 한 번 누르면, 열 문자와 행 번호 모두에 $ 표시가 입력되고, 두 번 누르면 행 번호에만, 세 번 누르면 열 문자에만 $ 표시가 입력된다. 그리고 네 번 누르면 다시 상대주소로 변경된다.

3. 체질량 지수

표준체중과 비만도를 측정하는 가장 간단한 방법은 브로카법이지만, 다른 계산법도 많이 있다. 브로카법은 키가 170Cm 이상인 경우에는 비교적 적절한 값이 나타나지만, 키가 작은 경우에는 표준체중이 낮게 나타나는 경향이 있다.

예를 들어 키가 175Cm인 사람의 브로카법에 의한 표준체중은 67.5Kg으로 비교적 적절하지만, 키가 140Cm인 사람의 표준체중은 36Kg에 불과해 너무 낮다. 이는 본래의 키에서 100을 빼므로 100에 가까운 키를 가진 사람의 표준체중이 낮게 나타나기 때문이다.

따라서 키가 작은 사람의 경우에는 브로카법에 의한 표준체중보다는 체질량 지수(Body Mass Index)에 의한 표준체중을 계산하고 비만도를 측정하는 방법을 많이 적용한다. 실제로 병원에서 사용하는 비만도는 체질량 지수에 의한 경우가 더 많다.

체질량 지수는 제곱미터당 몸무게를 계산한 값이다. 체질량 지수가 18.5에서 25 사이에 있으면 정상체중이고, 그 이상이면 과체중, 그 이하이면 저체중으로 판단한다. 그리고 30 이상이면 비만, 35 이상이면 중증비만, 40 이상이면 고도비만으로 판정한다. 물론 사람에 따라 체질에 차이가 있으므로 이것만이 절대적인 기준은 아니다.

이번에는 체질량 지수에 의한 표준체중과 비만도를 계산해 보기로 하자.

❶ Sheet2를 선택하고 마우스의 오른쪽 버튼을 눌러 단축메뉴를 부른 다음, 이름 바꾸기를 선택하여 시트 탭의 이름을 **'체질량 지수'** 로 수정한다.

❷ '브로카법' 시트의 A1:G3를 선택하여 복사한 다음, '체질량 지수' 시트의 A1에 붙여 넣는다.

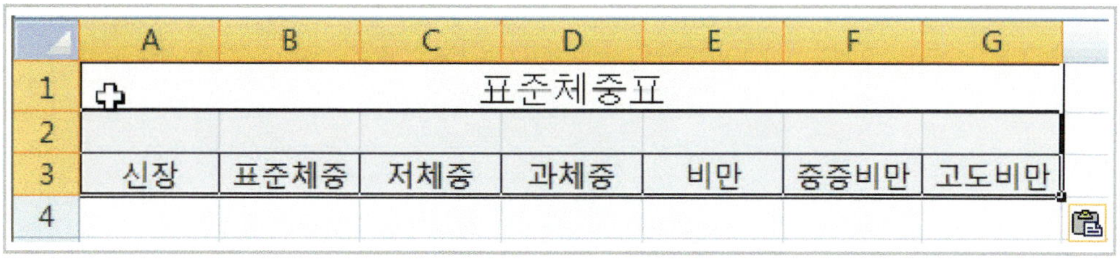

❸ 다시 '브로카법' 시트의 A4:A59를 선택하고 단축메뉴를 이용하여 복사한 다음, '체질량 지수' 시트의 A4에 붙여 넣는다.

❹ A2에 지수라고 입력하고 B2:G2에 각각 22, 18.5, 25, 30, 35, 40을 각각 입력한다. 체질량 지수에 의한 표준체중은 정확하게 22라고 할 수는 없지만 18.5와 25의 중간에 해당하는 22로 하자.

❺ B2:G2가 선택된 상태에서 **셀 서식** 대화상자를 불러 표시 형식 탭의 **사용자 지정 서식**을 '0 "Kg/m²"' 라고 지정한다. 이를 위해서는 사용자 지정 서식의 형식란에 '0 "Kg/' 를 입력하고 **한글 자음 'ㄹ'을 입력한 후, 한자 버튼**을 누른다. 화면에 나타난 자판에서 m²를 선택한 다음 "를 입력하고 확인을 선택한다.

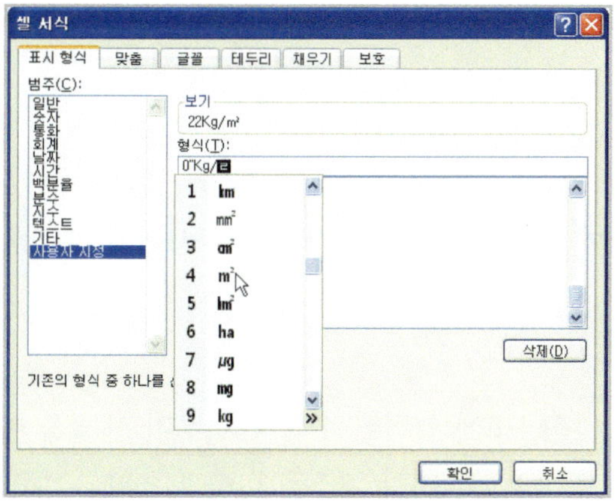

체질량 지수는 1제곱미터당 체중이므로 다음과 같이 계산된다.

체질량 지수=몸무게(Kg)/키^2(m^2)

따라서 해당되는 체질량 지수에 맞는 몸무게는 체질량 지수에 키의 제곱을 곱한 값이다.

몸무게=체질량 지수*키^2

❻ 이제 B4를 선택하여 키 140Cm에 해당하는 표준체중을 구해 보자. 우선 키가 Cm 단위로 입력되어 있으므로 신장이 정렬된 A4의 값을 100으로 나누고 이를 제곱한 다음, 여기에 체질량 지수가 입력되어 있는 B2를 곱한다.

▶ B4 : =B2*(A4/100)^2

엑셀에서 제곱이나 기타의 지수는 ^(Circumflex)를 사용하여 표시한다. 예를 들어 2^8은 =2^8로 표시하고 $\sqrt{10}$은 =10^0.5로 표시한다.

위의 공식은 B4에 해당하는 계산에는 맞지만 다른 영역으로 복사하면 수식에 들어있는 셀 주소들이 변경되어 원하지 않는 결과가 나온다. 따라서 B4의 수식을 혼합주소를 사용하여 다음과 같이 수정하여야 한다.

▶ B4 : =B$2*($A4/100)^2

앞에서와 마찬가지로 A열에 입력되어 있는 신장은 오른쪽으로 복사하여도 변경되지 않아야 하므로 A열을 고정시키고, 2행에 입력되어 있는 체질량 지수는 공식을 아래로 복사하여도 움직이지 않아야 하므로 2행을 고정시킨 것이다.

❼ B4에 입력된 수식을 **채우기 핸들**을 이용하여 G4까지 복사하고 다시 G59까지 복사하면 체질량 지수에 의한 표준체중표가 완성된다.

	A	B	C	D	E	F	G
1	표준체중표						
2	지수	22Kg/㎡	19Kg/㎡	25Kg/㎡	30Kg/㎡	35Kg/㎡	40Kg/㎡
3	신장	표준체중	저체중	과체중	비만	중증비만	고도비만
4	140Cm	43.12	36.26	49	58.8	68.6	78.4
5	141Cm	43.7382	36.77985	49.7025	59.643	69.5835	79.524
6	142Cm	44.3608	37.3034	50.41	60.492	70.574	80.656
7	143Cm	44.9878	37.83065	51.1225	61.347	71.5715	81.796
8	144Cm	45.6192	38.3616	51.84	62.208	72.576	82.944
9	145Cm	46.255	38.89625	52.5625	63.075	73.5875	84.1
10	146Cm	46.8952	39.4346	53.29	63.948	74.606	85.264
11	147Cm	47.5398	39.97665	54.0225	64.827	75.6315	86.436
12	148Cm	48.1888	40.5224	54.76	65.712	76.664	87.616
13	149Cm	48.8422	41.07185	55.5025	66.603	77.7035	88.804
14	150Cm	49.5	41.625	56.25	67.5	78.75	90
15	151Cm	50.1622	42.18185	57.0025	68.403	79.8035	91.204
16	152Cm	50.8288	42.7424	57.76	69.312	80.864	92.416
17	153Cm	51.4998	43.30665	58.5225	70.227	81.9315	93.636
18	154Cm	52.1752	43.8746	59.29	71.148	83.006	94.864
19	155Cm	52.855	44.44625	60.0625	72.075	84.0875	96.1
20	156Cm	53.5392	45.0216	60.84	73.008	85.176	97.344
21	157Cm	54.2278	45.60065	61.6225	73.947	86.2715	98.596
22	158Cm	54.9208	46.1834	62.41	74.892	87.374	99.856
23	159Cm	55.6182	46.76985	63.2025	75.843	88.4835	101.124
24	160Cm	56.32	47.36	64	76.8	89.6	102.4

이제 계산이 완성된 표를 보기 좋게 꾸며 보자.

표를 보다 간편하게 하려면 브로카법 시트의 B4를 선택하고 표준 도구 모음의 서식 복사 버튼( )을 클릭하여 서식을 복사한 다음 체질량 지수 시트의 B4:G59를 선택하면 체질량 지수에 의한 체중이 모두 소수점 두 자릿수까지 나타나는 Kg 단위로 표시된다.

	A	B	C	D	E	F	G
1	표준체중표						
2	지수	22Kg/㎡	19Kg/㎡	25Kg/㎡	30Kg/㎡	35Kg/㎡	40Kg/㎡
3	신장	표준체중	저체중	과체중	비만	중증비만	고도비만
4	140Cm	43.12kg	36.26kg	49.00kg	58.80kg	68.60kg	78.40kg
5	141Cm	43.74kg	36.78kg	49.70kg	59.64kg	69.58kg	79.52kg
6	142Cm	44.36kg	37.30kg	50.41kg	60.49kg	70.57kg	80.66kg
7	143Cm	44.99kg	37.83kg	51.12kg	61.35kg	71.57kg	81.80kg
8	144Cm	45.62kg	38.36kg	51.84kg	62.21kg	72.58kg	82.94kg
9	145Cm	46.26kg	38.90kg	52.56kg	63.08kg	73.59kg	84.10kg
10	146Cm	46.90kg	39.43kg	53.29kg	63.95kg	74.61kg	85.26kg
11	147Cm	47.54kg	39.98kg	54.02kg	64.83kg	75.63kg	86.44kg
12	148Cm	48.19kg	40.52kg	54.76kg	65.71kg	76.66kg	87.62kg
13	149Cm	48.84kg	41.07kg	55.50kg	66.60kg	77.70kg	88.80kg
14	150Cm	49.50kg	41.63kg	56.25kg	67.50kg	78.75kg	90.00kg
15	151Cm	50.16kg	42.18kg	57.00kg	68.40kg	79.80kg	91.20kg
16	152Cm	50.83kg	42.74kg	57.76kg	69.31kg	80.86kg	92.42kg
17	153Cm	51.50kg	43.31kg	58.52kg	70.23kg	81.93kg	93.64kg
18	154Cm	52.18kg	43.87kg	59.29kg	71.15kg	83.01kg	94.86kg
19	155Cm	52.86kg	44.45kg	60.06kg	72.08kg	84.09kg	96.10kg
20	156Cm	53.54kg	45.02kg	60.84kg	73.01kg	85.18kg	97.34kg
21	157Cm	54.23kg	45.60kg	61.62kg	73.95kg	86.27kg	98.60kg
22	158Cm	54.92kg	46.18kg	62.41kg	74.89kg	87.37kg	99.86kg
23	159Cm	55.62kg	46.77kg	63.20kg	75.84kg	88.48kg	101.12kg
24	160Cm	56.32kg	47.36kg	64.00kg	76.80kg	89.60kg	102.40kg

4. 차이 계산하기

이번에는 브로카법에 의한 표준체중 및 비만도의 계산과 체질량 지수에 의한 표준체중 및 비만도의 계산에 어떠한 차이가 있는가를 알아보자.

❶ Sheet3의 시트 탭을 '**차이**'로 변경한다.

❷ '브로카법' 시트에서 열 머리글과 행 머리글의 교차점에 있는 모두 선택 버튼을 클릭하여 **시트 전체를 선택한 다음**, 이를 **복사하여 '차이' 시트에 붙여 넣는다.**

❸ '차이' 시트의 A1을 선택하여 '체질량 지수와 브로카법의 차이'라고 입력한다.

❹ 우리가 사용하고자 하는 것은 셀 서식뿐이므로 **차이 시트의 B4:G59를 선택하여 내용을 지운다.**

차이를 계산하기 위해서는 체질량 지수로 계산한 값에서 브로카법으로 계산한 값을 빼 주어야 한다. 따라서 B4 셀에는 체질량 지수 시트의 B4 값에서 브로카법 시트의 B4에 있는 값을 뺀 값이 나타나야 한다. 이를 계산하는 수식은 다음과 같이 입력한다.

❺ **차이 시트의 B4를 선택하고** '=' 를 입력한 다음 **체질량 지수 시트의 B4를 선택**한다.

AVERAGE ='체질량 지수'!B4

	A	B	C	D	E	F	G
1	표준체중표						
2	지수	22Kg/㎡	19Kg/㎡	25Kg/㎡	30Kg/㎡	35Kg/㎡	40Kg/㎡
3	신장	표준체중	저체중	과체중	비만	중증비만	고도비만
4	140Cm	43.12kg	36.26kg	49.00kg	58.80kg	68.60kg	78.40kg
5	141Cm	43.74kg	36.78kg	49.70kg	59.64kg	69.58kg	79.52kg
6	142Cm	44.36kg	37.30kg	50.41kg	60.49kg	70.57kg	80.66kg

이 상태에서 '−'를 입력하고 다시 **브로카법 시트의 B4를 선택한 다음** Enter↵ 키를 누른다.

B4 =’체질량 지수’!B4-브로카법!B4

	A	B	C	D	E	F
1	체질량 지수와 브로카법의 차이					
2						
3	신장	표준체중	저체중	과체중	비만	중증비만
4	140Cm	7,12kg				
5	141Cm					

차이 시트의 B4 수식은 체질량 지수 시트와 브로카법 시트에 있는 값을 참조하는 수식이다. 이 수식을 보면 참조하는 시트 이름 다음에 !가 붙고 셀 주소가 표시된다.

▶ B4 : =체질량 지수!B4-브로카법!B4

엑셀에서는 이처럼 다른 시트에 있는 값을 참조하는 수식을 작성할 수 있고, 경우에 따라서는 다른 파일에 있는 값을 참조하는 수식을 작성할 수도 있다. 체질량 지수 시트와 브로카법 시트에서 계산하는 내용이 동일하므로 차이를 계산하기 위해서는 이 수식을 복사만 하면 된다.

❻ B4에 있는 수식을 G4까지 복사한 다음, 다시 G59까지 복사한다.

	A	B	C	D	E	F	G
1	체질량 지수와 브로카법의 차이						
2							
3	신장	표준체중	저체중	과체중	비만	중증비만	고도비만
4	140Cm	7,12kg	3,86kg	9,40kg	15,60kg	21,80kg	24,40kg
5	141Cm	6,84kg	3,57kg	9,11kg	15,36kg	21,61kg	24,17kg
6	142Cm	6,56kg	3,28kg	8,83kg	15,13kg	21,43kg	23,96kg
7	143Cm	6,29kg	3,00kg	8,55kg	14,91kg	21,26kg	23,75kg
8	144Cm	6,02kg	2,72kg	8,28kg	14,69kg	21,10kg	23,54kg
9	145Cm	5,76kg	2,45kg	8,01kg	14,48kg	20,94kg	23,35kg
10	146Cm	5,50kg	2,17kg	7,75kg	14,27kg	20,79kg	23,16kg
11	147Cm	5,24kg	1,91kg	7,49kg	14,07kg	20,64kg	22,99kg
12	148Cm	4,99kg	1,64kg	7,24kg	13,87kg	20,50kg	22,82kg
13	149Cm	4,74kg	1,38kg	6,99kg	13,68kg	20,37kg	22,65kg
14	150Cm	4,50kg	1,13kg	6,75kg	13,50kg	20,25kg	22,50kg
15	151Cm	4,26kg	0,87kg	6,51kg	13,32kg	20,13kg	22,35kg
16	152Cm	4,03kg	0,62kg	6,28kg	13,15kg	20,02kg	22,22kg
17	153Cm	3,80kg	0,38kg	6,05kg	12,99kg	19,92kg	22,09kg
18	154Cm	3,58kg	0,13kg	5,83kg	12,83kg	19,83kg	21,96kg
19	155Cm	3,36kg	-0,10kg	5,61kg	12,68kg	19,74kg	21,85kg
20	156Cm	3,14kg	-0,34kg	5,40kg	12,53kg	19,66kg	21,74kg

5. 표준체중표 인쇄

브로카법에 의한 표준체중표를 인쇄하는 방법에 대해 알아보자. 엑셀에서 작업한 워크시트나 파일을 인쇄하는 가장 간단한 방법은 빠른 실행 도구 모음의 인쇄 버튼()을 클릭하는 것이다. 이 방법을 이용하면 현재 작업 중인 워크시트를 즉시 인쇄할 수 있다는 장점이 있지만, 인쇄를 어떻게 할 것인지에 대해 미리 설정되어 있지 않으면 원하지 않는 결과를 가져오기 쉽다. 그러므로 인쇄를 하는 데 가장 많이 사용되는 방법은 빠른 실행 도구 모음의 인쇄 미리 보기 버튼()을 클릭하는 것이다.

인쇄 미리 보기 버튼()을 클릭하면 다음과 같은 창이 나타난다.

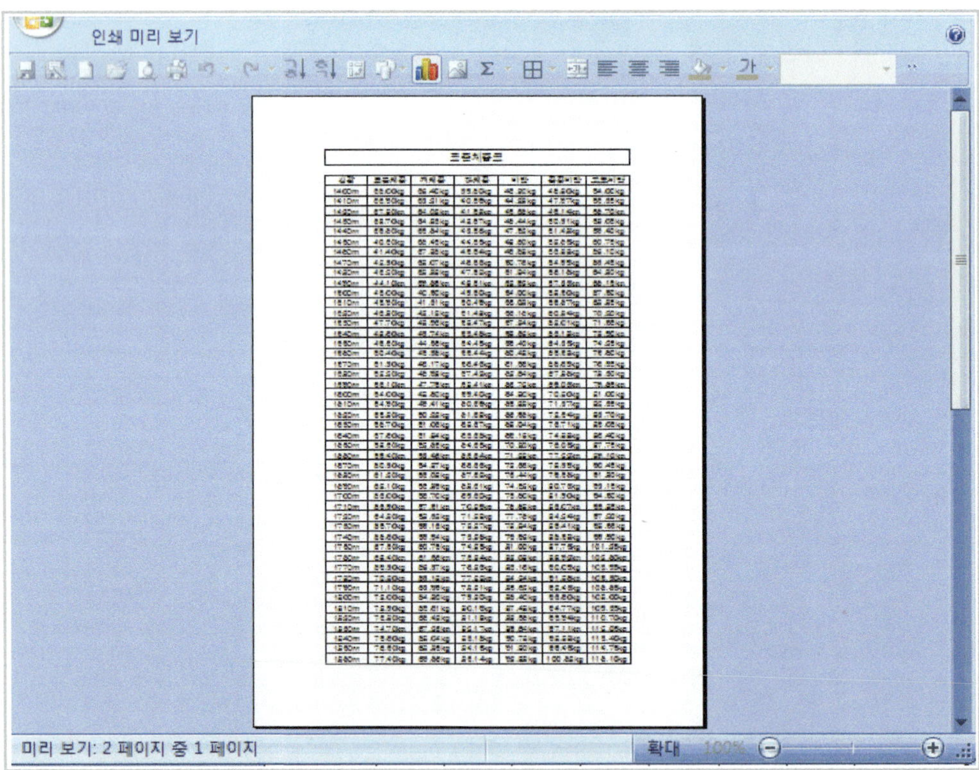

인쇄 미리 보기 창에서는 돋보기(🔍) 상태에서 문서를 클릭하면 확대되어 보이고, 확대된 문서를 보통 마우스 포인터(↖)의 상태에서 클릭하면 축소되어 보인다. 이는 확대/축소 버튼(확대/축소)을 클릭한 것과 같은 효과를 가져온다.

다음(다음 페이지) 이전 버튼(이전 페이지)은 인쇄할 페이지가 2페이지 이상인 경우에 다음 페이지나 이전 페이지를 보이게 하는 기능을 한다.

여백(✓ 여백 표시)을 클릭하면 미리 보기 상태에서 좌우상하의 여백이 나타나는데, 마우스를 이용하여 이를 조절할 수 있다. 이 상태에서는 상하좌우의 여백, 머리글과 바닥글의 여백뿐만 아니라 각 열의 너비도 마우스를 이용하여 조절할 수 있다.

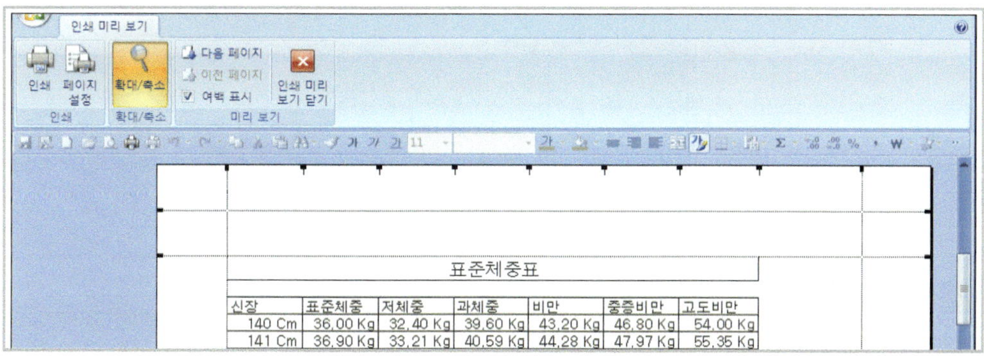

페이지 나누기 미리 보기 버튼(▥)을 클릭하면 엑셀 워크시트에서 인쇄될 부분이 구분되어 화면에 나타난다. 인쇄 미리 보기 상태에서 작업할 수도 있지만 대개 작업하기가 불편하므로 빠른 실행 도구 모음의 기본 보기 버튼(▦)을 선택하면 원래의 워크시트 모양으로 되돌아온다.

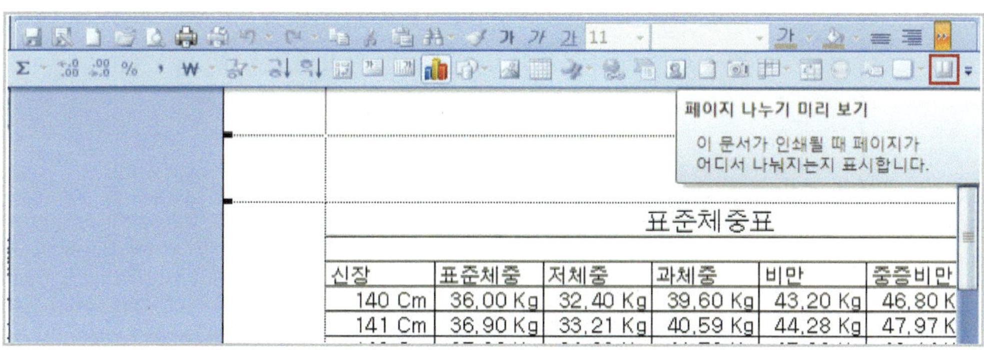

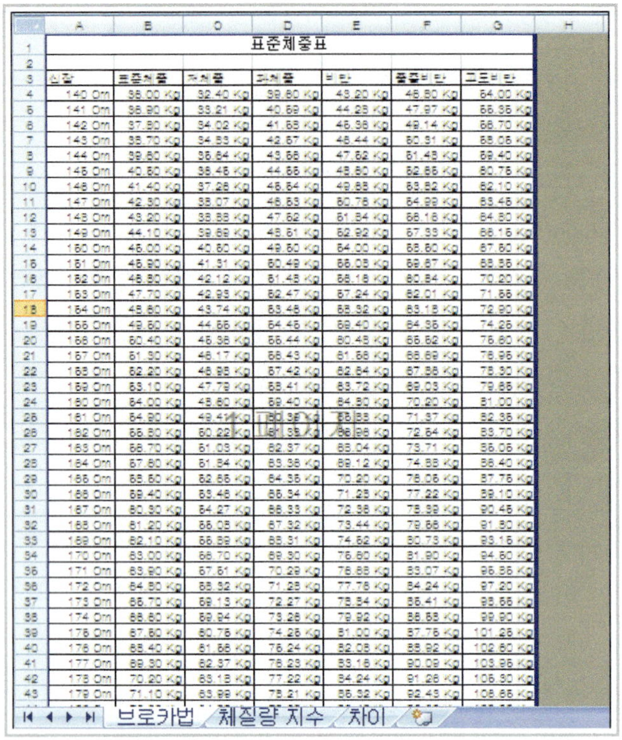

닫기 버튼(![])은 미리 보기를 닫고 워크시트로 돌아가는 기능을 한다. 미리 보기 상태에서 꼭 알아야 할 버튼 기능은 인쇄 버튼(![])과 설정 버튼(![])이다. 인쇄 버튼을 클릭하면 다음과 같은 인쇄 대화상자가 나타난다.

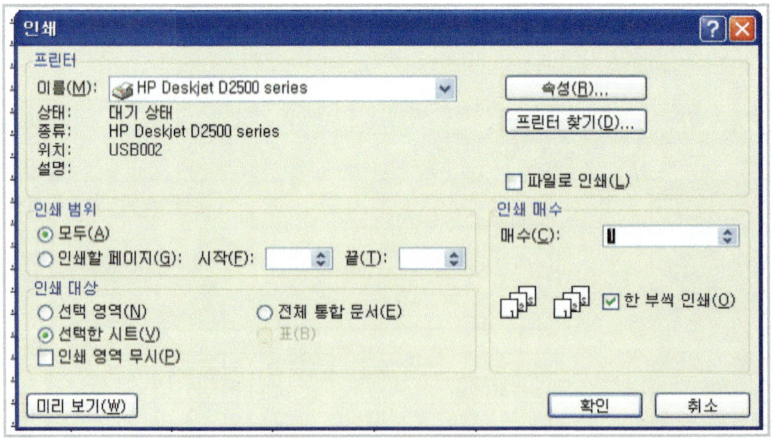

인쇄 대화상자의 프린터 부분은 윈도우에 기본 프린터로 설정되어 있는 프린터를 보여 준다. 이 프린터에 대한 등록 정보나 기타 자세한 내용을 알고 싶으면 등록 정보 버튼(속성(R)...) 클릭한다. 프린터 찾기(프린터 찾기(D)...)는 기본 프린터 이외의 다른 프린터를 설정하고자 할 때 사용하고, '파일로 인쇄'를 선택하면 출력물을 얻을 수 있다.

인쇄 범위는 한 워크시트가 여러 페이지로 인쇄될 때 인쇄할 범위를 지정하는 부분이다. 또한 인쇄 매수를 지정하거나 인쇄 대상에서 일부 영역만을 선택하여 인쇄할 수도 있고, 경우에 따라서는 전체 통합 문서를 인쇄할 수도 있다.

다시 미리 보기 버튼(미리 보기(W))을 클릭하여 인쇄 미리 보기로 돌아가자. 설정 버튼을 클릭하면 인쇄 설정 대화상자가 나타난다. 인쇄 설정 대화상자는 4개의 탭으로 구성되어 있다.

먼저 페이지 탭에서는 용지 방향이나 배율을 결정한다. 배율에서는 확대/축소 배율에서 사용자가 원하는 수준으로 확대하거나 축소할 수 있다. 이때 최소 10%까지 축소할 수 있으며, 최대 400%까지 확대할 수 있다. 가장 많이 사용하는 방법은 자동 맞춤 기능을 이용해 정해진 페이지에 모든 내용을 인쇄하는 것이다. 현재의 워크시트에서 용지 높이와 너비를 1로 하고 자동 맞춤을 선택하면 모든 내용이 1페이지에 인쇄된다.

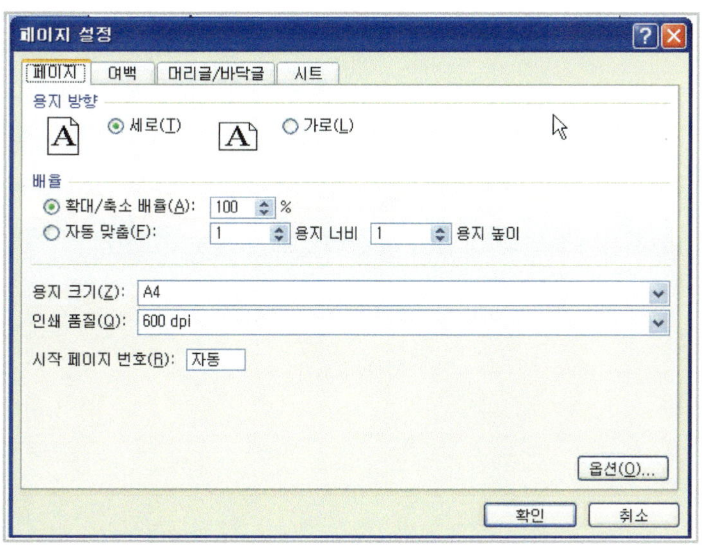

옵션 버튼(옵션(O)...)은 인쇄 대화상자의 등록 정보(등록 정보(R)...)를 클릭한 것과 동일한 정보를 보여 준다. 여기에서는 인쇄 품질이나 용지 설정, 워터마크 등 세세한 옵션을 지정할 수 있다.

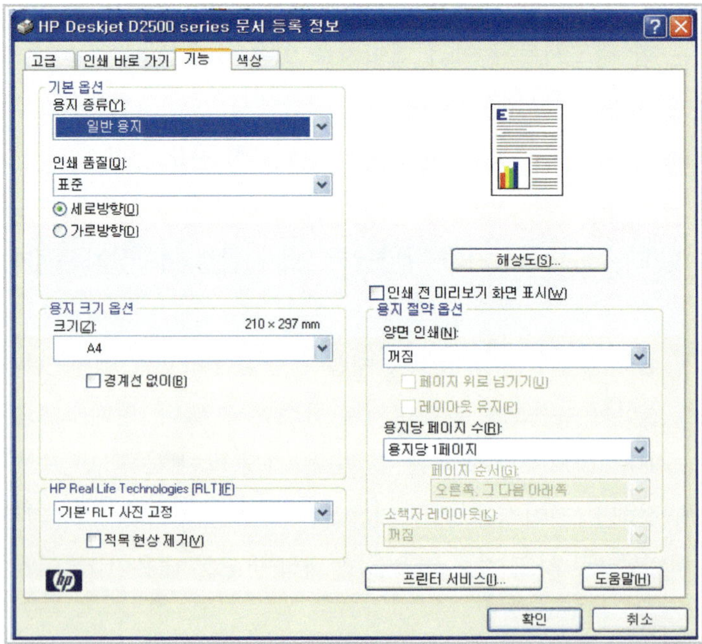

여백 탭을 선택하면 여백을 정확하게 지정하고자 하는 경우 인쇄 용지의 여백을 숫자로 지정할 수 있다. 하지만 미리 보기 상태에서 여백 버튼을 클릭하면 여백을 편리하게 지정할 수 있다. 여백 탭의 하단 '페이지 가운데 맞춤'의 가로와 세로를 선택하면 인쇄 용지의 한가운데에 내용이 인쇄되도록 지정할 수 있다.

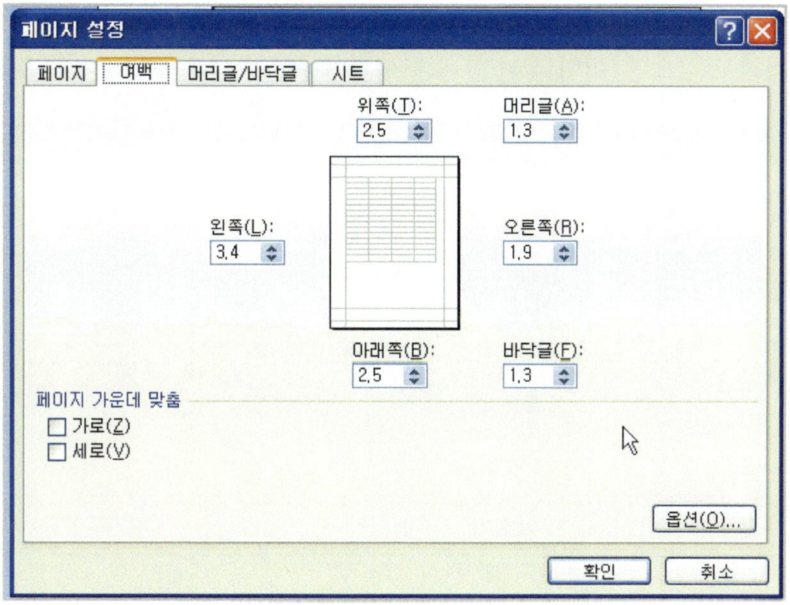

머리글/바닥글 탭을 선택하면 머리글과 바닥글을 편집할 수 있는 다음과 같은 탭이 나타난다.

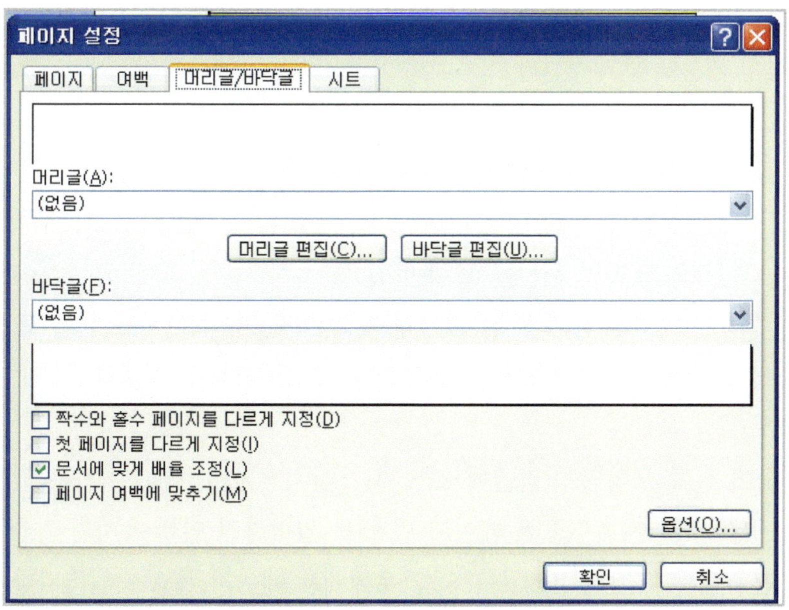

이 탭에서는 머리글이나 바닥글을 입력할 수 있는데, 예를 들어 머리글에 어떤 내용을 입력하고 싶으면, 머리글 편집 버튼을 클릭하여 머리글 대화상자를 부른다.

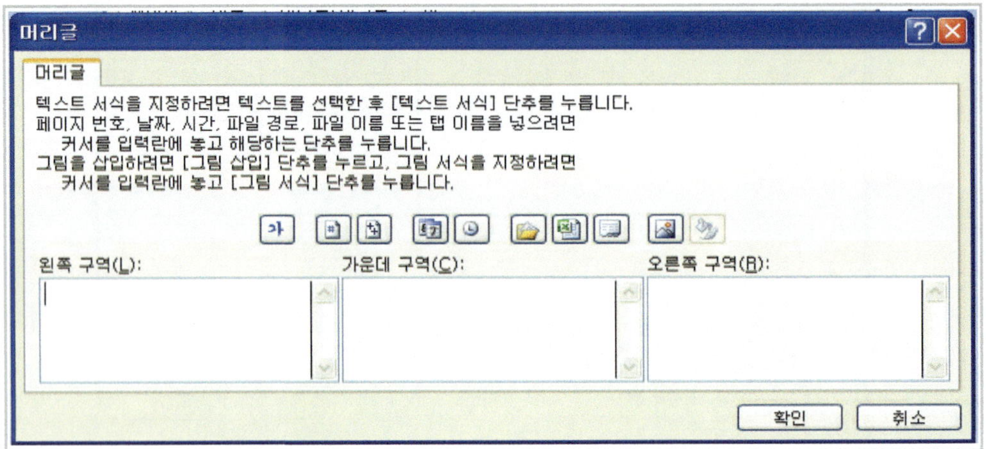

머리글 대화상자의 원하는 구역에 커서를 위치시키고 내용을 입력한다. 예를 들어 머리글의 중앙에 '표준체중표-브로카법'이라는 제목을 넣고 싶으면, 가운데 구역을 선택하여 문구를 입력한다.

머리글 대화상자의 가운데에 있는 버튼들은 머리글이나 바닥글 입력 시 사용할 수 있는 유용한 기능들을 제공한다.

 : 글꼴을 지정하는 글꼴 대화상자를 불러낸다.

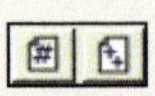 : 인쇄 중인 페이지의 페이지 번호와 전체 워크시트의 페이지 수를 표시한다.

 : 현재의 날짜와 시간을 표시한다.

 : 현재의 파일이 들어 있는 폴더명, 파일명, 워크시트 탭을 표시한다.

 : 그림을 삽입하고 그림을 설정하는 대화상자를 불러낸다.

예를 들어 왼쪽 구역의 머리글에 &[날짜]일&[시간]을 입력하고 가운데 구역의 바닥글에 &[전체 페이지 수] 중 &[페이지 번호]를 입력하면 인쇄 용지의 좌측 상단에는 오늘 날짜와 현재 시간이, 용지 하단의 가운데에는 페이지 번호가 입력된다.

머리글에 그림을 삽입하고 그림 서식 대화상자의 그림 탭에서 이를 희미하게 처리하면 인쇄 용지의 바탕에 배경 그림이 나타나는 효과를 가져올 수도 있다.

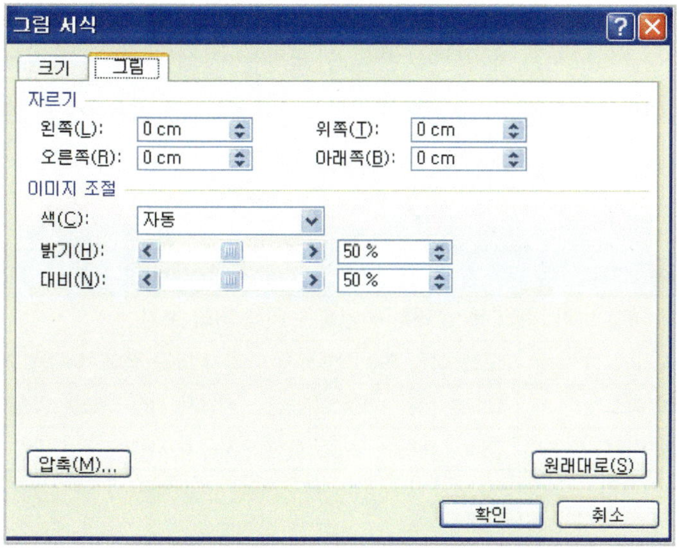

시트 탭에서는 인쇄 용지에 행/열 머리글을 표시하게 할 수 있고, 눈금선이 표시되게 할 수도 있다. 또한 워크시트에서 오류가 발생한 경우에 오류의 인쇄에 대한 옵션을 지정할 수도 있다.

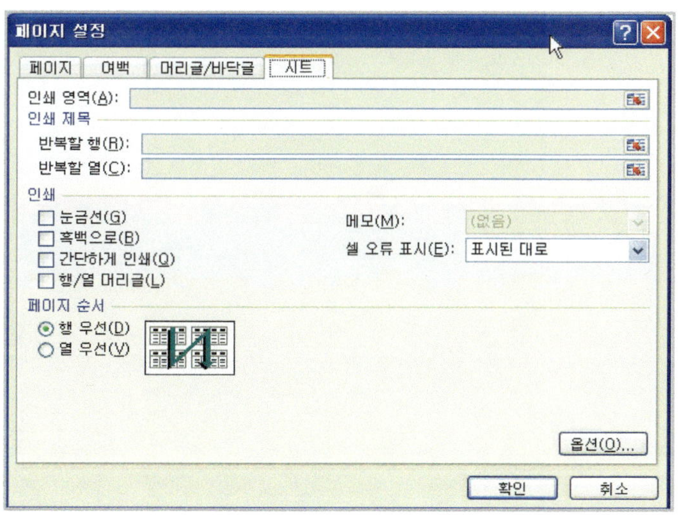

워크시트의 일부분을 인쇄 용지에 반복해서 나타나도록 하기 위해서는 원하는 부분을 인쇄 제목으로 지정해야 하는데, 이는 현재의 페이지 대화상자에서는 지정할 수 없고 메뉴의 페이지 레이아웃의 페이지 설정을 선택하여 페이지 설정 대화상자를 불러내면 가능하다. 워크시트의 일부분만을 인쇄하는 인쇄 영역의 지정도 메뉴의 페이지 레이아웃의 페이지 설정을 선택한 후 시트 탭의 인쇄 영역을 이용해야 한다.

TIP

Excel 2003의 위치	Excel 2007의 위치
인쇄 미리 보기	Office 버튼 – 인쇄 – 인쇄 미리 보기
그리기	도형 삽입 또는 선택 시 그리기 도구 탭에서 사용 가능
확대/축소	Office 버튼 – Excel 옵션 – 사용자 지정 – 모든 명령 – 확대/축소
자동 필터	Office 버튼 – Excel 옵션 – 사용자 지정 – 모든 명령 – 자동 필터

이번 예제에서 배운 내용은 다음과 같다.

- 수식 작성하기
- 사용자 지정 셀 서식 지정하기
- 셀 서식에서 특수문자 입력하기
- 채우기 핸들을 이용하여 연속 데이터 입력하기
- 수식에서 절대주소와 상대주소 참조하기
- 시트 이름 바꾸기
- 다른 시트의 셀을 수식에서 참조하기
- 파일 인쇄하기
- 머리글, 바닥글 지정하기
- 인쇄 페이지 설정하기

엑셀 오류 사례

한 칸의 실수로 엉터리 경제성장률을 발표

125명의 미국 최고경영자로 구성된 Business Council은 지난 주에 회원들 중 70%가 내년도 미국 경제가 0~2%의 낮은 성장률을 보일 것으로 전망했다고 발표했다. 이는 대부분의 경제 전문가들의 예상보다 비관적인 전망이었다. 하지만 지난 화요일 Business Council은 지난 주 발표가 잘못되었고 사실은 이 모임의 회원들이 내년도의 경제성장률을 2.1%에서 4.5%로 예측했고 이는 경제 전망에 관한 한 상당히 낙관적이라고 수정했다.
이 모임의 Cassidy에 의하면 이러한 실수는 계산 착오에 의한 것으로, 이를 계산한 스프레드시트에서 틀린 열로 수치가 옮겨져서 발생하였다고 한다. 단지 스프레드시트에서 바로 옆의 열에 있는 수치를 잘못 인용한 것으로 지난 금요일에 오류를 발견했고 통계조사 역사상 이러한 오류는 전무후무하다고 덧붙여 말했다.

http://www.reuters.com/newsArticle.jhtml?type=businessNews&storyID=6480933에서 인용

EXERCISE

연습문제

01 다음은 20Km 인라인 평균속도에 해당하는 기록과 분당, 초당 속도를 계산한 표이다.

- 엑셀을 이용하여 다음 표를 작성해 보자.

인라인 20Km 기록표			
평균속도	기록(분)	분당속도	초당속도
22Km/h	54.55분	366.67m/min	6.11m/sec
23Km/h	52.17분	383.33m/min	6.39m/sec
24Km/h	50.00분	400.00m/min	6.67m/sec
25Km/h	48.00분	416.67m/min	6.94m/sec
26Km/h	46.15분	433.33m/min	7.22m/sec
27Km/h	44.44분	450.00m/min	7.50m/sec
28Km/h	42.86분	466.67m/min	7.78m/sec
29Km/h	41.38분	483.33m/min	8.06m/sec
30Km/h	40.00분	500.00m/min	8.33m/sec
31Km/h	38.71분	516.67m/min	8.61m/sec
32Km/h	37.50분	533.33m/min	8.89m/sec
33Km/h	36.36분	550.00m/min	9.17m/sec
34Km/h	35.29분	566.67m/min	9.44m/sec
35Km/h	34.29분	583.33m/min	9.72m/sec
36Km/h	33.33분	600.00m/min	10.00m/sec

- 이 표를 인쇄하면서, 배경에 인라인 그림이 삽입되도록 지정해 보자.

EXERCISE

연습문제

02 TV 화면 크기 계산

유명 가전 매장에서 가전제품을 판매하고 있는 김철수 씨는 소비자들에게 인기가 있는 HDTV의 크기를 설명하는 데 어려움을 겪고 있다. 최근에 주로 판매되는 PDP나 LCD를 이용한 HDTV는 화면의 가로와 세로 비율이 기존의 TV와는 다르다. 기존 TV 화면의 가로와 세로 비율은 4:3인 반면, HDTV의 가로와 세로 비율은 16:9이고, TV의 크기를 설명하는 데는 대각선의 길이만을 사용하므로 여기에서 오는 차이가 소비자들을 혼란스럽게 만들고 있다.

예를 들면 기존 방식의 30인치 TV는 가로가 24인치, 세로가 18인치인 반면, 30인치의 HDTV는 가로가 26.15인치, 세로가 14.71인치이다. 하지만 실제로 소비자는 화면의 크기를 주로 화면의 세로의 길이로 인식하기 때문에, 기존의 TV와 같은 대각선 길이의 HDTV를 구입한 고객들은 TV 화면이 기대보다 작다고 불평하고 있다. 게다가 대부분의 소비자들은 인치보다는 센티미터에 익숙해 있어서 거실의 크기에 맞는 TV를 구입하는 데 어려움을 겪고 있다.

이상의 문제를 해결하기 위해 김철수 씨는 기존 TV 화면의 세로 길이에 맞는 HDTV의 크기를 찾기 쉽게 계산해 놓은 표를 작성하여 사용하고자 한다. 새로 만든 표에서는 기존 TV의 세로 길이에 맞는 HDTV의 크기와, 소비자가 원하는 세로 길이를 센티미터로 표시하면 원하는 크기를 쉽게 찾을 수 있어야 한다.

예를 들면 기존의 32인치 TV에 해당되는 세로 길이를 갖는 HDTV의 크기를 쉽게 찾을 수 있어야 하고, 세로의 길이를 센티미터로 알면 그에 해당하는 HDTV의 크기를 쉽게 찾을 수 있어야 한다.

이러한 계산은 엑셀을 이용하면 쉽게 처리할 수 있다는 이야기를 들은 적이 있는 김철수 씨는 경영학과에 다니는 동생에게 이를 부탁하기로 하였다. 여러분은 이 문제를 어떻게 해결할 것인가?

EXERCISE

연습문제

	A	B	C	D	E	F	G	H
1				TV 화면크기 계산				
2								
3			기존 TV(Inch)				HDTV(Inch)	
4	비율	5	4	3		18.36	16	9
5		대각선	가로	세로		대각선	가로	세로
6		24.00 Inch	19.20 Inch	14.40 Inch		24.00 Inch	20.92 Inch	11.77 Inch
7		26.00 Inch	20.80 Inch	15.60 Inch		26.00 Inch	22.66 Inch	12.75 Inch
8		28.00 Inch	22.40 Inch	16.80 Inch		28.00 Inch	24.40 Inch	13.73 Inch
9		30.00 Inch	24.00 Inch	18.00 Inch		30.00 Inch	26.15 Inch	14.71 Inch
10		32.00 Inch	25.60 Inch	19.20 Inch		32.00 Inch	27.89 Inch	15.69 Inch
11		34.00 Inch	27.20 Inch	20.40 Inch		34.00 Inch	29.63 Inch	16.67 Inch
12		36.00 Inch	28.80 Inch	21.60 Inch		36.00 Inch	31.38 Inch	17.65 Inch
13		38.00 Inch	30.40 Inch	22.80 Inch		38.00 Inch	33.12 Inch	18.63 Inch
14		40.00 Inch	32.00 Inch	24.00 Inch		40.00 Inch	34.86 Inch	19.61 Inch
15		42.00 Inch	33.60 Inch	25.20 Inch		42.00 Inch	36.61 Inch	20.59 Inch
16		44.00 Inch	35.20 Inch	26.40 Inch		44.00 Inch	38.35 Inch	21.57 Inch
17		46.00 Inch	36.80 Inch	27.60 Inch		46.00 Inch	40.09 Inch	22.55 Inch
18		48.00 Inch	38.40 Inch	28.80 Inch		48.00 Inch	41.84 Inch	23.53 Inch
19		50.00 Inch	40.00 Inch	30.00 Inch		50.00 Inch	43.58 Inch	24.51 Inch
20		52.00 Inch	41.60 Inch	31.20 Inch		52.00 Inch	45.32 Inch	25.49 Inch
21		54.00 Inch	43.20 Inch	32.40 Inch		54.00 Inch	47.07 Inch	26.47 Inch
22		56.00 Inch	44.80 Inch	33.60 Inch		56.00 Inch	48.81 Inch	27.45 Inch
23		58.00 Inch	46.40 Inch	34.80 Inch		58.00 Inch	50.55 Inch	28.44 Inch
24		60.00 Inch	48.00 Inch	36.00 Inch		60.00 Inch	52.29 Inch	29.42 Inch
25								
26			기존 TV(센티미터)				HDTV(센티미터)	
27	Inch와 Cm의 비율		2.54					
28	Inch	대각선	가로	세로		대각선	가로	세로
29	24	60.96 Cm	48.77 Cm	36.58 Cm		60.96 Cm	53.13 Cm	29.89 Cm
30	26	66.04 Cm	52.83 Cm	39.62 Cm		66.04 Cm	57.56 Cm	32.38 Cm
31	28	71.12 Cm	56.90 Cm	42.67 Cm		71.12 Cm	61.99 Cm	34.87 Cm
32	30	76.20 Cm	60.96 Cm	45.72 Cm		76.20 Cm	66.41 Cm	37.36 Cm
33	32	81.28 Cm	65.02 Cm	48.77 Cm		81.28 Cm	70.84 Cm	39.85 Cm
34	34	86.36 Cm	69.09 Cm	51.82 Cm		86.36 Cm	75.27 Cm	42.34 Cm
35	36	91.44 Cm	73.15 Cm	54.86 Cm		91.44 Cm	79.70 Cm	44.83 Cm
36	38	96.52 Cm	77.22 Cm	57.91 Cm		96.52 Cm	84.12 Cm	47.32 Cm
37	40	101.60 Cm	81.28 Cm	60.96 Cm		101.60 Cm	88.55 Cm	49.81 Cm
38	42	106.68 Cm	85.34 Cm	64.01 Cm		106.68 Cm	92.98 Cm	52.30 Cm
39	44	111.76 Cm	89.41 Cm	67.06 Cm		111.76 Cm	97.41 Cm	54.79 Cm
40	46	116.84 Cm	93.47 Cm	70.10 Cm		116.84 Cm	101.83 Cm	57.28 Cm
41	48	121.92 Cm	97.54 Cm	73.15 Cm		121.92 Cm	106.26 Cm	59.77 Cm
42	50	127.00 Cm	101.60 Cm	76.20 Cm		127.00 Cm	110.69 Cm	62.26 Cm
43	52	132.08 Cm	105.66 Cm	79.25 Cm		132.08 Cm	115.12 Cm	64.75 Cm
44	54	137.16 Cm	109.73 Cm	82.30 Cm		137.16 Cm	119.55 Cm	67.24 Cm
45	56	142.24 Cm	113.79 Cm	85.34 Cm		142.24 Cm	123.97 Cm	69.73 Cm
46	58	147.32 Cm	117.86 Cm	88.39 Cm		147.32 Cm	128.40 Cm	72.23 Cm
47	60	152.40 Cm	121.92 Cm	91.44 Cm		152.40 Cm	132.83 Cm	74.72 Cm

Chapter 03

십구단표

엑셀에서는 수식을 이용한 계산을 많이 한다. 또한 엑셀에서는 보통 하나의 수식을 만들어 놓고 이 수식을 인접한 셀들에 복사해서 많은 양의 계산을 한꺼번에 처리한다. 이러한 과정에서 수식을 정확하게 입력해야만 원하는 결과를 얻을 수 있다. 엑셀에서 수식을 이해하는 데 가장 중요한 것 중의 하나는 상대주소와 절대주소의 개념이다. 앞의 표준체중표에서 상대주소와 절대주소의 개념에 대해 간단하게 알아보았다.

하나의 수식을 인접한 셀에 복사해 계산할 때에는 처음에 만들어진 수식에서 참조하는 셀 주소들이 복사된 셀들에서는 이동한 거리만큼 적절하게 변경되어야만 의도한 계산이 이루어질 수 있다. 이처럼 원본 셀과 복사된 셀과의 거리만큼 참조된 셀들의 주소가 자동으로 변경되는 것을 상대주소라고 한다.

이에 반해 원본 셀의 수식을 다른 셀에 복사하더라도 복사된 셀의 수식에서 참조하는 셀 주소가 변경되지 않아야만 제대로 계산이 되는 경우가 있는데, 이처럼 원본 셀의 수식에서 참조하는 주소와 복사된 셀의 수식에서 참조하는 주소가 변경되지 않는 주소를 절대주소라고 한다.

다음의 십구단표 만들기를 실습하면서 상대주소와 절대주소에 대해 보다 확실히 알아보자. 십구단표는 구구단을 확대한 것으로 이를 익히면 어느 정도 복잡한 계산이더라도 쉽게 암산으로 계산할 수 있어서 계산 속도가 빨라지는 장점이 있다. 인도에서는 어렸을 때부터 십구단을 익힌다고 한다. 하지만 이것이 수학을 잘하기 위한 필수적인 요소라는 것은 과장된 주장이고, 십구단도 계산을 잘하기 위한 하나의 수단에 불과할 뿐이다.

1. 계산하기

❶ 십구단표를 만들기 위해 엑셀을 시작하여 새 파일을 열고 '십구단표' 라는 이름으로 저장한다.

❷ A1을 선택하여 **'십구단표'** 라는 제목을 붙인다.

❸ B2를 선택하여 11이라고 입력한 다음, 단축메뉴를 불러 **셀 서식**을 선택한다. 셀 서식 대화상자에서 표시 형식 탭을 선택하고 사용자 지정의 형식에서 '0 단' 을 입력하고 확인을 선택한다.

❹ Ctrl 키를 누른 상태에서 **채우기 핸들**을 이용해 **F2까지 드래그**한다. B2:F2에는 11단에서 15단까지가 입력될 것이다.

하지만 실제로 이 영역에 들어 있는 값들은 11단이나 15단이 아니고 숫자 11이나 15라는 것을 이해해야 한다. 만약 이 영역에 숫자 대신 11단 또는 15단이라고 입력하면 엑셀에서는 이를 숫자가 아닌 문자열로 인식하여 계산할 수가 없다.

❺ A3을 선택하여 11이라고 입력하고 Ctrl 키와 채우기 핸들을 이용하여 **A12까지 채운다**. 이제 표를 계산할 준비가 되었다.

❻ B3에 들어갈 공식을 생각해 보자. B3에는 B2에 있는 11과 A3에 있는 11이 곱해져야 할 것이다. 그러므로 B3에는 '=B2*A3' 라는 수식을 입력해 보자.

▶ B3 : =B2*A3

❼ B3에는 121이라는 값이 나타날 것이다. 이 수식을 채우기 핸들을 이용하여 F3까지 복사해 보자. 복사된 셀들에 나타난 값들이 의도한 것과는 다르다. C3에는 132라는 값이 나와야 하지만 1452라는 큰 값이 나타나 있다.

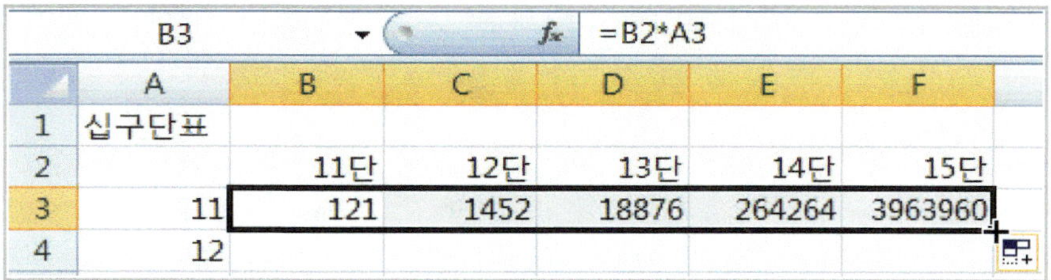

원인을 확인하기 위해 C3 셀을 선택해 보면, 수식 입력줄에 나타난 수식은 '=C2*B3' 가 되어 있을 것이다. 이는 B3 셀에 입력된 원래의 공식 '=B2*A3' 이 우측으로 한 칸 이동하였으므로 B2는 C2로, A3는 B3로 수식에서 참조하는 셀 주소가 변경된 것이다. 여기에서 B2가 C2로 변경되는 것은 의도한 바와 같지만, A3의 A는 고정되어야 한다.

❽ 따라서 B3의 수식은 '=B2*$A3' 로 수정되어야 한다. 이를 쉽게 하기 위해서는 수식 입력줄에서 A3 앞에서 마우스를 클릭하여 커서를 위치시키고 F4 키를 세 번 누른다.

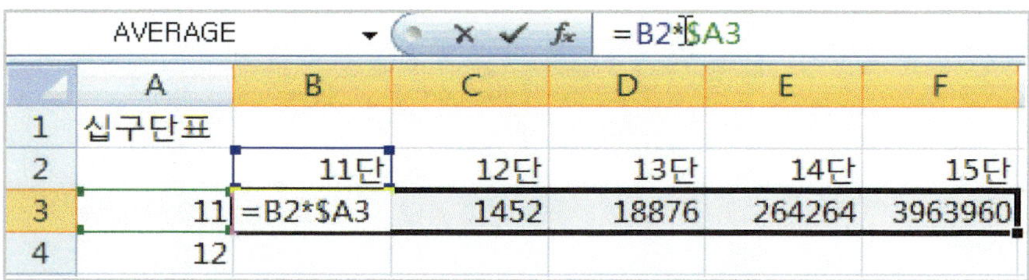

❾ B3의 수식을 수정했으면 이를 F3까지 복사한다. 이제는 각 셀에 나타난 값이 원하는 결과와 같을 것이다.

❿ 이번에는 B3:F3을 채우기 핸들을 이용하여 F12까지 복사해 보자. 이번에도 원하지 않는 결과가 나타날 것이다. 이것 역시 공식에서 참조하는 셀 주소가 잘못되었기 때문이다.

⓫ 다시 B3 셀을 선택하고 수식 입력줄에서 B2 앞을 마우스로 클릭하여 커서를 위치시키고 F4 키를 두 번 눌러 수식을 '=B$2*$A3' 으로 수정한다.

⓬ 수정된 수식을 F3까지 복사하고 다시 F12까지 복사하면 원하는 곱하기의 결과가 나타날 것이다.

B3 | =B$2*$A3

	A	B	C	D	E	F
1	십구단표					
2		11단	12단	13단	14단	15단
3	11	121	132	143	154	165
4	12	132	144	156	168	180
5	13	143	156	169	182	195
6	14	154	168	182	196	210
7	15	165	180	195	210	225
8	16	176	192	208	224	240
9	17	187	204	221	238	255
10	18	198	216	234	252	270
11	19	209	228	247	266	285
12	20	220	240	260	280	300
13						

위의 표에는 곱하기의 결과만 나타나 있으므로 이를 보다 보기 좋게 꾸미는 방법에 대해 알아보자. 십구단표가 제대로 나타나려면 각 셀에는 '11*11=121'과 같은 형태가 되어야 할 것이다. 이를 위해서는 문자열 연산자인 &를 사용한다.

2. 십구단표 작성하기

문자열 연산자 &는 문자열이나 수치로 된 셀의 내용을 연결해서 문자열로 표시해 주는 기능을 한다.

❶ 다시 B3 셀을 선택하고 수식 입력줄에서 다음과 같이 수정한다.

'=B$2&"*"&$A3&"="&B$2*$A3'

좀 복잡해 보이는 수식이지만 수식의 의미는 다음과 같다.
B$2에 입력된 값과 "*"를 연결하고 이를 다시 $A3에 들어 있는 값과 연결한 다음,

이를 "="와 계산 결과인 B$2*$A3에 연결한다. 따라서 수식에서 의미하는 결과는 '11*11=121' 이 될 것이다.

❷ 이제 B3의 완성된 수식을 F3까지 그리고 다시 F12까지 복사한다.

❸ 각 셀들의 너비가 좁으므로 A:F를 선택하여 열 머리글 A와 B 사이에서 더블 클릭하여 열의 크기를 셀의 내용에 맞춘다.

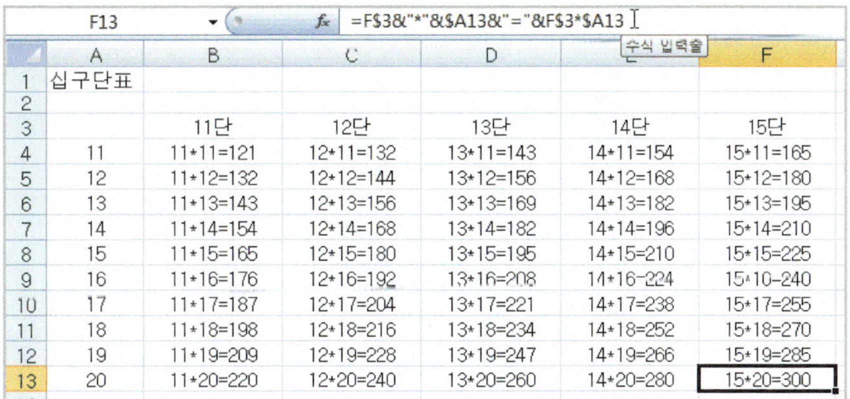

F13 =F$3&"*"&$A13&"="&F$3*$A13

	A	B	C	D	E	F
1	십구단표					
2						
3		11단	12단	13단	14단	15단
4	11	11*11=121	12*11=132	13*11=143	14*11=154	15*11=165
5	12	11*12=132	12*12=144	13*12=156	14*12=168	15*12=180
6	13	11*13=143	12*13=156	13*13=169	14*13=182	15*13=195
7	14	11*14=154	12*14=168	13*14=182	14*14=196	15*14=210
8	15	11*15=165	12*15=180	13*15=195	14*15=210	15*15=225
9	16	11*16=176	12*16=192	13*16=208	14*16=224	15*16=240
10	17	11*17=187	12*17=204	13*17=221	14*17=238	15*17=255
11	18	11*18=198	12*18=216	13*18=234	14*18=252	15*18=270
12	19	11*19=209	12*19=228	13*19=247	14*19=266	15*19=285
13	20	11*20=220	12*20=240	13*20=260	14*20=280	15*20=300

❹ 마찬가지 방법으로 16단부터 20단을 만들기 위해, B15:F15에 16부터 20을 입력한 다음 B2를 선택하고 서식 복사 버튼( )을 클릭한다. 복사된 서식을 B15:F15에 붙여 넣는다.

❺ A16:A25에 11부터 20을 입력하고 위와 같은 방법으로 B16:F25에 알맞은 수식을 입력한다.

❻ A1:F1을 선택하여 병합하고 가운데 맞춤( )을 선택, 글꼴 크기를 22로 하고 테두리( ) 중 모든 테두리( )를 선택한다. Ctrl 키를 이용하여 A3:F13와 A15:F25를 선택하여 글꼴 크기 16, 가운데 맞춤( )을 선택하고 테두리 중 모든 테두리( )를 선택하여 표를 만든다. B:F열의 너비를 20으로 조정하면 다음과 같은 십구단표를 완성할 수 있다.

	A	B	C	D	E	F
1	십구단표					
2						
3		11단	12단	13단	14단	15단
4	11	11*11=121	12*11=132	13*11=143	14*11=154	15*11=165
5	12	11*12=132	12*12=144	13*12=156	14*12=168	15*12=180
6	13	11*13=143	12*13=156	13*13=169	14*13=182	15*13=195
7	14	11*14=154	12*14=168	13*14=182	14*14=196	15*14=210
8	15	11*15=165	12*15=180	13*15=195	14*15=210	15*15=225
9	16	11*16=176	12*16=192	13*16=208	14*16=224	15*16=240
10	17	11*17=187	12*17=204	13*17=221	14*17=238	15*17=255
11	18	11*18=198	12*18=216	13*18=234	14*18=252	15*18=270
12	19	11*19=209	12*19=228	13*19=247	14*19=266	15*19=285
13	20	11*20=220	12*20=240	13*20=260	14*20=280	15*20=300
14						
15		16단	17단	18단	19단	20단
16	11	16*11=176	17*11=187	18*11=198	19*11=209	20*11=220
17	12	16*12=192	17*12=204	18*12=216	19*12=228	20*12=240
18	13	16*13=208	17*13=221	18*13=234	19*13=247	20*13=260
19	14	16*14=224	17*14=238	18*14=252	19*14=266	20*14=280
20	15	16*15=240	17*15=255	18*15=270	19*15=285	20*15=300
21	16	16*16=256	17*16=272	18*16=288	19*16=304	20*16=320
22	17	16*17=272	17*17=289	18*17=306	19*17=323	20*17=340
23	18	16*18=288	17*18=306	18*18=324	19*18=342	20*18=360
24	19	16*19=304	17*19=323	18*19=342	19*19=361	20*19=380
25	20	16*20=320	17*20=340	18*20=360	19*20=380	20*20=400

TIP

숫자를 텍스트 형식으로 입력하는 방법

- 대상 범위의 '표시 형식'을 텍스트 형식으로 변경한다(텍스트 형 숫자를 입력할 범위가 넓어야 하는 경우에 사용).
- 입력할 숫자 값 앞에 작은따옴표(')를 입력하고 숫자를 입력한다(원하는 셀에만 간단하게 텍스트 형 숫자를 입력하고 싶을 경우에 사용).

엑셀 오류 사례

데이터 정렬 실수로 경매가 취소되다

가격을 혼동해서 플로리다 주 Venice 카운티의 시유지 매각이 취소되었다. 이 시 North Port의 시유지에 대한 경매에서 최저가격을 웹에 올리는 데 실수를 저질러서 일부 구역의 최저가격이 하룻밤 사이에 3배나 올라 버렸다. 이 카운티의 경매 담당자가 구역번호, 등기번호, 최저가격을 스프레드시트에 입력하였는데, 데이터를 정렬하는 과정에서 무의식적인 실수로 가격을 빼고 정렬을 했던 것이다.

http://www.venicegondolier.com/NewsArchive3/010106/tp3vn4.htm에서 인용

EXERCISE 연습문제

01 다음과 같은 월이자표를 작성해 보자.

A열에는 예금액이 만원 단위로 입력되어 있고, 2행에는 연 이자율이 입력되어 있다. B3:I12에는 각 예금액과 연 이자율에 해당하는 한 달 이자액이 계산되어 있다.

	A	B	C	D	E	F	G	H	I
1	월이자표								
2	이자율 / 예금액	4.00%	4.50%	5.00%	5.50%	6.00%	6.50%	7.00%	7.50%
3	100만원	3.333 천원	3.750 천원	4.167 천원	4.583 천원	5.000 천원	5.417 천원	5.833 천원	6.250 천원
4	200만원	6.667 천원	7.500 천원	8.333 천원	9.167 천원	10.000 천원	10.833 천원	11.667 천원	12.500 천원
5	300만원	10.000 천원	11.250 천원	12.500 천원	13.750 천원	15.000 천원	16.250 천원	17.500 천원	18.750 천원
6	400만원	13.333 천원	15.000 천원	16.667 천원	18.333 천원	20.000 천원	21.667 천원	23.333 천원	25.000 천원
7	500만원	16.667 천원	18.750 천원	20.833 천원	22.917 천원	25.000 천원	27.083 천원	29.167 천원	31.250 천원
8	600만원	20.000 천원	22.500 천원	25.000 천원	27.500 천원	30.000 천원	32.500 천원	35.000 천원	37.500 천원
9	700만원	23.333 천원	26.250 천원	29.167 천원	32.083 천원	35.000 천원	37.917 천원	40.833 천원	43.750 천원
10	800만원	26.667 천원	30.000 천원	33.333 천원	36.667 천원	40.000 천원	43.333 천원	46.667 천원	50.000 천원
11	900만원	30.000 천원	33.750 천원	37.500 천원	41.250 천원	45.000 천원	48.750 천원	52.500 천원	56.250 천원
12	1000만원	33.333 천원	37.500 천원	41.667 천원	45.833 천원	50.000 천원	54.167 천원	58.333 천원	62.500 천원

Chapter 04

달력 만들기

엑셀의 셀 서식 기능을 이용하면 우리가 평소에 사용하는 탁상달력과 거의 같은 모양의 달력을 만들 수 있다. 이 과정을 통해 엑셀의 셀 서식에 대해 좀 더 알아보자.

1. 자료 입력하기

❶ 2009년 9월의 달력을 만들기 위해 엑셀을 시작하여 새 문서를 만든 다음 '달력 2009-09' 라는 이름으로 저장한다.

❷ Sheet1의 시트 탭을 더블클릭 하여 시트 탭의 이름을 **'이번달'** 이라고 변경한 다음 Enter↵ 키를 누른다.

❸ A1 셀을 선택하여 '2009-09-01' 을 입력한다. C1 셀에도 같은 방식으로 9월 1일을 입력한다. A1 셀과 B1 셀을 선택하여 병합하고 가운데 맞춤( )을 클릭한다.

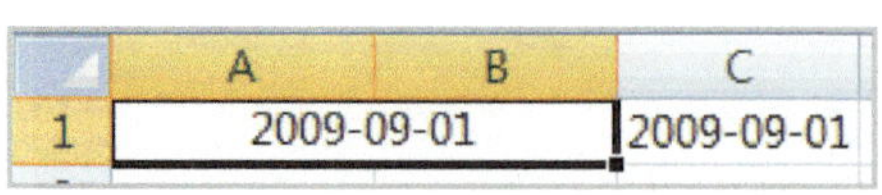

❹ A2를 선택하여 SUN이라고 입력한 다음, **채우기 핸들**을 이용해 G2까지 채워 넣는다.

	A	B	C	D	E	F	G
1	2009-09-01		2009-09-01				
2	SUN						
3						SAT	

❺ 2009년 9월 1일은 화요일이므로 화요일에 해당하는 C3를 선택하여 '2009-09-01'이라고 입력한다. C3 셀을 **채우기 핸들**을 이용해 G3까지 복사한다. E3 셀에는 '2009-09-01'라는 날짜가 채워질 것이다. 화면에 날짜가 나타나지 않더라도 당황할 필요가 없다. 이는 셀의 너비를 크게 하면 저절로 해결될 것이다.

	A	B	C	D	E	F	G
1	2009-09-01		2009-09-01				
2	SUN	MON	TUE	WED	THU	FRI	SAT
3			2009-09-01	2009-09-02	2009-09-03	2009-09-04	2009-09-05
4							2009-09-06
5							

❻ 채우기 핸들을 이용해 G3 셀을 G4로 **복사**하면 G4에는 2009-09-06이 입력될 것이다. <u>마우스 포인터를 이동 상태로 만든 다음 G4 셀에 있는 내용을 A4로 이동한다.</u>

❼ 다시 A4 셀을 채우기 핸들을 이용해 G5까지 **복사**하여 A5:G5에 날짜를 입력한다. 이와 같은 과정으로 D7까지 9월의 날짜를 모두 입력한다.

	A	B	C	D	E	F	G
1	2009-09-01		2009-09-01				
2	SUN	MON	TUE	WED	THU	FRI	SAT
3			2009-09-01	2009-09-02	2009-09-03	2009-09-04	2009-09-05
4	2009-09-06	2009-09-07	2009-09-08	2009-09-09	2009-09-10	2009-09-11	2009-09-12
5	2009-09-13	2009-09-14	2009-09-15	2009-09-16	2009-09-17	2009-09-18	2009-09-19
6	2009-09-20	2009-09-21	2009-09-22	2009-09-23	2009-09-24	2009-09-25	2009-09-26
7	2009-09-27	2009-09-28	2009-09-29	2009-09-30			
8							

❽ A3:G7을 선택하고 마우스 오른쪽 버튼을 눌러서 단축메뉴를 부른 다음, 셀 서식을 선택한다.

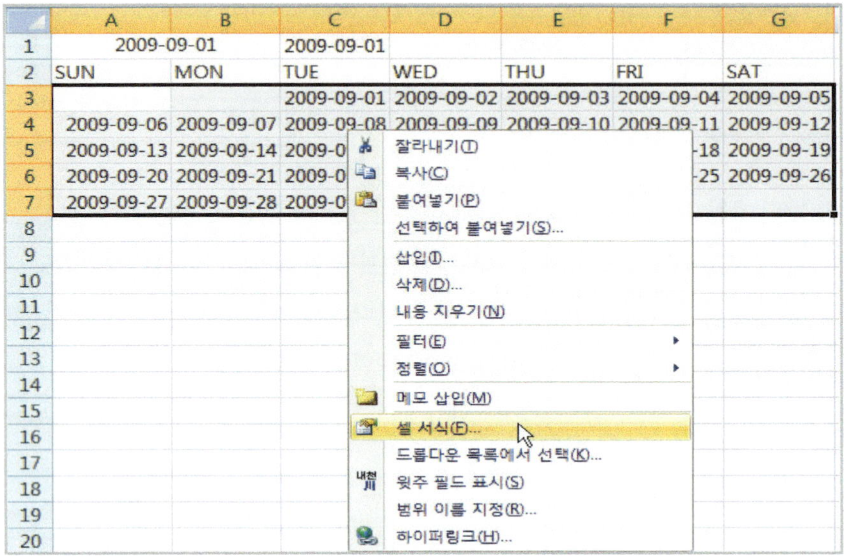

❾ 셀 서식 대화상자에서 **표시 형식** 탭을 선택하고 맨 밑에 있는 사용자 지정을 선택한다. 사용자 지정의 **형식(T) :** 의 칸에 들어 있는 'yyyy-mm-dd'를 지우고 'd'만 입력한 다음 확인 버튼을 누른다. 이제는 날짜만 표시될 것이다.

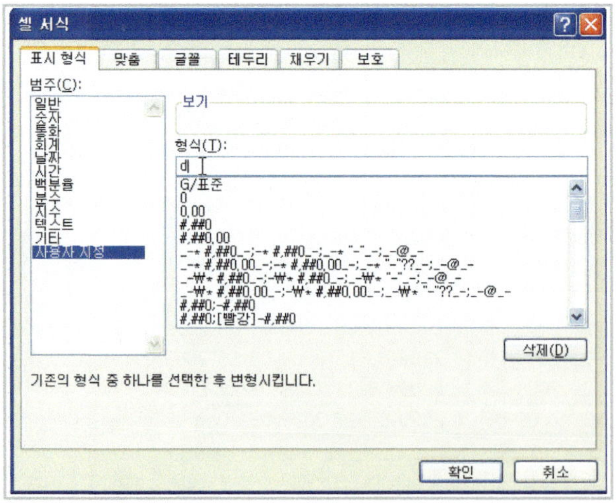

	A	B	C	D	E	F	G
1	2009-09-01		2009-09-01				
2	SUN	MON	TUE	WED	THU	FRI	SAT
3			1	2	3	4	5
4	6	7	8	9	10	11	12
5	13	14	15	16	17	18	19
6	20	21	22	23	24	25	26
7	27	28	29	30			

⑩ 다시 A1 셀을 선택하여 단축메뉴를 이용하여 **셀 서식**을 선택하고 셀 서식 대화상자에서 표시 형식 탭의 사용자 지정을 선택한 다음, 형식에 'mmmm' 만을 입력한다. C1 셀을 선택하여 사용자 지정 형식을 'yyyy' 로 지정한다.

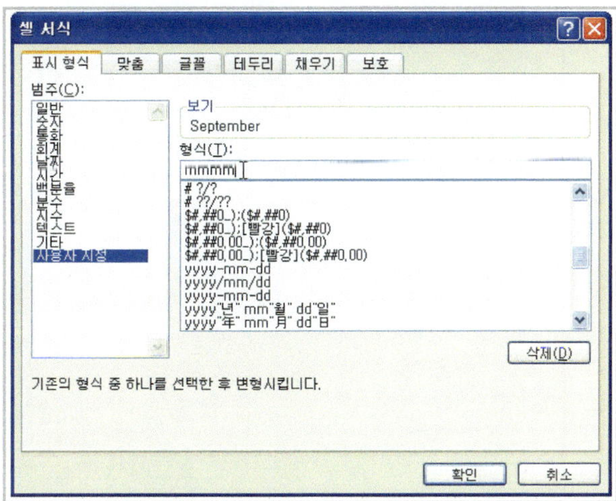

A1에는 September가 C1에는 2009가 나타날 것이다. 이제 달력을 만들기 위한 기본 자료는 모두 입력되었다.

	A	B	C	D	E	F	G
1	September		2009				
2	SUN	MON	TUE	WED	THU	FRI	SAT
3			1	2	3	4	5
4	6	7	8	9	10	11	12
5	13	14	15	16	17	18	19
6	20	21	22	23	24	25	26
7	27	28	29	30			

2. 자료 꾸미기

❶ 이제 인쇄할 경우에 어떻게 나타날 것인지 알아보기 위해 빠른 실행 도구 모음의 인쇄 미리 보기 버튼( )을 클릭한다.

❷ 설정 버튼을 클릭하여 페이지 탭을 선택하고 용지 방향이 세로로 되어 있으면 **가로 옵션**을 **선택**한 다음 확인을 클릭한다.

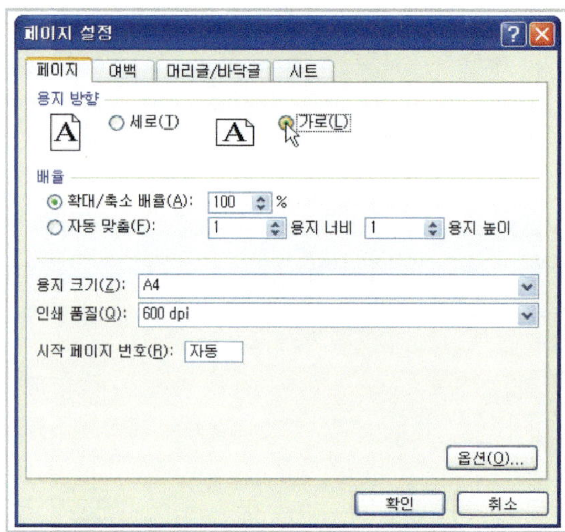

❸ 다시 **여백 버튼을 클릭**하여 여백을 나타내는 선과 조절점이 나타나면 선을 조절하여 **여백을 줄이고 달력이 나타나는 부분을 확장**한다. 한 페이지에 알맞은 달력으로 인쇄되기에는 달력을 나타내는 부분이 너무 작으므로 이를 확대해야 할 것이다. 닫기 버튼을 클릭하여 인쇄 미리 보기를 빠져나온다.

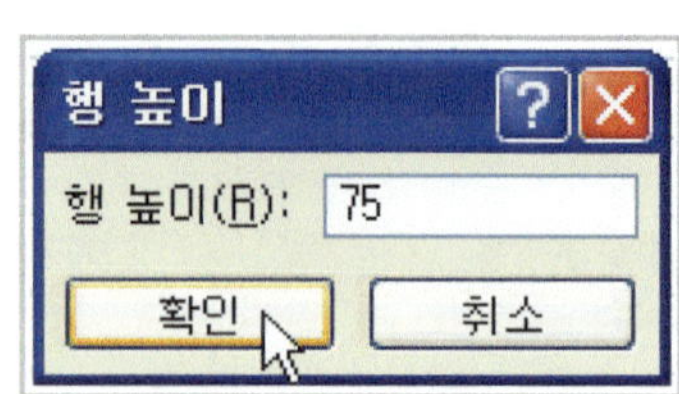

❹ 먼저 **3행부터 7행**(3:7)을 선택한 다음 빠른 실행 도구 모음의 행 높이( ) 버튼을 클릭한 후 **75**를 입력하고 확인을 클릭한다.

❺ A2 셀을 선택하고 행 높이( ) 버튼을 클릭한 후 30을 입력한다.

❻ A1 셀의 높이를 100으로 조절한다.

❼ 다시 A열부터 G열까지를 선택하고 빠른 실행 도구 모음의 열 너비( ) 버튼을 클릭한 후 16을 입력하고 확인을 선택한다.

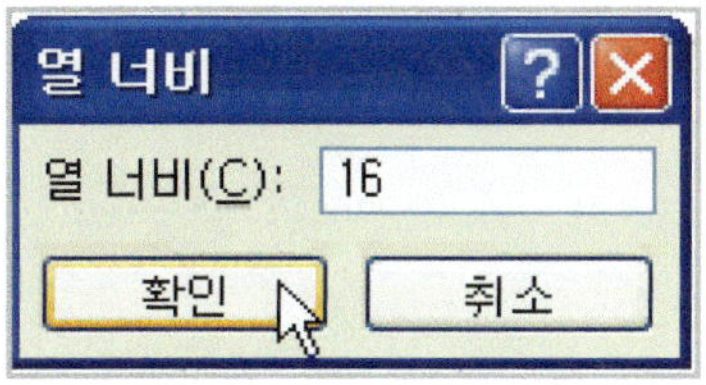

❽ 이때 달력 전체가 화면에 나타나지 않으므로 빠른 도구 모음의 확대/축소 버튼을 확장하여 화면 크기를 75%로 조절한다.

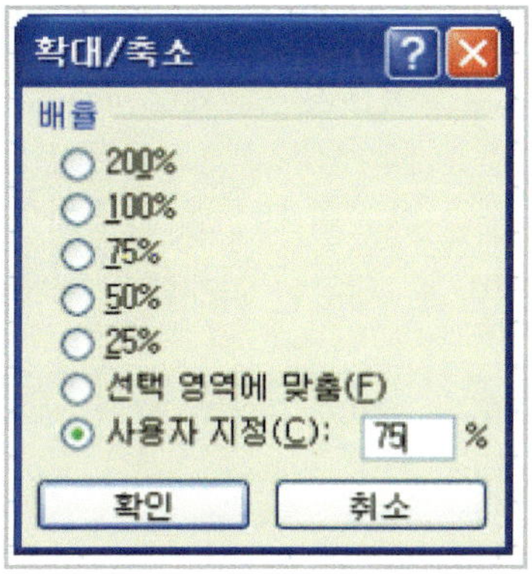

❾ A1:C1을 선택하고 글꼴 크기를 36( )으로 지정하고 빠른 실행 도구 모음의 굵게( )를 클릭한다.

❿ A2:G7을 선택하고 글꼴 크기를 22( )로 지정하고 굵게( ) 만든 다음 테두리( )에서 모든 테두리( )를 선택한다.

⓫ 달력에서 **일요일**은 보통 빨강색으로 표시되므로 A2:A7을 선택하여 빠른 실행 도구 모음의 글꼴 색 버튼을 확장하여 **빨강색**을 선택한다.

⓬ 마찬가지로 **토요일**인 G2:G7은 **파랑색**을 선택한다.

⓭ A2:G2를 선택하여 빠른 실행 도구 모음의 가운데 맞춤( )으로 지정한다.

⓮ A3:G7을 선택한 다음 **글꼴 크기를** 24로 지정하고 굵게( )를 선택한 다음, 마우스 오른쪽 버튼을 클릭하여 **셀 서식** 대화상자가 나타나면 **맞춤 탭**을 선택한다. 텍스트 맞춤에서 **가로**에는 **'왼쪽(들여쓰기)'** 을 **세로**에는 **'위쪽'** 을 선택한다.

⓯ A1:C1을 선택한 후 마우스 오른쪽 버튼을 클릭하여 **셀 서식** 대화상자를 불러낸 다음, **맞춤 탭**에서 **가로**는 **일반**을, **세로**는 **아래쪽**을 선택한 다음 **확인**을 클릭한다.

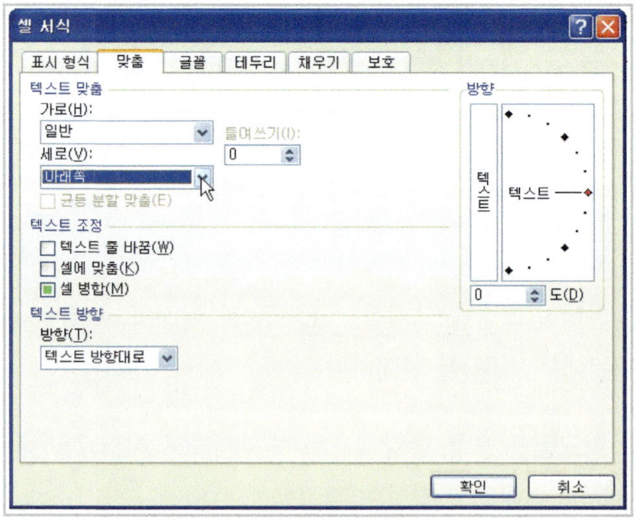

이제는 2009년 9월의 달력이 어느 정도 완성되었다.

	A	B	C	D	E	F	G
1	September		2009				
2	SUN	MON	TUE	WED	THU	FRI	SAT
3			1	2	3	4	5
4	6	7	8	9	10	11	12
5	13	14	15	16	17	18	19
6	20	21	22	23	24	25	26
7	27	28	29	30			

3. 이전달과 다음달 작성

다음에는 9월 달력에 그 전 달인 8월의 달력과 다음 달인 10월의 달력이 동시에 나타나게 해 보자.

❶ 우선 Sheet2의 시트 탭을 더블클릭 하여 시트 탭의 이름을 '이전달'이라고 입력한 다음 [Enter↵] 키를 누른다.

❷ 9월 달력 만들기와 마찬가지로 A1, C1에 각각 2009-08-01을 입력하고 A1과 B1을 병합한다.

❸ '이번달' 시트의 A2:G2를 선택하고 빠른 실행 도구 모음의 복사 버튼( )을 이용하여 복사한 다음, '이전달' 시트의 A2를 선택하고 빠른 실행 도구 모음의 붙여 넣기( )를 선택한다.

❹ 8월 1일은 토요일이므로 G3 셀에 2009-08-01을 입력한 다음, '이번달' 시트와 같은 방법으로 8월 31까지의 날짜를 입력한다.

❺ '이번달' 시트를 선택하고, 데이터가 들어 있는 A1:G7을 선택한 다음, 빠른 실행 도구 모음의 서식 복사 버튼( )을 클릭한다. 다시 '이전달' 시트로 와서 A1:G7을 선택한다. '이번달' 시트에서 지정한 서식이 자동으로 '이전달' 시트에 적용될 것이다.

❻ 이제는 행과 열의 높이와 너비를 이번달 시트와 똑같이 적용한다.

❼ 마찬가지 방법으로 다음달인 10월의 달력을 만든다.

4. 카메라 이용하기

이제는 이전 달과 다음 달의 달력을 이번 달에 붙여 보자. 이를 위해서는 엑셀의 카메라 기능을 이용해야 한다. 먼저 빠른 실행 도구 모음에 카메라 버튼( )을 추가한다.

❶ 'Excel 옵션' 대화상자에서 '사용자 지정' 범주를 선택한다. '다음에서 명령 선택'에서 '리본 메뉴에 없는 명령'의 '카메라'를 선택한 후 [추가] 버튼과 [확인] 버튼을 차례로 클릭한다.

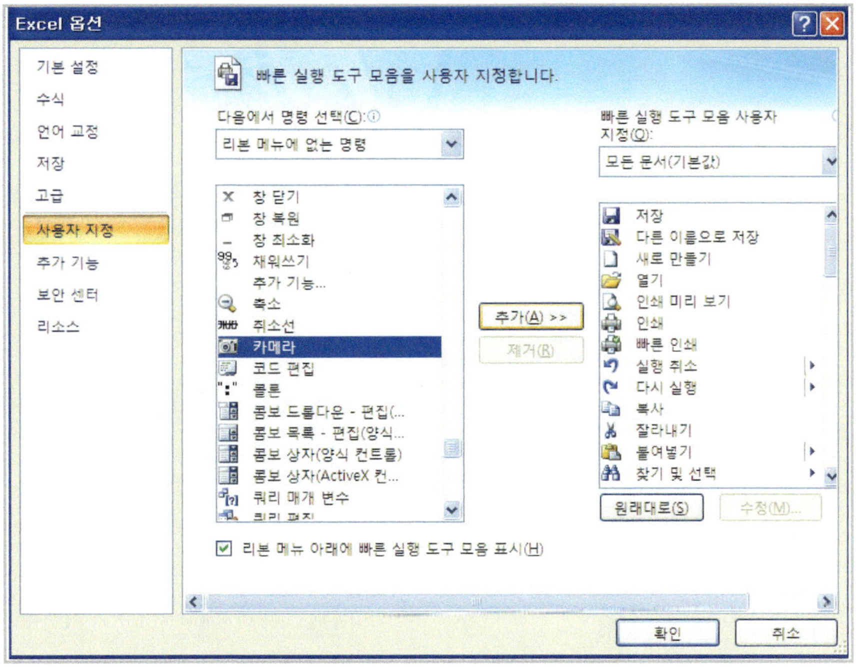

❷ 아래의 빠른 실행 도구 모음에 카메라 버튼()이 추가되었다.

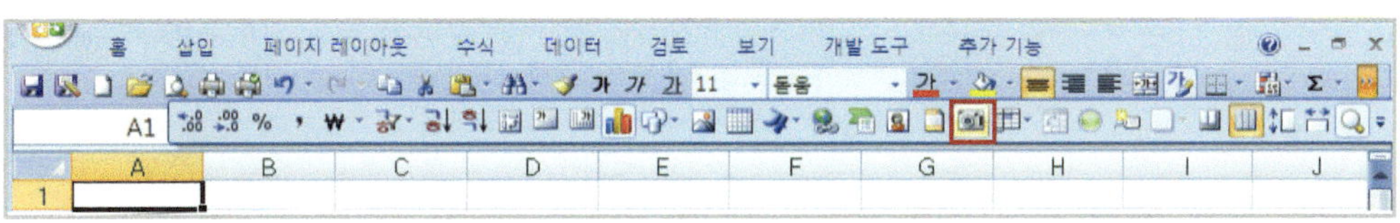

엑셀에서는 사용자가 필요하다고 생각되는 버튼을 빠른 실행 도구 모음에 포함시켜 편리하게 이용할 수 있다.

❸ 카메라 도구 버튼()을 추가하였으면, '이전달' 시트를 선택하고 이전 달의 데이터가 들어 있는 A1:G7을 선택한 다음, 카메라 버튼()을 클릭한다.

❹ 선택된 영역이 카메라에 찍혔으면, '이번달' 시트를 선택하고 A1을 클릭하여 '이전달' 시트가 '이번달' 시트에 나타나도록 한다.

❺ 이제 카메라에 찍힌 '이전달' 사진이 D1:E1 영역에 들어갈 수 있도록 **크기를 조절**한 다음 D1:E1에 **붙인다**.

❻ 카메라에 찍힌 이전 달의 날짜들이 너무 작으므로 **'이전달' 시트**로 돌아가서 날짜들의 **글꼴 크기**를 36으로 조정한다. '이번달' 시트에 있는 사진의 날짜들도 글꼴이 커져 있음을 알 수 있다.

❼ '이전달' 의 사진에 테두리가 그려져 있어서 이를 지우기 위해 **'이전달' 시트**의 A3:G7을 선택하고 테두리에서 **테두리 없음**을 선택한다.

❽ 다시 **메뉴**의 [보기]를 선택하고 **눈금선**의 **선택**을 **취소**하고 확인을 선택한다.

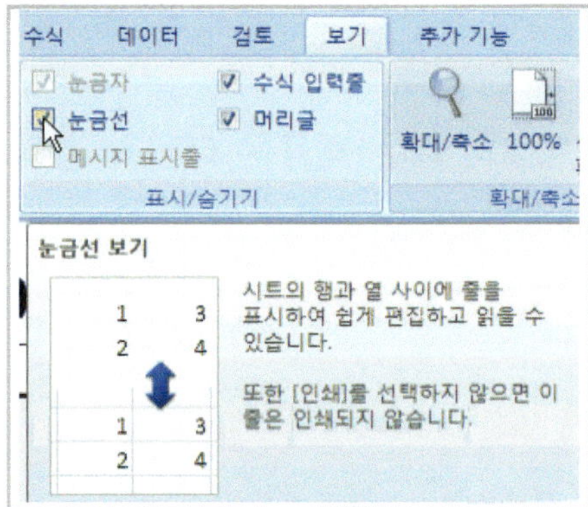

❾ 마찬가지 방법으로 다음 달 시트의 내용을 카메라로 찍어 '이번달' 시트에 붙여 넣는다. 이때 이전 달을 찍은 사진과 다음달을 찍은 사진이 겹치면 오류가 생기므로 사진들이 겹치지 않도록 주의해야 한다.

최종적으로 완성된 달력의 모습은 다음과 같다.

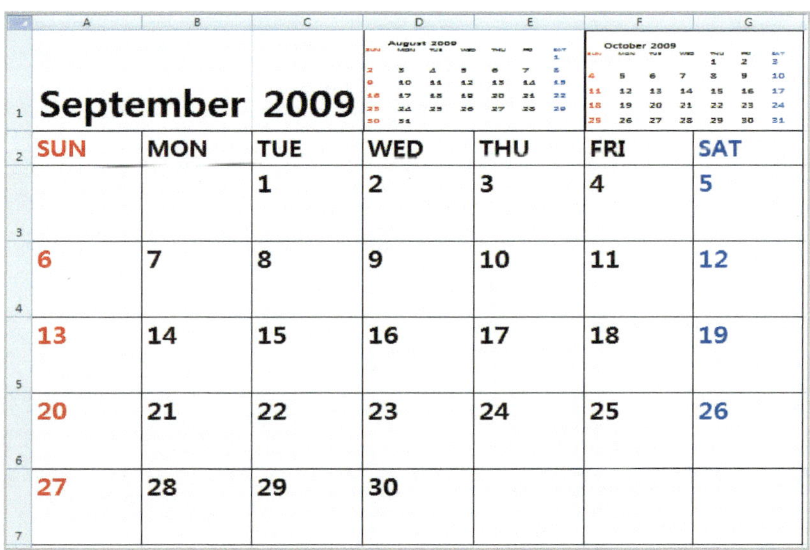

TIP 워크시트의 눈금선은 인쇄하면 나타나지 않는다.

이번 예제에서 배운 내용은 다음과 같다.

- 시트 탭의 이름 변경
- 사용자 지정 서식
- 인쇄 미리 보기
- 인쇄의 설정 및 여백
- 행/열의 높이/너비 조정
- 화면 확대/축소
- 사용자 정의 도구 모음 지정
- 카메라 이용
- 화면표시 옵션

엑셀 오류 사례

대출이자 계산조차 실수를

대출 관련 분쟁에서 대출신청자가 스프레드시트로 대출기간 전체 이자를 계산해서 대출신청을 하고 이를 근거로 대출을 받았다. 이자 계산에 오류가 있었으나 협상 당시에는 오류가 발견되지 않아 잘못 계산된 이자에 근거하여 대출이 이루어졌고 전체 이자액 55,000파운드는 이자율 45%에 해당하는 것으로 상호 인정을 했다. 하지만 실제 이자율은 약 33%에 불과했고 이에 대해 은행에서는 더 높은 이자율 적용을 요구했다.

하지만 법원은 이 실수가 어느 누구의 잘못도 아니고 스프레드시트에 의한 이자 계산에 보증이 있는 것도 아니라고 판시했다. 그리고 이 건은 민사사건이므로 일정 금액의 이자에 합의하여 대출을 조정하라고 결정했다. 당사자 모두 실수를 범했고 이 경우 누구도 부정한 행위를 한 것으로 볼 수가 없다는 것이다.

http://lawzone.thelawyer.com/cgi-bin/item.cgi?id=111862&d=205&h=207&f=259에서 인용

Chapter 05

적금통장

매월 30만원씩 10년 동안 6%의 이자율로 은행에 적금을 들면 얼마를 모을 수 있을까? 실제로 이를 구체적으로 계산해 본 사람은 많지 않을 것이다. 우리는 은행에서 적금통장에 인쇄해 준 금액만을 가지고 알 수 있을 뿐이다. 하지만 엑셀을 이용하면 이러한 계산을 쉽게 처리할 수 있다.

간단히 계산하려면 엑셀에서 제공하는 함수를 사용한다. 엑셀에는 수백 가지의 함수가 내장되어 있고 추가로 제공되거나 사용자가 직접 만든 함수도 있다. 엑셀에서 기본적으로 제공하는 함수만 이용해도 적금의 만기 금액은 쉽게 계산할 수 있다. 구체적으로 이러한 경우에는 재무 함수 중 FV(Future Value : 미래 가치)를 사용한다.

이때 적금을 드는 사람의 입장에서는 만기 금액을 아는 것도 중요하지만 매월매월의 금액이 어떻게 계산되는지 알고 있으면 더욱 좋을 것이다. 다음에서는 적금통장의 금액이 매월 어떻게 변해 가는지를 엑셀에서 작성해 보자.

1. 자료 입력하기

❶ 먼저 엑셀을 시작하여 새 파일을 '적금통장' 이라는 이름으로 저장한다.

❷ A1 셀을 선택하여 **'적금통장'** 이라고 입력한다. B3:B5에 각각 **이자율, 기간, 월불입액**이라고 입력한 다음, B3:C5를 선택하고 메뉴 [수식]→[정의된 이름]→선택 영

역에서 만들기( )를 클릭한다. 선택 영역에서 이름 만들기 대화상자가 나타나면 '왼쪽 열(L)'에 체크하고 확인 버튼을 클릭한다.

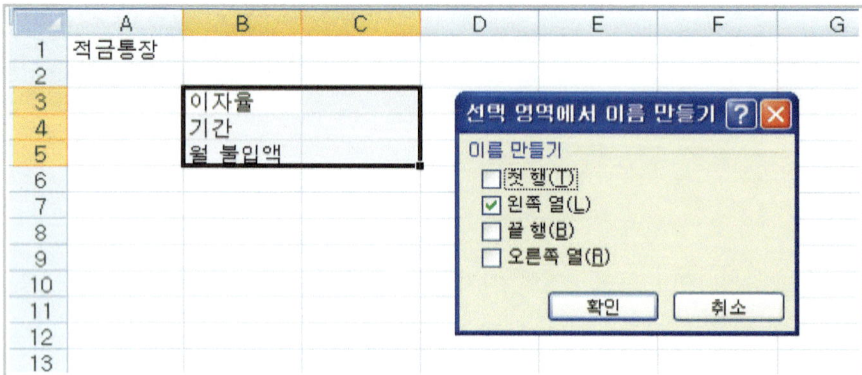

- ▶ B3 : 이자율
- ▶ B4 : 기간
- ▶ B5 : 월 불입액

이렇게 하면 C3:C5에 각각 이자율, 기간, 월 불입액이라는 이름이 부여된다.

- ▶ C3의 이름 : 이자율
- ▶ C4의 이름 : 기간
- ▶ C5의 이름 : 월 불입액

부여된 이름은 셀 주소와 마찬가지로 해당 셀을 참조하는 주소나 이름으로 사용할 수 있다. 엑셀에서 복잡한 워크시트나 템플릿을 만드는 경우에는 이름을 사용하는 것이 좋다. 별도의 조치가 없는 경우에는 이름이 주어진 셀이나 영역은 절대주소로 인식되기 때문에 엑셀에서 수식을 복사하는 데 편리하다. 또한 수식에서 참조된 셀들이 의미 있는 이름으로 표시되므로 수식을 이해하는 데 큰 도움이 된다.

❸ 이제 C3:C5에 각각 6%, 10, 300000을 입력한다.

▶ C3(이자율) : 6%
▶ C4(기간) : 10
▶ C5(월 불입액) : 300000

C3을 선택하면 이름 상자에 이자율이라고 나타날 것이다. 먼저 엑셀의 함수를 이용하여 이 경우에 얼마를 모을 수 있는지 계산해 보자.

❹ F3을 선택하고 수식 입력줄 좌측의 **함수 마법사**를 클릭하여 함수 마법사 대화상자를 부른다.

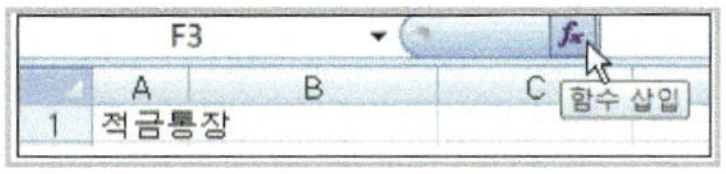

❺ 함수 마법사 대화상자의 범주 선택에서 **재무**를, 함수 선택에서 FV를 선택하고 확인을 누른다. 이때 선택된 함수에 대한 사용법과 개략적인 설명이 나오므로 이를 읽어 두는 것이 좋다.

엑셀의 함수 마법사에서는 각 단계마다 필요한 설명과 사용법이 제시되므로 함수에 대해 잘 모르는 사용자라도 함수를 쉽게 사용할 수 있다.

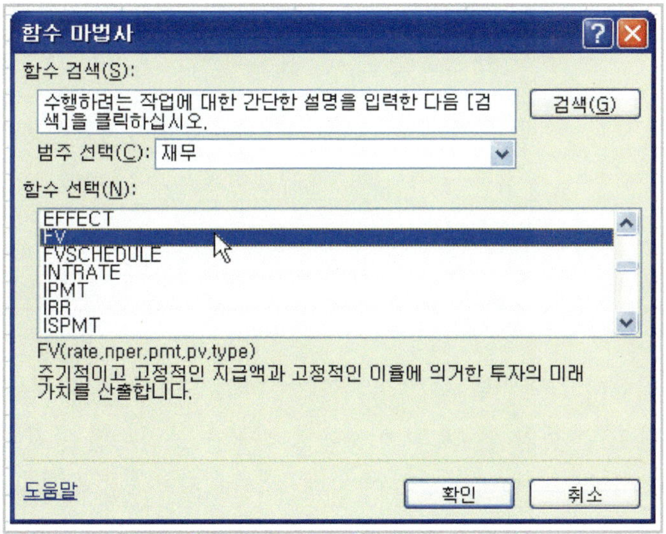

함수 인수 대화상자에서 함수의 사용에 필요한 인수(Argument)를 다음과 같이 입력한다. FV 함수는 =FV(Rate, Nper, Pmt, Pv, Type)의 형식으로 사용되는데, Rate는 이자율을, Nper은 납입 기간, Pmt는 매회의 불입액을 의미한다. Pv와 Type는 현재 가치와 불입 형태를 지정하는 것이지만 입력하지 않아도 상관없다.

❻ Rate에는 C3를 클릭하고 '/12'를 입력하면 다음의 화면과 같이 '이자율/12'라고 입력된다. 이자율을 12로 나눈 것은 우리가 통상 지칭하는 이자율은 연 이자율이지만 적금은 매월 불입되므로 이자를 월별로 계산하기 때문이다.

❼ 마찬가지로 기간은 10년이므로 이를 월로 환산하기 위해서는 12를 곱해 주어야 한다.

❽ Pmt에는 **월 불입액**을 입력하는데, 매월 은행에서 불입액을 받는 것이 아니고 지급하므로 앞에 –를 붙여서 표시한다.

▶ F3 : =FV(이자율/12, 기간*12, –월 불입액)

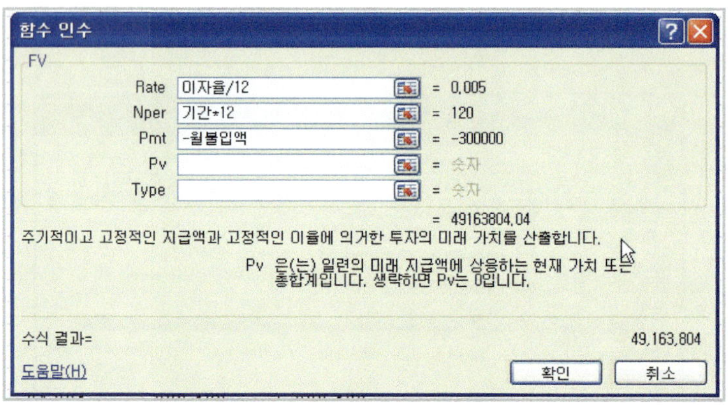

위와 같이 입력하고 확인을 누르면 F3에는 \49,163,804가 나타날 것이다. 이는 매월 30만 원씩 10년 동안 연 6%의 이자율로 적금을 불입하면 만기에 이 금액이 된다는 의미이다. 이번에는 월별로 적금의 잔액을 나타내는 방법에 대해 알아보자.

2. 적금통장 만들기

❶ 먼저 A7:G7에 각각 기간, 월초잔액, 월불입액, 누적불입액, 이자액, 누적 이자액, 월말잔액이라고 입력한다.

- ▶ A7 : 기간
- ▶ B7 : 월초잔액
- ▶ C7 : 월불입액
- ▶ D7 : 누적불입액
- ▶ E7 : 이자액
- ▶ F7 : 누적 이자액
- ▶ G7 : 월말잔액

❷ 기간이 10년이므로 A8에 1을 입력하고 Ctrl 키를 누른 상태에서 **채우기 핸들**을 **드래그**하여 120까지 **입력**한다.

❸ 첫 달의 월초잔액은 없으므로 B8에 0을 입력한다.

❹ C8에는 월불입액이 입력되어야 하므로 **C8을 선택**하고 **=를 입력**한 다음 **C5를 클릭**하면 **'=월불입액'이 자동으로 입력**된다. D8의 누적불입액은 불입액의 누적이 계산되어야 하므로 합계를 계산하는 SUM 함수를 이용하여 다음과 같이 입력한다.

- ▶ D8 : =SUM($C$8:C8)

이 수식의 의미는 절대주소인 $C$8에서 상대주소인 C8까지 합계를 구하라는 것이다. 이렇게 합계를 구하면 맨 마지막 행에는 누적 합계가 계산된다.

❺ 이자액은 해당 월초잔액에 대해 지급되므로 월초잔액에 월 이자율을 곱해야 할 것이다. 따라서 E8에는 '=B8*이자율/12'를 입력한다. F8의 누적 이자액은 SUM 함수를 이용하여 '=SUM($E$8:E8)'이라고 입력한다.

❻ 월말잔액은 월초잔액에 월불입액과 이자액을 합한 금액이므로 G8에는 '=B8+C8+E8' 을 입력한다.

- ▶ A8 : 1
- ▶ B8 : 0
- ▶ C8 : =월불입액
- ▶ D8 : =SUM($C$8:C8)
- ▶ E8 : =B8*이자율/12
- ▶ F8 : =SUM($E$8:E8)
- ▶ G8 : =B8+C8+E8

❼ 다음 달의 월초잔액은 이전 달의 월말잔액이므로 B9에는 =G8을 입력한다.

❽ 그리고 C9:G9에는 각각 =월불입액, =SUM($C$8:C9), =B9*이자율/12, =SUM($E$8:E9), =B9+C9+E9를 입력한다. 이를 쉽게 하기 위해서는 C8:G8를 선택하고 채우기 핸들을 이용해 C9:E9에 복사한다.

	A	B	C	D	E	F	G
1	적금통장						
2							
3		이자율	6.0%			₩49,163,804	
4		기간	10 년				
5		월불입액	300,000				
6							
7	기간	월초잔액	월불입액	누적불입액	이자액	누적 이자액	월말잔액
8	1	-	300,000	300,000	-	-	300,000
9	2	300,000	300,000	600,000	1,500	1,500	601,500
10	3						

- ▶ A9 : 2
- ▶ B9 : =G8
- ▶ C9 : =월불입액
- ▶ D9 : =SUM($C$8:C9)
- ▶ E9 : =B9*이자율/12
- ▶ F9 : =SUM($E$8:E9)
- ▶ G9 : =B9+C9+E9

이제는 B9:G9에 있는 공식들을 아래로 복사만 하면 적금통장이 완성될 것이다.

❾ A9:G9을 선택하고 **채우기 핸들**을 이용하여 **G127까지 복사한다.** G127에 나와 있는 적금의 마지막 금액이 FV함수를 이용해 계산한 결과와 일치하면 10년짜리 적금통장의 매월 잔액은 계산되었다. 마지막으로 **F3에 있는 수식을 지우고 A1의 제목을 전체의 폭에 맞게 조정**하고, 값이 들어 있는 영역에 **테두리를 적용**하면 적금통장은 완성된다.

적금통장

이자율	6.0%
기간	10 년
월불입액	300,000

기간	월초잔액	월불입액	누적불입액	이자액	누적이자액	월말잔액
1	-	300,000	300,000	-	-	300,000
2	300,000	300,000	600,000	1,500	1,500	601,500
3	601,500	300,000	900,000	3,008	4,508	904,508
4	904,508	300,000	1,200,000	4,523	9,030	1,209,030
5	1,209,030	300,000	1,500,000	6,045	15,075	1,515,075
6	1,515,075	300,000	1,800,000	7,575	22,651	1,822,651
7	1,822,651	300,000	2,100,000	9,113	31,764	2,131,764
8	2,131,764	300,000	2,400,000	10,659	42,423	2,442,423
9	2,442,423	300,000	2,700,000	12,212	54,635	2,754,635
10	2,754,635	300,000	3,000,000	13,773	68,408	3,068,408
11	3,068,408	300,000	3,300,000	15,342	83,750	3,383,750
12	3,383,750	300,000	3,600,000	16,919	100,669	3,700,669
13	3,700,669	300,000	3,900,000	18,503	119,172	4,019,172
14	4,019,172	300,000	4,200,000	20,096	139,268	4,339,268
15	4,339,268	300,000	4,500,000	21,696	160,964	4,660,964
16	4,660,964	300,000	4,800,000	23,305	184,269	4,984,269
17	4,984,269	300,000	5,100,000	24,921	209,190	5,309,190
18	5,309,190	300,000	5,400,000	26,546	235,736	5,635,736
19	5,635,736	300,000	5,700,000	28,179	263,915	5,963,915
20	5,963,915	300,000	6,000,000	29,820	293,735	6,293,735
21	6,293,735	300,000	6,300,000	31,469	325,203	6,625,203
22	6,625,203	300,000	6,600,000	33,126	358,329	6,958,329
23	6,958,329	300,000	6,900,000	34,792	393,121	7,293,121
24	7,293,121	300,000	7,200,000	36,466	429,587	7,629,587
25	7,629,587	300,000	7,500,000	38,148	467,735	7,967,735
26	7,967,735	300,000	7,800,000	39,839	507,573	8,307,573
27	8,307,573	300,000	8,100,000	41,538	549,111	8,649,111
28	8,649,111	300,000	8,400,000	43,246	592,357	8,992,357
29	8,992,357	300,000	8,700,000	44,962	637,318	9,337,318
30	9,337,318	300,000	9,000,000	46,687	684,005	9,684,005
31	9,684,005	300,000	9,300,000	48,420	732,425	10,032,425
32	10,032,425	300,000	9,600,000	50,162	782,587	10,382,587

TIP

이름 정의를 사용하면 수식을 이해하기 쉽다. 그리고 정의된 이름은 언제든지 이름 상자에서 확인 가능하며, 이름 상자의 이름을 선택하면 해당 범위로 빠르게 이동할 수 있다.

3. 엑셀의 오류값

엑셀에서 수식이나 함수를 사용하여 계산을 하다보면 원하지 않는 결과가 나오거나 계산 자체가 오류가 되는 경우가 있다. 특히 템플릿에서 사용하는 워크시트의 수가 많고 다른 워크시트의 값을 참조하는 복잡한 계산에서는 이러한 오류가 나타날 가능성이 더욱 높아진다. 이때 오류의 원인을 알고 있으면 그 오류를 쉽게 수정할 수 있다.

엑셀 사용 중 흔히 나타나는 오류는 상대주소와 절대주소를 혼동하거나 잘못된 셀을 참조하여 계산하는 것, 또는 함수의 이름을 잘못 입력하는 것이다. 이 경우에도 엑셀 화면에 나타나는 오류값을 정확히 이해하고 있으면, 오류의 원인을 쉽게 파악하여 오류를 수정하기가 용이하다. 엑셀 사용 중 나타나는 오류값과 이에 대한 설명은 다음과 같다.

오류값	오류 설명
######	셀에 입력된 숫자 값이 열 너비보다 클 경우에 발생
#DIV/0!	수식에서 어떤 값을 0으로 나누려고 할 때 발생
#N/A	Not Available. VLOOKUP 등 참조 함수에서 참조 값을 찾을 수 없을 때 발생
#NAME?	이름이나 함수에서 인식할 수 없는 문자열을 사용했을 때 발생
#NULL!	교차되는 영역을 지정해야 하는 수식에 교차하지 않는 영역을 지정한 경우
#NUM!	수식이나 함수에서 숫자가 요구되는 인수에 숫자가 입력되지 않아서 발생
#REF!	수식에서 참조하고 있던 셀이 삭제된 경우와 같이, 수식이나 함수에서 셀을 참조할 수 없는 경우
#VALUE!	수식에 숫자 대신 문자를 사용하는 경우와 같이, 잘못된 인수나 피연산자를 사용할 경우

이번 예제에서 배운 내용은 다음과 같다.

- 함수 마법사의 이용
- FV 함수
- 이름 작성 및 사용
- 연결된 수식을 이용한 표 작성
- 엑셀의 오류값

엑셀 오류 사례

6,300만 달러의 예산을 엑셀로 관리

San Bernardino Valley 시의 버스 운송회사인 Omnitrans의 감사보고서에 의하면 이 회사는 몇몇 분야에서 장기적인 취약점이 발견되었다. 여기에는 구매 분야의 내부 통제가 미약하여 발생하는 잠재적인 부정과 오용의 위험이 포함되어 있다. 20만 달러 이상이 소요된 재무 소프트웨어는 사용되지 않은 채로 남아 있었으며, 이 소프트웨어에 대한 유지 보수 계약을 취소할 수 없도록 되어 있었다. 이 회사의 운영예산은 6,300만 달러인데 대부분의 회계장부 관리에 엑셀을 이용하고 있었다. 한 상원의원은 이 회사에 대해 종업원의 사기는 형편없고 전반적인 관리에 있어서 불만이 팽배에 있다고 평했다.

http://www.redorbit.com/news/technology/370065/ie_bus_agency_moving_forward/index.html?source=r_technology Jan 26, 2006에서 인용

EXERCISE

연습문제

01 차입금 상환표 만들기

은행에서 대출을 받고 나서 매월 일정 금액을 납부하고 일정 기간이 지나면 원금과 이자가 자동으로 계산되어 전체 차입금이 상환된다. 예를 들어 30,000,000원을 7%의 이자율로 대출받아 3년 동안 매월 동일한 금액으로 상환하려면 매월 926,313원을 납부해야 한다. 이때의 월 상환액은 PMT 함수로 쉽게 계산할 수 있는데, 그 형식은 다음과 같다.

=PMT(이자율, 상환기간, −원금)

물론 이때의 이자율은 연 이자율을 12개월로 나누고, 기간은 12개월로 곱해야 한다.

– 다음의 차입금 상환표를 엑셀에서 작성하여 완성해 보자.

월_상환액 | fx =PMT(이자율/12,기간*12,-원금)

차입금상환표

원금	30,000,000
이자율	7.00%
기간	3
월 상환액	₩926,313

기간	월초잔액	월 상환액	이자지급	원금상환	월말잔액
1	30,000,000	926,313	175,000	751,313	29,248,687
2	29,248,687	926,313	170,617	755,696	28,492,992
3	28,492,992	926,313	166,209	760,104	27,732,888
4	27,732,888	926,313	161,775	764,538	26,968,350
5	26,968,350	926,313	157,315	768,998	26,199,352
6	26,199,352	926,313	152,830	773,483	25,425,869
7	25,425,869	926,313	148,318	777,995	24,647,874

– 원금을 20,000,000원으로, 기간을 5년으로, 이자율을 5.5%로 변경하였을 때의 월 상환액과 매월의 월말잔액은 얼마인가?

E X E R C I S E

연습문제

02 다음은 모 오토바이 상사에서 제공하는 할부조견표이다. 엑셀로 표를 만들어 보자.

월 상환액을 계산하기 위해서는 PMT 함수를 사용한다. 이자율은 얼마인가? RATE 함수를 이용하면 쉽게 계산할 수 있다.

원금	3개월	6개월	9개월	12개월	18개월	24개월
500,000	171,832					
600,000	206,198	105,465				
700,000	240,564	123,042	83,895			
800,000	274,931	140,619	95,880	73,534		
900,000	309,297	158,197	107,866	82,726	57,640	
1,000,000	343,664	175,774	119,851	91,918	64,044	50,166
1,100,000	378,030	193,352	131,836	101,110	70,449	55,183
1,200,000	412,396	210,929	143,821	110,302	76,853	60,199
1,300,000	446,763	228,507	155,806	119,494	83,258	65,216
1,400,000	481,129	246,084	167,791	128,685	89,662	70,232
1,500,000	515,495	263,662	179,776	137,877	96,067	75,249
1,600,000	549,862	281,239	191,761	147,069	102,471	80,266
1,700,000	584,228	298,816	203,746	156,261	108,875	85,282
1,800,000	618,594	316,394	215,731	165,453	115,280	90,299
1,900,000	652,961	333,971	227,716	174,644	121,684	95,315
2,000,000	687,327	351,549	239,701	183,836	128,089	100,332
2,100,000	721,693	369,126	251,686	193,028	134,493	105,349
2,200,000	756,060	386,704	263,671	202,220	140,898	110,365
2,300,000	790,426	404,281	275,656	211,412	147,302	115,382
2,400,000	824,792	421,858	287,641	220,603	153,707	120,398
2,500,000	859,159	439,436	299,626	229,795	160,111	125,415

EXERCISE

연습문제

03 생명표

1662년 영국의 그랜트는 생명표라는 것을 제시하고 이것을 이용하면 현재 연령별 분포와 사망확률 나아가 기대여명까지 계산할 수 있다고 하였다. 이 생명표는 페스트가 창궐하던 1600년대 중반 인구의 변화를 파악하고 전염병의 창궐과 쇠퇴의 경향을 알아내는 데 큰 도움이 되었다. 이제 생명표는 보험회사에서 보험상품을 고안하는 데 기초 자료로 사용되고 있다.

생명표를 계산하는 데는 각 연령대별 사망자 수만 있으면 가능하다. 간단한 자료만 가지고도 큰 의미를 가지는 생명표를 이해하는 것은 우리 주위의 일상을 보다 깊이 이해하는 데 도움을 줄 것이다. 이제 기초 자료를 가지고 생명표를 작성하는 방법에 대해 알아보자.

Part 02 폴더의 연습문제 폴더에서 '생명표.XLS' 파일을 열어 보자. 생명표 파일의 전체 시트에는 2006년 우리나라 10만 명 기준의 사망자 수가 각 연령대별로 기록되어 있다.

이 표에서 사망확률은 각 연령대별로 그해에 사망할 확률, 생존자 수는 년초에 생존한 사람의 수, 사망자 수는 그해에 사망한 사람의 수를 각각 나타낸다. 정지인구는 좀 복잡한데 그 연령대가 그해에 생존한 년수를 나타낸다. 정지인구 중 1세부터 99세까지의 연령대는 사망한 사람들이 그해의 절반 정도 살았다고 가정하는 것이 타당하다. 하지만 0세와 100 이상의 경우는 분포가 치우치므로 인구통계에 의해 주어진다. 0세의 경우 정지인구가 99619명으로 1세가 되기 전에 사망한 유아들이 초기에 많았음을 알 수 있다. 100세 이상의 경우에는 1542명이 결국은 사망하겠지만 4167년*명만큼 살아 있다는 것을 의미한다. 총생존년수는 해당 연령대의 사람들 전체가 다 죽을 때까지의 년*명을 나타낸다. 따라서 100 이상의 경우에는 정지인구와 총생존년수가 같다. 기대여명은 해당 연령대의 사람이 향후 살게 될 기대수명을 나타낸다.

EXERCISE

연습문제

	A	B	C	D	E	F	G
1		2006년 생명표					
2	연 령	사망확률	생존자수	사망자수	정지인구	총생존년수	기대여명
3	0	0.45%	100000	454	99619	7917532	79,18
4	1	0.04%	99546	40	99526	7817913	78,54
5	2	0.03%	99506	31	99491	7718387	77,57
6	3	0.02%	99475	24	99463	7618897	76,59
7	4	0.02%	99451	20	99441	7519434	75,61
8	5	0.02%	99431	18	99422	7419993	74,62
9	6	0.02%	99413	17	99405	7320571	73,64
10	7	0.02%	99396	15	99389	7221166	72,65
11	8	0.01%	99381	14	99374	7121778	71,66
12	9	0.01%	99367	12	99361	7022404	70,67
13	10	0.01%	99355	11	99350	6923043	69,68
14	11	0.01%	99344	12	99338	6823693	68,69
15	12	0.01%	99332	14	99325	6724355	67,70
16	13	0.02%	99318	16	99310	6625030	66,71
17	14	0.02%	99302	19	99293	6525720	65,72
18	15	0.02%	99283	22	99272	6426428	64,73
19	16	0.03%	99261	26	99248	6327156	63,74
20	17	0.03%	99235	30	99220	6227908	62,76
21	18	0.03%	99205	34	99188	6128688	61,78
22	19	0.04%	99171	37	99153	6029500	60,80
23	20	0.04%	99134	38	99115	5930347	59,82
24	21	0.04%	99096	39	99077	5831232	58,84
25	22	0.04%	99057	41	99037	5732156	57,87
26	23	0.04%	99016	43	98995	5633119	56,89
27	24	0.05%	98973	46	98950	5534125	55,92
28	25	0.05%	98927	47	98904	5435175	54,94
29	26	0.05%	98880	50	98855	5336271	53,97
30	27	0.05%	98830	52	98804	5237416	52,99

생명표 계산법

* 사망자 수 확인
* 첫해와 마지막해의 정지인구 확인
* 계산
* 10만명을 기준으로 하였으므로 오차가 있을 수 있음

	A	B	C	D	E	F	G
1		2006년 남자 생명표					
2	연 령	사망확률	생존자수	사망자수	정지인구	총생존년수	기대여명
3	0	0,00491	100000	491	99585	7573703	75,74
4	1	0,00042	99509	42	99488	7474118	75,11
5	2	0,00033	99467	33	99451	7374630	74,14
6	3	0,00026	99435	25	99422	7275178	73,17
7	4	0,00021	99409	21	99399	7175756	72,18
8	5	0,00019	99388	19	99379	7076357	71,20
9	6	0,00018	99369	18	99360	6976979	70,21
10	7	0,00017	99351	17	99343	6877618	69,23
11	8	0,00015	99335	15	99327	6778276	68,24
12	9	0,00014	99319	14	99312	6678949	67,25
13	10	0,00014	99305	13	99299	6579636	66,26
14	11	0,00015	99292	14	99285	6480338	65,27
15	12	0,00017	99278	17	99269	6381053	64,27
16	13	0,00019	99261	19	99251	6281783	63,29
17	14	0,00023	99242	23	99230	6182532	62,30
18	15	0,00027	99219	27	99205	6083302	61,31
19	16	0,00033	99192	32	99176	5984096	60,33
20	17	0,00039	99160	39	99140	5884920	59,35
21	18	0,00045	99121	44	99098	5785780	58,37
22	19	0,00048	99076	47	99053	5686682	57,40
23	20	0,00048	99029	48	99005	5587629	56,42
24	21	0,00049	98981	48	98957	5488624	55,45
25	22	0,00050	98933	50	98908	5389667	54,48
26	23	0,00053	98883	53	98857	5290759	53,51
27	24	0,00056	98830	56	98803	5191902	52,53
28	25	0,00059	98775	58	98746	5093100	51,56
29	26	0,00063	98716	63	98685	4994354	50,59
30	27	0,00069	98654	68	98620	4895669	49,62

	A	B	C	D	E	F	G
1		2006년 여자 생명표					
2	연 령	사망확률	생존자수	사망자수	정지인구	총생존년수	기대여명
3	0	0,00415	100000	415	99656	8236408	82,36
4	1	0,00039	99585	39	99566	8136752	81,71
5	2	0,00030	99547	30	99532	8037186	80,74
6	3	0,00023	99517	23	99505	7937654	79,76
7	4	0,00019	99494	19	99484	7838149	78,78
8	5	0,00017	99474	17	99466	7738665	77,80
9	6	0,00016	99457	16	99449	7639199	76,81
10	7	0,00014	99442	14	99435	7539750	75,82
11	8	0,00012	99428	12	99422	7440315	74,83
12	9	0,00010	99416	10	99411	7340893	73,84
13	10	0,00008	99406	8	99402	7241482	72,85
14	11	0,00008	99398	8	99394	7142080	71,85
15	12	0,00011	99390	10	99385	7042686	70,86
16	13	0,00013	99380	13	99373	6943301	69,87
17	14	0,00015	99367	15	99359	6843928	68,88
18	15	0,00017	99352	17	99344	6744568	67,89
19	16	0,00019	99335	19	99326	6645225	66,90
20	17	0,00021	99317	21	99306	6545899	65,91
21	18	0,00023	99296	23	99284	6446592	64,92
22	19	0,00025	99272	25	99260	6347308	63,94
23	20	0,00027	99247	27	99234	6248048	62,95
24	21	0,00030	99220	29	99206	6148815	61,97
25	22	0,00032	99191	32	99175	6049609	60,99
26	23	0,00034	99159	34	99142	5950434	60,01
27	24	0,00035	99125	35	99108	5851292	59,03
28	25	0,00036	99090	36	99072	5752184	58,05
29	26	0,00036	99054	36	99036	5653112	57,07
30	27	0,00037	99018	36	99000	5554075	56,09

E X E R C I S E

연습문제

앞에서 제시된 자료로 생명표를 계산하는 방법을 알아보자.

우선 C열의 생존자수는 전년도의 생존자수에서 전년도의 사망자수를 뺀 값이다. 즉 C4에 들어갈 수식은 '=C3-D3' 이다. 그리고 사망확률은 생존자수를 사망자수로 나눈 값이다. 즉, B3에 들어갈 수식은 '=D3/C3' 이다.

1세의 정지인구를 나타내는 E4에는 1세의 생존자수에서 사망자수의 절반을 빼준 수식인 '=C4-D4/2' 이 입력되어야 할 것이다. 이제까지 입력한 결과를 100세까지 복사하여 채운다.

총생존년수는 아래에서부터 위로 더해 주어야 한다. 99세의 총생존년수는 100세 이상의 총생존년수에 99세의 정지인구를 더한 값이다. 따라서 F102에 들어갈 수식은 '=F103+E102' 이다. 이를 맨 위까지 복사하면 각 연령대별 총생존년수가 계산된다.

마지막으로 기대여명은 총생존년수를 생존자수로 나눈 값이므로 G3에 들어갈 수식은 '=F3/C3' 이다.

매년 통계청에서 발표하는 기대여명과 생명표와 관련된 자료는 이러한 과정을 통해 계산된 것이다. 남자와 여자에 대해서도 생명표를 완성해 보자.

Chapter 06

차트 그리기

셀은 원래 수치 계산용으로 만들어졌으나 프로그램이 진화를 거듭하면서 다양한 기능이 추가되었다. 그중에서도 그래프를 그리는 차트 기능은 매우 뛰어나서 화려하고 복잡한 그래프를 쉽게 작성할 수 있다. 일반적으로 사람들은 수치로 작성된 표보다는 그림이나 그래프로 표시된 자료를 훨씬 빠르고 쉽게 이해하므로, 자신이 강조하고자 하는 내용을 그래프로 작성하는 것은 중요하다.

1. 차트 구성 요소 이해하기

차트는 표의 데이터를 시각적으로 표현해 주는 기능으로 다양한 구성 요소가 있다. 가장 효과적으로 보여 줄 수 있는 차트의 구성 요소에 대해 알아본다.

❶ **차트 영역** : 차트의 전체 영역을 의미한다. 차트 영역을 드래그해서 차트 위치를 옮길 수 있고, 차트 조절점을 드래그해서 크기를 조절할 수 있다.

❷ **차트 제목** : 차트의 제목을 표시하는 영역이다.

❸ **그림 영역** : 실제 차트의 그래프가 표시된 영역으로 X축과 Y축을 이루는 사각형 안에 데이터 계열, 항목, 항목 이름, 눈금선, 레이블 등이 포함되어 있다.

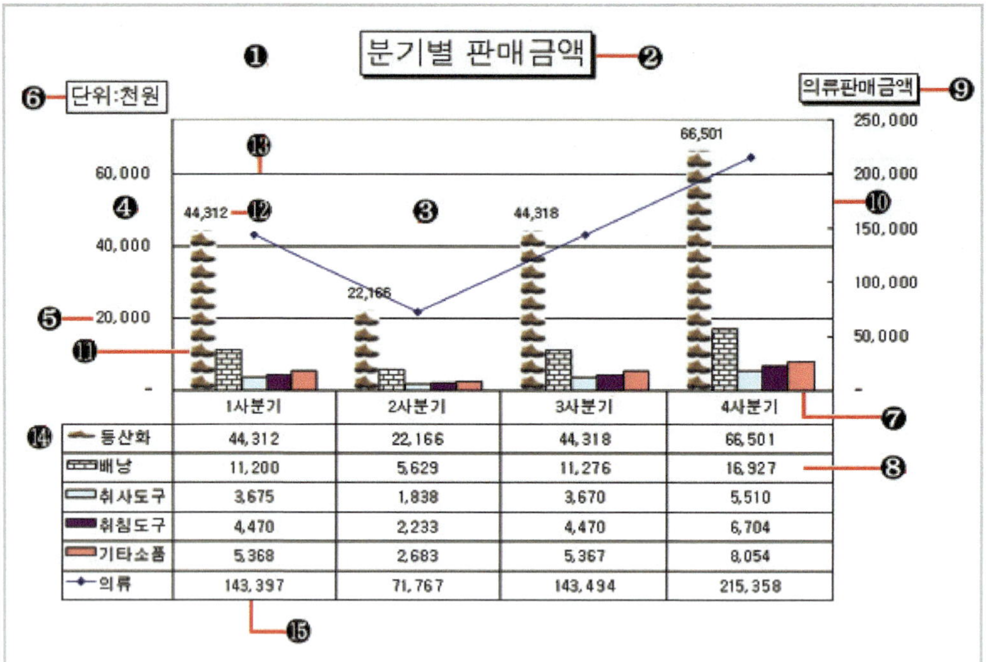

❹ **세로(값)축** : 차트의 값을 표시하는 축으로 Y축이다. 축 왼편에 값이 표시된다. 세로축은 계열값과 주 눈금, 보조 눈금 사이의 간격을 지정할 수 있다.

❺ **세로(값)축 레이블** : Y축의 값을 일정한 간격으로 표시한다.

❻ **세로(값)축 제목** : Y축의 값에 대한 설명이다.

❼ **가로(항목)축** : 차트의 항목을 표시하는 축으로 X축이다. 축 아래 데이터 계열의 이름이 표시된다. 가로축은 주 눈금선과 보조 눈금값을 지정할 수 있다.

❽ **가로(항목)축 레이블** : X축의 항목을 일정한 간격으로 표시한다.

❾ **가로(항목)축 제목** : X축의 항목에 대한 설명이다.

❿ **보조 세로(값)축** : 두 번째 세로(값)축으로 보조적으로 데이터 계열의 값을 표시하며 축 오른편에 값이 표시된다.

⓫ **데이터 계열** : 그래프가 표시하는 개별 데이터 집합을 의미한다. 각 데이터 계열은 고유한 색이나 무늬를 가진다.

⓬ **데이터 레이블** : 데이터 계열의 값, 항목 등을 표시한다.

⓭ **눈금선** : 그림 영역에서 X축과 Y축의 눈금을 연결한 선이다.

⓮ **범례** : 그림 영역에 표시된 데이터 계열을 나열한다.

⓯ **데이터 테이블** : 차트를 그리는 데이터의 원본 데이터를 표시한다.

2. 차트 도구 리본 탭

차트를 클릭하면 차트를 편집하는 데 필요한 차트 도구 정황 탭이 나타난다. 차트 도구 정황 탭은 기본 리본 오른쪽 끝에 나타나며 디자인 탭, 레이아웃 탭, 서식 탭으로 구성되어 있다.

차트 도구 – 디자인 탭

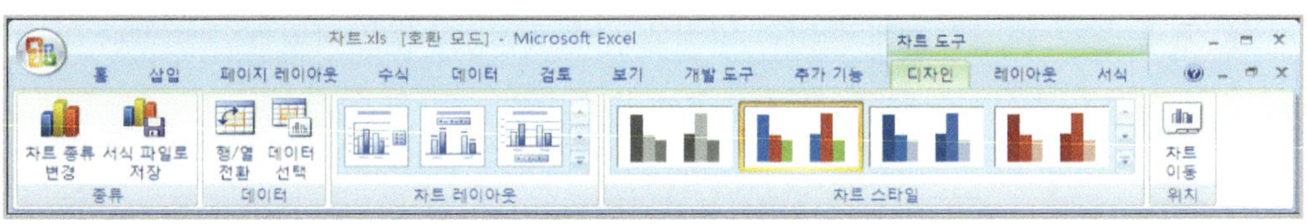

디자인 탭에는 종류, 데이터, 차트 레이아웃, 차트 스타일, 위치 그룹이 나타난다.

❶ **종류** : 차트 종류를 바꾸거나 현재 적용된 서식과 레이아웃을 다른 차트에 적용할 수 있다.

❷ **데이터** : 데이터 계열에서 X축과 Y축을 바꾸거나 차트의 원본 데이터 범위를 바꿀 수 있다.

❸ **차트 레이아웃** : 엑셀에서 디자인해 놓은 11가지 레이아웃 중 선택할 수 있다. 현재 차트의 제목, 눈금선, 범례, 데이터 테이블, 데이터 레이블, 세로/가로 축 서식 등을 빠르게 바꿀 수 있다.

❹ **차트 스타일** : 엑셀에서 디자인해 놓은 48가지 스타일 중 선택할 수 있다

❺ **위치** : 차트를 통합 문서 내의 다른 시트나 새로운 시트로 옮기는 메뉴이다.

차트 도구 – 레이아웃 탭

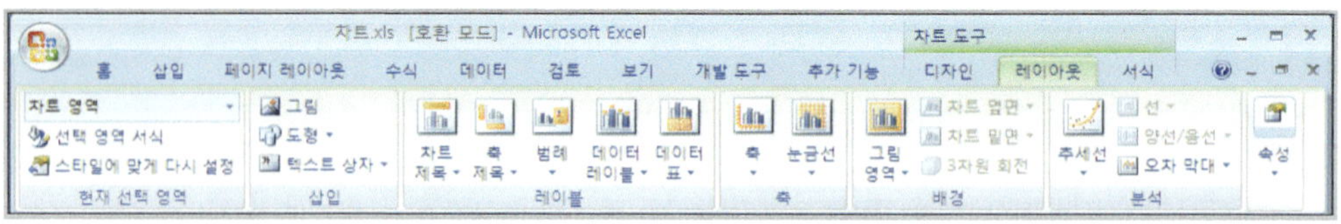

차트 도구–레이아웃 탭에서는 차트 도구–디자인 탭에서 제공하는 빠른 레이아웃이나 스타일 외에 차트를 구성하고 있는 각 구성 요소의 서식을 사용자가 원하는 대로 지정하여 편집할 수 있다.

❶ **현재 선택 영역** : 현재 선택한 영역의 구성 요소 이름과 서식을 지정한다. 사용자가 직접 정의한 서식을 원래 차트에 적용된 스타일로 다시 설정한다.

❷ **삽입** : 그림, 도형, 텍스트 상자를 삽입한다.

❸ **레이블** : 차트 제목, 축 제목, 범례, 데이터 레이블, 데이터 표의 서식을 지정한다. 이외에도 레이블 표시 유무, 레이블을 어느 위치에 놓을지 등을 지정한다.

❹ **축** : 가로/세로 축을 표시, 축 레이블은 어느 위치에 놓을지, 레이블 단위는 무엇으로 할지 등을 지정한다. 그 밖에도 눈금선 표시, 주 눈금선과 보조 눈금선 표시 등을 지정한다.

❺ **배경** : 차트의 그림, 옆면, 밑면 서식을 바꾼다. 3차원 차트를 삽입한 경우 3차원 회전 등의 효과를 지정한다.

❻ **분석** : 기존 차트에 추세선, 선, 오차 막대 등을 삽입한다.

❼ **속성** : 차트 이름을 참조하여 시트의 개체 순서를 지정하거나 VBA에 참조할 차트 이름을 지정한다.

차트 도구 – 서식 탭

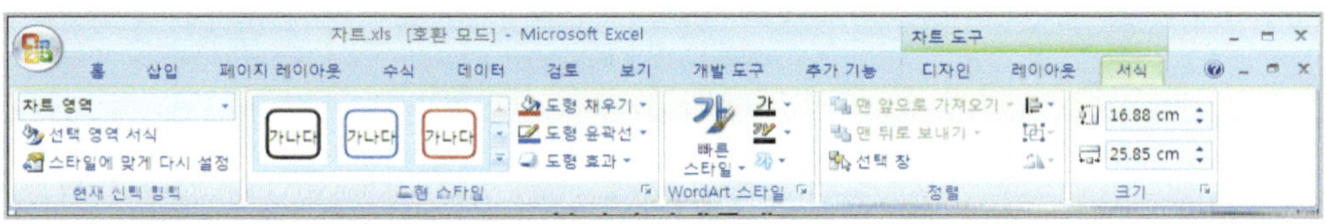

❶ **현재 선택 영역** : 현재 선택한 영역의 구성 요소 이름과 서식을 지정한다. 사용자가 직접 정의한 서식을 원래 차트에 적용된 스타일로 다시 설정한다.

❷ **도형 스타일** : 차트의 구성 요소 중 데이터 계열이나 차트 영역, 그림 영역 등의 채우기 색, 윤곽선, 3차원 효과 등을 지정할 수 있다.

3. 기본 차트 그리기

엑셀에서는 몇 번의 마우스 클릭만으로도 원하는 그래프를 작성할 수 있다. 다음에서는 Part 1에서 작성한 등산구점의 품목별 판매 자료를 이용해 그래프를 작성해 본다.

엑셀에서 제공하는 표준 차트는 세로 막대형, _은 선형, 원형, 가로 막대형, 영역형, 분산형, 주식형, 표면형, 도넛형, 거품형, 방사형의 11가지가 있다. 표준 2차원 차트를 만들 수 있고, 대부분 3차원의 차트를 지원한다. 11가지 기본 차트에 하위 차트까지 하면 모두 73가지이다. 이 중 원하는 차트를 선택한 후 수정하거나 혼합해서 다양한 차트를 만들 수 있다.

차트 종류는 차트로 나타내고자 하는 데이터의 성격에 따라 선택하는 것이 보통이다. 예를 들어 주가지수와 같은 시계열 자료는 꺾은선형을, 비율을 나타내는 자료는 원형을 사용한다. 일반적으로 가장 많이 사용되는 종류는 세로 막대형이다.

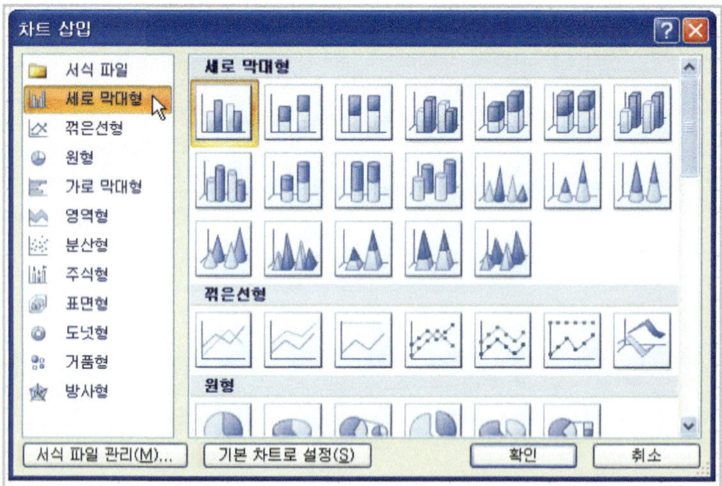

❶ 우선 이미 작성된 '품목별판매현황.XLS'를 불러온다. 이 파일이 없는 경우에는 새로운 시트의 이름을 '분기별판매'라고 변경하고 나서 다음의 내용을 A2:E8에 직접 입력한다.

품목	1사분기	2사분기	3사분기	4사분기
의류	143,397	71,767	143,494	215,358
등산화	44,312	22,166	44,318	66,501
배낭	11,200	5,629	11,276	16,927
취사도구	3,675	1,838	3,670	5,510
취침도구	4,470	2,233	4,470	6,704
기타 소품	5,368	2,683	5,367	8,054

❷ 차트를 만드는 데 필요한 기능은 삽입 탭의 차트 그룹에 모여 있다. 차트 그룹에서 세로 막대형, 꺾은선형, 원형, 가로 막대형, 영역형, 분산형, 기타 중 원하는 차트를 선택하거나, 분기별판매 시트의 A2:E8을 선택하고 빠른 실행 도구 모음의 차트 마법사 버튼(📊)을 클릭한다.

❸ **세로 막대형**의 차트를 선택하고 **하위 종류 중 2차원** 세로 막대형에서 **첫 번째 차트**(묶은 세로 막대형)를 선택한다.

❹ 먼저 데이터 **범위 탭**에서 **방향을 행으로 선택**하기 위해 차트의 행과 열을 전환하여야 한다. **차트를 선택한 후 마우스 오른쪽 버튼**을 클릭하여 **데이터 선택**을 하거나, 차트를 선택하면 차트 도구라는 메뉴가 생성되는데 차트 도구의 디자인 메뉴의 **행/열 전환 버튼**을 클릭해도 된다.

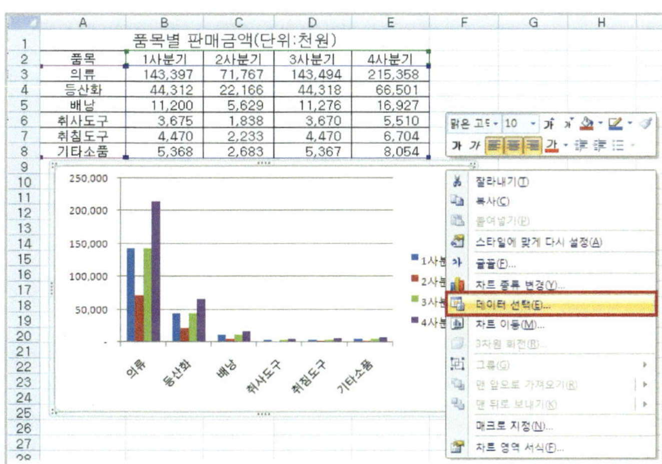

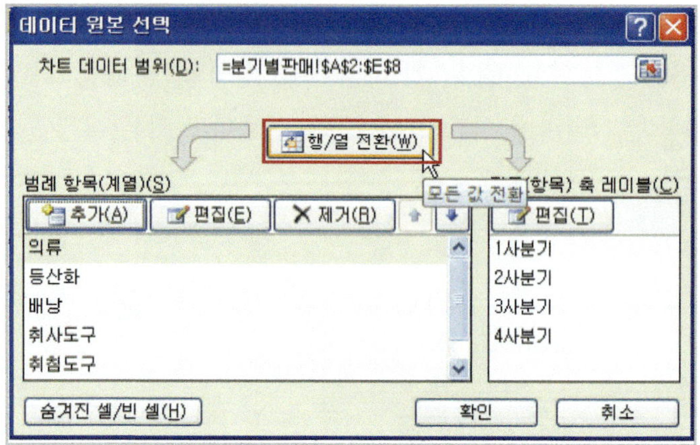

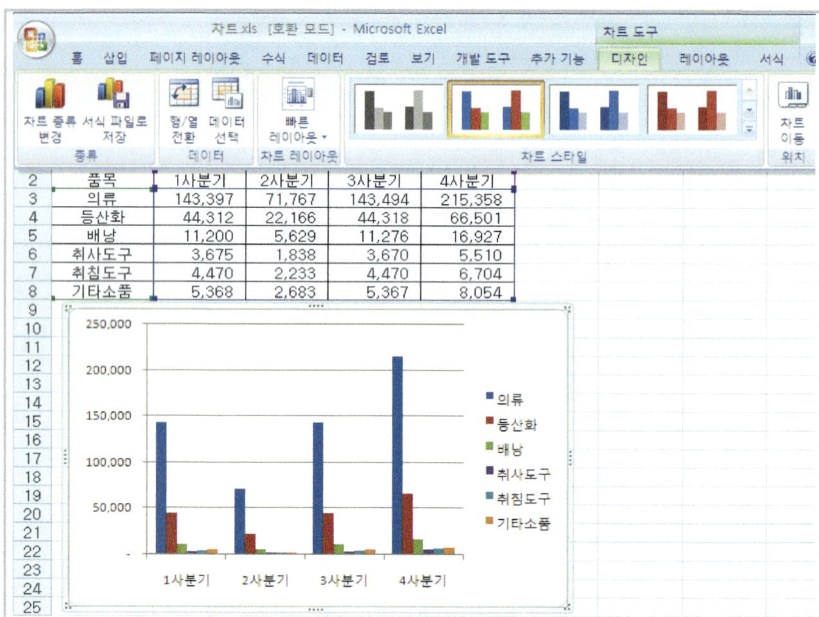

❺ 다음으로 차트가 그려질 위치를 지정하는 대화상자이다. 차트 도구 메뉴의 디자인 탭의 차트 이동을 선택한다. 이번에는 새 시트를 선택하고 확인을 클릭한다.

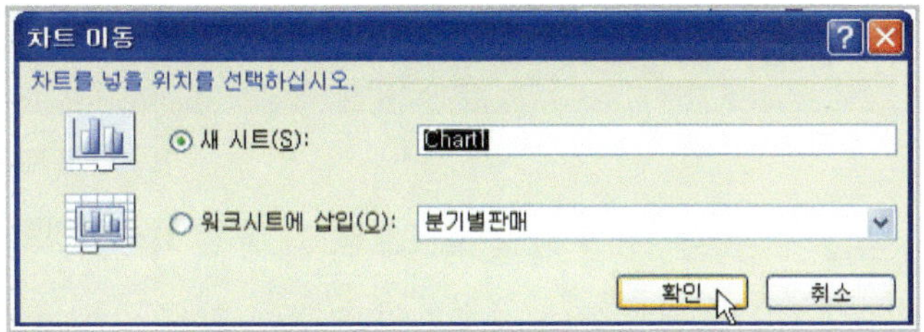

다음에는 차트 도구의 레이아웃을 선택한 후 다음과 같이 차트를 수정한다. 지금까지 작업한 차트는 다음과 같이 Chart1 시트에 나타난다.

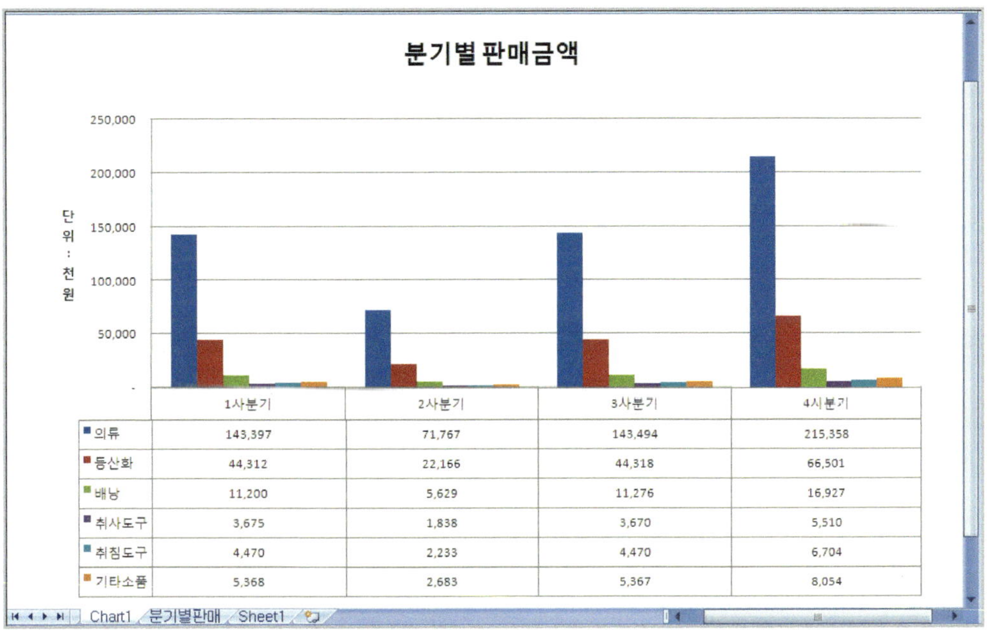

TIP

차트를 빠르게 작성하기 위해서는 바로가기 키 F11을 이용한다. 데이터가 입력된 범위를 선택하고 F11 키를 누르면 지정된 서식의 차트가 자동으로 작성된다.

4. 차트 수정하기

엑셀에서 차트를 작성하는 경우에는 처음부터 세세한 사항을 지정하지 않고 일단 작성된 차트에서 데이터의 특성이나 사용자의 요구에 맞게 수정하는 것이 보통이다. 이제 그려진 차트의 내용을 수정해 보자.

❶ 우선 차트의 제목이 너무 작으므로 **차트 제목**에서 마우스 오른쪽 버튼을 클릭한 후 **차트 제목 서식**을 선택하여 '차트 제목 서식' 대화상자를 불러낸다.

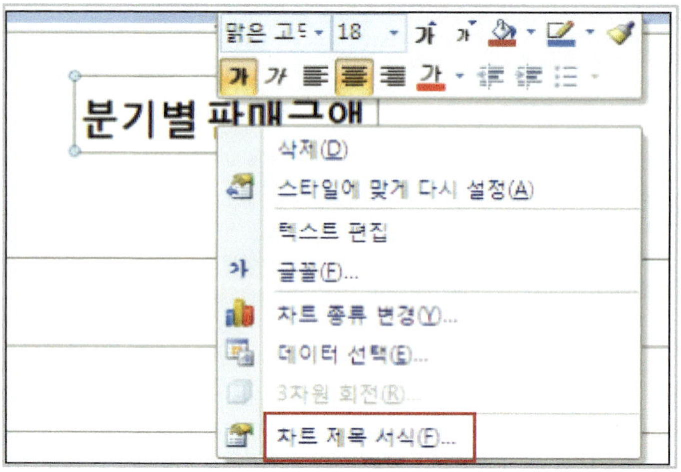

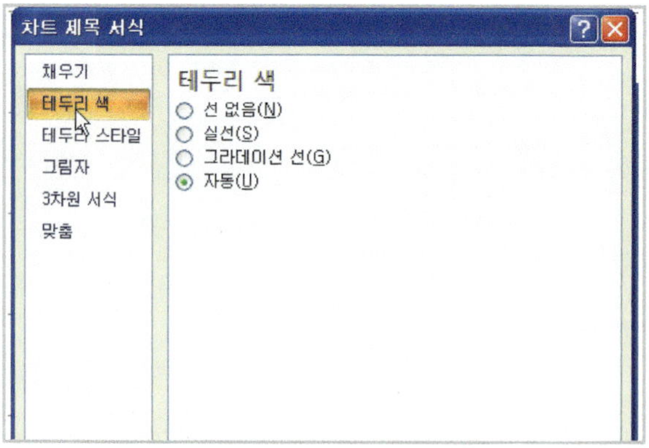

❷ 차트 제목 서식 대화상자의 **테두리색** 탭에서 **테두리를 자동으로, 글꼴** 탭에서 **글꼴 크기를** 20으로 지정한다.

▶ 차트 제목 서식

－테두리 : 자동

－글꼴 크기 : 20

❸ 다시 Y축 제목인 '단위:천원' 에서 단축메뉴를 눌러 축 제목 서식 대화상자를 부른 다음, **맞춤** 탭에서 **방향을** 0도로, **테두리색** 탭에서 **테두리를** 자동으로, **글꼴** 탭에서 **글꼴 크기를** 14로 지정하고, Y축 제목을 좌측 상단으로 이동한다.

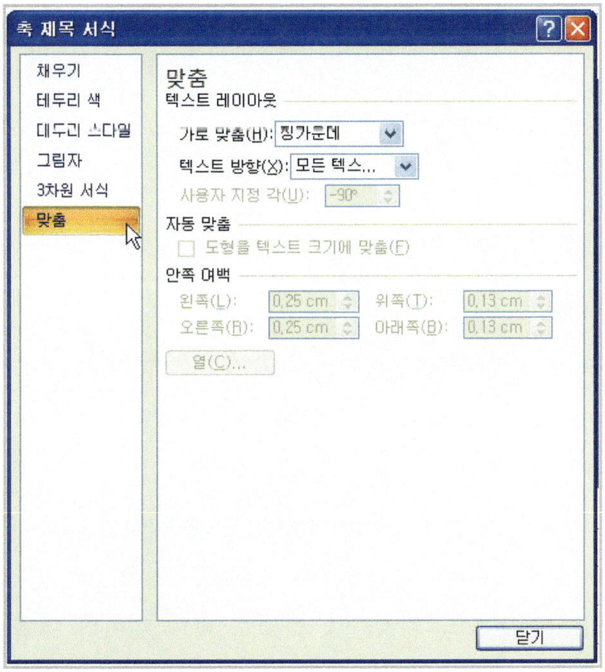

▶ Y축 서식

－방향 : 0도

－테두리 : 자동

－글꼴 크기 : 14

현재는 의류 품목의 판매금액이 다른 품목에 비해 상대적으로 커서 다른 품목의 막대가 잘 나타나지 않는다.

❹ Y축의 값을 **더블클릭** 하여 **축 서식 대화상자**를 부른 다음, **축 옵션**에서 **최대값**을 75000, **주 단위**를 20000으로 수정하고 **보조 단위**의 **확인란의 선택을 취소**한다. 다시 **글꼴 탭**에서 **글꼴 크기**를 12로 선택하고 확인을 클릭한다.

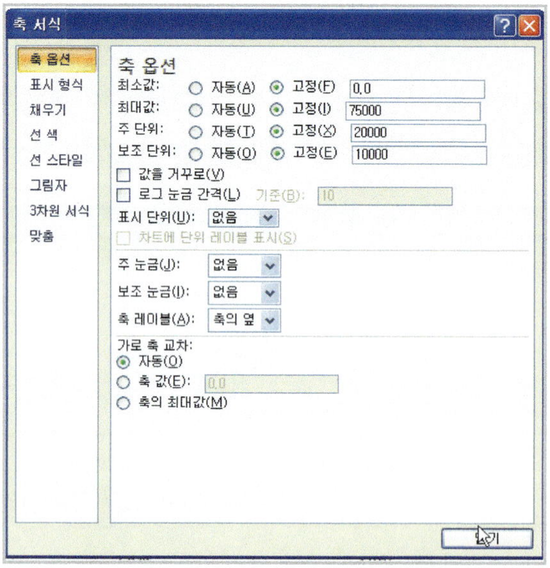

이제는 의류 이외의 다른 품목들은 막대가 잘 보이지만 의류의 막대는 Y축 눈금의 최대값을 초과하여 차트상에서 제대로 나타나지 않고 있다. 이를 제대로 나타나게 하기 위해서는 의류에 대해 별도의 Y축을 사용하면 된다. 이를 보조 축이라고 한다.

❺ **의류를 나타내는 데이터 계열을 더블클릭** 하여 데이터 계열 서식 대화상자를 부른다. 데이터 계열 서식 대화상자에서는 탭에 나타난 바와 같이 데이터 계열의 무늬와 축을 지정하고 오차막대나 레이블을 표시할 수 있다. **계열** 옵션에서 **보조 축을 선택**한다.

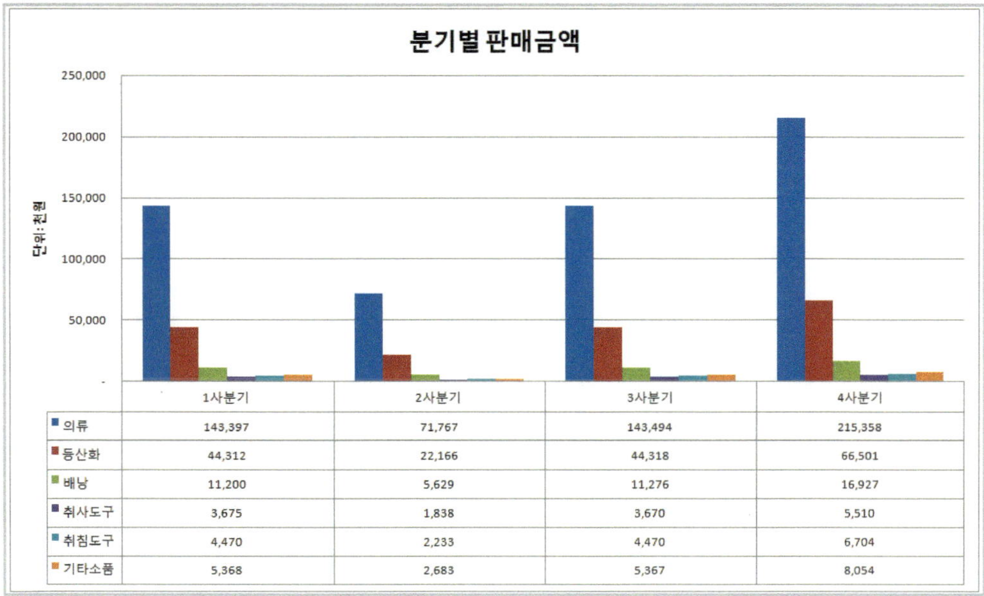

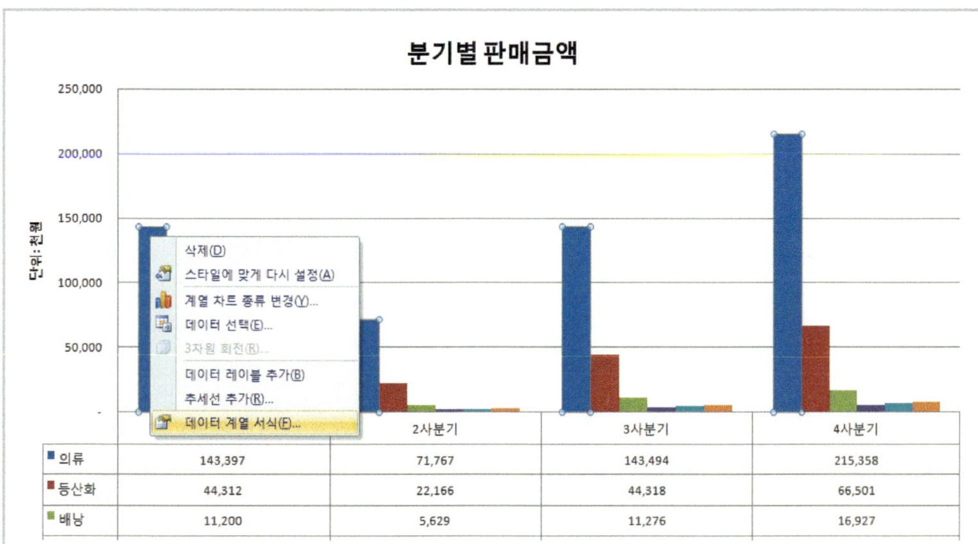

보조 축을 선택하면 우측에 보조 축이 나타나는데, 보조 축에 나타난 눈금 값은 기본 축에 나타난 눈금 값과 다르다. 하지만 의류가 보조 축을 사용하면서 의류 계열의

막대가 너무 커서 다른 계열의 막대를 가리게 된다. 이를 해결하기 위해서는 데이터 계열 서식의 옵션 탭에서 간격을 넓게 하면 의류 계열 막대의 폭을 줄일 수 있다. 하지만 의류 계열은 다른 데이터 계열과는 달리 보조 축을 사용하고 있으므로 다른 계열이 나타나지 않게 된다. 이를 해결하기 위해서는 의류 계열의 차트 종류를 다른 것으로 변경해야 한다.

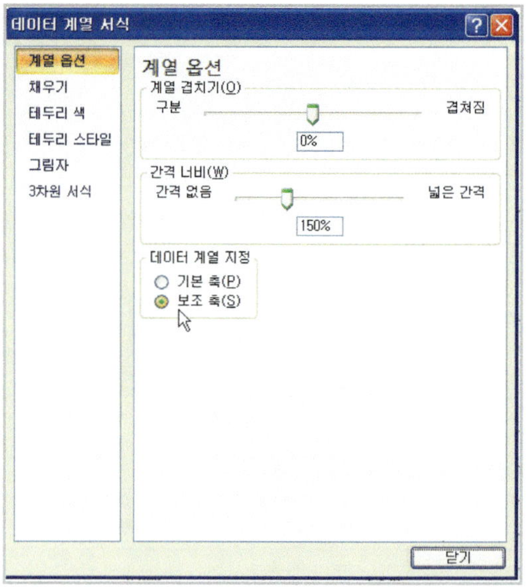

❻ 의류 계열에서 마우스 오른쪽 버튼을 이용해 단축메뉴를 부르고, 차트 종류를 선택한다.

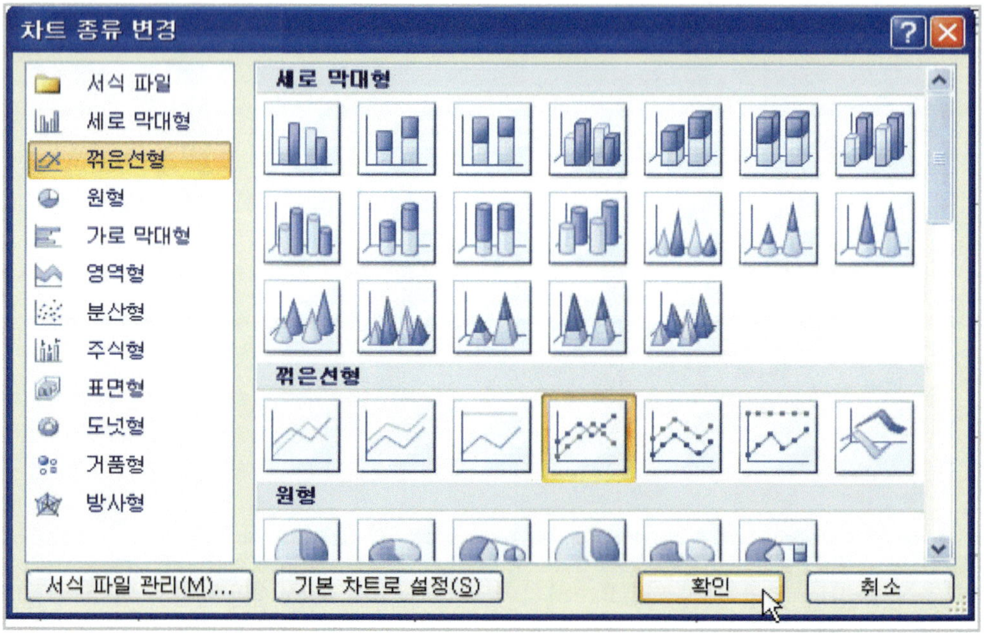

❼ 차트 종류 변경 대화상자에서 **꺾은선형**을 선택하고 **하위 종류에서 네 번째**를 선택한다.

❽ 다시 **의류 계열을 더블클릭** 하여 **데이터 계열 서식** 대화상자를 부르고 **무늬 탭**에서 **두께와 색을 다르게 지정**한다.

❾ 보조 축의 눈금은 기본 축의 눈금과 다르므로 이를 표시하기 위해 차트 영역에서 단축메뉴를 불러 **차트 옵션 대화상자**를 부른다. 차트 옵션 대화상자의 **제목 탭**에서 **보조 Y(값) 축(Y)**에 '**의류 판매금액**'이라고 입력한다.

❿ **보조 축 제목**을 **우측 상단으로 이동**하고 **더블클릭**으로 **축 서식 대화상자**를 부른 다음, **테두리를 자동**으로, **그림자에 확인**하고, **글꼴 크기**를 14로 지정한다. 다시 **보조 축을 더블클릭** 하여 축 서식 대화상자에서 **글꼴 크기**를 12로 지정한다.

⓫ 차트가 그려진 **그림 영역을 더블클릭** 하여 그림 영역 서식 대화상자를 부른다. **그림 영역 서식 대화상자**에서는 그림 영역의 테두리와 영역을 지정할 수 있다. **영역에서는 없음을 선택**하고 확인을 클릭한다.

이제까지 작성된 차트는 다음과 같은 모양이다.

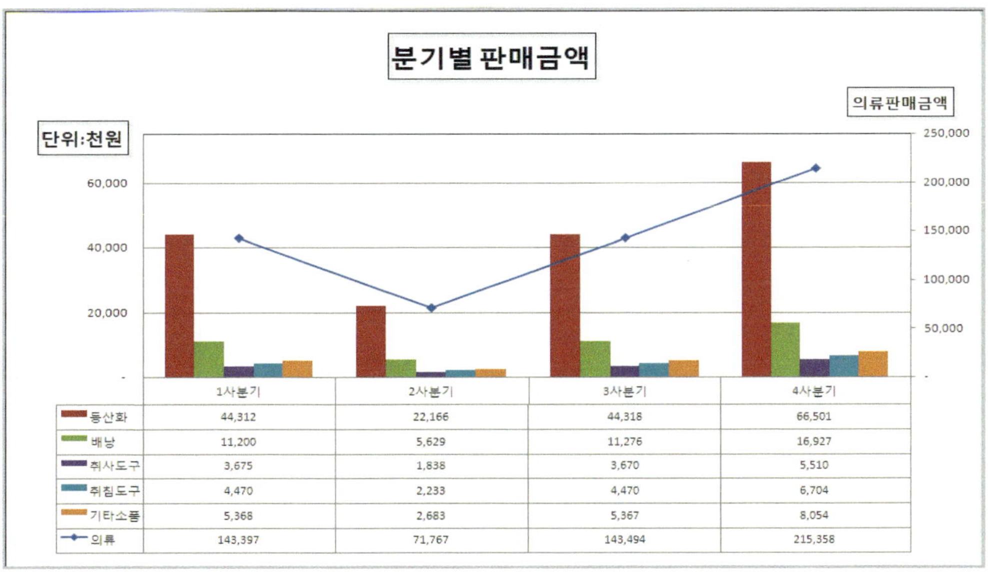

5. 차트 꾸미기

엑셀에서는 배경이나 데이터의 계열을 나타내는 막대에 질감이나 무늬를 줄 수 있고, 필요에 따라서는 그림을 넣을 수도 있다. 이는 데이터 계열, 그림 영역, 차트 영역 모두에 적용된다. 등산화 계열의 막대에 채우기 효과를 적용해 보자.

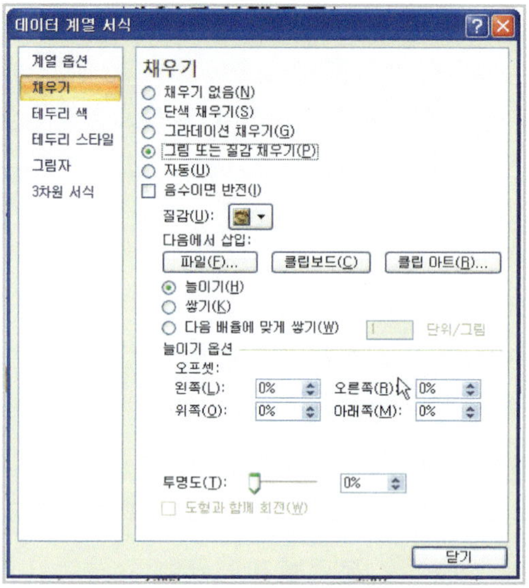

❶ **등산화 계열**을 **더블클릭** 하여 **데이터 계열 서식** 대화상자를 부른 후, 무늬 탭에서 **채우기 효과**를 클릭한다. 채우기 효과에는 그라데이션, 질감, 무늬, 그림의 네 가지 탭이 있다. 각각의 탭을 선택하여 어떤 효과를 주는지 알아보자. 그라데이션과 질감은 화려하지만 흑백 프린터로 인쇄하는 경우에 효과가 반감된다. 따라서 흑백으로 인쇄할 경우에는 무늬를 선택하는 것이 차트의 막대를 구분하는 데 도움이 된다.

❷ **그림** 탭에서 **그림 선택** 버튼을 클릭하여 Part 02 폴더에서 **'등산화.gif'**를 선택하고, 서식에서 **'다음 배율에 맞게 쌓기(C)'**를 선택하고 **단위/그림(U)**에 **5,000**을 입력한다.

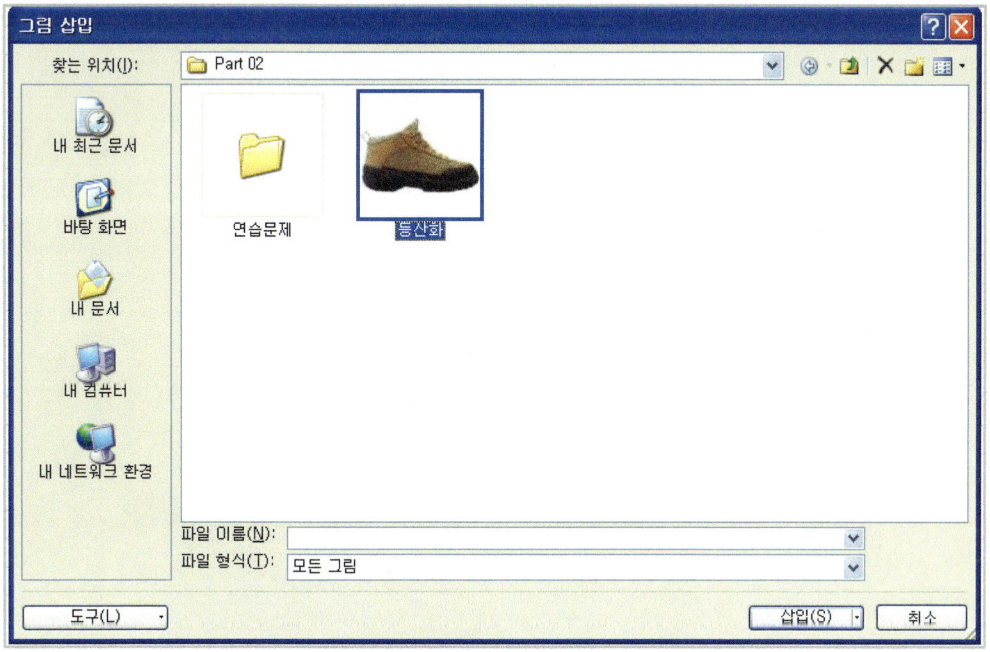
그림 삽입
찾는 위치(I):
Part 02
내 최근 문서
바탕 화면
내 문서
내 컴퓨터
내 네트워크 환경
연습문제
등산화
파일 이름(N):
파일 형식(T):
모든 그림
도구(L)
삽입(S)
취소

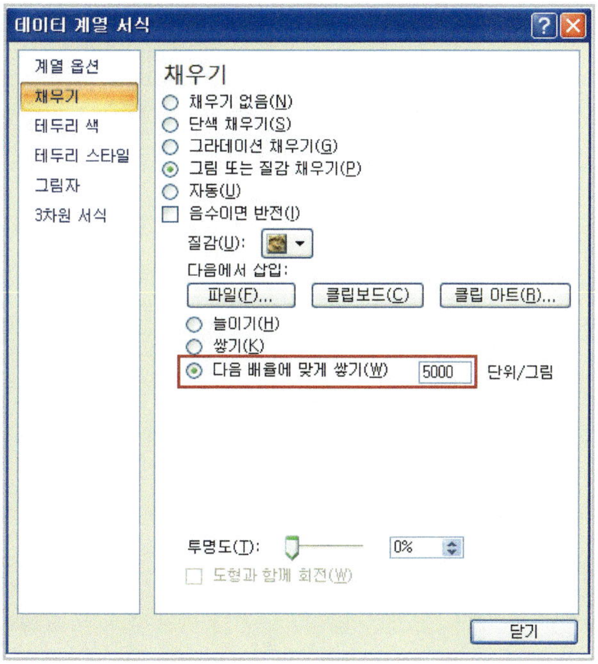
데이터 계열 서식
계열 옵션
채우기
테두리 색
테두리 스타일
그림자
3차원 서식
채우기
채우기 없음(N)
단색 채우기(S)
그라데이션 채우기(G)
그림 또는 질감 채우기(P)
자동(U)
음수이면 반전(I)
질감(U):
다음에서 삽입:
파일(F)...
클립보드(C)
클립 아트(R)...
늘이기(H)
쌓기(K)
다음 배율에 맞게 쌓기(W)
5000
단위/그림
투명도(T):
0%
도형과 함께 회전(W)
닫기

확인을 클릭하면 등산화 계열의 막대가 등산화가 쌓여 있는 모습으로 변경되었음을 알 수 있다.

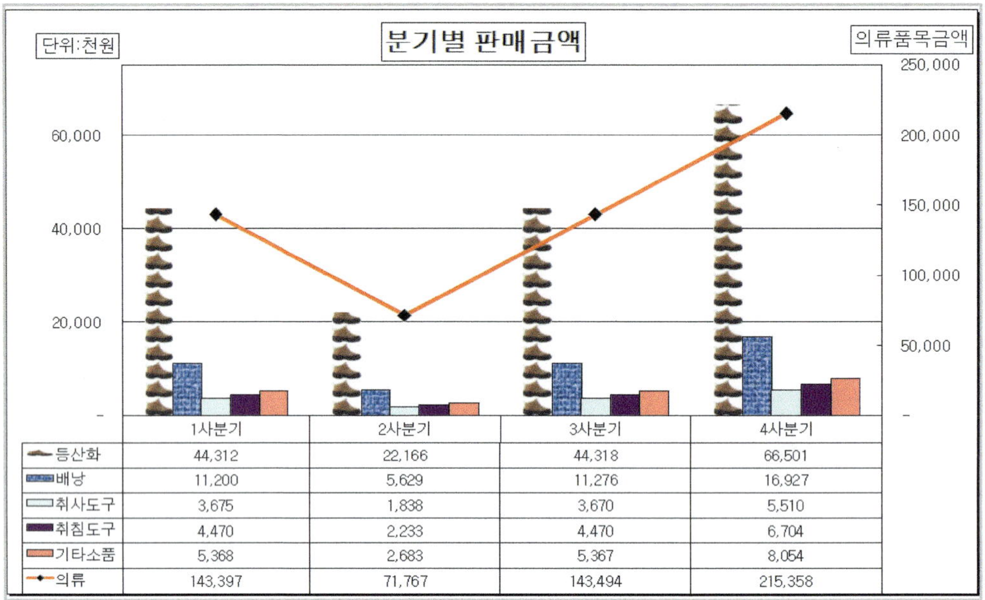

	1사분기	2사분기	3사분기	4사분기
등산화	44,312	22,166	44,318	66,501
배낭	11,200	5,629	11,276	16,927
취사도구	3,675	1,838	3,670	5,510
취침도구	4,470	2,233	4,470	6,704
기타소품	5,368	2,683	5,367	8,054
의류	143,397	71,767	143,494	215,358

❸ 다시 **배낭 계열**을 선택해 보자. **배낭 계열 전체가** 선택되는데, 이때 **첫 번째 계열**을 다시 **클릭**하면 **첫 번째 계열만 선택**된다. 이때에는 선택된 막대에 별도의 서식을 지정할 수 있다.

❹ 다시 **배낭 계열**을 선택하고 **데이터 계열 서식** 대화상자의 **채우기**를 클릭한 다음, **그림 또는 질감 채우기(G)**를 선택한다. 질감에서 **대님**을 선택하고 확인한다.

이제까지 작성된 차트의 최종 모양은 다음과 같다.

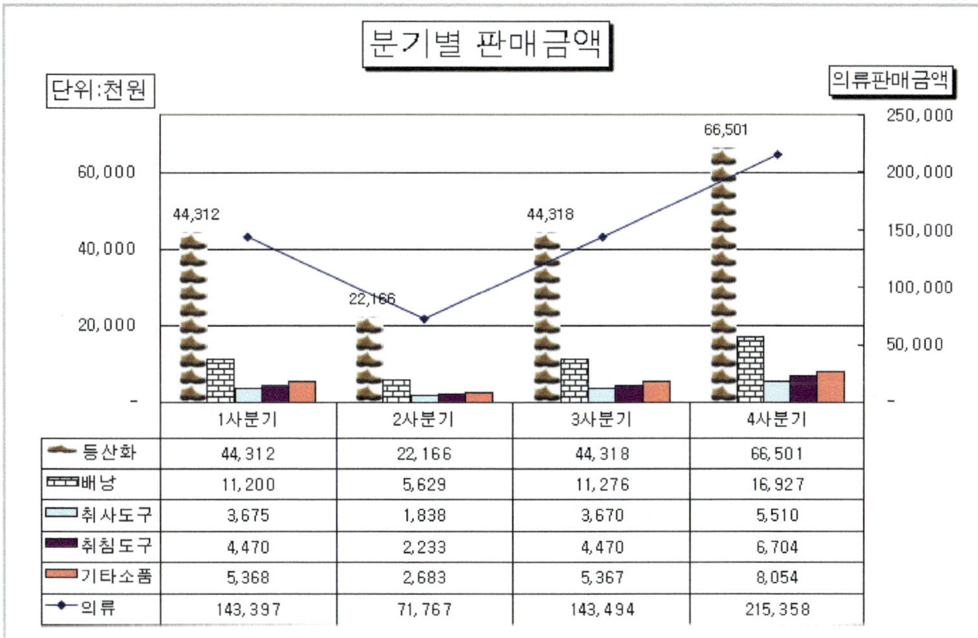

	1사분기	2사분기	3사분기	4사분기
등산화	44,312	22,166	44,318	66,501
배낭	11,200	5,629	11,276	16,927
취사도구	3,675	1,838	3,670	5,510
취침도구	4,470	2,233	4,470	6,704
기타소품	5,368	2,683	5,367	8,054
의류	143,397	71,767	143,494	215,358

지금까지 작업한 차트의 모양을 저장하면 다음 기회에 같은 모양의 차트를 쉽게 작성할 수 있다. 차트 서식을 복사하여 사용하는 방법이 일회적인 반면, 차트 서식 파일을 이용하는 방법은 계속 반복해서 사용할 수 있다.

❺ 차트를 선택한 후 디자인 메뉴의 종류 탭의 서식 파일로 저장( )을 클릭한다.

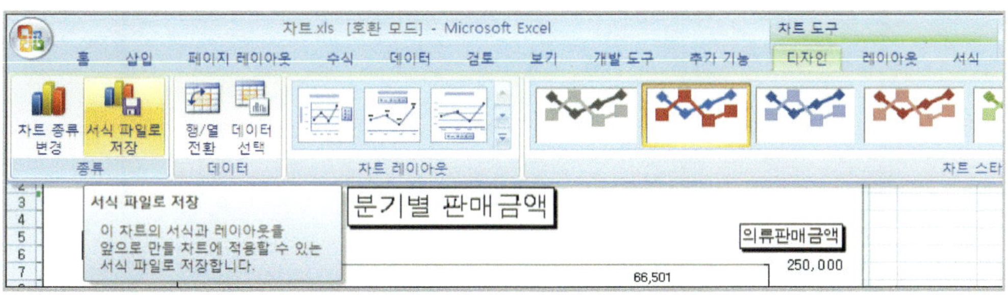

❻ 차트 서식 파일 저장 대화상자가 나타나면 파일 이름에 원하는 이름을 입력한 후 저장 버튼을 클릭한다.

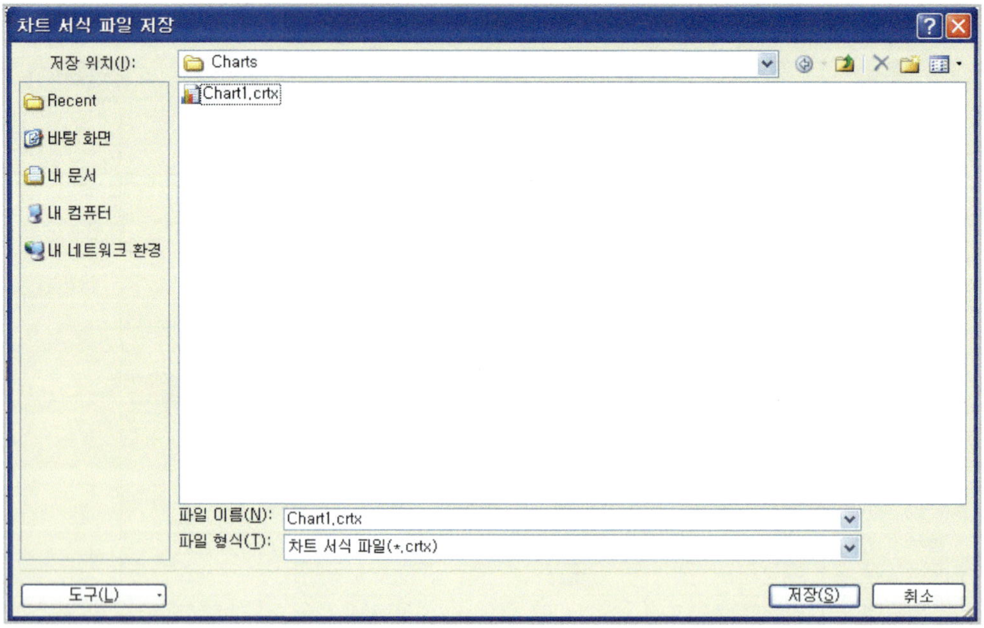

❼ 차트 삽입 대화상자가 나타나면 서식 파일 범주를 선택하고 내 서식 파일에서 등록된 차트를 선택한 후 확인 버튼을 클릭한다.

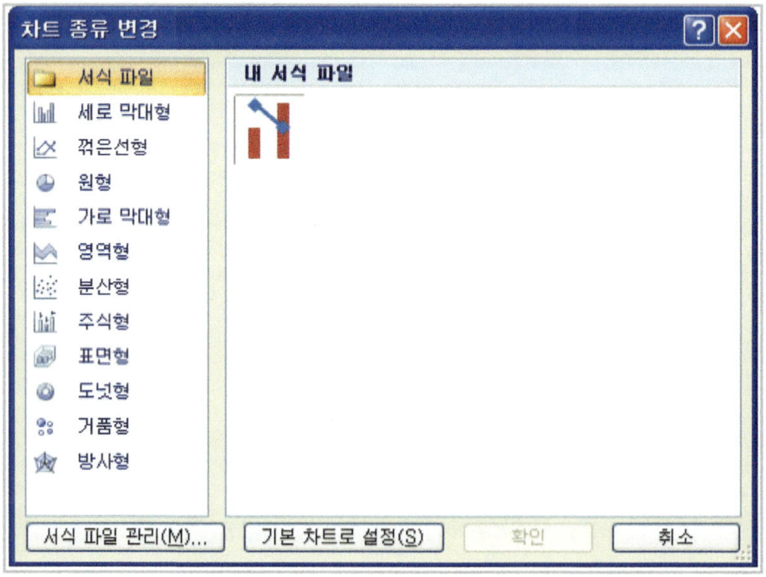

TIP

Excel 2003의 위치	Excel 2007의 위치
차트 – 차트 종류	차트 도구 – 디자인 – 종류 – 차트 종류 변경
차트 – 위치	차트 도구 – 디자인 – 위치 – 차트 이동
시트 방향 바꾸기	페이지 레이아웃 – 시트 옵션 – 오른쪽에서 왼쪽으로 쓰기 문서
차트(도구 모음) - 행 계열	차트 도구 – 디자인 – 데이터 – 행/열 전환

이번 예제에서 배운 내용은 다음과 같다.

- 차트 마법사 이용법
- 차트 종류 지정
- 차트의 데이터 범위 및 계열 지정
- 보조 축을 이용한 이중차트 작성
- 데이터 계열에 무늬 또는 그림 삽입
- 차트 위치 변경
- 사용자 지정 종류의 이용

엑셀 오류 사례

할인율 계산 오류로 500만 달러를 추가 부담

지난 1996년부터 2001년까지 James Hardie Industries 주식회사는 Deloitte Touche Tohmatsu의 보험 부문 자회사인 Trowbridge 컨설팅 회사로부터 석면에 노출될 가능성이 있는 보험 가입자들에 대한 담보를 계산하는 업무에 자문을 받았다. 그런데 이 자문회사의 평가모형에 문제가 있었고, 따라서 자문보고서에 오류가 있었다. 대표적으로 보험금 회수액을 평가하는 데 너무 높은 할인율을 적용하여 문제가 발생했는데, 이는 스프레드시트의 오류 때문이었다. 이 오류는 2001년 2월 13일에 정정되었다. 이 오류로 인해 Trowbridge 컨설팅 회사는 원래의 타당한 금액보다 500만 달러나 더 많은 금액을 채무담보로 지정해야 한다고 자문하였다.

http://www.ir.jameshardie.com.au/repositories/files/NEWS.2004.KPMGACTURIALREVIEW.pdf에서 인용

EXERCISE

연습문제

01 다음은 커피 판매 회사의 분기별 담당자별 판매 수량이다. 다음의 차트를 엑셀에서 작성해 보자.

담당자	1사분기	2사분기	합계
김병준	5,080	4,570	9,650
김선출	1,570	3,140	4,710
김철민	2,270	2,200	4,470
박준호	1,200	1,600	2,800
이동수	1,700	2,380	4,080
이미영	1,370	2,800	4,170
정영수	550	1,770	2,320
최수봉	5,370	3,840	9,210
황보경	4,270	1,910	6,180
합계	23,380	24,210	47,590

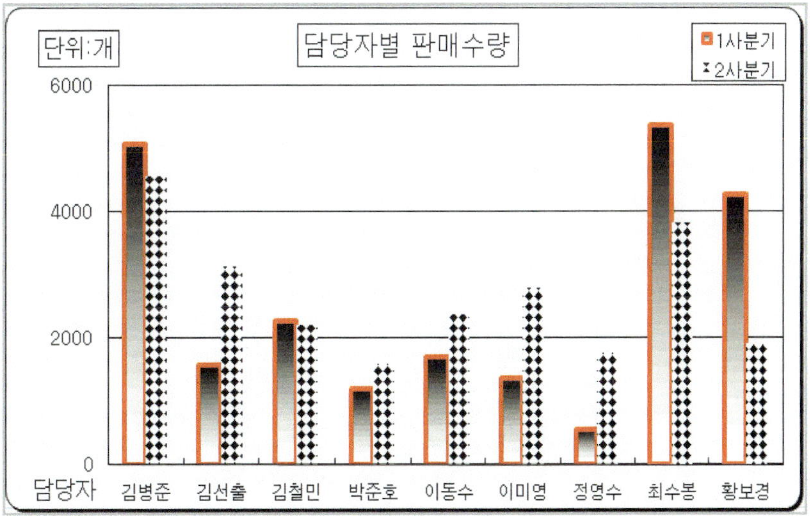

EXERCISE

연습문제

02

엑셀의 차트에서는 도형을 작성할 수도 있다. 다음의 데이터로 다음과 같은 도형을 만들어 보자.

X	0.5	1.5	1.5	1.5	2.5	0.5	0.5	0.5	2.5	2.5
Y	0.5	0.5	1.5	2.5	2.5	2.5	2.5	1.5	1.5	0.5

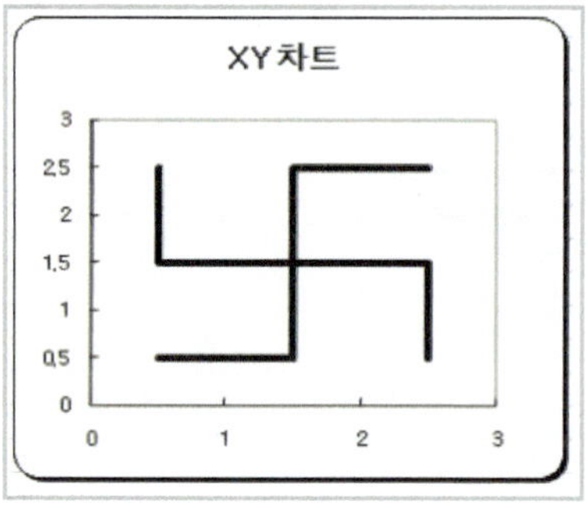

EXERCISE

연습문제

03 다음은 어느 지방자치단체장의 선거에서 유권자들의 예상 지지율이다. 이 표를 이용하여 다음과 같은 차트를 작성해 보자.

후보자	지지율
홍길동	32%
김명석	12%
황윤식	45%
이선수	8%
강기수	3%

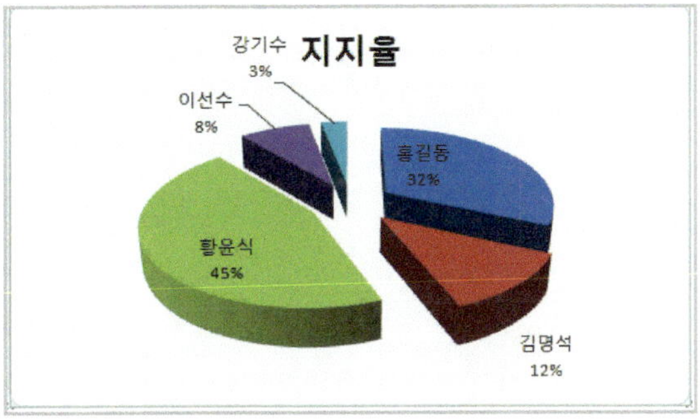

엑셀은 주로 계산에 사용되는 프로그램이지만 컴퓨터의 메모리 용량이 증가하고 프로그램의 기능이 강화되어 이제는 개인용 데이터베이스나 업무용 데이터베이스를 조작하는 데도 매우 뛰어나다. 특히 엑셀은 데이터베이스용 전문 프로그램에 비해 이해하기가 쉽고 조작이 용이할 뿐만 아니라 다양하게 적용할 수 있는 융통성이 있어서 실무에서 많이 사용된다. 특히 데이터베이스에서 자료를 추출하여 보고서를 작성하는 데는 대부분 엑셀을 사용한다. 엑셀의 데이터베이스 지원 기능 중 특히 자동 필터, 부분합, 피벗 테이블은 실무에 있어서 꼭 필요한 기능으로 확실하게 이해해야 한다. 다음의 예를 이용하여 엑셀의 데이터베이스 지원 기능에 대해 알아보자.

P·A·R·T

03

기업에서 쓰는 데이터베이스

EXCEL

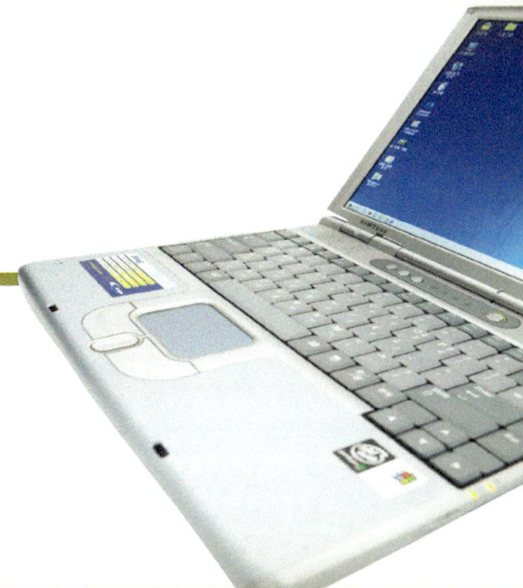

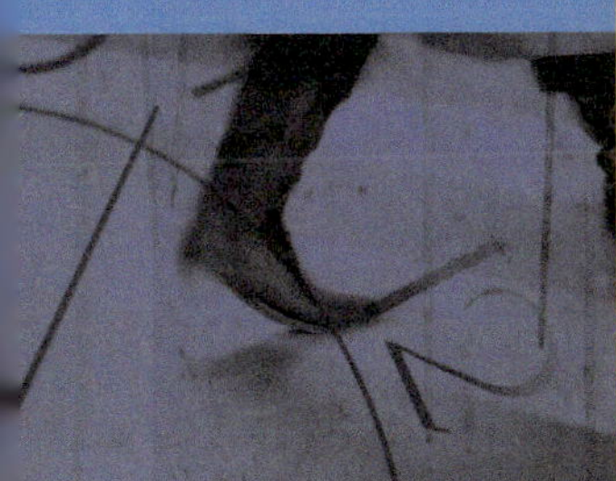

Chapter 01

백악물산 판매 자료

백악물산은 세계 각국으로부터 커피와 홍차를 수입하여 판매하는 회사이다. 커피는 남미와 인도양 그리고 서남아시아의 각국으로부터 수입되고, 홍차류는 주로 중국과 인도에서 수입된다. 다음은 백악물산의 판매 실적에 대한 지난 6개월 동안의 자료이다.

	A	B	C	D	E	F	G	H
1	주문일	담당자	회사코드	제품명	분류	단가	수량	금액
2	2009-01-03	김철민	C002	코스타리카	커피	15,750	250	3,937,500
3	2009-01-04	김철민	C002	플루마	커피	15,750	100	1,575,000
4	2009-01-05	김철민	C002	메들린	커피	14,250	100	1,425,000
5	2009-01-06	이미영	C001	용정	홍차	16,050	50	802,500
6	2009-01-07	김철민	C002	메리다	커피	15,750	50	787,500
7	2009-01-08	이미영	C001	기문	홍차	14,550	50	727,500
8	2009-01-09	김철민	C002	자스민	홍차	14,700	20	294,000
9	2009-01-10	황보경	C003	케냐	커피	16,200	150	2,430,000
10	2009-01-11	황보경	C003	메들린	커피	14,250	150	2,137,500
11	2009-01-12	최수봉	C004	플루마	커피	15,750	50	787,500
12	2009-01-13	정영수	C005	블루마운틴	커피	54,000	150	8,100,000
13	2009-01-14	최수봉	C005	다질링	홍차	30,450	200	6,090,000
14	2009-01-15	최수봉	C005	블루마운틴	커피	54,000	100	5,400,000
15	2009-01-16	정영수	C005	에콰도르	커피	17,750	150	2,662,500
16	2009-01-17	정영수	C005	밍룽	홍차	14,700	150	2,205,000
17	2009-01-18	이미영	C006	다질링	홍차	30,450	300	9,135,000
18	2009-01-19	이미영	C006	옥사카	커피	22,000	150	3,300,000
19	2009-01-20	최수봉	C007	메들린	커피	14,250	100	1,425,000
20	2009-01-21	최수봉	C007	산토도밍고	커피	12,250	100	1,225,000
21	2009-01-22	최수봉	C007	자스민	홍차	14,700	50	735,000
22	2009-01-23	최수봉	C008	피로천	홍차	16,650	200	3,330,000
23	2009-01-24	최수봉	C008	다질링	홍차	30,450	100	3,045,000
24	2009-01-25	황보경	C009	옥사카	커피	22,000	200	4,400,000
25	2009-01-26	김병준	C010	아삼	홍차	14,550	150	2,182,500
26	2009-01-27	황보경	C009	기문	홍차	14,550	100	1,455,000
27	2009-01-28	김병준	C010	교쿠루	홍차	16,800	20	336,000
28	2009-01-29	김병준	C011	춘미	홍차	14,550	50	727,500
29	2009-01-30	김병준	C012	안티구아	커피	15,750	50	787,500
30	2009-01-31	최수봉	C014	낙상	홍차	15,150	200	3,030,000

주문내역

이상의 자료는 기록을 위한 것이지만 이 자료로부터 여러 가지 질문에 대한 답을 얻을 수도 있다. 예를 들어 매월 어느 정도의 매출이 이루어졌는가, 종업원들은 각각 어느 정도의 실적을 올렸는가, 거래처별로 또는 제품별로 어느 정도의 판매가 이루어졌는가, 각 종업원은 매월 실적이 어떻게 변화하고 있는가 등등이다.

엑셀 오류 사례

엑셀이 500만 달러 적자 표시

Nevada 시의 예산 스프레드시트는 2005년 말까지 문제없이 작동하는 듯했다. 하지만 재무국장인 Ron Chandler에 의하면 최근에 이 스프레드시트가 문제를 일으켜서 2006년의 상하수도 예산에 500만 달러의 적자가 발생한 것으로 나타났다. Ron Chandler에 의하면 이 오류를 수정하는 데 하루를 전부 소비했으며 그 과정에서 또 다른 오류가 있음을 발견했다. 물론 이러한 오류들도 수정되어야만 한다. Ron Chandler에 의하면 일단 PDF로 변환하고 나면 수정이 불가능하다고 한다.

http://www.nevadadailymail.com/story/1135458.html
Budget discrepancies attributed to computer error Jan 6, 2006에서 인용

Chapter 02

데이터 정렬

앞에서의 질문에 답하기 위해서 가장 기초적으로 해야 할 작업은 데이터를 정렬하는 것이다. 데이터를 정렬하는 방법은 단축키를 이용하는 방법과 메뉴를 이용하는 방법이 있다.

❶ Part 03 폴더에서 **'백악물신.XLS'**를 불러낸다.

❷ 우선 셀 포인터를 **주문일**의 열에 놓고 빠른 실행 도구 모음의 오름차순 정렬 버튼()을 클릭해 보자. 전체 자료는 주문일 순으로 정렬된다.

❸ 이번에는 셀 포인터를 **회사코드**의 열에 놓고 다시 오름차순 정렬 버튼()을 클릭하면 데이터는 **회사코드에 따라 정렬**된다.

❹ 어떤 거래가 가장 높은 판매금액을 가지고 있는지를 알려면 어떻게 해야 할까? 이를 위해서는 데이터를 금액의 크기에 따라 정렬하는 것이 필요하다. 따라서 **금액** 열에 셀 포인터를 놓고 내림차순 정렬 버튼()을 클릭하면 **금액이 높은 순으로 전체 데이터가 정렬**됨을 알 수 있다.

도구 모음의 오름차순 정렬이나 내림차순 정렬 버튼은 빠르고 편리하지만 하나의 기준에 따라서만 정렬할 수 있다. 예를 들어 전체 데이터를 담당자가 담당하는 거래처별과 제품별로 분류하기 위해서는 오름차순 정렬 버튼만으로는 해결할 수 없다. 이처럼 **2가지 이상의 기준에 의해 데이터를 정렬**하고자 할 때에는 빠른 실행 도구 모음의 정렬 및 필터()의 사용자 지정 정렬()을 이용해야 한다.

	A	B	C	D	E	F	G	H
1	주문일	담당자	회사코드	제품명	분류	단가	수량	금액
2	2009-03-23	황보경	C050	블루마운틴	커피	54,000	250	13,500,000
3	2009-04-20	최수봉	C059	블루마운틴	커피	54,000	250	13,500,000
4	2009-06-16	박준호	C069	블루마운틴	커피	54,000	250	13,500,000
5	2009-01-26	김병준	C019	블루마운틴	커피	54,000	200	10,800,000
6	2009-01-10	이미영	C006	다질링	홍차	30,450	300	9,135,000
7	2009-01-06	정영수	C005	블루마운틴	커피	54,000	150	8,100,000
8	2009-01-19	이동수	C016	블루마운틴	커피	54,000	150	8,100,000
9	2009-06-08	김선출	C056	블루마운틴	커피	54,000	150	8,100,000
10	2009-01-06	최수봉	C005	다질링	홍차	30,450	200	6,090,000

❺ 셀 포인터가 데이터를 포함한 영역에 있는 상태에서 정렬 및 필터의 사용자 지정 정렬을 선택하면 데이터가 입력된 전체 영역이 자동으로 선택되면서 다음과 같은 정렬 대화상자가 나타난다.

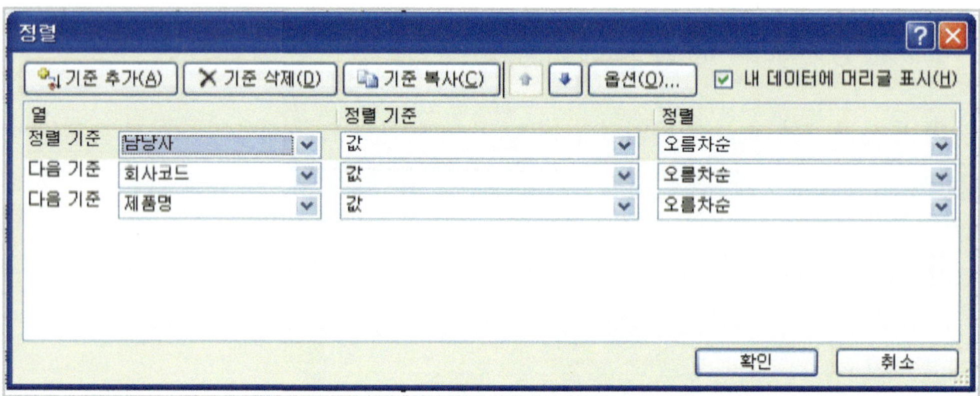

위의 정렬 대화상자에서는 **첫째 기준**으로 **담당자**를 **오름차순**, **둘째 기준**으로 **회사코드**를 **오름차순**, **셋째 기준**으로 **제품명**을 **오름차순**으로 정렬하도록 지정하였다. 이는 담당자별로 정렬하되 같은 담당자의 자료에서는 거래처 코드 순으로 다시 정렬하고 거래처 코드가 같으면 다시 제품명 순으로 정렬한다는 의미이다. 그리고 선택한 영역의 첫 행이 데이터가 아닌 머리글 행이므로 머리글 행을 선택하였다. 이 상태에서 확인을 클릭하면 다음과 같이 데이터가 정렬된다.

	A	B	C	D	E	F	G	H
1	주문일	담당자	회사코드	제품명	분류	단가	수량	금액
2	2009-05-26	김병준	C001	교쿠루	홍차	16,800	100	1,680,000
3	2009-05-26	김병준	C001	메들린	커피	14,250	250	3,562,500
4	2009-06-22	김병준	C001	에콰도르	커피	17,750	100	1,775,000
5	2009-05-26	김병준	C001	찬차미요	커피	15,750	200	3,150,000
6	2009-06-22	김병준	C001	흑둔	홍차	15,750	100	1,575,000
7	2009-01-26	김병준	C005	코스타리카	커피	15,750	50	787,500
8	2009-01-26	김병준	C005	피로천	홍차	16,650	200	3,330,000
9	2009-02-17	김병준	C007	다질링	홍차	30,450	100	3,045,000
10	2009-02-17	김병준	C007	찬차미요	커피	15,750	250	3,937,500
11	2009-03-29	김병준	C007	흑둔	홍차	15,750	200	3,150,000
12	2009-05-01	김병준	C009	낙상	홍차	15,150	200	3,030,000
13	2009-05-01	김병준	C009	셀레베스	커피	19,500	100	1,950,000
14	2009-05-01	김병준	C009	자스민	홍차	14,700	100	1,470,000
15	2009-01-12	김병준	C010	교쿠루	홍차	16,800	20	336,000
16	2009-01-12	김병준	C010	아삼	홍차	14,550	150	2,182,500
17	2009-02-15	김병준	C011	교쿠루	홍차	16,800	200	3,360,000
18	2009-02-15	김병준	C011	수마트라	커피	21,500	200	4,300,000
19	2009-02-15	김병준	C011	인도	커피	15,250	50	762,500
20	2009-01-13	김병준	C011	춘미	홍차	14,550	50	727,500
21	2009-02-15	김병준	C011	흑둔	홍차	15,750	20	315,000
22	2009-01-16	김병준	C012	안티구아	커피	15,750	50	787,500

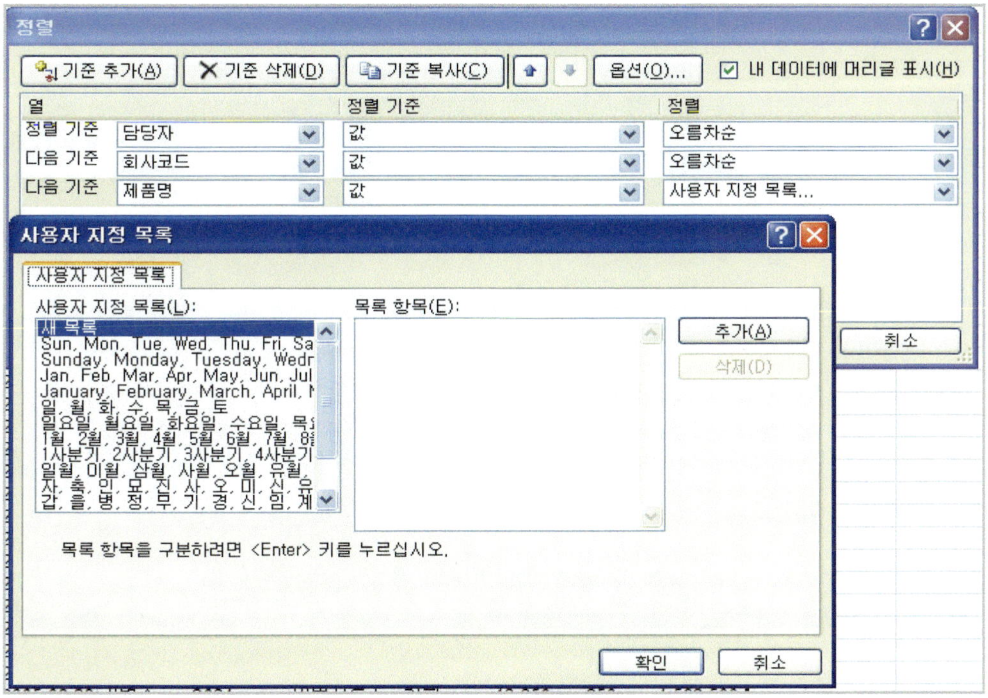

정렬 대화상자에서 옵션 버튼은 사용자 지정 목록을 이용한 정렬에 사용된다. 예를 들어 데이터를 요일별로 정렬하려고 할 때, 이 옵션을 사용하지 않으면 금요일, 목요일, 수요일 등의 순서로 나타나게 되어 원하지 않는 결과를 가져온다. 이러한 경우에 요일별로 데이터를 정렬하기 위해서는 이 옵션을 사용하면 된다. 사용자 지정 목록에는 다양한 목록이 이미 입력되어 있고, 사용자가 필요에 따라 추가할 수 있으므로 이 옵션을 사용하면 편리하다.

TIP

기준 추가

정렬 조건을 추가한다. 첫 번째 조건 아래로 같은 형식의 조건 리스트가 계속 표시된다.

정렬 기준

정렬할 표의 열 머리글을 선택한다. 드롭다운 버튼을 클릭하면 선택한 표의 '열 머리글'을 확인할 수 있다.

정렬

정렬 방식을 '오름차순'과 '내림차순'으로 선택할 수 있다.

엑셀 오류 사례

정렬 실수로 합격이 불합격

Jefferson County의 경찰 시험에서 시험에 합격 통보를 받고 주위로부터 격려를 받았던 응시생들이 나중에 불합격 통보를 다시 받았다. AON이라는 회사에서 이 시험을 관리했는데, 이 회사는 누군가가 시험성적을 스프레드시트에서 정렬했는데 이름과 성적이 불일치되어 성적 결과에 오류가 발생했다고 위원회에 보고했다. NBC 13의 Kathy Times 기자에 의하면 응시생들이 항의하여 AON에 점수를 점검하라고 요청했다. 내부감사 결과 AON에서 실수를 한 것이 발견되었다. 이 일로 Jefferson County의 인사위원회 의장인 Nichols는 사임했다.

http://www.nbc13.com/news/4951284/detail.html?rss=bir&psp=news 에서 인용

Chapter 03

필터

데이터 정렬은 데이터를 전체적으로 파악하는 데 도움을 주지만 복잡한 조건으로 많은 양의 데이터를 검색하는 데는 도움이 되지 못한다. 예를 들어 담당자 김병준의 교쿠루 거래내역만을 알고 싶을 때, 정렬을 이용하려면 제품별로 정렬한 다음 다시 담당자별로 정렬하여, 데이터 내에서 이를 직접 찾아야 한다. 이와 같은 데이터의 검색을 편리하게 해 주는 기능이 필터이다. 필터에는 자동 필터와 고급 필터가 있다.

1. 자동 필터

자동 필터를 이용해 담당자 김병준의 교쿠루 거래내역을 알아보자.

❶ 빠른 실행 도구 모음의 **정렬 및 필터**의 **필터**를 선택하면 각 열의 머리글 열에 목록 단추가 나타난다. **담당자**의 목록 단추를 이용해 **김병준**을 선택하고 **제품명**에서 **교쿠루**를 선택하면 다음과 같이 원하는 데이터만 걸러져서 나타난다.

	A	B	C	D	E	F	G	H
1	주문일	담당자	회사코	제품명	분류	단가	수량	금액
2	2009-05-26	김병준	C001	교쿠루	홍차	16,800	100	1,680,000
15	2009-01-12	김병준	C010	교쿠루	홍차	16,800	20	336,000
17	2009-02-15	김병준	C011	교쿠루	홍차	16,800	200	3,360,000
357								

행 머리글을 보면 2, 15, 17행의 **머리글**은 **주황색**으로 되어 있는데, 이는 **이 데이터들이 필터링 되었다는 것**을 의미한다. 반면에 1행과 357행은 원래의 상태로 있다.

자동 필터 기능은 매우 편리하고 강력해서 대부분의 데이터베이스에 관련된 질의는 자동 필터로 해결될 수 있으며, 그 결과를 즉시 알 수 있다. 이번에는 판매금액이 높은 10개의 거래만을 찾고 그 합계를 구해 보자.

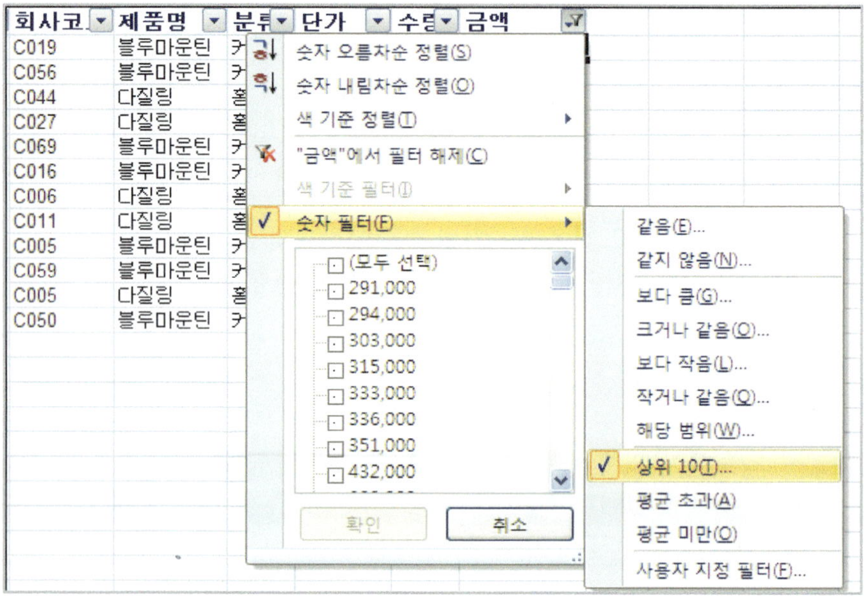

❷ **회사코드**와 **제품명**에서 각각 [모두]를 선택하고, **금액**에서 [상위 10..]을 선택한다. 다시 **'숫자 필터'** 대화상자에서 **확인**을 선택하면 판매금액이 높은 10개의 거래만 나타난다. 이때 나타난 금액들을 모두 선택하면 엑셀 창의 하단에 있는 상태 표시줄에 합계가 나타난다.

다시 **상태 표시줄에 나타난 숫자**에서 **마우스의 오른쪽** 버튼을 이용하여 단축메뉴를 부르면 그림과 같이, 상태 표시줄에 나타날 숫자를 선택할 수 있다.

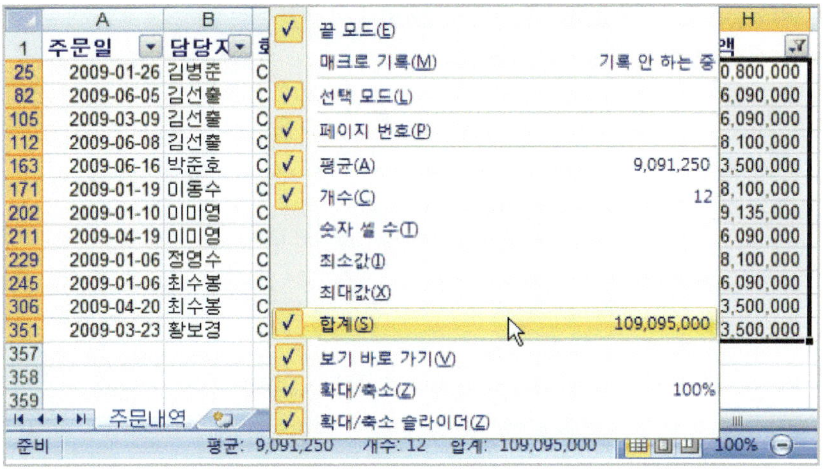

자동 필터에서는 정해진 형태의 검색뿐만 아니라 사용자가 원하는 다양한 형태의 검색이 가능하다. 예를 들어 5월의 자료만을 검색할 수도 있고, 김씨 성을 가진 담당자의 거래만을 검색하는 것도 가능하다.

❸ **금액**에서 **[모두]**를 선택하고, **주문일**에서 **[사용자 지정..]**을 선택하여 '사용자 지정 자동 필터' 대화상자를 불러낸다. 찾을 조건에서 주문일을 **2009-05-01보다 크거나 같게** 한 다음, 그리고를 선택하고 **2009-05-31보다 작거나 같게** 지정하면 5월의 데이터만 나타난다.

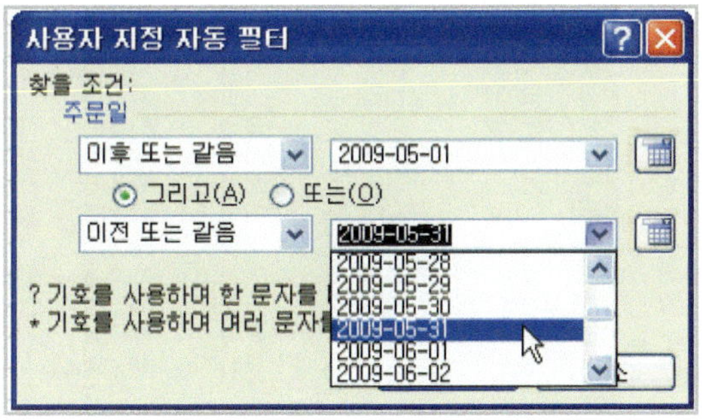

❹ 5월 자료 중 김씨 성을 가진 담당자의 거래내역만을 검색하려면 **담당자**에서 **[사용자 지정..]**을 선택하고 찾을 조건에서 **'김'을 포함**하도록 지정한다.

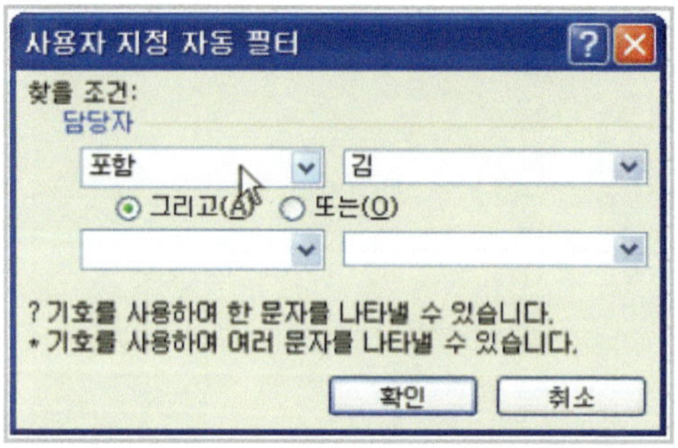

이렇게 지정한 조건의 검색결과는 2009년 5월의 자료 중 김씨 성을 가진 담당자의 거래내역만을 나타낸다. 이 자료는 그 상태에서 원하는 기준에 의해 정렬할 수 있고, 마우스로 선택하여 다른 시트나 영역에 붙여 넣을 수 있다.

	A	B	C	D	E	F	G	H
1	주문일	담당자	회사코	제품명	분류	단가	수량	금액
2	2009-05-26	김병준	C001	교쿠루	홍차	16,800	100	1,680,000
3	2009-05-26	김병준	C001	메들린	커피	14,250	250	3,562,500
5	2009-05-26	김병준	C001	찬차미요	커피	15,750	200	3,150,000
12	2009-05-01	김병준	C009	낙상	홍차	15,150	200	3,030,000
13	2009-05-01	김병준	C009	셀레베스	커피	19,500	100	1,950,000
14	2009-05-01	김병준	C009	자스민	홍차	14,700	100	1,470,000
41	2009-05-24	김병준	C036	밍룽	홍차	14,700	150	2,205,000
45	2009-05-24	김병준	C036	찬차미요	커피	15,750	150	2,362,500
46	2009-05-24	김병준	C036	하라	커피	14,850	50	742,500
64	2009-05-09	김병준	C057	기문	홍차	14,550	100	1,455,000
65	2009-05-09	김병준	C057	블루마운틴	커피	54,000	50	2,700,000
66	2009-05-09	김병준	C057	코스타리카	커피	15,750	150	2,362,500
69	2009-05-17	김병준	C066	메들린	커피	14,250	50	712,500
76	2009-05-10	김선출	C012	모카	커피	17,250	100	1,725,000
77	2009-05-10	김선출	C012	버번산토스	커피	18,250	100	1,825,000
78	2009-05-10	김선출	C012	하히티	커피	19,750	200	3,950,000
87	2009-05-19	김선출	C031	메들린	커피	14,250	150	2,137,500
88	2009-05-19	김선출	C031	시룽	홍차	17,550	20	351,000
89	2009-05-19	김선출	C031	하라	커피	14,850	250	3,712,500
90	2009-05-31	김선출	C032	기문	홍차	14,550	20	291,000
91	2009-05-31	김선출	C032	모카	커피	17,250	150	2,587,500
93	2009-05-16	김선출	C033	기문	홍차	14,550	100	1,455,000
94	2009-05-16	김선출	C033	케냐	커피	16,200	200	3,240,000
119	2009-05-04	김철민	C004	블루마운틴	커피	54,000	50	2,700,000
122	2009-05-01	김철민	C011	메리다	커피	15,750	150	2,362,500
146	2009-05-24	김철민	C067	옥사카	커피	22,000	200	4,400,000
147	2009-05-24	김철민	C067	플루마	커피	15,750	200	3,150,000
148	2009-05-24	김철민	C067	피로천	홍차	16,650	50	832,500

자동 필터를 화면에 나타나지 않게 하려면 빠른 실행 도구 메뉴의 [정렬 및 필터-필터]를 다시 지정하여 자동 필터에 표시되어 있는 확인을 없애 준다.

자동 필터를 이용하면 간편하게 자료를 검색할 수 있고, 대부분의 검색은 자동 필터에서 해결되지만 검색 조건이 매우 복잡한 경우에는 자동 필터만으로 해결이 되지 않을 수도 있다.

TIP

'자동 필터' 조건 해제하기

설정된 자동 필터를 해제하려면 다음 중 한 가지 방법을 사용한다.

첫째, 필터 조건을 설정한 열의 화살표를 클릭한 후 '모두 선택'을 체크하고 '확인' 버튼을 클릭한다.

둘째, 필터 조건을 설정한 열의 화살표를 클릭한 후 '필드 명에서 필터 해제'를 클릭한다.

셋째, 빠른 실행 도구 메뉴에서 정렬 및 필터의 자동 필터 표시를 없애 준다.

2. 고급 필터

이러한 경우에는 고급 필터를 사용해야 한다. 예를 들어 동남아 지역에서 수입되는 커피에는 셀레베스, 수마트라, 자바 등이 있는데 동남아 지역의 수입이 중단되었다고 하면, 이 제품들의 거래내역을 파악해야 할 것이다. 이때 자동 필터를 이용하는 경우에는 두 번 이상의 자동필터를 통해 자료를 검색하고 이를 다른 곳에 붙여 넣어야 할 것이다. 그러나 고급 필터를 사용하면 쉽게 해결할 수 있다.

2009년 5월과 6월에 이상의 제품들의 거래실적을 알아보기 위해서 고급 필터를 사용해 보자.

고급 필터는 사용법이 약간 복잡한데, 고급 필터를 사용하기 위해서는 검색 조건을 미리 별도의 영역에 입력한 상태에서 고급 필터 명령을 선택해야 하기 때문이다. 검색 조건을 지정하려면 원래 데이터베이스의 머리글과 동일하게 머리글을 지정하고 바로 밑에 조건을 지정한다.

❶ 위의 조건을 입력하기 위해서는 주문내역 시트 탭에서 단축메뉴를 불러 삽입을 선택하고 **'삽입'** 대화상자의 일반 탭에서 Worksheet를 선택한다.

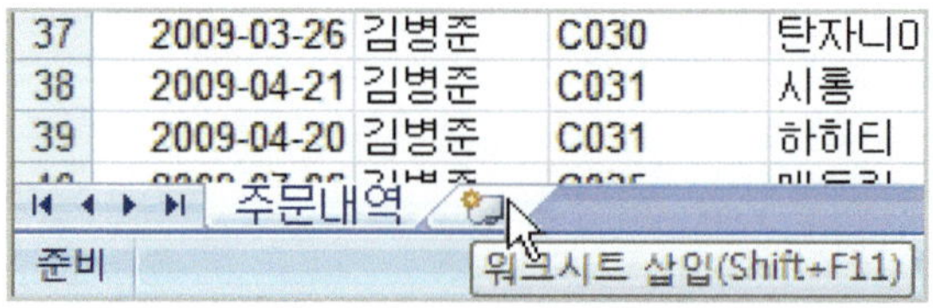

❷ 새로 삽입된 시트의 이름을 **'검색조건'** 이라고 변경한다. 검색조건 시트의 A1:C4에 다음과 같이 입력한다.

	A	B	C
1	주문일	주문일	제품명
2	>=2009-05-01	<=2009-06-30	셀레베스
3	>=2009-05-01	<=2009-06-30	수마트라
4	>=2009-05-01	<=2009-06-30	자바
5			

고급 필터에서 검색 조건을 지정하는 방법은 같은 행에 입력된 2개 이상의 조건은 그리고(AND) 조건이며, 다른 행에 입력된 조건은 또는(OR) 조건이 된다. 위에서 제시된 조건 중 첫 번째 행은 머리글을 나타내고, 두 번째 행은 주문일이 2009년 5월 1일부터 2009년 6월 30일 사이에 제품명이 셀레베스인 자료를 검색하며, 세 번째 행은 같은 기간 동안에 제품명이 수마트라인 자료를 검색하고, 네 번째 행은 같은 기간 동안에 제품명이 자바인 자료를 검색한다. 그리고 각각의 행은 '또는(OR)' 의 조건을 나타내고 있으므로, 위의 조건은 2009년 5월과 6월 사이에 주문된 셀레베스, 수마트라, 자바인 제품들만을 보여 준다.

❸ 이를 고급 필터를 이용하여 검색하기 위해서는 원래의 데이터가 입력된 '주문내역' 시트의 자료가 입력된 부분에 셀 포인터를 위치시키고, 메뉴의 빠른 실행 도구 모음의 고급 필터(　)를 선택하여 '고급 필터' 대화상자를 불러낸다.

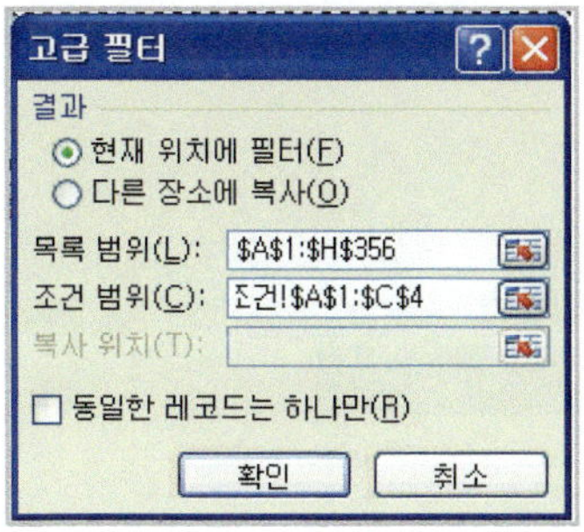

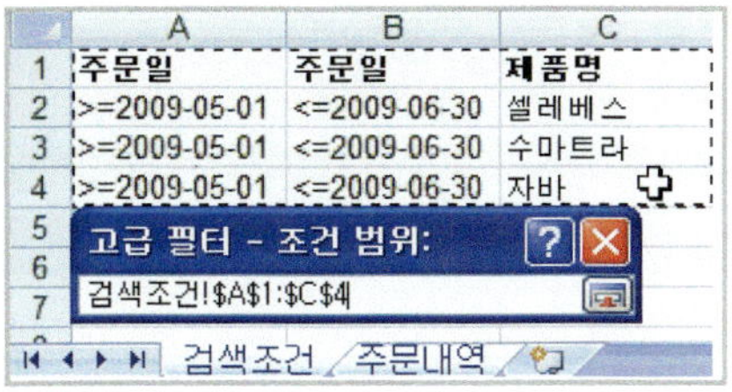

❹ '고급 필터' 대화상자에서 결과에는 '**현재의 위치에 필터**'를 선택하고 목록 범위는 자동으로 입력된 범위를 그대로 사용하며, 조건 범위에서 '**검색 조건**' 시트의 **A1:C4를 선택**한다. 이 조건으로 검색한 결과는 다음과 같다.

	A	B	C	D	E	F	G	H
1	주문일	담당자	회사코드	제품명	분류	단가	수량	금액
48	2009-06-25	김병준	C039	셀레베스	커피	19,500	200	3,900,000
58	2009-06-10	김병준	C049	수마트라	커피	21,500	100	2,150,000
137	2009-06-29	김철민	C053	셀레베스	커피	19,500	250	4,875,000
151	2009-05-27	박준호	C022	자바	커피	18,750	150	2,812,500
222	2009-05-12	이미영	C041	셀레베스	커피	19,500	50	975,000
345	2009-05-25	황보경	C046	수마트라	커피	21,500	150	3,225,000
357								

이 상태에서 다시 원래의 데이터 전체를 보고 싶으면 메뉴의 도구 모음 정렬 및 필터에서 지우기( )를 선택한다. 고급 필터에서는 조건으로 입력되는 열이나 행의 수에 제한이 없으므로 사용자가 원하는 수준에서 얼마든지 조건을 만들 수 있다. 하지만 조건들이 논리적으로 모순이 없어야 원하는 결과를 얻을 수 있다는 점을 명심해야 한다. 예를 들어 실수로 조건 범위에 빈 행이 추가된다면 어떻게 될까? 이때에는 내용이 없는 조건이 들어 있고, 각 행은 또는(OR) 조건이므로 데이터베이스 내의 모든 데이터가 표시된다.

Chapter 04

부분합

지금까지의 정렬이나 필터는 데이터를 검색하는 데 사용되는 명령이다. 하지만 경우에 따라서는 합계나 평균 또는 개수를 구해야 할 필요도 있다. 회사나 관공서에서 일상적으로 작성하는 보고서에는 합계가 포함되는데, 필요에 따라서는 항목별 합계를 구해야 한다. 데이터베이스에서 사용자가 원하는 집계를 쉽게 해 주는 것이 부분합이다. 이는 주로 정렬이나 필터 명령과 같이 사용된다. 우선 부분합의 단순 기능부터 알아보자.

담당자별로 지난 6개월 동안의 판매금액을 계산해 보자.

❶ 이를 위해서는 데이터가 입력된 곳에 셀 포인터를 위치시키고, 그룹화한 항목인 **담당자**를 **오름차순**으로 정렬한 다음 빠른 실행 도구 메뉴의 부분합()을 선택한다. 부분합 대화상자에서 **그룹화할 항목**에 **담당자**를, **사용할 함수**에 **합계**를, **부분합 계산 항목**에 **수량**과 **금액**을 선택하고 **확인**을 클릭한다. 만약 담당자별로 정렬이 되어 있지 않으면 부분합에서 원하는 결과를 얻을 수 없으므로 반드시 그룹화할 항목에 대해 정렬한 다음 부분합을 실행해야 한다.

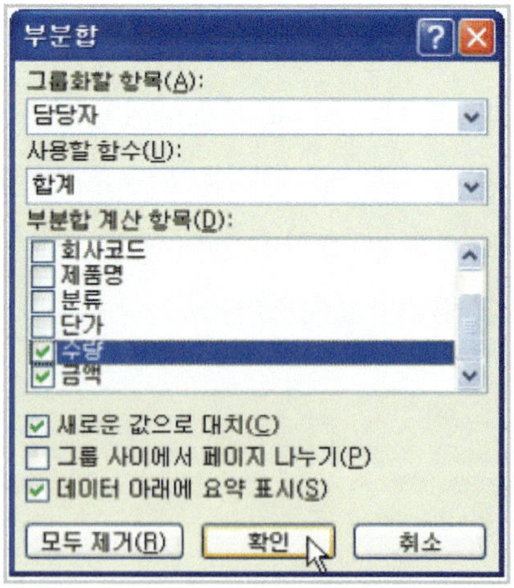

❷ 부분합을 실행하고 나면 워크시트의 왼쪽에 1, 2, 3의 숫자와 선이 나타나는데 이를 윤곽(Outline)이라고 한다. **숫자 2를 클릭해 보자.** 각 담당자별로 합계가 자동으로 계산된 것을 알 수 있다. 그리고 셀 포인터를 담당자 김병준 금액의 부분합이 계산된 H74에 위치시켜 보면 H74에 입력된 내용은

▶ =SUBTOTAL(9,H2:H73)

이라는 함수임을 알 수 있다. 이 함수에서 9는 부분합의 계산 옵션 중 합계를 나타내고, H2:H73은 김병준이라는 담당자가 연속적으로 입력된 부분을 나타낸다.

윤곽선의 [+]를 클릭하면 감추어진 하위 내용이 화면에 나타나고 [−]를 클릭하면 다시 감추어진다. 또는 해당되는 번호를 클릭하면 각 단계별 세부 내용을 볼 수 있다.

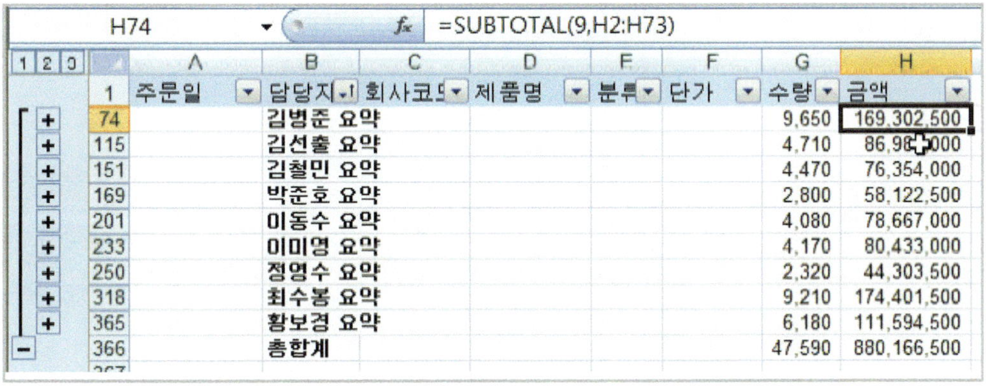

❸ 윤곽선이 보이지 않게 하려면 메뉴의 데이터–그룹해제( )에서 **윤곽 지우기**를 선택한다.

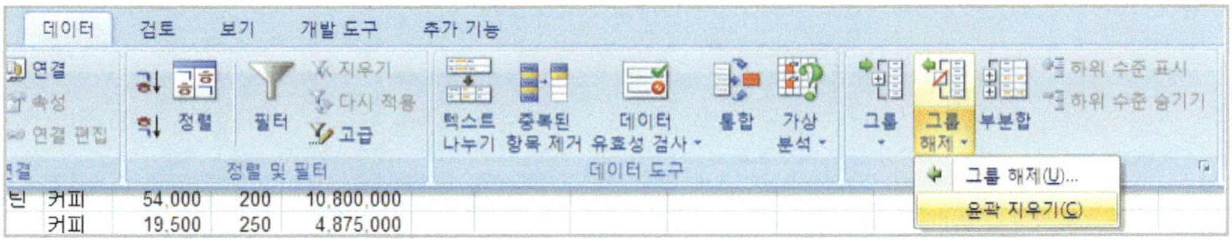

❹ 다시 윤곽이 보이게 하려면 같은 메뉴에서 그룹( )–자동 윤곽을 실행한다.

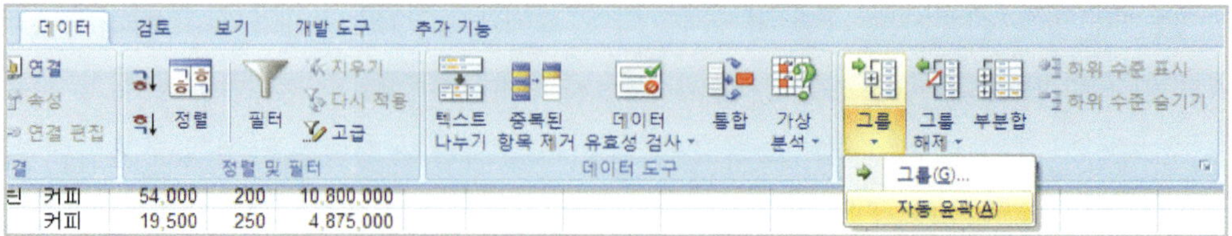

❺ **계산된 부분합을 지우기** 위해서는 해당 행을 일일이 삭제할 수도 있지만, **부분합**의 대화상자를 다시 불러 **모두 제거** 버튼을 클릭하면 부분합이 사라진다.

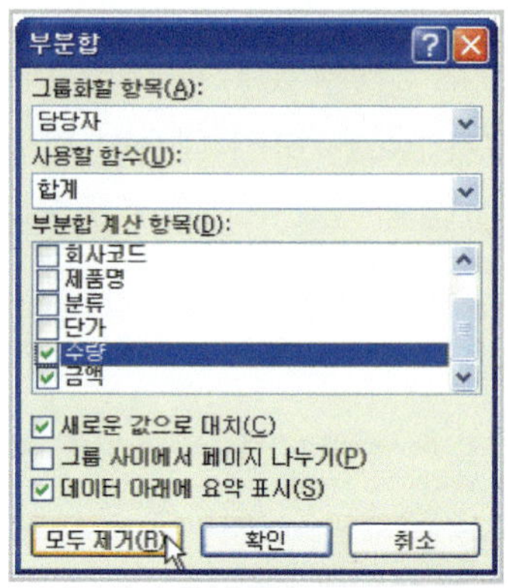

부분합과 필터를 적절히 결합하면 데이터에 대해 매우 다양하고 강력한 질의와 계산을 할 수가 있다. 예를 들어 담당자 김병준이 거래하는 거래처들의 5월 구매금액을 다음과 같이 계산할 수도 있다.

	A	B	C	D	E	F	G	H
1	주문일	담당자	회사코드	제품명	분류	단가	수량	금액
2	2009-05-26	김병준	C001	메들린	커피	14,250	250	3,562,500
3	2009-05-26	김병준	C001	찬차미요	커피	15,750	200	3,150,000
5	2009-05-26	김병준	C001	교쿠루	홍차	16,800	100	1,680,000
11			**C001 요약**				550	8,392,500
49	2009-05-01	김병준	C009	낙상	홍차	15,150	200	3,030,000
50	2009-05-01	김병준	C009	셀레베스	커피	19,500	100	1,950,000
51	2009-05-01	김병준	C009	자스민	홍차	14,700	100	1,470,000
64			**C009 요약**				400	6,450,000
216	2009-05-24	김병준	C036	찬차미요	커피	15,750	150	2,362,500
217	2009-05-24	김병준	C036	밍롱	홍차	14,700	150	2,205,000
220	2009-05-24	김병준	C036	하라	커피	14,850	50	742,500
223			**C036 요약**				350	5,310,000
318	2009-05-09	김병준	C057	블루마운틴	커피	54,000	50	2,700,000
319	2009-05-09	김병준	C057	코스타리카	커피	15,750	150	2,362,500
320	2009-05-09	김병준	C057	기문	홍차	14,550	100	1,455,000
324			**C057 요약**				300	6,517,500
346	2009-05-17	김병준	C066	메들린	커피	14,250	50	712,500
347			**C066 요약**				50	712,500
362			**총합계**				1,650	27,382,500

계산을 위해서는 **자동 필터**에서 **주문일**을 **사용자 지정**을 이용하여 **5월**로, **담당자**를 **김병준**으로 필터링하고, **거래처별로 정렬**한 다음, **부분합**을 **선택**한다.

엑셀 오류 사례

부분합을 잘못 계산

Richmond 시의 공무원들이 Stony Point Fashion Park 개장 첫 두 달 동안의 운영에서 발생한 소비세를 잘못 계산했다. 이 실수로 부주의하게 소비세가 수만 달러나 과다 계상되었으며, 이는 전체 매출이 수백만 달러나 과대 예측되었다는 것을 의미한다.
시의 재무 담당관인 Andrew T. Rountree에 의하면, 이는 문서 작성 과정에서 나타난 실수로 의도적으로 수치를 부풀린 것은 아닌 것으로 보인다. 시 당국은 이 오류가 스프레드시트 공식의 오류로 인한 것으로 부분합을 몇 배로 늘렸기 때문이라고 해명했다.

http://www.timesdispatch.com에서 인용

Chapter 05

데이터의 입력과 수정

일반적으로 업무용 데이터베이스를 엑셀에서 직접 입력하는 경우는 드물지만, 개인용 데이터베이스는 엑셀을 이용하여 직접 입력하기도 한다. 개인용 데이터베이스는 고객 관리, 거래처 관리, 학생 관리, 명함 관리 등 개인적으로 사용되는 많은 양의 규칙적인 자료를 말한다.

1. 조건부 서식

많은 양의 데이터가 입력된 시트에서 특정한 조건을 만족하는 데이터에 대해 사용자가 지정한 서식을 이용하여 데이터의 가독성을 높일 수 있는데, 이를 조건부 서식이라고 한다.

조건부 서식( ) 목록 상자 안에 있는 셀 강조 규칙, 상위/하위 규칙, 데이터 막대, 색조, 아이콘 등을 선택하여 다양한 서식과 조건을 갖춘 데이터를 만들 수 있다. 예를 들어 판매금액이 4,000,000원 이상인 셀이나 수량이 200개 이상인 셀 또는 특정 담당자에 대해 별도의 서식을 지정하면 데이터를 쉽게 파악할 수 있다. 본 예제에서는 셀 강조 규칙을 이용하여 조건에 맞는 서식을 지정하도록 한다.

❶ 금액이 입력된 H2:H356을 다음과 같이 선택한다. H2 셀을 선택하고 Shift 키를 누른 상태로 End를 한 번 누르고 ↓를 누른다. 이렇게 하면 H2:H356이 선택될 것이다.

❷ 빠른 실행 도구 메뉴의 **조건부 서식**을 선택한다. 조건부 서식 대화상자의 **'셀 강조 규칙'** 에서 **'보다 큼'** 을 선택한다. 입력상자에 4000000을 입력한 후, **서식** 버튼을 클릭하여 **'사용자 지정 서식'** 의 대화상자를 불러낸다.

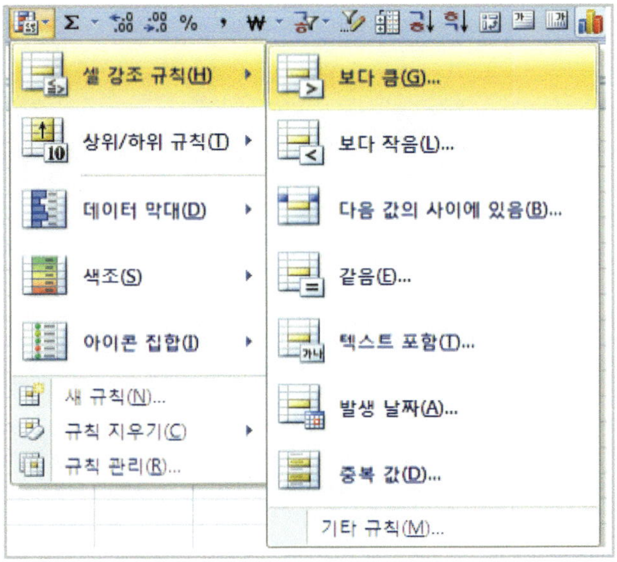

❸ '서식' 대화상자에서 **채우기** 탭을 선택하여 무늬에 **파랑색**을 선택하고 **글꼴** 탭에서 글꼴 색에 **하얀색**과 **굵게**를 선택한 다음 확인을 클릭한다. '조건부 서식' 대화상자에는 지정된 서식이 나타날 것이다.

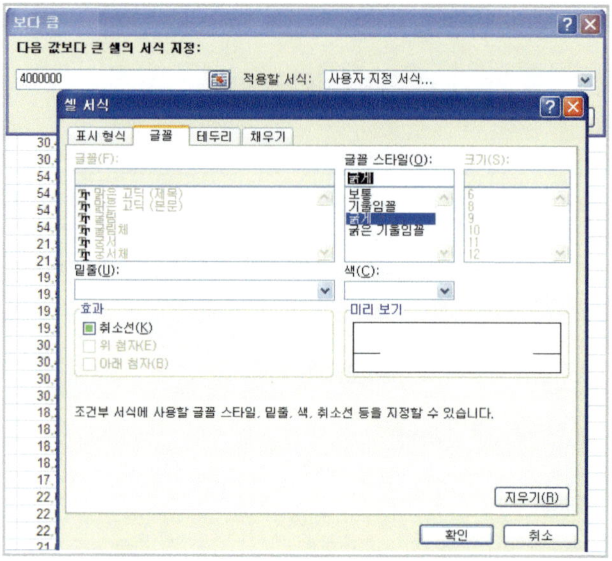

❹ '조건부 서식' 대화상자에서 확인을 클릭하면 선택된 영역에서 조건을 만족한 셀들에 지정한 서식이 나타날 것이다.

	A	B	C	D	E	F	G	H
1	주문일	담당자	회사코드	제품명	분류	단가	수량	금액
2	2009-01-03	김철민	C002	코스타리카	커피	15,750	250	3,937,500
3	2009-01-03	김철민	C002	플루마	커피	15,750	100	1,575,000
4	2009-01-03	김철민	C002	메들린	커피	14,250	100	1,425,000
5	2009-01-03	김철민	C002	메리다	커피	15,750	50	787,500
6	2009-01-03	김철민	C002	자스민	홍차	14,700	20	294,000
7	2009-01-03	이미영	C001	용정	홍차	16,050	50	802,500
8	2009-01-03	이미영	C001	기문	홍차	14,550	50	727,500
9	2009-01-04	황보경	C003	케냐	커피	16,200	150	2,430,000
10	2009-01-04	황보경	C003	메들린	커피	14,250	150	2,137,500
11	2009-01-05	최수봉	C004	플루마	커피	15,750	50	787,500
12	2009-01-06	정영수	C005	블루마운틴	커피	54,000	150	**8,100,000**
13	2009-01-06	정영수	C005	에콰도르	커피	17,750	150	2,662,500
14	2009-01-06	정영수	C005	밍롱	홍차	14,700	150	2,205,000
15	2009-01-06	최수봉	C005	다질링	홍차	30,450	200	**6,090,000**
16	2009-01-06	최수봉	C005	블루마운틴	커피	54,000	100	**5,400,000**
17	2009-01-10	이미영	C006	다질링	홍차	30,450	300	**9,135,000**
18	2009-01-10	이미영	C006	옥사카	커피	22,000	150	3,300,000
19	2009-01-10	최수봉	C007	메들린	커피	14,250	100	1,425,000
20	2009-01-10	최수봉	C007	산토도밍고	커피	12,250	100	1,225,000
21	2009-01-10	최수봉	C007	자스민	홍차	14,700	50	735,000
22	2009-01-11	최수봉	C008	피로천	홍차	16,650	200	3,330,000
23	2009-01-11	최수봉	C008	다질링	홍차	30,450	100	3,045,000
24	2009-01-12	김병준	C010	아삼	홍차	14,550	150	2,182,500
25	2009-01-12	김병준	C010	교쿠루	홍차	16,800	20	336,000
26	2009-01-12	황보경	C009	옥사카	커피	22,000	200	**4,400,000**
27	2009-01-12	황보경	C009	기문	홍차	14,550	100	1,455,000

엑셀 2007부터는 조건부 서식의 조건을 메모리가 허용하는 한 무한대까지 지정할 수 있다. 이번에는 같은 영역에 추가로 다른 서식을 적용해 보자.

❺ H2:H356을 선택하고 빠른 실행 도구 메뉴의 **조건부 서식** 대화상자의 **'셀 강조 규칙'** 에서 **기타 규칙–'새 서식 규칙'** 을 선택한 후, **'다음을 포함하는 셀만 서식 지정'** 을 선택한다. 규칙 설명 편집에서 **셀 값**을 선택하고 입력란에 <=, 500000을 입력한다.

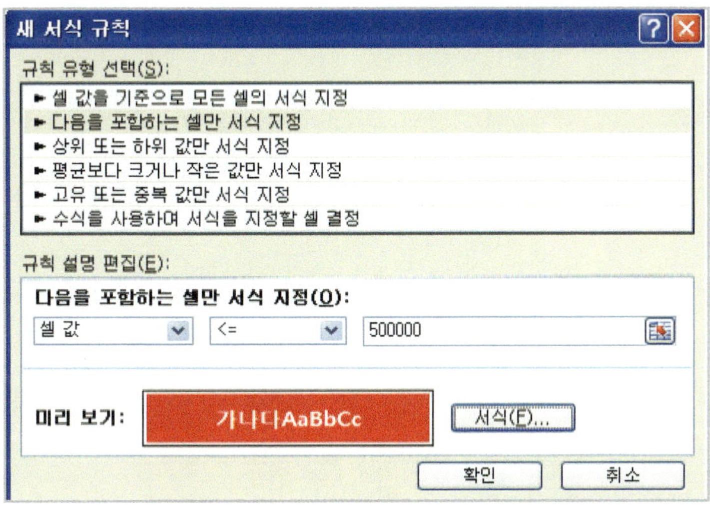

❻ **서식** 버튼의 대화상자를 불러내서, **대화상자**의 **채우기** 탭에서 **빨강색**을 선택하고 **글꼴** 탭에서 **색깔**을 **하얀색**으로 하고 **굵게**를 선택한 후 확인을 클릭한다.

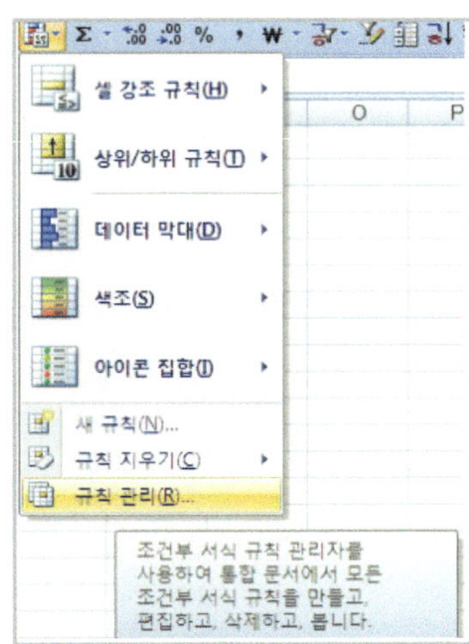

❼ 조건부 서식을 사용하여 만든 서식은 도구 모음의 **조건부 서식 – 규칙 관리**를 선택하여 서식 규칙을 만들어 편집하고, 삭제할 수 있다.

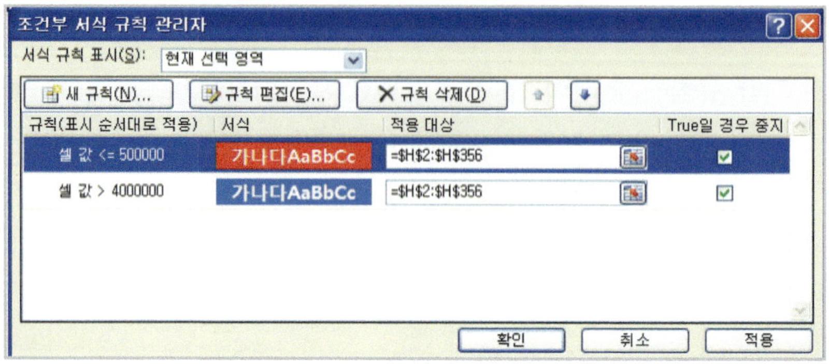

조건부 서식 대화상자에서 확인을 클릭하면 다음과 같이 조건부 서식이 지정된다.

	A	B	C	D	E	F	G	H
1	주문일	담당자	회사코드	제품명	분류	단가	수량	금액
2	2009-01-03	김철민	C002	코스타리카	커피	15,750	250	3,937,500
3	2009-01-03	김철민	C002	플루마	커피	15,750	100	1,575,000
4	2009-01-03	김철민	C002	메들린	커피	14,250	100	1,425,000
5	2009-01-03	김철민	C002	메리다	커피	15,750	50	787,500
6	2009-01-03	김철민	C002	자스민	홍차	14,700	20	294,000
7	2009-01-03	이미영	C001	용정	홍차	16,050	50	802,500
8	2009-01-03	이미영	C001	기문	홍차	14,550	50	727,500
9	2009-01-04	황보경	C003	케냐	커피	16,200	150	2,430,000
10	2009-01-04	황보경	C003	메들린	커피	14,250	150	2,137,500
11	2009-01-05	최수봉	C004	플루마	커피	15,750	50	787,500
12	2009-01-06	정영수	C005	블루마운틴	커피	54,000	150	8,100,000
13	2009-01-06	정영수	C005	에콰도르	커피	17,750	150	2,662,500
14	2009-01-06	정영수	C005	밍롱	홍차	14,700	150	2,205,000
15	2009-01-06	최수봉	C005	다질링	홍차	30,450	200	6,090,000
16	2009-01-06	최수봉	C005	블루마운틴	커피	54,000	100	5,400,000
17	2009-01-10	이미영	C006	다질링	홍차	30,450	300	9,135,000
18	2009-01-10	이미영	C006	옥사카	커피	22,000	150	3,300,000
19	2009-01-10	최수봉	C007	메들린	커피	14,250	100	1,425,000
20	2009-01-10	최수봉	C007	산토도밍고	커피	12,250	100	1,225,000
21	2009-01-10	최수봉	C007	자스민	홍차	14,700	50	735,000
22	2009-01-11	최수봉	C008	피로천	홍차	16,650	200	3,330,000
23	2009-01-11	최수봉	C008	다질링	홍차	30,450	100	3,045,000
24	2009-01-12	김병준	C010	아삼	홍차	14,550	150	2,182,500
25	2009-01-12	김병준	C010	교쿠루	홍차	16,800	20	336,000
26	2009-01-12	황보경	C009	옥사카	커피	22,000	200	4,400,000
27	2009-01-12	황보경	C009	기문	홍차	14,550	100	1,455,000
28	2009-01-13	김병준	C011	춘미	홍차	14,550	50	727,500

2. 유효성 검사

데이터를 추가로 입력하는 경우에 편리한 기능이 유효성 검사인데, 이를 이용하면 해당 열에 입력될 자료의 값에 제한을 두거나 지정된 목록 내에서만 자료를 입력하도록 지정할 수 있다. 다음에는 데이터가 추가로 입력될 A357부터 데이터 유효성 조건을 부여하는 방법에 대해 살펴본다.

우선 담당자, 거래처코드, 제품명, 분류의 목록을 작성해 보자. 담당자의 수가 많지 않으므로 담당자를 직접 입력할 수도 있지만, 데이터베이스 내에서 간단히 목록을 만드는 방법을 사용한다.

❶ 담당자가 입력된 B2:B356을 선택하고 고급 필터를 선택한다. 조건 범위는 빈칸으로 두고 고급 필터의 대화상자에서 동일한 레코드는 하나만에 표시하고 확인을 선택한다. 담당자의 이름이 하나씩만 나타날 것이다.

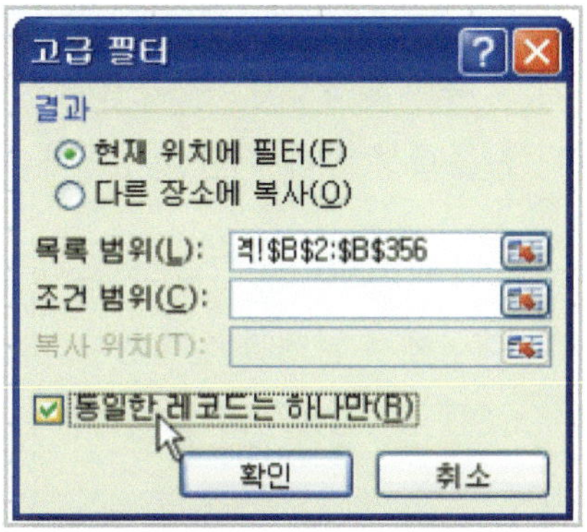

❷ 머리글을 포함한 담당자의 이름을 복사하여 B358에 붙여 넣는다.

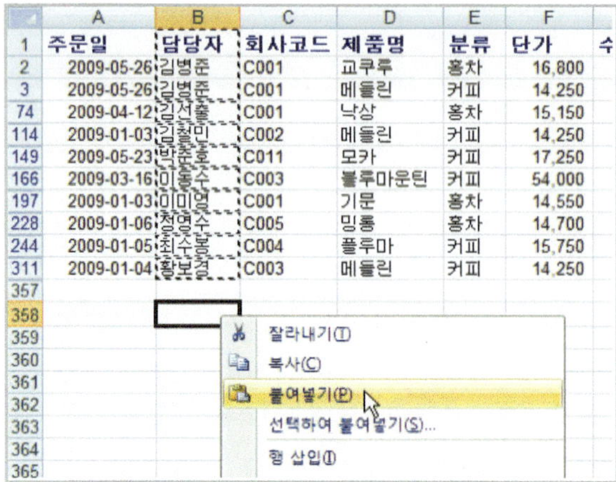

❸ 다시 빠른 실행 도구 모음의 **정렬 및 필터**에서 **필터**를 선택한다.

❹ 이제는 B358부터 입력되어 있는 담당자 목록을 잘라내어 J1을 선택하고 붙여넣는다. 이와 같은 방식으로 담당자, 거래처코드, 제품명, 분류, 단가에 대한 목록을 쉽게 작성할 수 있다.

❺ J2:J10에는 담당자의 목록, K2:K71에는 거래처코드 목록, L2:L38에는 제품명의 목록, M2:M3에는 분류의 목록을 작성한다. 목록이 작성되었으면 이를 이용하여 데이터가 추가로 입력될 영역에 유효성 검사 조건을 부여해 보자.

❻ A357:A400을 선택하고 메뉴의 **데이터-유효성 검사**를 선택한 다음 유효성 검사 대화상자의 **설정** 탭의 제한 대상에서 날짜를 선택한다. **제한 방법**에는 '다음 값 사이에 있음'을 시작 날짜에는 2009-01-01을, 끝 날짜에는 2009-12-31을 입력한다.

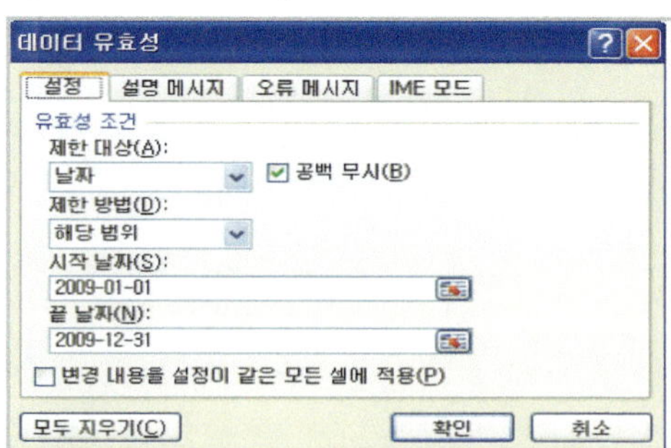

❼ 설명 메시지는 셀을 선택했을 때 자동으로 나타나는 메모이다. 셀을 선택하면 설명 메시지가 표시되도록 하고 다음과 같이 입력한다.

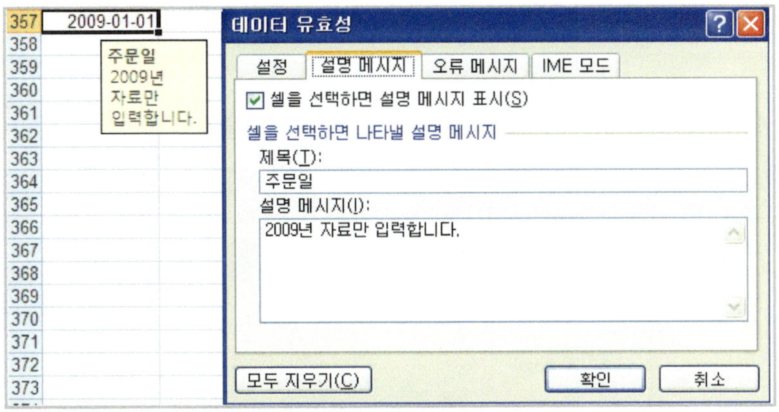

❽ 오류 메시지 탭을 선택하여 다음과 같이 입력한다.

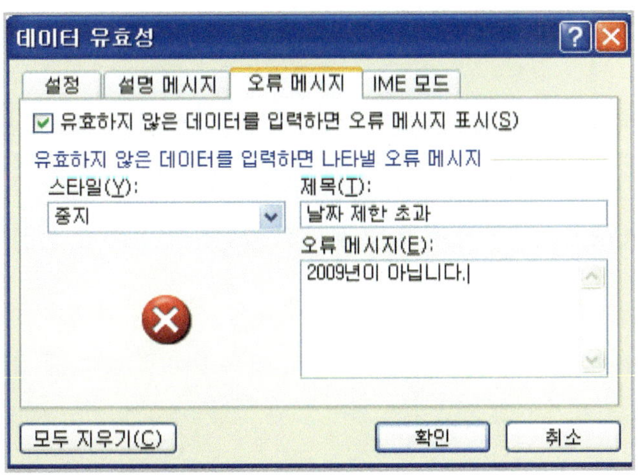

오류 메시지에는 중지, 경고, 정보의 세 가지가 있다. 중지를 선택하면 조건에 맞지 않는 데이터를 입력하면 다음과 같은 대화상자가 나타나고 데이터가 입력되지 않는다. 경고를 선택하면 조건에 맞지 않는 데이터를 입력할 때 경고의 대화상자가 나타나지만 사용자의 선택에 따라 데이터는 입력할 수 있고, 정보를 선택하면 조건에 맞지 않는 정보는 제공하지만 입력을 제한하지는 않는다.

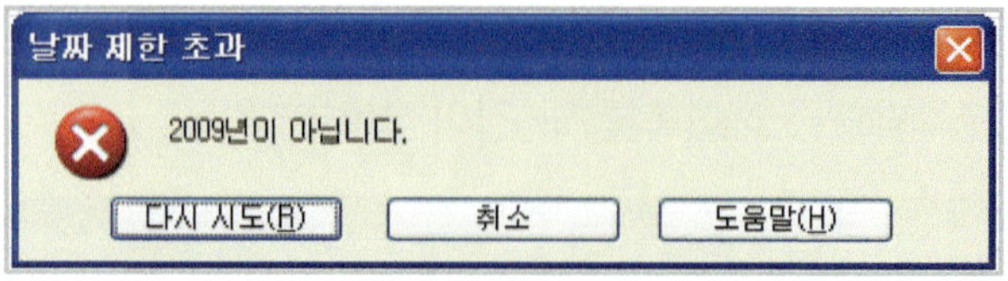

❾ 다시 B357:B400을 선택하여 데이터 메뉴의 **유효성 검사**를 선택하고 '유효성 검사' 대화상자의 **설정** 탭에서 **제한 대상**에 **목록**을, **원본**에 셀의 J2:J10을 선택한다.

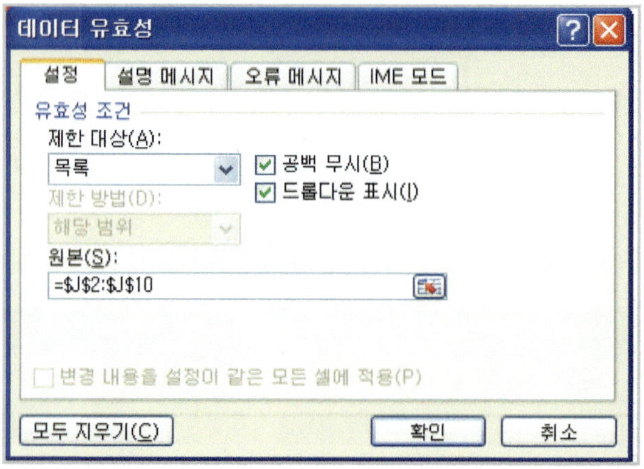

❿ C357:C400을 선택하여 **유효성 검사** 대화상자를 부르고 **설정** 탭의 **제한 대상**에 **목록**을, **원본**에 K2:K71 셀을 선택한다.

⓫ 동일한 방법으로 제품명, 분류, 단가, 수량을 입력할 부분에 유효성 검사 중 목록에 의한 제한을 작성한다.

⓬ F357:F400을 선택하여 '**유효성 검사**' 대화상자에서 **제한 대상**에서 **정수**를 선택하고, 제한 방법에서 '**다음 값의 사이에 있음**'을 지정하고 **최소값**에 1000, **최대값**에 60000을 입력한다. 다시 G357:G400을 선택하여 **수량**이 **최소** 20에서 **최대** 300 사이의 값만 입력되도록 지정한다.

⑬ 마지막으로 H357:H400에는 H356에 입력된 수식을 **채우기 핸들**을 이용하여 복사한다. 이와 같이 유효성 검사를 이용하면 자료 입력의 오류를 최소화할 수 있고, 목록을 이용함으로써 입력을 자동화할 수도 있다.

TIP

유효성 검사 조건이 동작하지 않는 경우

첫째, 유효성 검사의 스타일을 '경고' 또는 '정보'로 설정한 경우

둘째, 유효성 검사의 조건을 설정하기 전에 값이 이미 입력된 경우

셋째, 유효성 검사가 설정된 범위로 셀을 복사할 경우

넷째, 매크로에서 입력되는 값인 경우

엑셀 오류 사례

목록이 잘못되어 중요한 서류가 폐기물로

전 주지사 Tommy Thompson의 기록물을 담은 서류 상자들을 위스콘신 주의 Historical Society 기록보관소로 보내기로 되어 있었는데, 그만 다른 트럭에 실려서 Green Bay 제지공장으로 가 폐기처분 되어 버렸다. 총무부국장인 Laura Engan에 의하면 누군가 폐기되어야 할 서류와 보관되어야 할 서류를 구분하는 스프레드시트의 목록을 잘못 조작하여 변경해 버렸다고 한다. 기본적으로 문제를 확인했고 이 과정에 직원의 심각한 실수가 개입되었지만 더 이상 이런 일이 일어나지 않을 것이라고 Laura Engan은 말했다.

이를 조사한 감사 팀에 의하면 그 과정에서 악의적이거나 의도적인 행위가 발견되지 않았지만 스프레드시트에서 실수를 범한 부서의 책임자가 이 소프트웨어를 이용해 데이터베이스를 관리하는 데 능력이 부족하다는 점이 예전부터 제기되어 왔다고 한다. 예전에는 폐기될 서류가 담긴 상자에는 빨간색 스티커를 그리고 보관되어야 할 서류가 담긴 상자에는 푸른 스티커를 부착해 그 업무를 처리해 왔다. 이러한 예전의 시스템은 지난 2월에 변경되었는데, 최근에는 보관되어야 할 서류보다는 폐기되어야 할 서류가 증가했기 때문이다.

Source:http://www.gmtoday.com/news/politics/state/topstory141.asp에서 인용

Chapter 06

피벗 테이블

데이터의 검색과 요약 계산에는 필터나 부분합을 사용하지만 데이터를 종합적으로 요약하는 방법으로 피벗 테이블이 있다. 물론 필터나 부분합을 이용하여 요약하는 것도 가능하지만 피벗 테이블에서는 다차원의 요약보고서를 쉽게 자유자재로 작성할 수 있다.

현재의 데이터에서 월별로 담당자별 제품의 판매에 대한 보고서를 부분합이나 자동 필터를 이용해서 작성하려면 매우 복잡한 과정과 계산이 필요하다. 하지만 피벗 테이블을 이용하면 이를 간단히 처리할 수 있다. 피벗 테이블은 엑셀이 자랑하는 보고서 작성 기능으로 이를 이용하면 매우 복잡한 보고서도 순식간에 해결할 수 있다.

1. 피벗 테이블 작성하기

❶ 빠른 실행 도구 모음의 **피벗 테이블**을 선택하거나, 메뉴의 **삽입** 탭의 **표 그룹**에 있는 **피벗 테이블**을 선택하면 피벗 테이블 만들기 대화상자가 나타난다.

❷ 피벗 테이블을 작성할 데이터의 영역을 지정하는 대화상자로 피벗 테이블 명령을 실행할 때, 셀 포인터가 데이터의 영역에 있으면 자동으로 데이터가 입력된 현재의 영역을 지정한다.

❸ **새 워크시트**를 선택하여 피벗 테이블용 새 워크시트가 추가되도록 하고 확인을 선택한다.

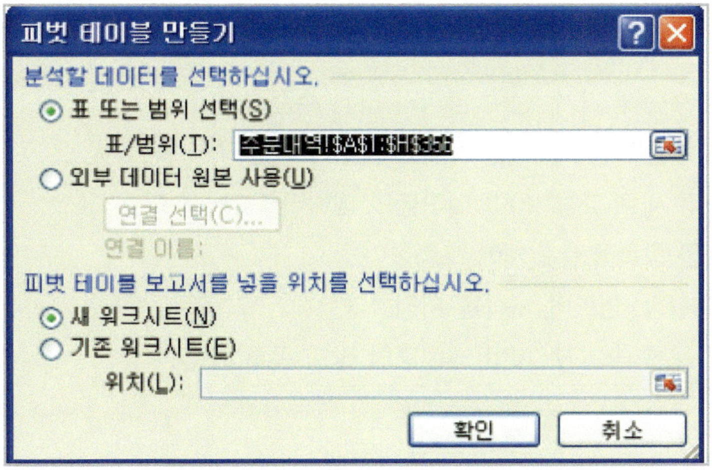

이렇게 하면 새로운 워크시트에 약간은 생소한 모양과 피벗 테이블 필드 목록, 피벗 테이블 도구 모음이 나타난다.

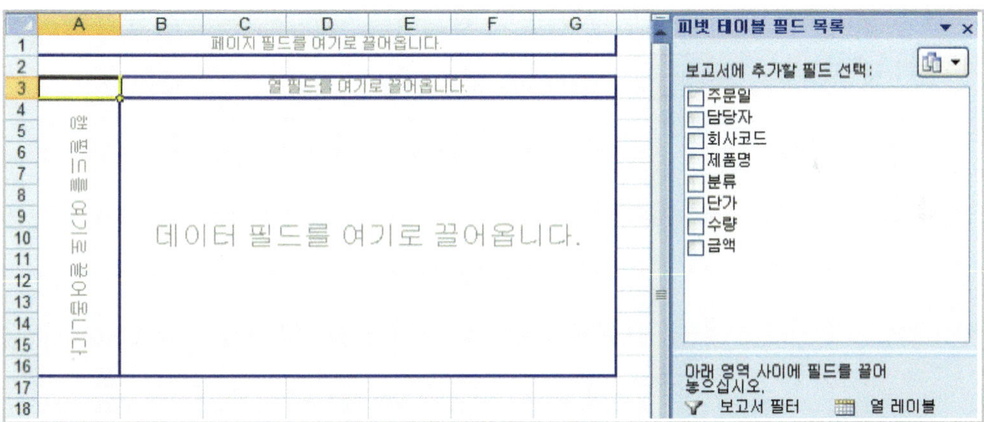

여기에서 피벗 테이블 필드 목록에 나타나 있는 목록을 행 필드, 열 필드 그리고 데이터 필드로 끌어오면 자동으로 원하는 요약보고서가 작성된다. 피벗 테이블 도구 모음에 포함된 도구 버튼들의 기능은 다음과 같다.

피벗 테이블(P) ▾ : 피벗 테이블 단축메뉴를 부른다.

: 보고서 서식, 피벗 테이블에 자동 서식을 적용한다.

: 차트 마법사, 피벗 차트를 작성한다.

: 하위 수준 숨기기, 선택 영역의 하위 수준을 숨긴다.

: 하위 수준 표시, 숨겨진 하위 수준을 표시한다.

: 데이터 새로 고침, 피벗 테이블의 데이터를 갱신한다.

: 숨겨진 항목을 총합계에 포함한다.

: 필드 설정, 필드의 서식을 지정한다.

: 필드 목록 숨기기, 피벗 테이블의 필드 목록을 숨긴다.

❹ 우선 **담당자**를 **열 필드**로, **제품명**을 **행 필드**로 끌어 놓은 다음, **수량**과 **금액**을 데이터 필드에 끌어 놓는다.

❺ 그리고 피벗 테이블이 만들어지면 피벗 테이블 도구 모음에는 옵션 탭과 디자인 탭이 나타난다.

피벗 테이블 도구의 **옵션 탭**은 피벗 차트를 삽입하거나 피벗 테이블의 필드 목록, 정렬, 원본 데이터, 필드 설정 등 세부 사항들을 지정할 수 있다. 피벗 테이블 도구의 디자인 탭은 피벗 테이블의 레이아웃이나 스타일을 빠르게 지정할 수 있다.

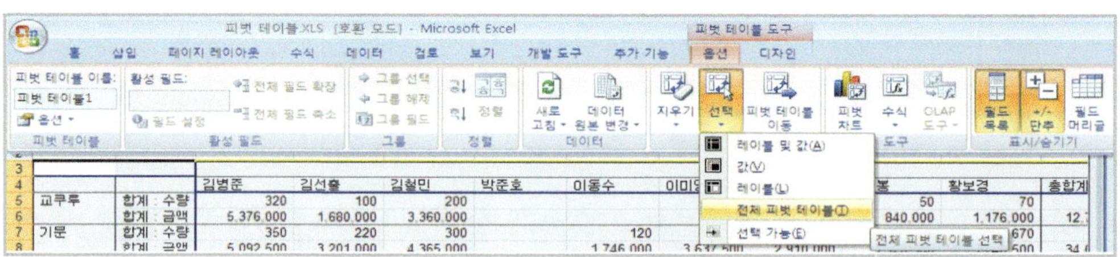

❻ 피벗 테이블 메뉴 중 **전체 피벗 테이블**을 **선택**하여 데이터의 셀 서식에 쉼표 서식( )을 적용하면 다음과 같이 말끔한 요약보고서가 작성된다. 이는 전체 기간 중

각 담당자가 판매한 제품별 수량과 금액을 요약해서 표시한 표이다.

	A	B	C	D	E	F	G	
1						페이지 필드를 여기로 끌어옵니다.		
2								
3			담당자					
4	제품명	데이터	김병준	김선홍	김철민	박준호	이동수	이미
5	교쿠루	합계 : 수량	320	100	200			
6		합계 : 금액	5,376,000	1,680,000	3,360,000			
7	기문	합계 : 수량	350	220	300		120	
8		합계 : 금액	5,092,500	3,201,000	4,365,000		1,746,000	3,
9	낙상	합계 : 수량	200	100			20	
10		합계 : 금액	3,030,000	1,515,000			303,000	
11	다질링	합계 : 수량	200	400		150	40	
12		합계 : 금액	6,090,000	12,180,000		4,567,500	1,218,000	18,
13	메들린	합계 : 수량	650	250	300	100	50	
14		합계 : 금액	9,262,500	3,562,500	4,275,000	1,425,000	712,500	
15	메리다	합계 : 수량		100	200			
16		합계 : 금액		1,575,000	3,150,000			1,

❼ 필드 목록 대화상자를 표시하기 위해 피벗 테이블 도구 모음의 맨 오른편에 있는 피벗 테이블 필드 목록 표시를 사용하여 이제는 각 월별로 담당자별, 제품별 요약 보고서를 작성해 보자.

❽ **주문일을 행 필드의 제품명 왼쪽에 끌어다 놓는다.** 피벗 테이블이 이상하게 변했을 것이다. 이는 주문일이 일 단위로 되어 있어서 각 날짜별로 요약보고서가 작성되어 있기 때문이다.

❾ 당황하지 말고 피벗테이블 도구의 **옵션** 탭에 있는 **그룹 선택**을 한다.

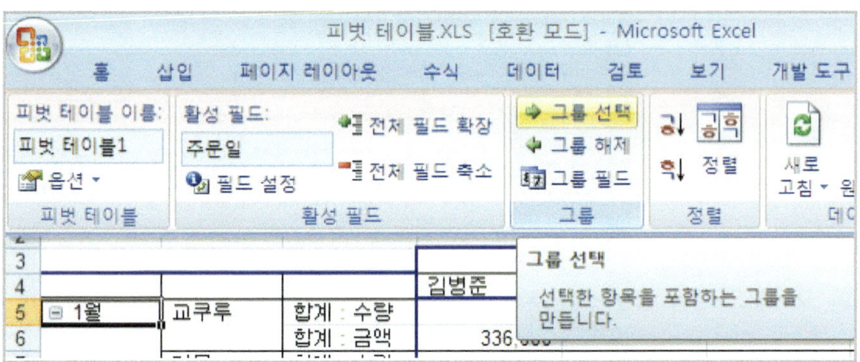

⑩ 그룹화 대화상자에서 단위를 월로 지정하고 확인을 선택한다.

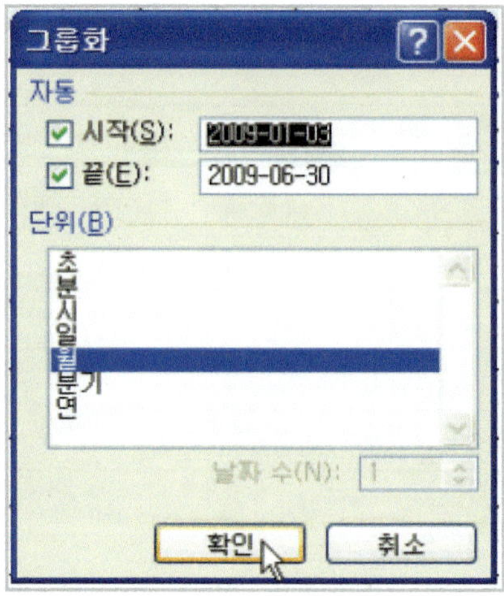

이제는 주문일이 월별로 나타날 것이다. 하지만 아직도 매월의 자료가 한꺼번에 표시되고 있으므로 테이블이 너무 커서 한눈에 볼 수가 없다.

⑪ 이번에는 피벗 테이블의 주문일 필드를 끌어서 상단의 페이지 필드에 놓는다.

	A	B	C	D	E	F	G	H	I
1	주문일	(모두)							
2									
3									
4			김병준	김선출	김철민	박준호	이동수	이미영	정영수
5	교쿠루	합계 : 수량	320	100	200				20
6		합계 : 금액	5,376,000	1,680,000	3,360,000				336,000
7	기문	합계 : 수량	350	220	300		120	250	200
8		합계 : 금액	5,092,500	3,201,000	4,365,000		1,746,000	3,637,500	2,910,000
9	낙상	합계 : 수량	200	100			20	20	
10		합계 : 금액	3,030,000	1,515,000			303,000	303,000	
11	다질링	합계 : 수량	200	400		150	40	600	
12		합계 : 금액	6,090,000	12,180,000		4,567,500	1,218,000	18,270,000	
13	메들린	합계 : 수량	650	250	300	100	50		
14		합계 : 금액	9,262,500	3,562,500	4,275,000	1,425,000	712,500		
15	메리다	합계 : 수량		100	200			100	
16		합계 : 금액		1,575,000	3,150,000			1,575,000	

이제는 처음에 만들어진 요약보고서와 유사한 보고서가 작성되었다. 주문일 필드의 목록 버튼을 클릭하면 원하는 달의 요약보고서를 볼 수 있고, 원하면 전체의 자료에 대한 요약보고서를 볼 수도 있다.

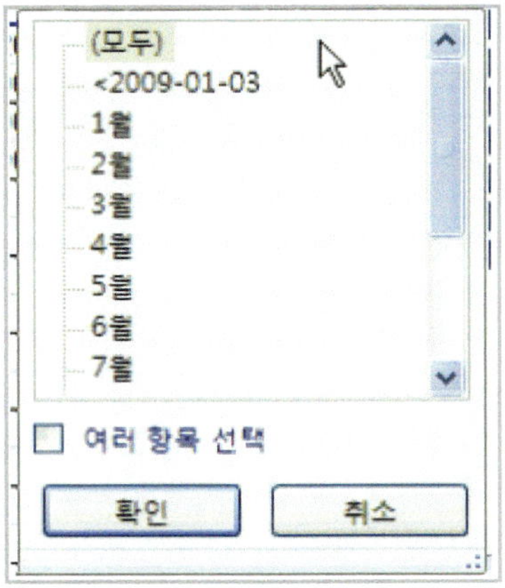

⑫ 이번에는 커피와 홍차의 분류를 쉽게 알 수 있도록 **필드 목록**에서 **분류를 끌어 제품명의 좌측에 놓는다. 피벗 테이블 도구**의 **디자인** 버튼을 클릭하여 디자인을 선택한다.

⑬ 디자인 서식 대화상자에서 **피벗 스타일 밝게 10**을 선택한다.

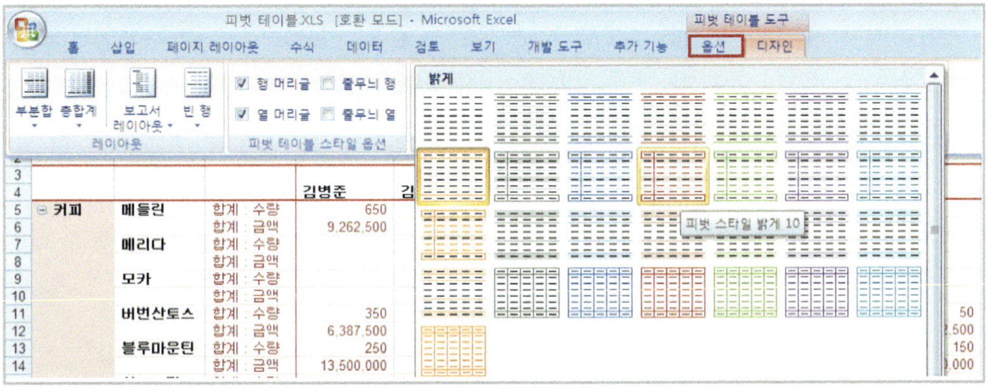

⑭ 다시 **피벗 테이블 도구**의 **옵션** 탭의 피벗 테이블–옵션을 선택하고 **레이아웃 및 서식** 탭에서 **레이블이 있는 셀 병합 및 가운데 맞춤**과 **데이터** 탭의 **열 때마다 데이터 새로 고침**에 **표시**하고 확인을 선택한다. 지금까지 작업한 피벗 테이블의 모양은 다음과 같다.

	A	B	C	D	E	F	G	H	I	J	K
1	주문일	(모두)									
2											
3											
4				김병준	김선출	김철민	박준호	이동수	이미영	정영수	최수봉
5		메들린	합계 : 수량	650	250	300	100	50			550
6			합계 : 금액	9,262,500	3,562,500	4,275,000	1,425,000	712,500			7,837,500
7		메리다	합계 : 수량		100	200			100		100
8			합계 : 금액		1,575,000	3,150,000			1,575,000		1,575,000
9		모카	합계 : 수량		550		50	50	250		250
10			합계 : 금액		9,487,500		862,500	862,500	4,312,500		4,312,500
11		버번산토스	합계 : 수량	350	150	250	400	250	200	50	500
12			합계 : 금액	6,387,500	2,737,500	4,562,500	7,300,000	4,562,500	3,650,000	912,500	9,125,000
13		블루마운틴	합계 : 수량	250	150	100	250	250	100	150	450
14			합계 : 금액	13,500,000	8,100,000	5,400,000	13,500,000	13,500,000	5,400,000	8,100,000	24,300,000
15		산토도밍고	합계 : 수량				400	250		250	600
16			합계 : 금액				4,900,000	3,062,500		3,062,500	7,350,000
17		셀레베스	합계 : 수량	850		300		300	50		650
18			합계 : 금액	16,575,000		5,850,000		5,850,000	975,000		12,675,000
19		수마트라	합계 : 수량	350	50		250	400			
20			합계 : 금액	7,525,000	1,075,000		5,375,000	8,600,000			
21		안티구아	합계 : 수량	300		200		100	500		200
22			합계 : 금액	4,725,000		3,150,000		1,575,000	7,875,000		3,150,000
23		에콰도르	합계 : 수량	100		100		150	100	150	500
24			합계 : 금액	1,775,000		1,775,000		2,662,500	1,775,000	2,662,500	8,875,000
25		옥사카	합계 : 수량	50		200	50	250	300		100
26			합계 : 금액	1,100,000		4,400,000	1,100,000	5,500,000	6,600,000		2,200,000
27	⊟ 커피	인도	합계 : 수량	650				150		200	150
28			합계 : 금액	9,912,500				2,287,500		3,050,000	2,287,500
29		자바	합계 : 수량		50		150			200	50
30			합계 : 금액		937,500		2,812,500			3,750,000	937,500
31		찬차미요	합계 : 수량	650	150			250	300		150
32			합계 : 금액	10,237,500	2,362,500			3,937,500	4,725,000		2,362,500
33		케냐	합계 : 수량		300				150	200	450
34			합계 : 금액		4,860,000				2,430,000	3,240,000	7,290,000

이미 작성된 피벗 테이블에서 선택된 필드의 목록 버튼을 클릭하면 일부의 필드나 데이터만을 보이게 할 수 있다. 또한 피벗 테이블의 단축메뉴에서 필드 설정을 선택하면 데이터 필드의 계산을 합계가 아닌 개수나 평균, 최대값이나 최소값 등으로 변경할 수 있다. 그리고 피벗 테이블의 데이터를 더블클릭 하면 그 데이터를 구성하는 원본 데이터의 내역을 알 수 있다.

⑮ 예를 들어 김병준의 메들린 수량인 650을 더블클릭 하면 다음과 같이 그 데이터를 구성하는 원본이 별도의 시트에서 작성되어 추가된다.

	A	B	C	D	E	F	G	H
1	주문일	담당자	회사코드	제품명	분류	단가	수량	금액
2	2009-06-15	김병준	C068	메들린	커피	14250	150	2137500
3	2009-05-26	김병준	C001	메들린	커피	14250	250	3562500
4	2009-05-17	김병준	C066	메들린	커피	14250	50	712500
5	2009-04-13	김병준	C055	메들린	커피	14250	150	2137500
6	2009-04-04	김병준	C035	메들린	커피	14250	50	712500

2. 피벗 차트 그리기

이번에는 작성된 피벗 테이블에서 차트를 그려 보자.

❶ 피벗 테이블 도구에서 옵션 탭의 피벗차트를 선택하면 자동으로 차트 삽입 창이 나타난다.

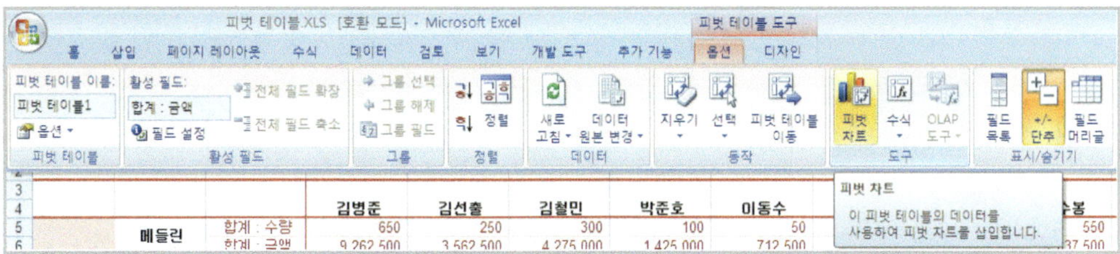

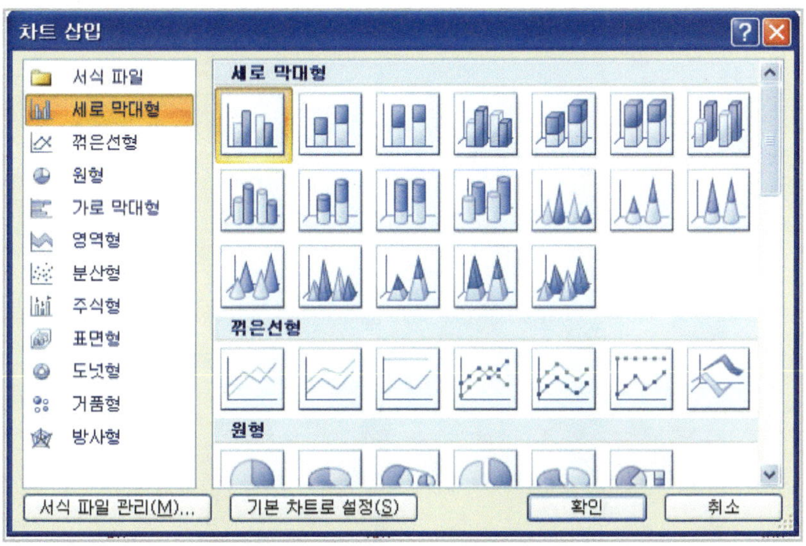

❷ 차트의 종류를 세로 막대형 중 첫 번째 것으로 지정하고, 피벗 테이블 피벗 목록의 데이터 필드에서 수량명을 제거하고, X축 하단의 제품명 필드도 제거한다.

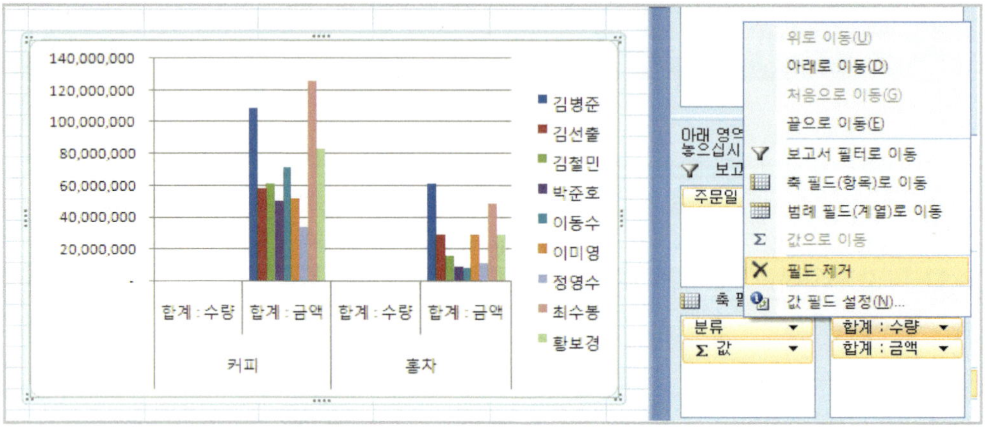

❸ 다음과 같은 차트가 완성된다. 피벗 차트는 피벗 테이블의 값이 변경되면 자동으로 변경된다.

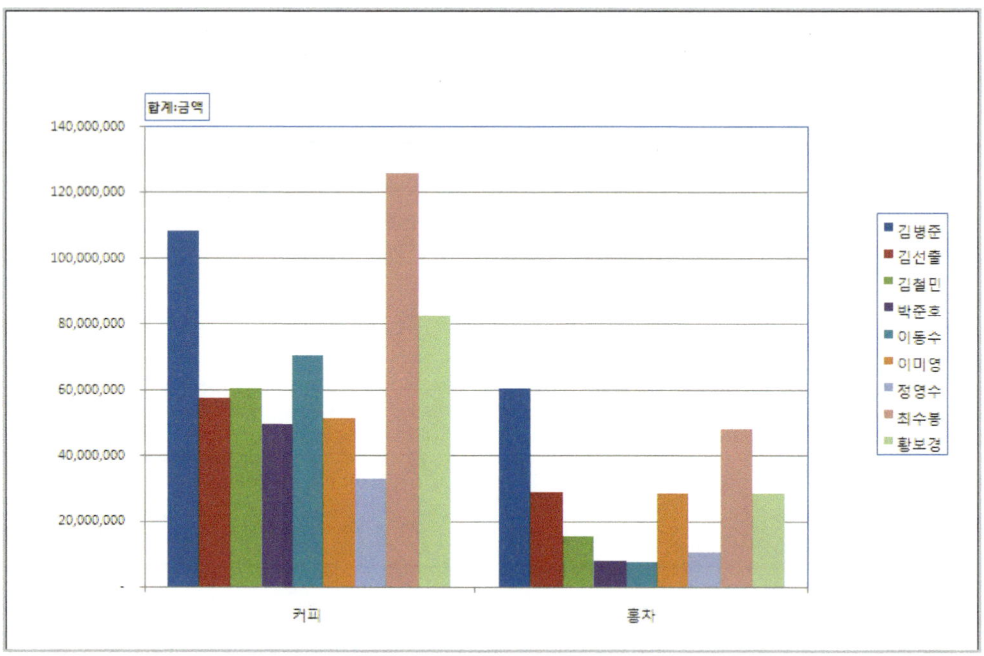

TIP

Excel 2003의 위치	Excel 2007의 위치
피벗 테이블 – 피벗 테이블 마법사	Office 단추 – Excel 옵션 – 사용자 지정 – 모든 명령 – 피벗 테이블/피벗 차트 마법사
피벗 차트 – 필드 제거	피벗 차트를 클릭한 다음 [피벗 테이블 필드 목록]에서 필드 확인란 선택을 취소
피벗 테이블 – 페이지 표시	피벗 테이블 도구 – 옵션 – 피벗 테이블 – 옵션 – 보고서 필터 페이지 표시
피벗 테이블 – 정렬 및 상위 10	피벗 테이블 도구 – 옵션 – 정렬

엑셀 오류 사례

참조 에러로 200만 달러를 잘못 계산

유타 주의 환경국 감사결과에 의하면 2003 회계연도에 Wildlife Resources 부서의 간접비 비율을 계산하는 과정에서 오류를 발견했다고 한다. 야생동물 보호 부문의 임금과 복지비용을 계산하는 데 'Short Form Method' 라는 스프레드시트 프로그램을 사용하였는데 이 스프레드시트의 계산에서 사용된 한 셀이 틀린 셀 주소를 참조하고 있었다. 이로 인해 직접비용이 200만 달러나 과다 계상되었다.

www.sao.state.ut.us/reports/03-37.pdf June 30,2003에서 인용

EXERCISE

연습문제

01 Part 03 폴더의 연습문제 폴더에서 '조선식품.XLS' 파일을 불러서 다음과 같은 질의에 대한 해답을 찾아보자.

- 최고의 판매액을 기록한 거래처는 어디인가?
- 참치류 중 단가가 가장 높은 품목은 무엇인가?
- 10월에 판매된 순수 커피의 판매액은 얼마인가?
- 품종별 부서별 판매액에 대한 보고서를 작성해 보자.
- 월별 영업소의 판매실적에 대한 보고서를 작성해 보자.
- 품종별 부서별 차트를 작성해 보자.

02 Part 03 폴더의 연습문제 폴더에서 '아파트시세.XLS' 파일을 불러서 다음과 같은 질문에 대한 해답을 찾아보자.

- 동구 지역에서 아파트 전세를 구하려고 한다. 31평 이상으로 4,000만원에 전세인 아파트를 추출해 보자.
- 16~20평 아파트의 평균 상한 가격은 지역별로 어떻게 차이가 나는가?
- 40평 이상 아파트 중 매매 하한 가격이 가장 낮은 아파트는?
- 평균 매매가와 평균 전세가를 계산해 보자.
- 평당 매매가와 평당 전세가를 계산해 보자.
- 평당 매매가가 가장 높은 아파트는?
- 평당 평균 매매가가 가장 높은 지역은?
- 동별 평형별 전세가를 추출해 보자.

Chapter 07

데이터 통합

조선식품에서는 지방도시에 있는 백악마트의 각 할인매장에 식품을 공급하고 있다. 백악마트의 매장은 총 49개로, 6개의 조선식품 영업소에서 한 영업소당 평균 8개 정도의 매장을 관리하고 있다. 조선식품 본사에서는 매 분기 각 영업소로부터 판매현황을 보고받아 이를 정리한다. 본사에서 관리업무를 맡고 있는 김영식 대리는 이를 집계하여 전체 판매실적을 계산하고, 각 영업소 간의 실적을 비교하며, 전 분기의 실적과 비교하여 영업전략을 짠다.

지금까지는 일반 파일로 전송되는 자료를 엑셀에서 재입력하여 수치를 분석하여 왔는데, 이러한 과정에서 자료를 재입력하는 데 시간이 너무 많이 소요되고 입력 오류가 발생하여 추가적인 시간을 낭비하곤 했다. 그래서 이제부터는 각 영업소에서 엑셀 파일로 변경하여 본사로 전송하기로 결정하였다. 하지만 엑셀 파일로 전송하더라도 이를 일목요연하게 정리하기 위해서는 상당한 시간이 소요될 것으로 예상된다.

이러한 문제를 해결하기 위해 김영식 대리가 본사의 전산지원팀에 의뢰한 결과 엑셀의 기능을 이용하면 쉽게 해결된다고 한다. 여러분은 김영식 대리를 어떻게 도와줄 것인가?

❶ 먼저 Part 03 폴더에서 제1영업소.XLS, 제2영업소.XLS, 제3영업소.XLS, 제4영업소.XLS, 제5영업소.XLS, 제6영업소.XLS의 파일을 선택하고 단축메뉴에서 열기를 선택하여 한꺼번에 연다.

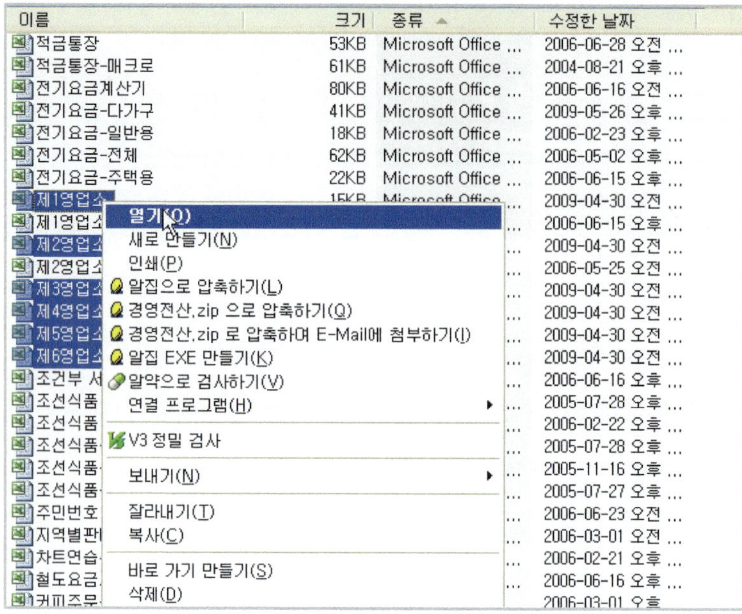

위의 파일들에 입력된 자료를 통합하는 방법에는 각 파일을 불러서 하나의 파일에 각각의 시트를 붙이는 방법과 메뉴의 데이터–통합을 이용하는 방법이 있다. 먼저 각 파일의 시트를 하나의 파일에 붙여서 계산하는 방법에 대해 알아본다.

1. 수식을 이용한 데이터 통합

❶ 각 파일을 연 상태에서 메뉴의 **보기–모두 정렬**을 선택하고, **창 정렬** 대화상자에서 **바둑판식**을 선택한다.

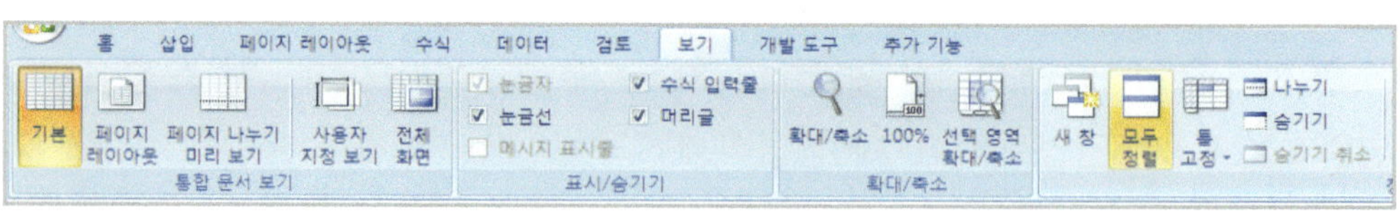

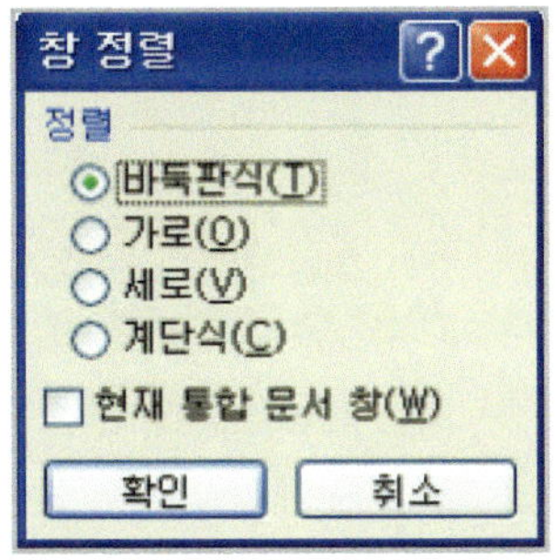

❷ 제1영업소 파일의 **제1영업소 시트**를 열고 빠른 실행 도구 메뉴의 **다른 이름으로 저장**을 선택하여 **'조선식품 판매실적'**의 이름으로 저장한다.

❸ 6개의 파일이 정렬된 상태에서 **제2영업소 시트**를 선택하여 **제1영업소 시트로 끌어 놓는다.** 제2영업소 파일이 화면에서 사라지면서 제2영업소 시트가 조선식품 판매실적에 추가된다. 이때 주의할 점은 마우스로 한번 제2영업소를 선택하면 파일이 선택되고 시트를 선택한 상태에서 다시 시트를 옮겨야 한다.

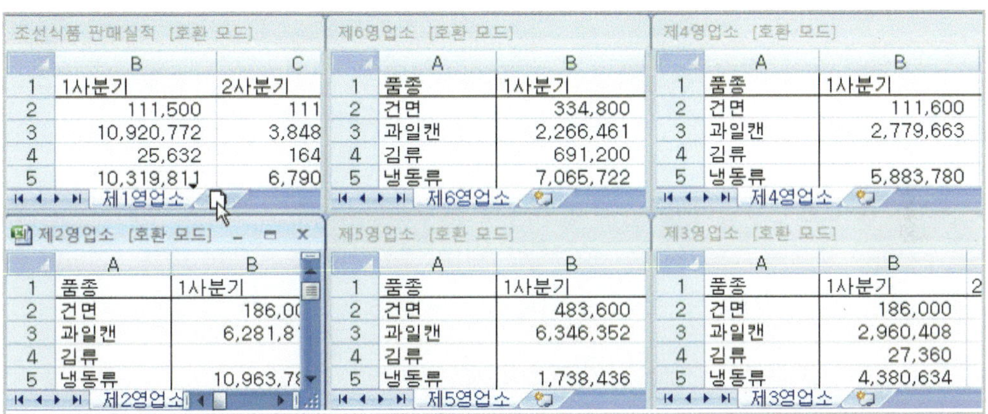

❹ 이와 같은 방식으로 나머지 파일의 시트들을 모두 조선식품 판매실적에 붙여 놓는다.

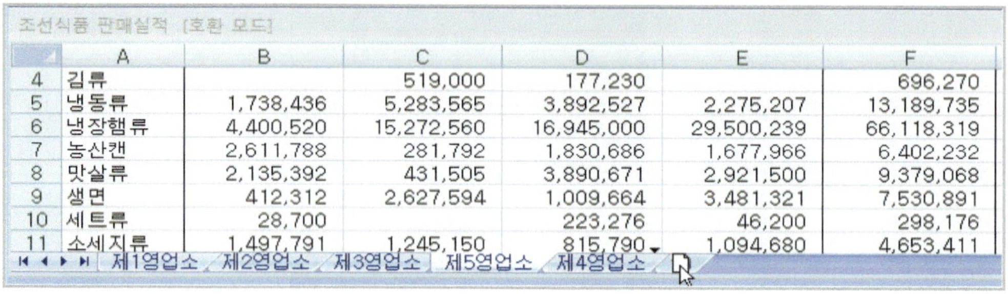

조선식품 판매실적 [호환 모드]

	A	B	C	D	E	F
4	김류		519,000	177,230		696,270
5	냉동류	1,738,436	5,283,565	3,892,527	2,275,207	13,189,735
6	냉장햄류	4,400,520	15,272,560	16,945,000	29,500,239	66,118,319
7	농산캔	2,611,788	281,792	1,830,686	1,677,966	6,402,232
8	맛살류	2,135,392	431,505	3,890,671	2,921,500	9,379,068
9	생면	412,312	2,627,594	1,009,664	3,481,321	7,530,891
10	세트류	28,700		223,276	46,200	298,176
11	소세지류	1,497,791	1,245,150	815,790	1,094,680	4,653,411

제1영업소 / 제2영업소 / 제3영업소 / 제5영업소 / 제4영업소

❺ 조선식품 판매실적 파일의 화면을 최대화한 다음, 시트 탭에서 단축메뉴를 불러 새 워크시트를 추가하고 시트 탭의 이름을 전체라고 입력한다.

❻ 전체 시트를 제1영업소 앞으로 옮긴 다음, 제1영업소에서 머리글들을 복사하여 다음과 같이 붙여 놓는다.

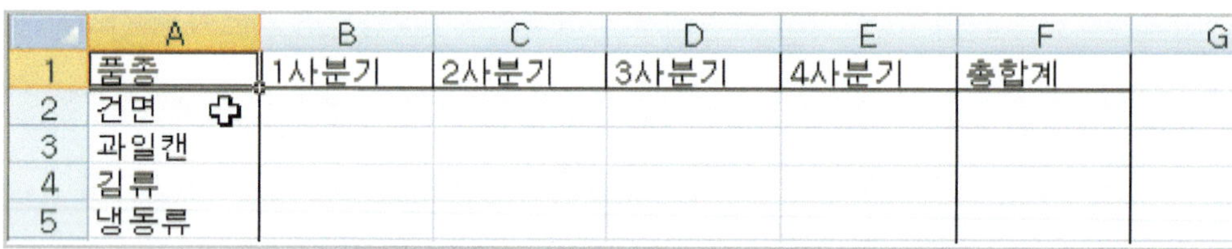

	A	B	C	D	E	F	G
1	품종	1사분기	2사분기	3사분기	4사분기	총합계	
2	건면						
3	과일캔						
4	김류						
5	냉동류						

전체 시트의 B2에는 제1영업소부터 제6영업소까지의 1사분기 건면의 판매실적이 입력되어야 한다.

❼ B2를 선택하고 '=SUM('제1영업소:제6영업소'!B2)' 를 입력한다. 입력하는 방법은 우선 B2 셀에서 '=SUM(' 을 입력하고 제1영업소 시트를 선택한 다음, [Shift] 키를 누른 상태에서 제6영업소 시트를 선택하고 B2를 클릭한 후 ')' 를 붙인다.

▶ '전체 시트'!B2 : =SUM('제1영업소:제6영업소'!B2)

❽ 이제는 B2에 있는 공식을 채우기 핸들을 이용하여 나머지 영역에 복사하면 전체 영업소의 판매금액 합계가 계산된다.

❾ 마지막으로 제1영업소 시트의 데이터가 있는 부분을 선택하고, [F5] 키를 이용해 이동 옵션 대화상자를 부른 다음, 현재 셀이 있는 영역을 선택한다.

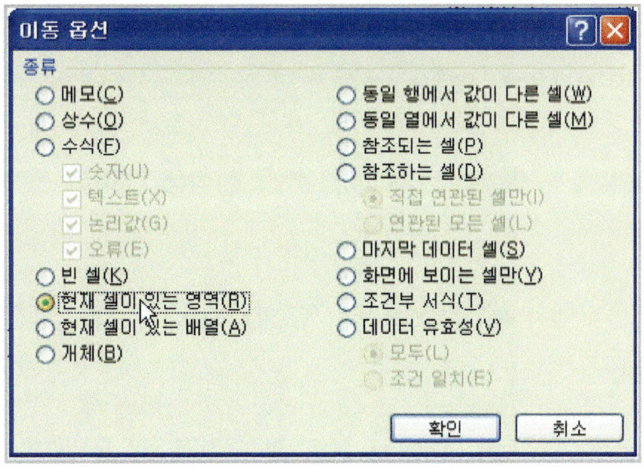

⑩ 선택된 영역에서 서식 복사 버튼( )을 이용해 서식을 복사하고, **전체 시트**의 A1을 선택하고 **서식을 붙여 넣는다.** 완성된 전체 시트는 다음과 같다.

	A	B	C	D	E	F
1	품종	1사분기	2사분기	3사분기	4사분기	총합계
2	건면	1,413,500	2,176,560	2,977,245	2,098,800	8,666,105
3	과일캔	31,555,468	23,119,324	23,513,799	29,926,801	108,115,392
4	김류	744,192	1,558,328	289,710	688,992	3,281,262
5	냉동류	40,352,166	38,324,219	36,331,962	36,626,455	151,634,802
6	냉장햄류	111,687,848	116,730,433	124,809,592	145,028,780	498,256,653
7	농산캔	12,772,611	9,063,767	14,541,742	14,170,134	50,548,254
8	맛살류	20,745,170	16,918,141	17,443,488	16,081,791	71,188,590
9	생면	24,590,668	28,311,356	23,116,877	28,207,586	104,226,487
10	세트류	2,428,931	1,038,314	5,290,459	5,760,004	14,517,708
11	소세지류	13,211,947	16,168,171	26,580,202	17,554,353	73,514,673
12	수산캔	72,139,368	82,971,116	89,878,612	64,444,820	309,433,916
13	쉬렁크제품	131,765,359	112,047,285	106,845,795	116,118,452	466,776,891
14	어묵류	21,068,661	11,993,238	27,436,190	27,588,476	88,086,565
15	음료	16,307,173	12,259,844	13,897,226	28,887,922	71,352,165
16	죽류	29,631,707	14,333,876	8,203,332	26,304,132	78,473,047
17	쨈류	9,153,644	10,084,934	8,896,222	14,491,532	42,626,332
18	참치캔	20,148,533	22,794,400	26,795,420	22,914,226	92,652,579
19	참치행사	47,297,316	39,996,032	28,740,220	22,659,692	138,693,260
20	축산캔	8,127,478	7,520,984	7,995,536	6,515,500	30,159,498
21	커피류	12,043,100	9,802,825	9,244,928	11,793,464	42,884,317
22	프리믹스	188,388,461	206,904,913	225,653,092	177,855,468	798,801,934
23	총합계	439,448,261	372,120,230	378,899,049	460,817,358	1,651,284,898

위와 같이 데이터를 통합할 때 수식을 이용할 수도 있지만, 데이터 메뉴의 통합을 이용하면 더 쉽고 편리하다. 조선식품 판매실적 파일을 저장하고 닫는다.

2. 메뉴를 이용한 데이터 통합

❶ 엑셀을 시작하여 만들어진 새 파일을 '조선식품 데이터 통합' 이라는 이름으로 저장한다.

❷ Part 03 폴더에서 제1영업소부터 제6영업소의 파일을 선택하여 단축메뉴에서 열기를 선택한다.

❸ 창 메뉴에서 조선식품 데이터 통합을 선택하고, Sheet1의 이름을 통합이라고 변경한다.

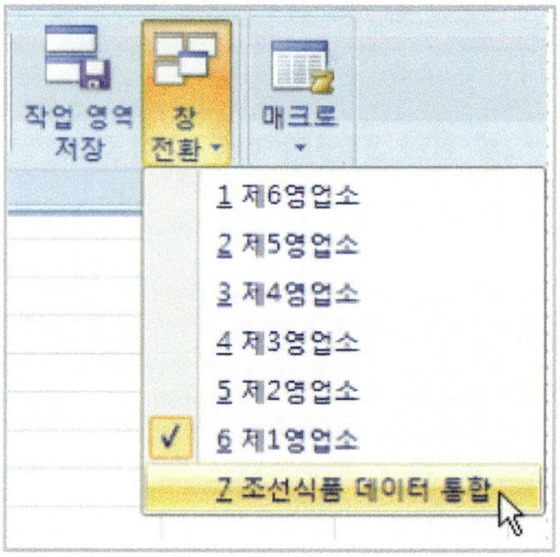

❹ A1 셀을 선택하고 메뉴의 데이터–통합을 선택한다. 통합 대화상자에서 사용할 레이블과 원본 데이터 연결에 각각 표시한 후, 참조의 입력란을 클릭한 다음, 창 메뉴에서 제1영업소를 선택한다. 제1영업소 시트의 A1:F23을 선택하고 추가 버튼을 누르면 다음과 같이 입력된다.

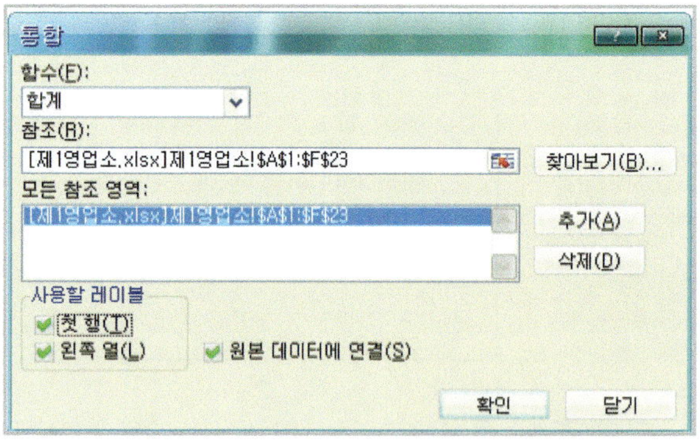

❺ 다시 창 메뉴에서 제2영업소를 선택하고 제2영업소 시트의 A1:F23을 선택하고 추가를 클릭한다.

❻ 이제는 참조 입력란에 있는 '[제2영업소.xlsx]제2영업소!$A$1:$F$23'을 '[제3영업소.xlsx]제3영업소!$A$1:$F$23'으로 변경하여 추가를 클릭한다.

❼ 같은 방법으로 6개 영업소의 자료를 추가하고 확인을 누른다.

완성된 통합 시트는 다음과 같다.

	A	B	C	D	E	F	G	H
1			1사분기	2사분기	3사분기	4사분기	총합계	총합계
15	과일캔		31,555,468	23,119,324	23,513,799	29,926,801	108,115,392	1,153,100
29	냉동류		40,352,166	38,324,219	36,331,962	36,626,455	151,634,802	27,183,804
43	농산캔		12,772,611	9,063,767	14,541,742	14,170,134	50,548,254	376,864
57	생면		24,590,668	28,311,356	23,116,877	28,207,586	104,226,487	37,764,535
69	소세지류		10,184,811	6,512,713	13,718,621	10,832,856	41,249,001	120,599,556
83	쉬링그제품		176,146,399	155,611,665	169,258,203	155,553,450	656,569,717	11,473,350
97	음료		23,863,855	16,203,436	23,193,310	34,101,516	97,362,117	17,496,006
111	잼류		11,223,151	9,498,136	12,568,464	16,187,616	49,477,367	31,032,086
125	참치햄사		60,874,488	56,249,341	50,167,292	35,716,992	203,008,113	349,310
139	커피류		17,542,240	14,076,925	14,798,680	15,971,412	62,389,257	10,664,566

좌측의 행 머리글 옆에는 윤곽선이 나타나는데, 여기의 [+] 버튼을 클릭하거나 윤곽 기호 [2]를 클릭하면 각 품목의 합계를 구성하고 있는 원본 자료의 값들이 나타나서 데이터를 분석하는 데 용이하다.

	A	B	C	D	E	F
1			1사분기	2사분기	3사분기	4사분기
2		제1영업소	111,500	111,600	223,200	706,800
3		제2영업소	186,000	848,160	818,400	372,000
4		제3영업소	186,000	260,400	409,200	127,200
5		제4영업소	111,600	249,600	670,845	260,400
6		제5영업소	483,600	706,800	409,200	186,000
7		제6영업소	334,800		446,400	446,400
8	건면		1,413,500	2,176,560	2,977,245	2,098,800

엑셀 오류 사례

부실하게 관리되는 엑셀 프로그램

재무부에서는 GMA와 BBA(중요한 지수임)를 계산하기 위해 엑셀을 사용하고 있는데 여기에는 32개의 워크시트가 연결되어 있다. 이 스프레드시트는 다른 대안에 대한 충분한 검토 없이 내부에서 필요한 지원을 받지 못하는 상태에서 개발되었다. 감사자의 관점에서 보면 이러한 결과로 중요한 위험들을 적절하게 관리하지 못하고 있다. 계산이 정확한지를 검증하기 위해 시트 간을 이동하는 데 매우 어렵게 구성되어 있어서 결과를 신뢰하기 어렵고 이 시스템에 대한 문서도 찾을 수 없다.

해당 부서에는 스프레드시트가 개발될 때 근무했던 직원들이 하나도 없으며, 동일한 데이터를 일일이 수작업으로 입력함으로써 오류가 발생할 가능성이 매우 높다. 데이터를 관리하는 기록에 취약점이 발견되었으며 스프레드시트를 업데이트할 책임이 있는 직원이 무의식적으로 지난 버전에 데이터를 입력하는 위험 수준이 너무 높다.

http://www.anao.gov.au/WebSite.nsf/0/1EA061E6A929D67ECA256FBF00783027?OpenDocument에서 인용

Chapter 08

엑셀에서 데이터베이스의 올바른 사용

지금까지 살펴본 바와 같이 엑셀은 일정 규모의 데이터를 관리하고 요약, 분석하는 데 유용하게 활용될 수 있다. 엑셀의 이러한 기능들을 제대로 활용하기 위해서는 데이터가 제대로 입력되고 관리되어야 한다. 하지만 우리 주위에서는 데이터를 올바르게 입력하지 못해 엑셀의 기능을 활용하지 못하는 사례를 많이 접할 수 있다. 여기에서는 데이터의 입력 형식이 잘못되어 데이터베이스 기능을 사용할 수 없는 경우를 살펴봄으로써 엑셀에서 데이터를 관리하는 방법에 대해 알아본다.

우리가 가장 흔히 범하는 데이터 관리의 오류는 데이터를 올바른 테이블 형태로 저장하지 않은 경우와 테이블의 필드가 잘못 구성된 경우이다.

1. 집계표 오류

우리는 데이터를 집계표 형태로 저장하고 관리하는 경우를 흔히 접한다. Part 03 폴더에서 **'부서별인력.XLS'** 파일을 열어보자.

	A	B	C	D	E	F	G	H	I	J	K	L	M	N	O	P	Q
1			부서별 직급별 인력현황														
2		직급	사원		주임		대리		과장		차장		부장				합계
3	부서	나이	남	여	남	여	남	여	남	여	남	여	남	여	남자합계	여자합계	
4	총무	31	5												5	0	5
5		32	4	5											4	5	9
6		33	3	4											3	4	7
7		34	4	2											4	2	6
26		53													0	0	0
27		54													0	0	0
28		55													0	0	0
29	총무합계		16	11	7	5	5	3	3	1	1	1	1	0	33	21	54
30	마케팅	31	5	8											5	8	13
31		32	11	3											11	3	14
32		33	6	6											6	6	12
52		53											1	1	1	1	2
53		54													0	0	0
54		55													0	0	0
55	마케팅합계		25	23	13	10	8	7	5	4	3	2	1	1	55	47	102
56	인사	31													0	0	0
57		32	2												2	0	2
77		52												1	0	1	1
78		53													0	0	0
79		54													0	0	0
80		55													0	0	0
81	인사합계		9	4	4	4	3	3	2	1	1	1	0	1	19	14	33
82	재무	31													0	0	0
83		32		4											0	4	4
103		52													0	0	0
104		53													0	0	0
105		54													0	0	0
106		55													0	0	0
107	재무합계		0	10	4	2	5	2	3	1	1	1	1	0	14	16	30
108	구매	31	3												3	0	3
109		32	5												5	0	5
130		53													0	0	0
131		54													0	0	0
132		55													0	0	0
133	구매합계		20	17	7	5	4	2	3	2	2	1	1	0	37	27	64
134	생산	31													0	0	0
135		32	8												8	0	8
156		53												1	0	1	1
157		54													0	0	0
158		55													0	0	0
159	생산합계		33	24	9	6	7	3	4	2	3	1	1	1	57	37	94
160	전체합계		103	89	44	32	32	20	20	11	11	7	5	3	215	162	377

❶ 부서별 인력 시트에는 각 부서별, 직급별, 연령별 현황이 집계되어 있다. 각 부서별로 연령별 인력현황이 자세히 정리되어 있지만, 이 시트에서는 더 이상의 분석이 불가능하다는 문제가 있다. 이 시트에서 추가적인 분석이 어려운 이유는 데이터의 저장이 데이터베이스 형태로 저장되지 않았기 때문이다. 예를 들어 이 시트에서는 전체 부서의 연령별 인력이 어떻게 구성되어 있는지를 분석하기가 어렵다. 또한 전체 부서의 직급별 합계를 알아내는 것도 매우 어렵다.

❷ 이 데이터를 제대로 관리하기 위해서는 부서, 직급, 연령, 성별 그리고 인원수의 필드들로 구성된 데이터베이스를 작성하고 여기에서 피벗 테이블 등을 이용하여 요약 데이터를 추출해야 한다. Part 03 폴더에서 '부서별인력-완성.XLS' 파일을 열어보자. 데이터 시트에는 데이터베이스 형태로 데이터가 정리되어 있다.

❸ 이 데이터 시트에서는 **자동 필터**나 **부분합**의 기능을 이용하여 다양한 검색과 요약이 가능하다. 예를 들어 각 직급별 인력을 집계할 수도 있고 연령별 인력을 집계할 수도 있다. 또한 50세가 넘은 인력만을 쉽게 추출할 수도 있다. 더욱 중요한 것은 데이터의 변경이나 추가가 있을 경우 데이터 시트에서 검색하여 변경하거나 추가하면 된다.

	A	B	C	D	E
1	부서	직급	나이	성별	인원
2	재무	부장	51	남	1
3	재무	차장	48	남	1
4	재무	차장	49	여	1
17	재무	사원	36	여	2
36	인사	사원	34	여	1
37	인사	사원	35	남	2
38	인사	사원	35	여	2
39	인사	사원	36	남	2
40	마케팅	부장	53	남	1
41	마케팅	부장	53	여	1
42	마케팅	차장	47	남	1
68	마케팅	사원	32	여	3
69	마케팅	사원	33	남	6
70	마케팅	사원	33	여	6
71	마케팅	사원	34	남	3
72	마케팅	사원	35	여	6
73	생산	부장	52	남	1
100	생산	사원	35	남	6
101	생산	사원	36	여	5
102	생산	사원	37	여	5
103	구매	부장	52	남	1
104	구매	차장	48	남	2
105	구매	차장	48	여	1
106	구매	과장	44	남	2
123	구매	사원	35	여	5
124	구매	사원	36	여	2
125	총무	부장	51	남	1
126	총무	차장	46	여	1
127	총무	차장	48	남	1
146	총무	사원	34	여	2

사용자 지정 목록에 의한 정렬

데이터 시트에서 부서별, 직급별로 정렬하는 방법에 대해 다시 한 번 알아보자. 현재의 시트에서 직급별로 오름차순으로 정렬하면 과장, 대리, 부장, 사원, 주임, 차장의 순서로 데이터가 정렬될 것이다. 이는 한글로 된 데이터가 가나다순으로 정렬되기 때문이다. 이를 해결하기 위해서는 다음과 같은 절차를 거쳐야 한다.

❶ 데이터 시트의 G2:G7에 각각 '부장', '차장', '과장', '대리', '주임', '사원'이라고 입력한다. 그리고 화면 좌측 상단의 Office 버튼을 클릭하여 나타난 대화상자의 하단에서 엑셀 옵션(Excel 옵션(I)) 버튼를 선택한다.

❷ 엑셀 옵션 대화상자의 기본 설정 탭에서 '사용자 지정목록 편집' 버튼(사용자 지정 목록 편집(O)...)을 클릭하여 나타난 사용자 지정 목록 대화상자에서 가져오기 버튼을 클릭한 다음, 데이터 시트의 G2:G7을 선택하면 가져오기 입력란에 '$G$2:$G$7'라고 입력되고 목록 항목란에는 부장, 차장 등이 순서대로 나타날 것이다.

추가 버튼을 클릭하여 새로운 목록을 추가하면 이 지정된 목록을 사용할 수 있다.

❸ 다음에는 부서별 순서를 지정하기 위해 목록 항목란에 직접 재무 Enter↵, 인사 Enter↵, 마케팅 Enter↵, 생산 Enter↵, 구매 Enter↵를 입력한 다음 추가 버튼을 클릭하여 부서별 목록을 사용자 지정 목록에 추가한다.

확인 버튼을 클릭하고 엑셀 옵션의 대화상자에서 다시 확인 버튼을 클릭하여 사용자 지정 목록 추가를 완료한다.

❹ 데이터 시트의 H2를 선택하여 '재무'를 입력하고 채우기 핸들을 이용하여 드래그하면 인사, 마케팅, 생산, 구매의 순서로 목록이 자동 생성될 것이다.

❺ 이제는 지정된 목록의 순서로 정렬을 하기 위해 부서가 입력된 A열 중 하나의 셀을 선택한 다음 마우스의 오른쪽 버튼을 클릭하여 단축메뉴에서 정렬을 선택하고 그중 사용자 지정 정렬을 선택한다.

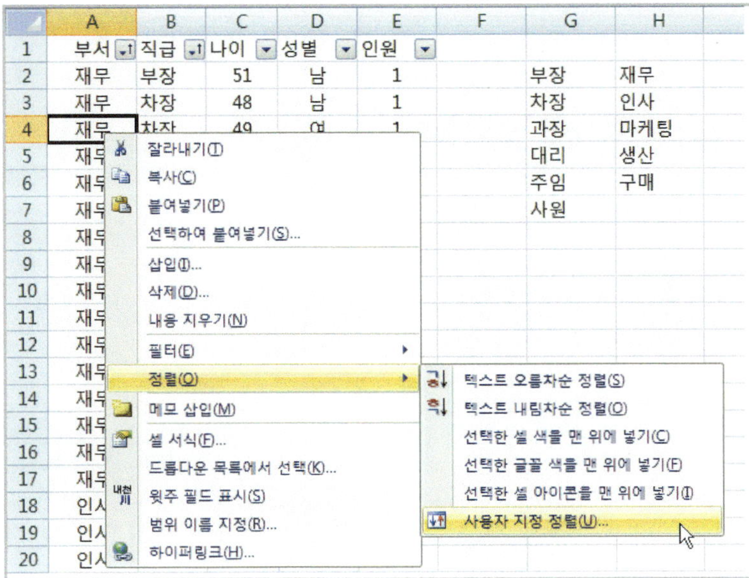

❻ 다음에 나타난 **정렬** 대화상자에서는 좌측의 **열** 칸에서 정렬 기준 목록 중 **부서**를, **정렬 기준** 칸에서 **값**을 선택한다. 그리고 **정렬** 칸에서 **사용자 지정 목록**을 선택하여 다시 나타난 사용자 지정 목록 대화상자에서 **부서 목록**을 선택한다.

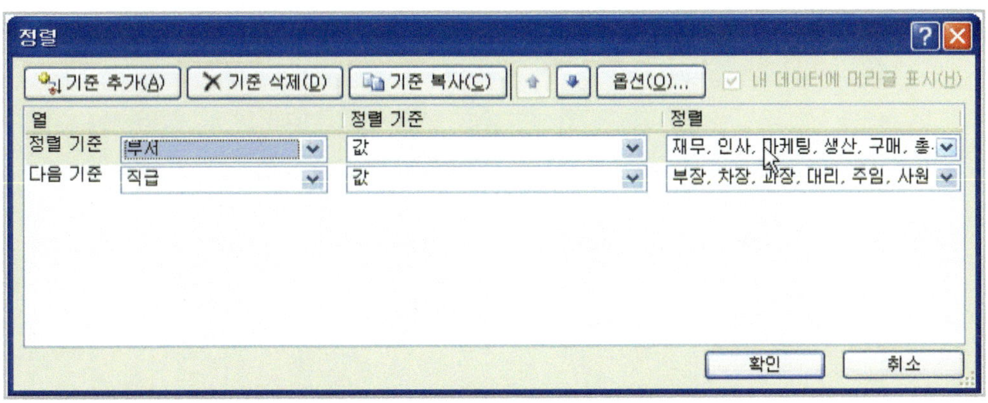

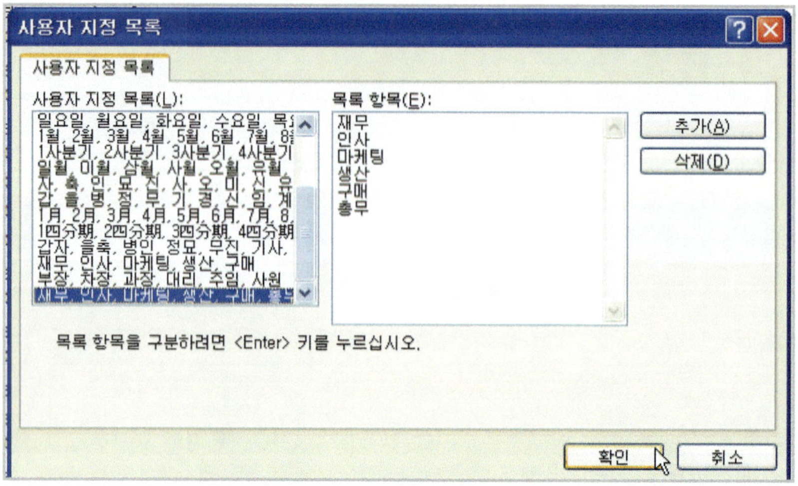

❼ 다시 **정렬** 대화상자에서 **기준 추가 버튼**을 클릭하여 새로운 정렬 기준을 추가한 다음, **열** 칸에 **직급**을, **정렬기준** 칸에 **값**을 그리고 **정렬** 칸에서 **사용자 지정 목록**을 다시 선택한다.

❽ 다시 **사용자 지정 목록**에서 **직급 목록**을 선택하고 **확인** 한 다음, **정렬 대화상자**에서 **확인**을 클릭하여 정렬 대화상자를 닫는다. 이와 같은 과정을 통해 사용자 지정 목록에 의한 정렬이 가능하다. 부서별, 직급별로 정렬된 결과는 다음과 같다.

	A	B	C	D	E	F	G	H	I
1	부서	직급	나이	성별	인원				
2	재무	부장	51	남	1		부장	재무	
3	재무	차장	48	남	1		차장	인사	
4	재무	차장	49	여	1		과장	마케팅	
5	재무	과장	43	남	2		대리	생산	
6	재무	과장	44	남	1		주임	구매	
7	재무	과장	46	여	1		사원		
8	재무	대리	39	남	1				
9	재무	대리	40	남	2				
10	재무	대리	41	남	2				
11	재무	대리	41	여	2				
12	재무	주임	35	남	1				
13	재무	주임	37	여	2				
14	재무	주임	38	남	3				
15	재무	사원	32	여	4				
16	재무	사원	33	여	4				
17	재무	사원	36	여	2				
18	인사	부장	52	여	1				
19	인사	차장	47	남	1				
20	인사	차장	49	여	1				

피벗 테이블을 이용한 집계표 구성

또한 피벗 테이블을 이용하면 이 데이터 시트에서 원래의 부서별 인력 시트와 동일한 테이블을 구성할 수 있고, 추가적으로 다양한 분석이 가능하다.

❶ 데이터가 입력된 데이터 시트에서 피벗테이블 삽입( ) 버튼을 클릭하고 피벗 테이블 만들기 대화상자에서 **표 또는 범위 선택**에 '데이터!$A$1:$E$146' 이 입력된 것을 확인하고 피벗 테이블 보고서 위치를 **새 워크시트로 지정**한다.

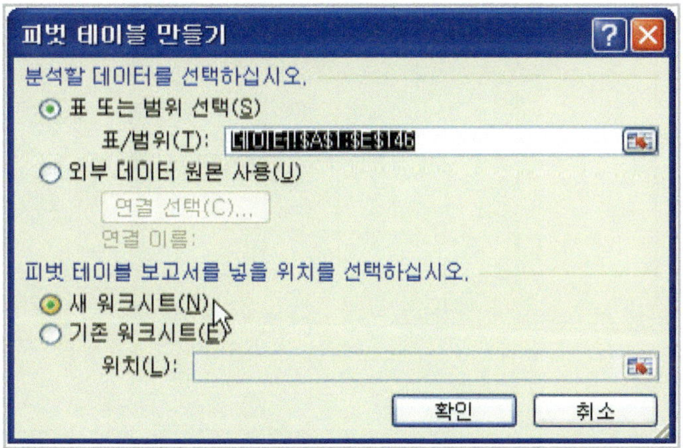

❷ **새로 만들어진 워크시트의 시트 탭을 더블클릭하여 시트의 이름을 '요약표'**라고 입력한 다음, Enter↵을 누른다. 요약표 시트에서 피벗 테이블 필드 목록 대화상자에서 **인원 필드를 데이터 영역에, 부서 필드와 나이 필드를 순서대로 행 필드 영역에, 직급 필드와 성별 필드를** 각각 순서대로 **열 필드에 끌어다 놓는다.**

❸ 이 과정을 거치면 원래의 부서별 인력과 유사한 집계표를 구성할 수 있다. 피벗 테이블에서 부서별, 직급별 정렬은 역시 가나다순으로 정렬되어 있는데, 이를 부서나 직급의 순서에 맞게 재정렬하기 위해서는 각 필드 내의 목록을 끌어다 놓는다.
예를 들어 직급별로 재정렬하기 위해서는 부장 목록을 끌어다 맨 앞에 놓는다.

❹ 데이터베이스 형식으로 저장된 데이터에서는 단 한 가지 목적의 집계표뿐만 아니라 다양한 요약표와 분석이 가능하다. 그러므로 데이터는 항상 데이터베이스 형식으로 저장해야 한다.

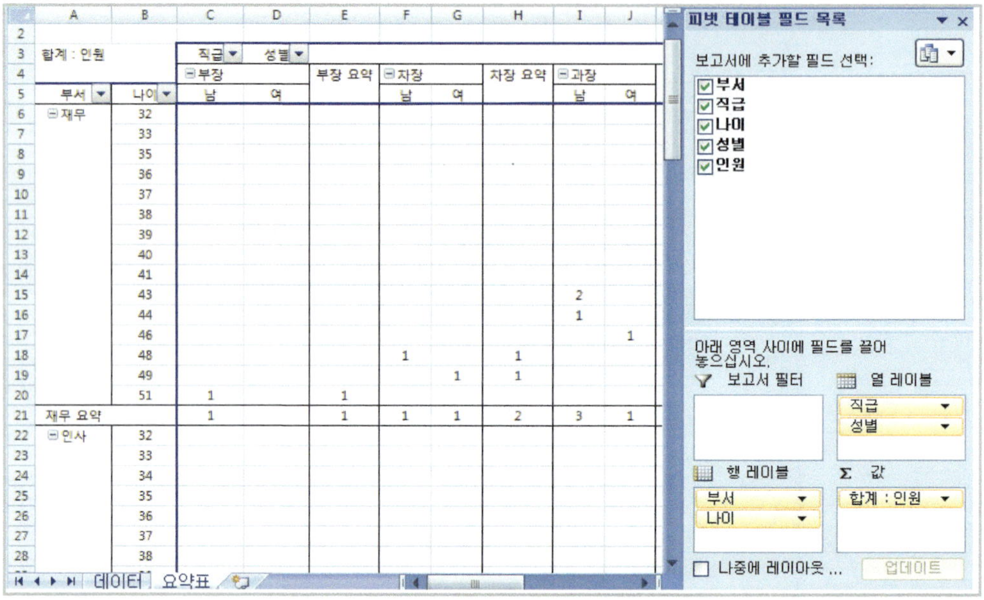

2. 필드 구성 오류

데이터 관리와 관련된 또 다른 오류로 필드 구성을 잘못하여 데이터베이스 기능을 활용하지 못하는 경우를 들 수 있다. Part 03 폴더에서 '수수료.XLS' 파일을 열어보자. 기초 자료 시트에는 테이블 형태의 데이터가 입력되어 있다. 이 데이터는 각 업체별로 기기 사용 수수료에 대한 내용, 청구일자, 청구금액, 입금일자, 입금액 그리고 미입금액이 정리되어 있다. 그리고 총괄표 시트에는 각 업체별, 월별로 청구 및 입금 내역이 나타나 있다. 업체별로 언제 기기를 사용했는지 그리고 그 금액은 얼마인지와 그 금액을 입금한 날짜가 언제이고 해당 사용에 대한 미수금은 없는지가 한 행에 나타나 있어서 쉽게 이해할 수 있다.

겉으로 보기에는 오류가 있어 보이지 않지만 기초 자료 시트의 필드 구성은 우리가 흔히 범하는 잘못된 필드로 구성되어 있고 이러한 오류가 포함된 시트에서는 제대로 된 분석을 수행하기가 어렵다.

❶ 먼저 이 데이터에서 피벗 테이블을 작성해 보자. **기초 자료 시트의 데이터가 입력된 부분에 셀 포인터를 위치시키**고 피벗 테이블 추가 버튼()을 클릭하여 피벗 테이블 만들기 대화상자를 불러낸다. 피벗 테이블 만들기 대화상자에서 표 또는 범위 선택에 '기초자료!$A$2:$H$31'이 입력된 것을 확인하고 피벗 테이블 보고서 위치를 **새 워크시트로 지정**한다.

❷ 피벗 테이블 필드 목록에서 **업체명을 행 필드에 청구일을 열 필드에 끌어다 놓고, 청구액과 입금액을 데이터 필드에 끌어다 놓는다.**

	A	B	C	D	E	F
1						
2						
3			청구일 ▾			
4	업체명 ▾	데이터	2008.01.21	2008.01.22	2008.03.28	2008.04.22
5	광주엘시디	합계 : 청구액				
6		개수 : 입금일				
7	광주전자	합계 : 청구액				
8		개수 : 입금일				
9	리드전기	합계 : 청구액				
10		개수 : 입금일				
11	세기전자	합계 : 청구액				
12		개수 : 입금일				
13	소태전자	합계 : 청구액				209000
14		개수 : 입금일				1
15	에버테크	합계 : 청구액				
16		개수 : 입금일				
17	엘모전기	합계 : 청구액	79800			
18		개수 : 입금일	1			
19	우리반도체	합계 : 청구액				
20		개수 : 입금일				

❸ **날짜로 나타나 있는 청구일을 월별로 그룹화**하기 위해 피벗 테이블의 **청구일에 셀 포인터를 위치시킨 후 마우스 오른쪽 버튼을 클릭**하여 단축메뉴를 부른 다음, **그룹**을 선택한다. 이어 나타난 **그룹화 대화상자**에서 **월**을 선택하고 **확인**을 클릭한다.

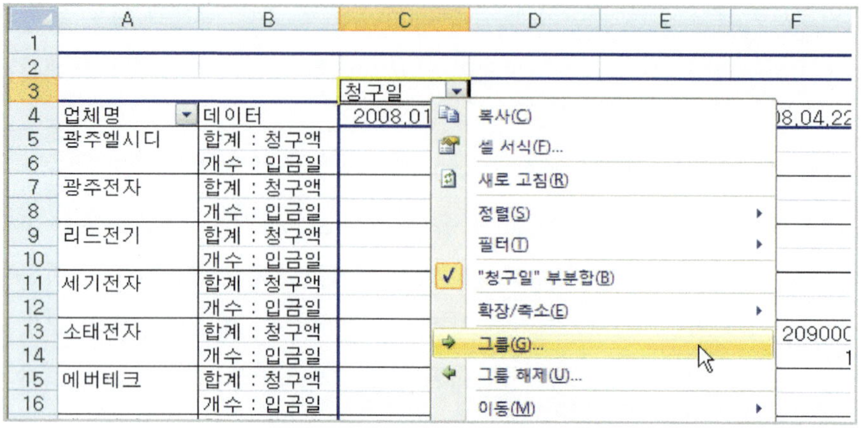
청구일
업체명
데이터
광주엘시디
광주전자
리드전기
세기전자
소태전자
에버테크
합계 : 청구액
개수 : 입금일
복사(C)
셀 서식(F)...
새로 고침(R)
정렬(S)
필터(T)
"청구일" 부분합(B)
확장/축소(E)
그룹(G)...
그룹 해제(U)...
이동(M)

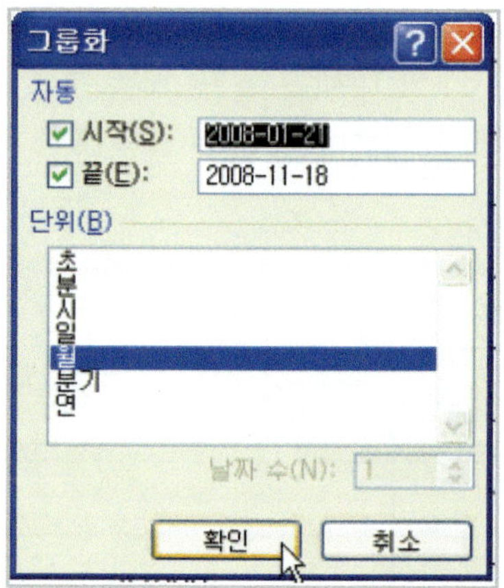
그룹화
자동
시작(S): 2008-01-21
끝(E): 2008-11-18
단위(B)
초
분
시
일
월
분기
연
날짜 수(N): 1
확인
취소

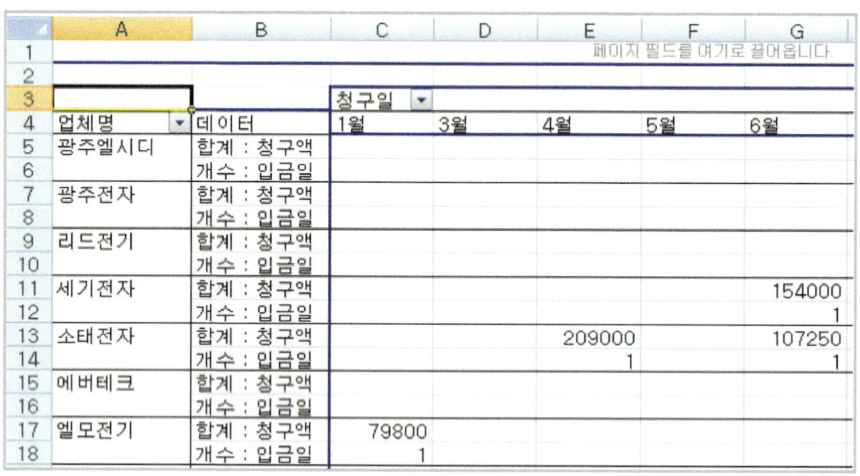
페이지 필드를 여기로 끌어옵니다.
청구일
업체명
데이터
1월
3월
4월
5월
6월
광주엘시디
광주전자
리드전기
세기전자
소태전자
에버테크
엘모전기
합계 : 청구액
개수 : 입금일
154000
209000
107250
79800

❹ 데이터 필드의 입금액은 합계가 아닌 개수로 표현되어 있으므로 이를 합계로 변경하기 위해 **입금액을 선택**하고 **마우스 오른쪽 버튼**을 클릭하여 단축메뉴에서 **값 필드 설정**을 선택한다. 값 필드 설정 대화상자의 **사용할 함수 탭**에서 **합계**를 선택하고 **확인** 버튼을 클릭한다.

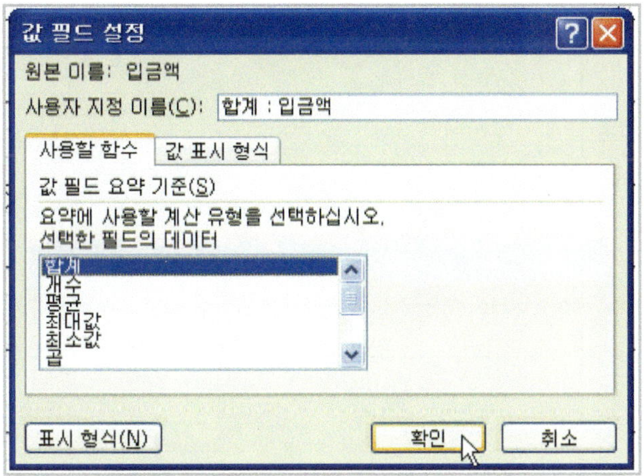

이 과정을 거치면 총괄표 시트의 내용과 유사한 집계표가 작성된다. 하지만 이 피벗 테이블에는 오류가 숨어 있다. 청구월에 나타난 청구액과 입금액이 원래의 날짜와 맞지 않는다. 이제는 피벗 테이블이 만들어진 시트를 삭제하고 기초 자료 시트로 돌아가자.

다음 데이터의 문제는 기초 자료 시트에 있는 데이터의 필드 설정이 잘못되어 생긴 것이다. 이 데이터의 구성은 데이터베이스 형태와 요약이 혼재되어 있어서 이해하기는 용이하나 데이터 관리와 요약 그리고 정렬하는 데 문제가 있다. 이번에는 이러한 문제를 해결하기 위해서 어떻게 해야 하는지 알아보자.

이 데이터 구성의 문제는 하나의 행(레코드)에 두 가지의 날짜와 세 가지의 금액이 나란히 입력되어 있기 때문에 발생한다. 예를 들어 입금일에 맞추어 정렬하면 청구일이 제대로 정렬되지 않고 청구일에 맞추어 정렬하면 입금일이 정렬되지 않는다. 또한 미수금은 청구액과 입금액의 차이에 불과하므로 구태여 데이터로 입력할 필요가 없고 나중에 합계를 계산하면 자동적으로 계산할 수 있다.

	A	B	C	D	E	F	G	H	I	J	K	L
3			청구일									
4	업체명	데이터	1월	3월	4월	5월	6월	7월	9월	10월	11월	총합계
5	광주엘시디	합계 : 청구액								579000		579000
6		개수 : 입금일										
7		합계 : 입금액										
8	광주전자	합계 : 청구액								687500		687500
9		개수 : 입금일								1		1
10		합계 : 입금액								687500		687500
11	리드전기	합계 : 청구액						698350		152000		850350
12		개수 : 입금일						2		1		3
13		합계 : 입금액						698350		167200		865550
14	세기전자	합계 : 청구액					154000			70000		224000
15		개수 : 입금일					1			1		2
16		합계 : 입금액					154000			70000		224000
17	소태전자	합계 : 청구액			209000		107250		77000	135000		528250
18		개수 : 입금일			1		1		1	2		5
19		합계 : 입금액			209000		107250		77000	135000		528250
20	에버테크	합계 : 청구액							154000			154000
21		개수 : 입금일							1			1
22		합계 : 입금액							154000			154000
23	엘모전기	합계 : 청구액	79800						5500000		3300000	8879800
24		개수 : 입금일	1						2			3
25		합계 : 입금액	79800						5500000			5579800
26	우리반도체	합계 : 청구액							134200			134200
27		개수 : 입금일							2			2
28		합계 : 입금액							201300			201300
29	월연전자	합계 : 청구액		87000								87000
30		개수 : 입금일		1								1
31		합계 : 입금액		87000								87000
32	이노전자	합계 : 청구액					192500			154000	140000	486500
33		개수 : 입금일					1			1	1	3
34		합계 : 입금액					192500			154000	140000	486500
35	창산전자	합계 : 청구액								1314000		1314000
36		개수 : 입금일										
37		합계 : 입금액										
38	카라테크	합계 : 청구액									70000	70000
39		개수 : 입금일									1	1
40		합계 : 입금액									70000	70000
41	케도전자	합계 : 청구액	888800									888800
42		개수 : 입금일	1									1
43		합계 : 입금액	888800									888800
44	케이피테크	합계 : 청구액				1080200						1080200
45		개수 : 입금일				1						1
46		합계 : 입금액				1080200						1080200
47	전체 합계 : 청구액		968600	87000	209000	1080200	453750	698350	5865200	3091500	3510000	15963600
48	전체 개수 : 입금일		2	1	1	1	3	2	6	6	2	24
49	전체 합계 : 입금액		968600	87000	209000	1080200	453750	698350	5932300	1213700	210000	10852900

따라서 이상의 문제를 해결하기 위해서는 필드를 다음과 같이 재구성해야 한다.

❺ **워크시트 삽입** 버튼을 클릭하여 새로운 시트를 추가하고 시트명을 **'새목록'** 으로 입력한 다음 [Enter↵] 키를 누른다.

❻ 새 목록 시트의 A1에 **'기기 수수료 거래내역'** 이라고 입력한다.

❼ A2:E2에 각각 다음과 같이 입력한다.

▶ A2 : 업체명

▶ B2 : 내역

▶ C2 : 날짜

▶ D2 : 금액

▶ E2 : 구분

❽ 기초 자료 시트에서 A3:D31을 선택하여 복사한 다음, 새 목록 시트의 A3에 붙여 넣는다. E3에 '청구'라고 입력한 다음 이를 E31까지 복사한다. A:E의 행 머리글을 선택하여 행들의 너비와 열들의 높이를 자동으로 조정하여 데이터들의 너비와 높이를 알맞게 조절한다.

❾ 다시 기초 자료 시트의 A3:B31을 선택하고 Ctrl 키를 이용하여 E3:F31을 선택한 다음 Ctrl+C를 이용하여 복사하고 이를 새 목록 시트의 A32에 붙여 넣는다. E32에 '입금'이라고 입력한 다음 이를 E60까지 복사한다. 새로 복사된 부분 중 금액 필드가 비어 있는 행들인 51:53과 57:58을 Ctrl 키를 이용하여 선택한 다음 삭제한다.

❿ 새 목록에 새로 작성된 데이터는 청구와 입금의 순서로 되어 있다. 이를 이용하면 업체별 거래내역이나 미수금 현황도 쉽게 작성할 수 있다. 예를 들어 업체별로 오름차순으로 정렬하여 업체별 청구와 입금의 부분합을 구할 수도 있고, 날짜별 거래내역을 쉽게 파악할 수도 있다.

우선 날짜가 입력되어 있는 C3를 선택한 다음 오름차순 정렬 버튼을 클릭하여 거래내역을 날짜순으로 정리해 보자. 원래의 기초 자료는 청구일과 입금일이 하나의 행에 입력되어 있었으므로 청구일에 맞추어 정렬하면 입금일이 순서에 맞지 않고 입금일에 맞추어 정렬하면 청구일이 맞지 않는 모순을 지니고 있었다.

	A	B	C	D	E
1	기기 수수료 거래내역				
2	업체명	내역	날짜	금액	구분
3	엘모전기	LMS200 및 챔버 데이터분석 측정	2008.01.21	79,800	청구
4	케도전자	고장분석수수료	2008.01.22	888,800	청구
5	월연전자	LED표준신뢰성 및 고장분석	2008.03.28	87,000	청구
6	소태전자	특수조명의 색온도 및 색좌표 변경 TEST및 조건 확립	2008.04.22	209,000	청구
7	케이피테크	주)제이앤씨테크 의뢰 LED 열저항 측정 및 분석	2008.05.14	1,080,200	청구
8	소태전자	LED조명 개발, 스탠드 광학특성분석(CRI)	2008.06.16	107,250	청구
9	이노전자	특수조명(45W, 90W, 130W) 광학특성 분석	2008.06.16	192,500	청구
10	세기전자	제조사별 형광등 광학특성 분석	2008.06.17	154,000	청구
11	리드전기	100W RGBY 투광기 광학특성 및 전기적특성 측정	2008.07.24	468,930	청구
12	리드전기	100W RGBY 투광기 광학특성 및 전기적특성 측정	2008.07.31	229,420	청구
13	엘모전기	LED RSM 측정 및 분석	2008.09.02	2,200,000	청구
14	우리반도체	지향각측정 수수료	2008.09.12	67,100	청구
15	엘모전기	LED RSM 측정 및 분석	2008.09.18	3,300,000	청구
16	소태전자	LED 스탠드 조명 광학특성 평가	2008.09.24	77,000	청구
17	우리반도체	LED 광학특성측정 분석(배광분포)	2008.09.24	67,100	청구
18	에버테크	LED Panel 광학특성평가 분석	2008.09.29	154,000	청구
19	광주전자	적색 LED 고장분석	2008.10.02	687,500	청구
20	리드전기	100w 투광기 광도 및 배광측정	2008.10.13	152,000	청구
21	이노전자	i060w, i090w 광학특성 분석	2008.10.13	154,000	청구
22	광주엘시디	BULB-C/W, BULB-W/W 분석수수료	2008.10.30	374,000	청구
23	광주엘시디	MR16-5, FLB120-ww, FLB120-cw 분석수수료	2008.10.30	135,000	청구
24	광주엘시디	SRL3030, SRL6060, PDL15-cw 분석수수료	2008.10.30	70,000	청구
25	세기전자	형광등 분석 수수료	2008.10.30	70,000	청구
26	소태전자	SATAND용 LED MODULE 측정	2008.10.30	65,000	청구
27	소태전자	LED STAND 측정	2008.10.30	70,000	청구
28	참산전자	각 기업별 LED Panel 광학특성 및 전기적 특성	2008.10.30	1,314,000	청구
29	엘모전기	RSM측정	2008.11.03	3,300,000	청구
30	이노전자	휘도측정	2008.11.17	140,000	청구
31	카라테크	휘도측정	2008.11.17	70,000	청구
32	엘모전기	LMS200 및 챔버 데이터분석 측정	2008.11.19	79,800	입금
33	케도전자	고장분석수수료	2008.01.25	888,800	입금
34	월연전자	LED표준신뢰성 및 고장분석	2008.03.21	87,000	입금
35	소태전자	특수조명의 색온도 및 색좌표 변경 TEST및 조건 확립	2008.04.24	209,000	입금
36	케이피테크	주)제이앤씨테크 의뢰 LED 열저항 측정 및 분석	2008.07.14	1,080,200	입금
37	소태전자	LED조명 개발, 스탠드 광학특성분석(CRI)	2008.06.19	107,250	입금
38	이노전자	특수조명(45W, 90W, 130W) 광학특성 분석	2008.11.24	192,500	입금
39	세기전자	제조사별 형광등 광학특성 분석	2008.07.15	154,000	입금

⓫ 이제는 새 목록으로 총괄표와 동일한 요약표를 작성해 보자.

새 목록 시트의 **A3**를 선택하고 피벗 테이블 삽입 버튼( )을 클릭하여 피벗 테이블 만들기 대화상자에서 **새 워크시트**를 추가하고 피벗 테이블 필드 목록에서 **업체명과 구분을 행 레이블에 날짜를 열 레이블에 금액을 데이터 필드에 끌어다 놓는다.**

화면의 우측 상단에 나타난 피벗 테이블 도구(피벗 테이블 도구)의 **디자인 버튼**을 클릭하여 피벗 테이블 디자인 도구를 활성화한 다음, 좌측의 부분합 버튼을 클릭하여 부분합 표시 안 함을 선택한다. **총합계** 버튼을 클릭하여 **행 및 열의 총합계 설정**을 선택한다. 청구와 입금의 순서가 바뀌었으므로 **입금 항목을 동일한 업체명 중 청구 항목 아래에 끌어다 놓는다.** 데이터가 입력된 부분을 선택하여 **쉼표 스타일**을 적용하고 **열 필드의 날짜를 월별로 그룹화**한다. 다시 피벗 테이블 스타일 중 원하는 스타일을 적용하면 다음과 같은 요약표를 작성할 수 있다.

	A	B	C	D	E	F	G
1							
2							
3	합계 : 금액		날짜				
4	업체명	구분	2008.01.21	2008.01.22	2008.01.25	2008.03.21	2008.03.28
5	⊟광주엘시디	청구					
6	⊟광주전자	청구					
7		입금					
8	⊟리드전기	청구					
9		입금					
10	⊟세기전자	청구					
11		입금					
12	⊟소태전자	청구					
13		입금					
14	⊟에버테크	청구					
15		입금					
16	⊟엘모전기	청구	79800				
17		입금					
18	⊟우리반도체	청구					
19		입금					
20	⊟월연전자	청구					87000
21		입금				87000	

⓬ 피벗 테이블이 삽입된 시트의 **시트명**을 **'새총괄'**이라고 입력한다. 새로 만들어진 총괄표는 원래의 총괄표와 동일하고, 데이터가 추가되거나 수정될 때마다 피벗 테이블 계산 영역을 변경하고 새로 고침을 선택하면 언제든지 쉽고 빠르게 작성할 수 있다.

	A	B	C	D	E	F
1						페이지 필드
2						
3	합계 : 금액	열 레이블				
4	행 레이블	1월	3월	4월	5월	6월
5	엘모전기	79,800				
6	광주엘시디					
7	광주전자					
8	리드전기					
9	세기전자					154,000
10	소태전자			418,000		214,500
11	에버테크					
12	우리반도체					
13	월연전자		174,000			
14	이노전자					192,500
15	창산전자					
16	카라테크					
17	케도전자	1,777,600				
18	케이피테크				1,080,200	
19	총합계	1,857,400	174,000	418,000	1,080,200	561,000

마지막으로 각 업체별 미수금이 현재의 피벗 테이블에는 나타나 있지 않으므로 이를 계산하기 위한 시트를 작성해 보자.

⑬ **워크시트 삽입** 버튼을 클릭하여 새로운 시트를 추가하고 새 시트의 시트명을 **'미수금 현황'** 이라고 입력한다.

⑭ 다시 A1을 선택하여 **'미수금 현황'** 이라고 입력하고 A1:D1에 **병합하여 가운데에 맞춘다.**

⑮ A2:D2에 각각 다음과 같이 입력한다.

- A2 : 업체명
- B2 : 청구
- C2 : 입금
- D2 : 미수금

⑯ 업체명을 쉽게 입력하기 위해 다음과 같이 작업한다. **새총괄 시트**의 **피벗 테이블**에서 **행 필드**의 **구분을 제거**하여 **업체명만 행 필드에 표시**한다. **업체 목록**을 **선택**하여 **복사**한 다음 **미수금 현황 시트**의 A3를 선택하고 **오른쪽 버튼**을 **클릭**하여 단축메뉴에서 **선택하여 붙여 넣기**를 선택한다. 선택하여 붙여넣기 대화상자에서는 **값**을 선택한다.

⑰ 이 표에서는 각 업체별로 청구액, 입금액 그리고 미수금을 계산하려고 한다. 계산 수식을 간략하게 하기 위해 다음과 같은 이름을 작성하자.

새 목록 시트의 각 영역에 대해 다음과 같은 이름을 작성한다. 먼저 A3:A55를 선택하고 이름상자에 **'업체목록'** 이라고 입력하고 [Enter↵]를 누른다. 금액목록과 구분목록에 대해서도 같은 방법으로 작성한다.

영역	이름
A3:A55	업체목록
D3:D55	금액목록
E3:E55	구분목록

이제 청구액과 입금액을 계산하는 수식을 작성해 보자. 시트 B3에 다음과 같이 입력한다.

▶ B3 : =SUMIFS(금액목록,업체목록,$A3,구분목록,B$2)

SUMIFS 함수는 목록으로부터 두 가지 이상의 조건을 만족하는 합계를 구하는 데 사용된다. 여기에서 위 함수식은 금액목록에서 업체명이 A3에 해당되고 구분이 B2에 해당되는 금액의 합계를 구하라는 의미이다. $A3와 B$2에 절대주소를 사용한 이유는 하단과 우측으로 복사할 때 주소가 이동하지 않도록 하기 위해서이다. 이 수식을 C16까지 채우기 핸들을 이용하여 복사하면 각 업체들의 청구액 합계와 입금액의 합계가 계산된다.

이제 D3에 B3 값에서 C3의 값을 뺀 값을 구하는 다음의 수식을 입력한다.

▶ D3 : =B3-C3

이 수식을 D16까지 채우고 D17에 D3:D16의 합계를 구하는 다음 수식을 입력하면 각 업체별 미수금의 현황과 합계가 계산된다.

▶ D17 : =SUM(D3:D16)

미수금 현황의 최종 결과는 다음과 같다.

	A	B	C	D
1	미수금 현황			
2	업체명	청구	입금	미수금
3	엘모전기	8,879,800	5,579,800	3,300,000
4	광주엘시디	579,000	-	579,000
5	광주전자	687,500	687,500	-
6	리드전기	850,350	865,550	- 15,200
7	세기전자	224,000	224,000	-
8	소태전자	528,250	528,250	-
9	에버테크	154,000	154,000	-
10	우리반도체	134,200	201,300	- 67,100
11	월연전자	87,000	87,000	-
12	이노전자	486,500	486,500	-
13	창산전자	1,314,000	-	1,314,000
14	카라테크	70,000	70,000	-
15	케도전자	888,800	888,800	-
16	케이피테크	1,080,200	1,080,200	-
17	합계			5,110,700

이 장에서는 엑셀에서 가장 많이 사용되는 데이터베이스 관련 기능들을 올바르게 사용하기 위해서 주의해야 할 두 가지의 경우에 대해 알아보았다. 집계표 형식으로 잘못 입력된 데이터와 필드가 잘못 구성된 두 가지 경우에 대해 어떤 방식으로 수정할 것인지에 대해서도 비교적 자세히 알아보았다. 엑셀의 데이터베이스 기능은 대단한 기능으로 이를 제대로 활용하면 커다란 위력을 발휘할 수 있으나 잘못 사용되면 오류가 포함된 결과를 가져오거나 중복된 데이터 입력과 계산으로 시간을 낭비할 수도 있다.

EXERCISE

연습문제

01 용돈기입장

Part 03 폴더의 연습문제 폴더에서 '용돈기입장.XLS' 파일을 열어 보자. 용돈기입상에는 우리가 일상적으로 기입하는 형식으로 자료가 입력되어 있다. 하지만 이런 형태로 저장된 데이터는 데이터베이스 기능을 활용할 수 없다. 이 데이터를 완전한 데이터베이스 형태로 변경하고 수입, 지출의 항목과 요일별 수입과 지출 내역을 정리해 보자

	A	B	C	D	E	F	G	H	I
1	용돈기입장								
2	날짜	수입		지출		내용	수입합계	지출합계	잔액
3		항목	금액	항목	금액				
4	03월 01일	정기용돈	300000			부모님께 용돈 받음	300,000	-	300,000
5	03월 01일			식비	4,000	충장로에서 친구와 점심	300,000	4,000	296,000
6	03월 02일			교통비	30,000	교통카드 충전	300,000	34,000	266,000
7	03월 02일			식비	2,500	본관식당에서 점심	300,000	36,500	263,500
8	03월 03일			의류비	60,000	밀레오레에서 의류 구입	300,000	96,500	203,500
9	03월 04일			유흥비	9,000	친구와 당구장에 감	300,000	105,500	194,500
10	03월 05일	특별용돈	150000			교재구입비로 받음	450,000	105,500	344,500
11	03월 05일			식비	2,000	서석홀에서 점심	450,000	107,500	342,500
12	03월 05일			도서비	45,000	전공책 구입	450,000	152,500	297,500
13	03월 06일			식비	3,000	후문에서 점심	450,000	155,500	294,500
14	03월 07일			식비	2,000	서석홀에서 점심	450,000	157,500	292,500
15	03월 07일			유흥비	30,000	명진, 동호와 한잔 함	450,000	187,500	262,500

	A	B	C	D	E	F
1	용돈기입장					
2	날짜	구분	항목	금액	내용	잔액
3	03월 01일	수입	정기용돈	300000	부모님께 용돈 받음	300,000
4	03월 01일	지출	식비	4,000	충장로에서 친구와 점심	296,000
5	03월 02일	지출	교통비	30,000	교통카드 충전	266,000
6	03월 02일	지출	식비	2,500	본관식당에서 점심	263,500
7	03월 03일	지출	의류비	60,000	밀레오레에서 의류 구입	203,500
8	03월 04일	지출	유흥비	9,000	친구와 당구장에 감	194,500
9	03월 05일	지출	도서비	45,000	전공책 구입	149,500
10	03월 05일	지출	식비	2,000	서석홀에서 점심	147,500
11	03월 05일	수입	특별용돈	150000	교재구입비로 받음	297,500
12	03월 06일	지출	식비	3,000	후문에서 점심	294,500
13	03월 07일	지출	식비	2,000	서석홀에서 점심	292,500
14	03월 07일	지출	유흥비	30,000	영진, 동호와 한잔 함	262,500
15	03월 08일	지출	간식비	1,000	매점에서 군것질	261,500

E X E R C I S E

연습문제

02 장애인

Part 03 폴더의 연습문제 폴더에서 '장애인.XLS' 파일을 열어 보자. 이 자료는 행복시에서 장애인 현황을 구별, 연령별, 장애유형별, 성별로 구분하여 정리한 것이다. 이 자료를 보면 각 연령별로 구청별로 장애인 현황을 한눈에 알 수 있다. 문제는 이러한 자료는 단순히 이 목적에만 사용될 수 있고, 각 자료를 찾기가 불편하다는 데 있다. 현재 정리된 데이터에서 행복시 전체의 60세 이상 언어장애를 가진 분들을 알아내기 위해서는 별도의 추가적인 계산이 필요하다. 또한 10세 이하 뇌병변 장애아들의 현황을 알기 위해서는 역시 추가적인 작업이 필요하다.

데이터베이스에서 다양한 질문에 대한 결과를 쉽게 얻기 위해서는 데이터의 저장 형태를 변경해야 한다. 이 자료를 완전한 데이터베이스 형식으로 변경하고 각 구별 장애 유형별 요약표를 작성해 보자.

EXERCISE

연습문제

	A	B	C	D	E	F	G	H	I	J
1										
2										
3	합계 : 수		장애등급	성별						
4			⊟1		1 요약	⊟2		2 요약	⊟3	
5	시군구	유형	남	여		남	여		남	여
6	⊟선행구	간	2	1	3	2	3	5	4	5
7		간질	1		1	4	2	6	6	7
8		뇌병변	176	137	313	194	165	359	149	125
9		시각	73	79	152	20	24	44	33	23
10		신장	7	4	11	110	68	178		
11		심장	4	3	7	6	3	9	31	13
12		안면				2	1	3	5	1
13		언어	19	9	28	4	1	5	19	14
14		자폐성	38	13	51	47	4	51	7	4
15		장루					1	1	3	3
16		정신	34	19	53	100	90	190	95	96
17		지적	159	145	304	256	190	446	195	107
18		지체	159	81	240	273	174	447	559	325
19		청각	25	22	47	117	110	227	122	116
20		호흡기	9	2	11	16	2	18	32	9
21	선행구 요약		706	515	1,221	1,151	838	1,989	1,260	848
22	⊟만족구	간	4		4	2	5	7	6	1
23		간질	1		1	1	4	5	9	
24		뇌병변	149	150	299	148	139	287	130	100
25		시각	70	76	146	16	27	43	47	40
26		신장	6	7	13	113	93	206		
27		심장	3	3	6	6	4	10	35	16
28		안면		1	1	3	2	5	1	
29		언어				1	2	3	25	5
30		자폐성	33	7	40	18	4	22	6	
31		장루							1	
32		정신	34	96	130	99	183	282	81	76
33		지적	95	125	220	161	142	303	128	86
34		지체	128	85	213	220	160	380	356	194
35		청각	14	15	29	87	81	168	119	116
36		호흡기	11	1	12	11	7	18	35	8

	A	B	C	D	E	F	G	H	I	J	K	L	M	N	O	P
1	시도	시군구	장애등급	나이	간			간질			뇌병변			시각		
2					남	여	Total	남	여	Total	남	여	Total	남	여	Total
3	행복시	선행구	1	2				1		1	1		1	1		1
4	행복시	선행구	1	3							1	2	3			
5	행복시	선행구	1	4							7	1	8			
6	행복시	선행구	1	5							5	3	8			
7	행복시	선행구	1	6							2	6	8			
8	행복시	선행구	1	7							5	1	6			
9	행복시	선행구	1	8							5	3	8			
10	행복시	선행구	1	9							3	3	6		2	2
11	행복시	선행구	1	10							3	1	4	1	2	3
12	행복시	선행구	1	11							1	2	3			
13	행복시	선행구	1	12							1	2	3	3		3
14	행복시	선행구	1	13							2	2	4	1		1
15	행복시	선행구	1	14							1		1			
16	행복시	선행구	1	15							4	1	5			
17	행복시	선행구	1	16								1	1			
18	행복시	선행구	1	17							1		1	1	1	2
19	행복시	선행구	1	18							1		1		1	1
20	행복시	선행구	1	19								2	2			
21	행복시	선행구	1	20							2		2	1		1
22	행복시	선행구	1	21												
23	행복시	선행구	1	22												
24	행복시	선행구	1	23							5	2	7			
25	행복시	선행구	1	24												
26	행복시	선행구	1	25							2	2	4			
27	행복시	선행구	1	26												
28	행복시	선행구	1	27								1	1			
29	행복시	선행구	1	28							1		1	1		1
30	행복시	선행구	1	29							1	3	4	1	1	2

엑셀에는 수많은 종류의 함수가 있고 함수를 적절히 사용하는 것은 엑셀 사용의 수준을 보여 준다. 하지만 대다수의 엑셀 사용자들이 함수를 적절히 사용하지 못하고 있으며, 함수 사용자들도 자주 이용하는 일부의 함수만을 사용할 뿐이다. 일반적으로 통계 함수, 재무 함수, 데이터베이스 함수 등을 많이 사용하지만, 엑셀은 함수 마법사의 기능이 매우 뛰어나 함수 사용에 대한 기본적인 내용만 알고 있으면 사용하는 데 불편이 없다.

하지만 엑셀에서 고유하게 사용하는 찾기/참조 함수나 논리 함수 등은 엑셀을 능숙하게 다루기 위해서라면 필히 충분히 이해해야 한다. 이번에는 엑셀의 주요 함수를 예제를 통해 익히도록 한다. 일상생활이나 업무에서 쉽게 접할 수 있는 예제를 통해 엑셀 함수의 사용법과 기능을 알아본다.

P·A·R·T

04

기업에서 쓰는 엑셀 함수

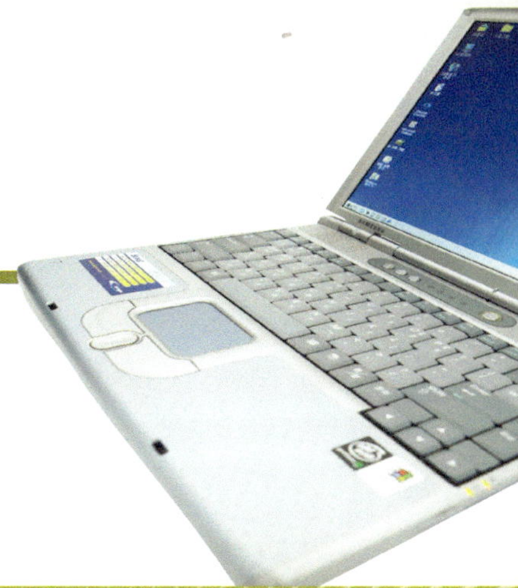

EXCEL

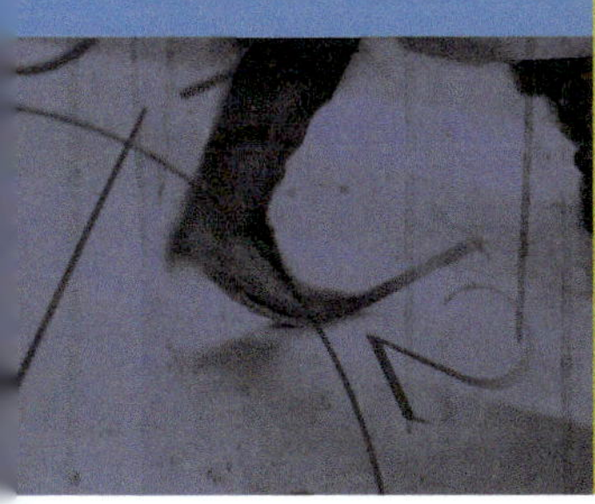

Chapter 01

백악물산 수당 계산

백악물산에서는 각 담당자에게 판매금액에 따라 수당을 지급한다. 수당은 판매수량과 금액 그리고 분류에 따라 달라지는데 구체적으로는 다음과 같다.

우선 모든 판매금액에 대해 기본적으로 10%의 기본수당이 지급된다. 여기에 판매수량 100단위가 증가함에 따라 1%씩의 수당이 추가로 지급된다. 또한 판매금액이 증가함에 따라 수당이 증가하고, 상대적으로 판매가 어려운 홍차 판매의 경우에는 추가로 2%의 수당이 지급된다. 이제까지의 설명을 표로 작성하면 다음과 같다.

- 기본수당 : 10%
- 홍차수당 : 2%

수량에 의한 수당

수량	1	51	101	201	301
수당	0.5%	1.0%	2.0%	3.0%	4.0%

금액에 의한 수당

금액	1	1,000,001	5,000,001	10,000,001	20,000,001
수당	1.0%	1.5%	2.0%	3.0%	4.0%

예를 들어 어떤 담당자가 단위당 가격이 30,450원인 다즐링 홍차를 150단위 판매하여 4,567,500원의 매출을 기록하였다면 이때의 수당은 기본수당 10%, 홍차에 의

한 수당 2%, 수량에 의한 수당 2%, 금액에 의한 수당 1.5%로 총 15.5%가 된다. 따라서 지급액은 4,567,500*15.5%=707,963원이다.

백악물산의 판매원에 대한 수당 계산이 이처럼 복잡한 이유는 판매원들의 판매를 장려하기 위해 오랫동안 수당 지급을 관행적으로 변경해 왔기 때문이다. 이제까지는 판매원의 수당에 대해 경험적으로 알고 있으므로 별도의 계산이 필요하지 않았으나, 이제는 각 종업원들의 판매수당에 대해 정확한 계산 근거가 필요하게 되었다. 따라서 사장인 김중배 씨는 지난 6개월 동안 종업원들에게 지급된 수당의 계산내역을 알아보고자 한다. 구체적으로 각 종업원 수당의 계산내역을 추출해서 각 종업원의 월별, 분류별, 제품별 수당내역에 대한 요약보고서를 얻고자 한다.

이러한 계산에는 엑셀이 편리하다는 이야기를 들은 김중배 사장은 경영학과에 다니는 조카에게 부탁하였다. 여러분은 이 문제를 어떻게 해결할 것인가?

1. 수당 계산

위의 기준에 따라 2009년 백악물산 판매내역에 따른 각 담당자의 판매수당을 계산해 보자.

❶ Part 04 폴더에서 백악물산 **'판매수당.XLS'** 파일을 불러낸다. 먼저 '수당표' 시트를 선택하여 각 수당 비율에 대해 이름을 부여한다. 엑셀에서는 복잡한 계산일수록 이름을 정의하여 사용하는 것이 좋다. 먼저 Ctrl 키를 이용하여 A3:B3, A13:B13을 **선택**한 다음 메뉴의 **수식-선택 영역**에서 **만들기**를 선택한다.

이름 만들기 대화상자에서 **왼쪽 열**에 입력되어 있는 **'기본수당'**과 **'홍차수당'**으로 이름을 만들기 위해서 왼쪽 열이 표시되어 있는 것을 확인한다. 이렇게 하면 B3의 이름은 기본수당으로, B13의 이름은 홍차수당으로 정의된다.

❷ 다시 B6:F7을 선택하여 메뉴의 **수식-이름 정의**를 선택하고 이름을 **'수량수당'**

으로 정의한다. B10:F11을 선택하여 이름을 **'금액수당'** 으로 **정의**한다. 새 이름 대화상자에서 참조 대상의 셀 주소가 **절대주소**로 되어 있음에 유의한다. 기본적으로 이름이 주어진 셀이나 영역은 절대주소가 부여된다.

▶ 수량수당 : $B$6:$F$7

▶ 금액수당 : $B$10:$F$11

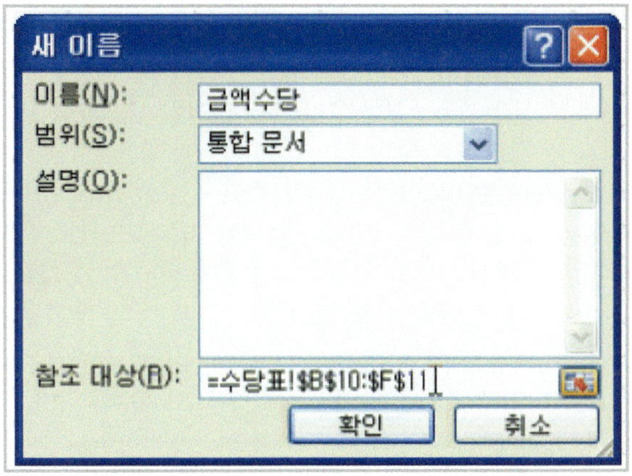

❸ '수당표' 시트에서 이름을 부여했으면, **'주문내역' 시트**로 돌아가서 I1:N1의 셀들에 각각 **기본수당, 분류수당, 수량수당, 금액수당, 수당률, 수당**을 입력한다. '기본수당' 은 모든 판매에 동일하게 부여되므로 I2 셀에는 다음과 같이 입력한다.

▶ I2 : =기본수당

'홍차수당' 은 분류가 홍차인 경우에만 홍차수당이 부여되므로 J2 셀에는 다음과 같이 입력한다.

▶ J2 : =IF(E2="홍차",홍차수당,0)

(이때 IF 함수의 조건식에서 홍차에 따옴표를 붙여야만 문자열로 인식된다. 그렇지 않으면 엑셀에서는 이를 이름으로 인식하여 오류가 나타난다.)

❹ '수량수당' 은 판매수량에 따라 수당 비율이 달라지므로 HLOOKUP 함수를 사용하여 다음과 같이 입력한다.

▶ K2 : =HLOOKUP(G2,수량수당,2)

HLOOKUP 함수는 VLOOKUP 함수와 유사한 기능을 가진 함수이다. 차이점은 VLOOKUP은 배열에서 찾는 값을 맨 왼쪽 열에서 찾지만, HLOOKUP은 배열의 맨 첫 행에서 값을 찾는다는 것이다.

HLOOKUP(lookup_value,table_array,row_index_num,range_lookup)
테이블의 첫 행에 있는 값 또는 값의 배열을 검색한 다음 테이블 또는 배열에 지정한 행으로부터 같은 열에 있는 값을 반환한다. HLOOKUP에서 H는 '가로'를 나타낸다.
Lookup_value 테이블의 첫 행에서 찾을 값이다.
Table_array 데이터를 찾을 정보 테이블이다.
table_array의 첫째 행의 값은 텍스트, 숫자, 논리값 등이 될 수 있다.
range_lookup이 TRUE면 table_array의 첫째 행의 값은 반드시 오름차순(... -2, -1, 0, 1, 2, ..., A-Z, FALSE, TRUE)으로 정렬되어 있어야 하고, 그렇지 않으면 정확한 값을 찾을 수 없다. range_lookup이 FALSE면 table_array가 정렬되지 않아도 무방하다.

❺ '금액수당' 도 판매금액에 따라 수당 비율이 달라지므로 HLOOKUP 함수를 사용하여 다음과 같이 입력한다.

▶ L2 : =HLOOKUP(H2,금액수당,2)

M2 셀에는 수당률의 합계가 입력되어야 하므로 다음과 같이 입력한다.

▶ M2 : =SUM(I2:L2)

N2 셀에는 수당금액이 입력되어야 한다. 이는 '수당률*금액' 이므로 다음과 같이 입력한다.

▶ N2 : =H2*M2

이제는 각 열에 적절한 공식이 입력되었으므로 I2:N2를 선택하고 채우기 핸들을 이용하여 공식들을 복사한다. 완성된 결과는 다음과 같다.

D	E	F	G	H	I	J	K	L	M	N
제품명	분류	단가	수량	금액	기본수당	분류수당	수량수당	금액수당	수당율	수당
코스타리카	커피	15,750	250	3,937,500	10.0%	0.0%	3.0%	1.5%	14.5%	570,938
플루마	커피	15,750	100	1,575,000	10.0%	0.0%	1.0%	1.5%	12.5%	196,875
메들린	커피	14,250	100	1,425,000	10.0%	0.0%	1.0%	1.5%	12.5%	178,125
용정	홍차	16,050	50	802,500	10.0%	2.0%	0.5%	1.0%	13.5%	108,338
메리다	커피	15,750	50	787,500	10.0%	0.0%	0.5%	1.0%	11.5%	90,563
기문	홍차	14,550	50	727,500	10.0%	2.0%	0.5%	1.0%	13.5%	98,213
자스민	홍차	14,700	20	294,000	10.0%	2.0%	0.5%	1.0%	13.5%	39,690
케냐	커피	16,200	150	2,430,000	10.0%	0.0%	2.0%	1.5%	13.5%	328,050
메들린	커피	14,250	150	2,137,500	10.0%	0.0%	2.0%	1.5%	13.5%	288,563
플루마	커피	15,750	50	787,500	10.0%	0.0%	0.5%	1.0%	11.5%	90,563
블루마운틴	커피	54,000	150	8,100,000	10.0%	0.0%	2.0%	2.0%	14.0%	1,134,000
다질링	홍차	30,450	200	6,090,000	10.0%	2.0%	2.0%	2.0%	16.0%	974,400
블루마운틴	커피	54,000	100	5,400,000	10.0%	0.0%	1.0%	2.0%	13.0%	702,000
에콰도르	커피	17,750	150	2,662,500	10.0%	0.0%	2.0%	1.5%	13.5%	359,438
밍롱	홍차	14,700	150	2,205,000	10.0%	2.0%	2.0%	1.5%	15.5%	341,775
다질링	홍차	30,450	300	9,135,000	10.0%	2.0%	3.0%	2.0%	17.0%	1,552,950

2. 요약보고서

판매원의 수당에 대한 계산내역이 완성되었으므로 이를 피벗 테이블을 이용해 요약보고서를 만들어 보자.

❶ **삽입** 메뉴에서 **피벗 테이블**을 선택하고 피벗 테이블 시트를 추가한다. 피벗 테이블 시트에서 **'담당자'**를 **열 필드**에, **'주문일'**을 **행 필드**에, 그리고 **수당**을 **데이터 필드**에 끌어 놓은 다음, 행 필드의 **'주문일'**을 **월별로 그룹화**하고 이를 **다시 끌어서 페이지 필드에 놓는다.** 다시 **'분류'**와 **'제품명'**을 각각 **행 필드에 끌어 놓고,** 전체 테이블에 **쉼표 서식**을 부여하면 다음과 같은 완성된 피벗 테이블을 얻을 수 있다.

	A	B	C	D	E	F	G	H	I	J	K	L
1	주문일	(모두)										
2												
3	합계:수당		담당자									
4	분류	제품명	김병준	김선출	김철민	박준호	이동수	이미영	정영수	최수봉	황보경	총합계
5	⊟ 커피	메들린	1,257,563	466,688	562,875	178,125	81,938			1,029,563	726,750	4,303,500
6		메리다		196,875	409,500			196,875		196,875		1,000,125
7		모카		1,246,313		99,188	99,188	625,313		625,313	215,625	2,910,938
8		버번산토스	889,688	333,063	661,563	985,500	597,688	492,750	104,938	1,323,125		5,388,313
9		블루마운틴	1,944,000	1,134,000	648,000	2,160,000	1,836,000	702,000	1,134,000	3,564,000	2,160,000	15,282,000
10		산토도밍고				692,125	444,063		401,188	967,750		2,505,125
11		셀레베스	2,247,375		819,000		819,000	112,125		1,720,875		5,718,375
12		수마트라	978,250	129,000		806,250	1,241,625				435,375	3,590,500
13		안티구아	661,500		425,250		196,875	1,141,875		425,250	196,875	3,047,625
14		에콰도르	221,875		221,875		359,438	221,875	359,438	1,224,750	479,250	3,088,500
15		옥사카	132,000		594,000	132,000	726,000	891,000		275,000	726,000	3,476,000
16		인도	1,361,063				308,813		411,750	278,313	87,688	2,447,625
17		자바		107,813		379,688			506,250	107,813	107,813	1,209,375
18		찬차미요	1,405,688	318,938			515,813	637,875		318,938		3,197,250
19		케냐		639,900				328,050	437,400	992,250	1,502,550	3,900,150
20		코나		196,875			570,938	196,875		767,813	570,938	2,303,438
21		코바	288,563	288,563	1,033,125		694,688				1,368,000	3,672,938
22		코스타리카	1,244,250	500,063	570,938	90,563				1,141,875	889,875	4,437,563
23		코트팩		425,250	90,563	570,938	570,938	570,938	661,500	1,405,688	570,938	4,866,750
24		탄자니아	384,750	81,938	288,563			356,250		644,813	384,750	2,141,063
25		플루마	622,125	318,938	1,193,063	570,938	570,938			287,438	90,563	3,654,000
26		하라	623,700	723,938	185,625			400,950		85,388	400,950	2,420,550
27		하히티	533,250	533,250	533,250	533,250	113,563	113,563	533,250		646,813	3,540,188
28	커피 합계		14,795,638	7,641,400	8,237,188	7,198,563	9,747,500	6,988,313	4,549,713	17,382,825	11,560,750	88,101,888
29	⊟ 홍차	교쿠루	809,760	243,600	504,000				45,360	113,400	158,760	1,874,880
30		기문	760,238	461,235	662,025		250,260	534,713	451,050	559,448	1,461,548	5,140,515
31		낙상	469,650	219,675			40,905	40,905		469,650		1,240,785
32		다질링	883,050	1,948,800		707,963	164,430	2,953,650		2,831,850	790,178	10,279,920

❷ 이 피벗 테이블에서는 데이터 영역에 있는 셀을 더블클릭하면 해당 수당을 계산한 내역을 알 수가 있다. 예를 들어 김병준의 메들린 커피 판매에서 얻은 수당내역을 알기 위해서는 해당 데이터인 C5를 **더블클릭** 하면 다음과 같은 시트가 자동으로 생성된다.

	A	B	C	D	E	F	G	H	I	J	K	L	M	N
1	주문일	담당자	회사코드	제품명	분류	단가	수량	금액	기본수당	분류수당	수량수당	금액수당	수당율	수당
2	2009-06-15	김병준	C068	메들린	커피	14250	150	2137500	0.1	0	0.02	0.015	0.135	288562.5
3	2009-05-26	김병준	C001	메들린	커피	14250	250	3562500	0.1	0	0.03	0.015	0.145	516562.5
4	2009-05-17	김병준	C066	메들린	커피	14250	50	712500	0.1	0	0.005	0.01	0.115	81937.5
5	2009-04-13	김병준	C055	메들린	커피	14250	150	2137500	0.1	0	0.02	0.015	0.135	288562.5
6	2009-04-04	김병준	C035	메들린	커피	14250	50	712500	0.1	0	0.005	0.01	0.115	81937.5

TIP

Excel 2003의 위치	Excel 2007의 위치
양식-스크롤 막대	개발 도구-컨트롤-삽입-스크롤 막대(양식 컨트롤)
전체 화면	보기-통합 문서 보기-전체 화면
그림 원래대로	그림 도구-서식-조정-그림 원래대로
그림자 설정/해제	피벗 차트 도구-서식-도형 스타일-도형 효과-2그림자

EXERCISE

연습문제

01 한국출판사

주로 대학 교재를 만들어 판매하는 한국출판사는 4명의 판매원을 고용하고 있다. 4명의 판매원은 서울, 전남북, 경남북, 그리고 나머지 지역을 각각 맡고 있다. 판매원의 상여금은 담당 지역에서 판매된 책의 부수에 따라 차등으로 지급된다. 판매원이 교재를 1,000부 이하를 팔면 매출액의 1.5%, 1,001부에서 2,000부를 팔면 매출액의 2%, 2,001부에서 4,000부를 팔면 매출액의 2.7%, 4,001부에서 8,000부를 팔면 매출액의 3.5%, 8,001부 이상은 매출액의 4.5%가 상여금으로 지급된다.

한국출판사의 사장인 김철백 씨는 엑셀을 이용해 다음 주 지급할 개인별 상여금을 계산하고자 한다. 다음의 자료를 이용하여 판매원별, 교재별 상여금을 나타내는 표를 작성해 보자.

※ 판매원의 판매 수량

교재명	가격	김수중	이학범	최수일	박일성
거시경제학	18000	2480	9800	6250	8200
경영통계	15000	8455	300	9590	1200
계량경영	13500	7458	7190	1360	3789
마케팅	12000	8400	2690	8954	5790
조직행위론	14700	4878	8667	6676	1670
기업법	10000	2600	980	1270	2488
경영학원론	15000	8776	2789	6470	6008
회계학개론	17500	6800	2459	6225	7229
재무관리	14000	6540	1470	2860	4880

Chapter 02

성적 처리

엑셀을 이용하여 성적을 계산하는 경우를 생각해 보자. 성적을 부여하는 것은 담당 교수마다 기준과 방침이 다르므로 일반화하기는 어렵지만 다양한 기준을 적용해 보는 과정을 통하여 엑셀에서의 수식 활용과 함수에 대해 익힐 수 있다.

1. 자료 정리

먼저 Part 04 폴더에서 '성적처리.XLS' 파일을 열어 보자. 기홍상 교수는 이번 학기 학생들의 성적을 부여하기 위하여 지금까지 학생들의 점수를 엑셀을 이용하여 정리하였다. 명단 시트에는 두 번의 레포트 점수, 3회의 시험 점수 그리고 출석 점수가 기록되어 있고, J열에는 점수의 합계가 계산되어 있다.

	A	B	C	D	E	F	G	H	I	J
1	이름	주민번호	학과	레포트1	레포트2	시험1	시험2	기말	출석	합계
2	곽진규	890107-1174115	행정학과	50	50	39	45	99	94	377
3	권상철	880414-1821220	경제학과	50	50	43	41	96	96	376
4	서지은	891025-2898124	행정학과	50	50	39	37	94	90	360
5	김재한	870317-1851410	영문학과	50	50	38	41	90	100	369
6	이송화	890529-2514211	경영학과	50	50	41	41	87	90	359
7	이세화	870805-2000025	행정학과	50	50	38	37	91	94	360
8	백윤신	870722-1819039	경영학과	50	50	39	34	89	99	361
9	이병준	871214-1994832	영문학과	50	50	41	32	84	91	348
10	최희	881126-1285229	행정학과	50	50	35	37	83	94	349
11	박자영	891017-2471229	경제학과	50	50	32	39	83	97	351
12	최효선	890303-2654122	경제학과	50	50	32	35	87	93	347
13	정재경	891015-1824339	경영학과	50	50	37	37	78	100	352
14	김형미	881025-2221432	영문학과	45	45	33	38	74	81	316
15	이경희	900709-2408027	행정학과	37	45	36	31	80	83	312

먼저 각 점수들의 분포에 대해 간단히 알아보자. 엑셀에서는 수많은 종류의 함수를 제공하고 통계와 관련된 함수만 해도 80가지 이상을 제공하고 있다. 이렇게 많은 종류의 함수에 대해 일일이 설명하는 것은 너무 번거롭다. 이번 예제에서는 통계함수 중 간단한 몇 가지에 대해 알아보자.

❶ 명단 시트의 A63:A73에 다음과 같이 입력한다.

A63	평균	AVERAGE
A64	표준편차	STDEV
A65	중앙값	MEDIAN
A66	최빈값	MODE
A67	최대값	MAX
A68	최소값	MIN
A69	제0사분위수	QUARTILE(영역,0)
A70	제1사분위수	QUARTILE(영역,1)
A71	제2사분위수	QUARTILE(영역,2)
A72	제3사분위수	QUARTILE(영역,3)
A73	제4사분위수	QUARTILE(영역,4)

❷ A63:B63을 선택하고 병합하고 가운데 맞춤 버튼( )을 클릭하여 문자열을 정렬한 다음, 서식 복사 버튼( )을 클릭하여 스타일을 복사하고 이를 A64:B73에 붙여 넣는다.

C63을 선택하고 '=AV'를 입력하면 함수 목록을 보여 주는 창이 나타난다.

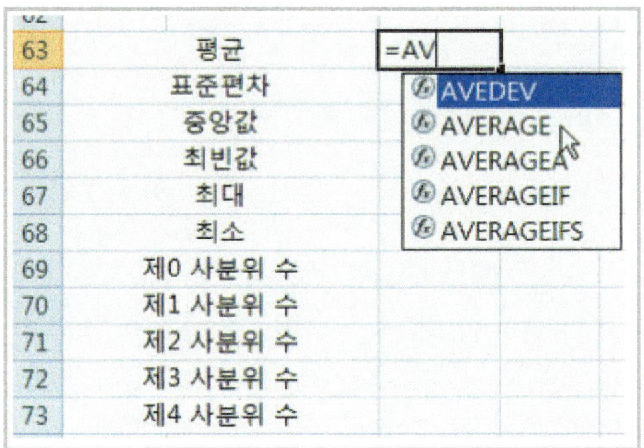

❸ 이 중에서 우리가 원하는 AVERAGE를 **더블클릭** 하면 함수명의 나머지 부분이 자동으로 완성된다. 인수가 들어갈 부분에서 커서가 위치하면 **D61:D2를 선택하고 괄호를 닫으면** 평균을 계산한 결과가 C63에 나타날 것이다. 이제 **채우기 핸들**을 이용하여 이를 **J63까지 복사**하면 각 부분의 평균이 한꺼번에 계산된다.

C64를 선택하고 '=ST'를 입력하면 함수 목록이 나타나고 이 중에서 STDEV를 선택한 다음 C61:C2를 선택하면 **표준편차를 계산**할 수 있다.

❹ 이제 C65:C68에 각각 '=MEDIAN(C2:C61)', '=MODE(C2:C61)', '=MAX((C2:C61)', '=MIN(C2:C61)'를 입력하고 이를 **J열까지 채우기 핸들**을 이용하여 **복사**하면 각 점수들의 평균, 표준편차, 중앙값, 최빈값, 최대값과 최소값을 계산할 수 있다.

❺ 사분위수의 계산은 약간 다른 과정을 거쳐야 한다.

사분위수란 데이터를 4등분하는 위치에 있는 숫자를 말하는데, 데이터를 4등분하기 위해서는 5개의 숫자가 필요하다. 따라서 각 사분위수의 사이에는 전체 데이터의 25%가 존재한다. 사분위수는 각 위치마다 0~4의 수치를 부여하여 값을 계산한다. 사분위수를 계산하는 함수는 QUARTILE이며 다음과 같이 사용한다.

▶ =QUARTILE(데이터,위치)

예를 들어 레포트1 점수의 맨 첫 번째 사분위수는 '=QUARTILE(C2:C61,0)'로 계산된다.

이를 보다 용이하게 계산하기 위해 C69:C73에 **0부터 5까지의 숫자를 입력**하자.

❻ 이제 D69에 '=QUARTILE(D2:D61,C69)'라고 입력하면 C69에는 0이 입력되어 있으므로 레포트1 점수의 제0사분위수인 0이 나타난다. 사실 제0사분위수는 최소값과 일치하고 제4사분위수는 최대값과 일치한다.

❼ 앞서 입력한 수식을 약간 변경하여 간편하게 입력할 수 있다. D69를 다시 선택하여 수식 입력줄에서 '=QUARTILE(D2:D61,C69)'의 D2에 **커서를 위치시키고** F4 키를 두 번 클릭한 다음 다시 D61에 **커서를 위치시키고** F4 키를 두 번 클릭한다. 그리고 다시 C69에 **커서를 위치시키고** F4 키를 세 번 클릭한다.

68	최소		0	0	13	14
69	제0 사분위 수	0	=QUARTILE(D$2:D$61,$C69)			
70	제1 사분위 수	1				
71	제2 사분위 수	2				
72	제3 사분위 수	3				
73	제4 사분위 수	4				

그 결과 수식은 다음과 같이 변경될 것이다.

▶ =QUARTILE(D$2:D$61,$C69)

❽ 이제 이 수식을 D73까지 채우기 핸들을 이용하여 복사하고 다시 J73까지 복사한다. 지금까지 작업한 결과는 다음과 같다.

	A	B	C	D	E	F	G	H	I	J
62										
63		평균		39	38	28	28	60	75	268
64		표준편차		11.8	12.6	7.2	7.8	20.5	22.9	69.0
65		중앙값		42.0	41.0	28.0	28.0	61.0	80.0	277.5
66		최빈값		50.0	50.0	28.0	37.0	68.0	90.0	300.0
67		최대		50	50	43	45	99	100	375
68		최소		0	0	13	14	22	0	100
69		제0 사분위 수	0	0.0		13.0	14.0	22.0	0.0	100.0
70		제1 사분위 수	1	35.0	35.0	23.0	22.0	43.8	68.8	230.0
71		제2 사분위 수	2	42.0	41.0	28.0	28.0	61.0	80.0	277.5
72		제3 사분위 수	3	47.0	47.0	32.0	34.0	74.0	90.0	315.8
73		제4 사분위 수	4	50.0	50.0	43.0	45.0	99.0	100.0	375.0

2. 성적 계산 방법

먼저 Part 04 폴더에서 '성적처리.XLS' 파일을 열어 보자.

이제는 구체적으로 성적을 부여하는 방법에 대해 알아보자.

기홍상 교수는 두 가지 기준에 의해 성적을 부여한다. 하나의 기준은 학생들이 얻은 총점의 비율에 따른 것으로 다음의 표와 같다.

비율	85%	80%	70%	60%	50%	40%	30%	0%
학점	A+	A	B+	B	C+	C	D	F

위 표의 의미는 다음과 같다. 예를 들어 전체 점수의 80% 이상 85%를 얻으면 A를 부여하고 60% 이상 70% 미만을 받으면 B를 부여한다는 것이다.

성적을 부여하는 또 하나의 기준은 학생 수에 의한다. 학생들의 성적이 우수하더라도 인원에 따라 학점을 제한하는 것이다.

비율	10%	15%	15%	15%	15%	15%	10%	5%
학점	A+	A	B+	B	C+	C	D	F

예를 들어 A+는 전체 학생의 10% 이내로 A는 전체 학생의 15% 이내로 제한한다.

학생들의 성적은 위의 두 가지 기준을 모두 충족해야 해당 학점을 얻을 수 있다. 전체 점수가 400점이고 수강 학생 수가 60명인 이번 경우에 어떤 학생이 352점을 얻었고 8등이라면, 점수 기준에 의하면 400*85%=340점까지 A+이므로 이 학생은 A+를 받을 가능성이 있다. 하지만 학생 수 기준에 의하면 전체 학생의 10% 즉 6명까지만 A+를 받을 수 있으므로, 결과적으로 이 학생은 A를 받게 된다. 반면에 어떤 학생이 318점으로 15등이라면 학생 수 기준으로는 60*25%=15등 이내이므로 A를 받을 수 있으나 점수 기준인 400*80%= 320점의 기준을 만족하지 못하므로 B+를 받게 된다.

❶ 이러한 기준을 동시에 만족하는 성적처리를 자동으로 계산하는 수식을 만들어 보자.

먼저 **워크시트 삽입** 버튼을 클릭하여 시트를 추가하고 **시트명**을 **'학점부여기준'**이라고 입력한 다음 A1, A3, A4에 각각 다음과 같이 입력한다.

▶ A1 : 학점부여기준

▶ A3 : 전체 학생 수

▶ A4 : 전체 총점

C3와 C4에는 전체 학생 수인 60과 전체 총점인 400을 입력한다.

▶ C3 : 60

▶ C4 : 400

A6, F6, J6에 각각 학생 수 기준, 점수 기준, 학점표라고 입력한다.

▶ A6 : 학생 수 기준

▶ F6 : 점수 기준

▶ J6 : 학점표

❷ 먼저 학생 수 기준으로 점수를 부여하는 표를 작성해 보자.
A7:D7에 다음과 같이 입력한다.

셀 주소	A7	B7	C7	D7
입력 값	비율	학생 수	상한 순위	등급

A8:A15에 학생 수에 따른 학점 비율인 백분율을 입력한다.

셀 주소	A8	A9	A10	A11	A12	A13	A14	A15
입력 값	10%	15%	15%	15%	15%	15%	10%	5%

❸ B열에는 전체 학생 중 각각의 비율에 해당되는 학생 수를 계산해 보자. B8을 선택하고 '=$C$3*A8' 라고 입력한 다음 이를 B15까지 복사한다.

▶ B8:=$C$3*A8

❹ 이제는 이 비율을 고려하여 학점을 부여할 수 있도록 각 등급의 상한값을 계산해 보자. 먼저 학생 수 기준 A+에 해당하는 1등급은 전체 10%인 6명까지가 해당되고 A는 그 다음 7등부터 15등까지가 해당된다. 이를 쉽게 계산하기 위해 다음과 같이 입력한다.

C8에 1을 입력하고 C9에는 '=B8+C8' 이라고 입력한 다음, 이 수식을 C15까지 복사한다.

셀 주소	C8	C9	C10	C11	C12	C13	C14	C15
입력 값	1	=B8+C8	=B9+C9	=B10+C10	=B11+C11	=B12+C12	=B13+C13	=B14+C14

❺ 등급을 나타내는 D열에는 1부터 8까지의 등급을 부여하기 위해 D8:D9에 1과2를 입력하고 두 셀을 선택한 다음 채우기 핸들을 이용해 D15까지 복사한다. 다음에 계산을 용이하게 하기 위해 C8:D15를 선택하고 이름상자를 이용하여 '학생수기준' 이라고 이름을 부여한다.

▶ 학생수기준 : C8:D15

지금까지 작업한 결과는 다음과 같다.

	A	B	C	D	E	F	G	H	I	J	K
1						학점부여기준					
2											
3	전체 학생수		60								
4	전체 총점		400								
5											
6	학생 수 기준					점수 기준				학점표	
7	비율	학생수	상한 순위	등급							
8	10%	6	1	1							
9	15%	9	7	2							
10	15%	9	16	3							
11	15%	9	25	4							
12	15%	9	34	5							
13	15%	9	43	6							
14	10%	6	52	7							
15	5%	3	58	8							

❻ 이 기준에 의해 등급을 매겨 보자. 명단 시트를 선택하고 K1에 **'순위'** 라고 입력한다. 우선 학생들의 점수 합계는 추후의 계산에 자주 사용되므로 이 영역에 이름을 부여하자. 명단 시트의 **J2:J61을 선택**하고 **이름상자**를 이용하여 **'합계'** 라고 이름을 부여한다. 이제 K2에 순위를 계산하는 함수식을 입력하자. 순위를 나타내는 함수는 RANK이다. K2에 다음과 같이 입력하고 **채우기 핸들**을 이용하여 이 수식을 K61까지 **복사**한다.

▶ K2 : =RANK(J2,합계)

K열에는 각 점수의 순위가 계산될 것이다. 이번에 계산된 순위는 내림차순 순위로 높은 점수의 순위가 작은 값을 갖는다. 만약 점수에 따라 오름차순의 순위를 계산하려면 정렬 방식을 지정하는 값에 1을 입력한다. 이번에는 정렬 방식을 지정하지 않았으므로 자동으로 0으로 지정되어 내림차순으로 계산되었다.

❼ L1에 **'학생수 등급'** 이라고 입력하고 L2:L61에 각 학생들의 순위에 따른 등급을 계산하는 수식을 작성해 보자. 이러한 경우에 사용하는 함수가 VLOOKUP 함수로, 엑셀에서 제공되는 참조함수 중 가장 많이 사용되는 함수이다.

참조함수란 원래 소득에 대한 세금을 계산할 때 해당 소득에 대한 세율을 쉽게 찾을 수 있도록 고안된 함수로, 표나 데이터에서 특정 기준에 적합한 값을 찾아내는 데 사용된다. 이번 경우에는 1등부터 6등까지는 1등급, 7등부터 15등까지는 2등급 등의 값을 찾아내는 데 이 함수를 사용한다.

L2에 다음과 같이 입력한다.

▶ L2 : =VLOOKUP(K2,학생수기준,2)

위 함수식의 의미는 다음과 같다. K2의 값에 해당하는 구간을 '학생수기준' 표의 좌측 열에서 찾아서 그에 해당하는 2번째 열의 값을 반환하라는 것이다. L2에 입력된 함수식에서는 K2에 입력된 14를 '학생수기준' 표의 좌측 열에서 위에서 아래로 내려가면서 찾는다. 맨 먼저 만나는 1보다는 크고 두 번째로 만나는 7보다 크지만 그 다음 수치인 16보다는 작으므로 두 번째 행에서 멈추고 그 행의 두 번째 열에 있는 값인 2를 반환한다.

TIP

VLOOKUP 함수를 이와 같은 목적으로 사용하기 위해서는 표의 좌측 열의 값이 오름차순으로 작성되어 있어야 한다. 그렇지 않으면 오류가 발생하거나 원하지 않는 값이 계산될 수도 있다.

L2 =VLOOKUP(K2,학생수기준,2)

	A	B	C	D	E	F	G	H	I	J	K	L
1	이름	주민번호	학과	레포트1	레포트2	시험1	시험2	기말	출석	합계	순위	학생수 등급
2	곽진규	890107-1174115	행정학과	50	50	39	45	99	90	373	2	1
3	곽진규	870120-1667122	경영학과	47	40	32	34	68	100	321	14	2
4	권상철	880414-1821220	경제학과	50	50	43	41	96	95	375	1	1
5	권상철	870125-1729236	영문학과	42	40	29	24	51	75	261	35	5
6	김미화	900109-2643734	경영학과	45	42	31	25	61	85	289	26	4
7	김보람	880115-1949132	영문학과	42	47	28	33	74	100	324	13	2
8	김상현	880403-1281235	경제학과	40	47	18	19	44	85	253	37	5
9	김수혁	900903-1014010	행정학과	45	40	30	24	52	75	266	34	5
10	김재한	870317-1851410	영문학과	50	50	38	41	90	100	369	3	1

L2에 있는 수식을 L61까지 **복사**하면 각 학생들의 점수에 대한 학생 수 기준의 등급이 계산된다.

❽ 다음은 점수 기준에 의한 등급을 계산해 보자. 먼저 이 기준에 의한 표를 작성해야 하므로 학점부여기준 시트에서 표를 추가로 작성해 보자.

F7:H7에 다음과 같이 입력한다.

셀 주소	F7	G7	H7
입력 값	비율	점수 하한	등급

❾ F8:F15에는 학생들이 해당 등급을 얻기 위해 받아야 하는 총 점수의 비율을 다음과 같이 입력한다.

셀 주소	F8	F9	F10	F11	F12	F13	F14	F15
입력 값	0%	30%	40%	50%	60%	70%	80%	85%

⑩ 다음의 G열에는 각 비율에 해당되는 점수를 계산한다. G8에 '=$C$4*F8' 라고 입력하고 **채우기 핸들**을 이용해 G15까지 **복사**한다. H열에는 각 점수에 해당되는 등급을 입력한다. 이번에는 등급이 내림차순으로 되어 있으므로 H8:H15에 각각 8, 7, 6, 5, 4, 3, 2, 1라고 **입력**한다. 이 표를 수식에 사용하기 위해 G8:H15를 선택하고 **이름상자**를 이용하여 '**섬수기준**' 이라고 이름을 부여한다.

다시 J7:K7에 각각 '등급', '학점'이라고 입력한다.

▶ J7 : 등급

▶ K7 : 학점

⑪ J8:J15에는 오름차순의 등급을 그리고 K8:K15에는 각각에 해당되는 학점을 입력한다.

셀 주소	J8	J9	J10	J11	J12	J13	J14	J15
입력 값	1	2	3	4	5	6	7	8

셀 주소	K8	K9	K10	K11	K12	K13	K14	K15
입력 값	A+	A	B+	B	C+	C	D	F

⑫ J8:K15를 선택하고 **이름상자**를 이용하여 '**학점표**' 라고 이름을 부여한다. 이제 성적을 계산할 수 있는 준비가 완료되었다. 지금까지 학점부여기준 시트에서 작업한 내용은 다음과 같다.

	A	B	C	D	E	F	G	H	I	J	K
1						학점부여기준					
2											
3	전체 학생수		60								
4	전체 총점		400								
5											
6	학생 수 기준					점수 기준				학점표	
7	비율	학생수	상한 순위	등급		비율	점수하한	등급		등급	학점
8	10%	6	1	1		0%	0	8		1	A+
9	15%	9	7	2		30%	120	7		2	A
10	15%	9	16	3		40%	160	6		3	B+
11	15%	9	25	4		50%	200	5		4	B
12	15%	9	34	5		60%	240	4		5	C+
13	15%	9	43	6		70%	280	3		6	C
14	10%	6	52	7		80%	320	2		7	D
15	5%	3	58	8		85%	340	1		8	F

이제 **명단 시트**로 돌아가 학점을 계산해 보자.

최종 학점을 계산하기 위해서는 점수에 의한 등급을 계산하고 학생 수에 의한 등급과 점수에 의한 등급 중 낮은 등급을 계산한 다음, 이 등급에 해당되는 학점을 계산하면 된다.

⓭ 먼저 M1에 **'점수등급'** 이라고 입력하고 M2에 점수등급을 계산하기 위한 다음 수식을 입력한다.

▶ M2 : =VLOOKUP(J2,점수기준,2)

위 수식의 의미는 J2 셀에 계산된 값을 '점수기준' 표의 좌측 열에서 찾은 다음 그 행에 해당하는 2번째 열의 값을 반환하라는 것이다. J2의 값 321은 320점과 340점 사이에 있으므로 M2에는 '점수기준' 표의 맨 아래에서 두 번째 행의 두 번째 열에 해당하는 값인 2가 나타날 것이다.

N1에는 **'최종등급'** 이라고 입력하고 N2에는 두 가지 등급 중 큰 값을 계산하기 위해 다음의 수식을 입력한다.

▶ N2:=MAX(L2,M2)

O1에는 **'학점'** 이라고 입력하고 O2에는 최종 등급에 의한 학점을 계산하기 위해 다음과 같은 수식을 입력한다.

▶ O2 : =VLOOKUP(N2,학점표,2)

O2에는 N2에 계산된 최종 등급 2에 해당되는 학점인 A가 나타날 것이다. 이제 **M2:O2를 선택**하고 **채우기 핸들**을 이용하여 O61까지 복사한다.

지금까지 작업한 결과는 다음과 같다.

	A	B	C	D	E	F	G	H	I	J	K	L	M	N	O
1	이름	주민번호	학과	레포트1	레포트2	시험1	시험2	기말	출석	합계	순위	학생수 등급	점수등급	최종등급	학점
2	곽진규	890107-1174115	행정학과	50	50	39	45	99	90	373	2	1	1	1	A+
3	곽진규	870120-1667122	경영학과	47	40	32	34	68	100	321	14	2	2	2	A
4	권상철	880414-1821220	경제학과	50	50	43	41	96	95	375	1	1	1	1	A+
5	권상철	870125-1729236	영문학과	42	40	29	24	51	75	261	35	5	4	5	C+
6	김미화	900109-2643734	경영학과	45	42	31	25	61	85	289	26	4	3	4	B
7	김보람	880115-1949132	영문학과	42	47	28	33	74	100	324	13	2	2	2	A
8	김상현	880403-1281235	경제학과	40	47	18	19	44	85	253	37	5	4	5	C+
9	김수혁	900903-1014010	행정학과	45	40	30	24	52	75	266	34	5	4	5	C+
10	김재한	870317-1851410	영문학과	50	50	38	41	90	100	369	3	1	1	1	A+
11	김진선	900819-1972534	경영학과	42	40	27	36	70	85	300	20	3	3	3	B+
12	김찬욱	890727-1386022	행정학과	47	40	31	32	78	90	318	15	2	3	3	B+
13	김찬욱	871208-1908133	경영학과	37	45	14	22	29	95	242	41	5	4	5	C+
14	김형미	881025-2221432	영문학과	45	45	33	38	74	80	315	16	3	3	3	B+
15	김형미	871015-1618812	영문학과	42	35	18	16	25	70	206	48	6	5	6	C

계산이 제대로 되었는지를 확인하기 위해 순위가 계산된 K2에 셀 포인터를 놓고 **오름차순 정렬** 버튼을 클릭해 보자. 제대로 계산되었으면 다음과 같은 결과가 나타날 것이다.

	A	B	C	D	E	F	G	H	I	J	K	L	M	N	O
1	이름	주민번호	학과	레포트1	레포트2	시험1	시험2	기말	출석	합계	순위	학생수 등급	점수등급	최종등급	학점
2	권상철	880414-1821220	경제학과	50	50	43	41	96	95	375	1	1	1	1	A+
3	곽진규	890107-1174115	행정학과	50	50	39	45	99	90	373	2	1	1	1	A+
4	김재한	870317-1851410	영문학과	50	50	38	41	90	100	369	3	1	1	1	A+
5	서지은	891025-2898124	행정학과	50	50	39	37	94	90	360	4	1	1	1	A+
6	이송화	890529-2514211	경영학과	50	50	41	41	87	90	359	5	1	1	1	A+
7	이병준	870722-1819039	경영학과	50	50	39	34	89	95	357	6	1	1	1	A+
8	최희	870805-2000025	행정학과	50	50	38	37	91	90	356	7	2	1	2	A
9	정재경	891015-1824339	경영학과	50	50	37	37	78	100	352	8	2	1	2	A
10	박자영	891017-2471229	경제학과	50	50	32	39	83	95	349	9	2	1	2	A
11	이민주	871214-1994832	영문학과	50	50	41	32	84	90	347	10	2	1	2	A
12	최희	881126-1285229	행정학과	50	50	35	37	83	90	345	11	2	1	2	A
13	최효선	890303-2654122	경제학과	50	50	32	35	87	90	344	12	2	1	2	A
14	김보람	880115-1949132	영문학과	42	47	28	33	74	100	324	13	2	2	2	A
15	곽진규	870120-1667122	경영학과	47	40	32	34	68	100	321	14	2	2	2	A
16	김찬욱	890727-1386022	행정학과	47	40	31	32	78	90	318	15	2	3	3	B+
17	김형미	881025-2221432	영문학과	45	45	33	38	74	80	315	16	3	3	3	B+
18	이민주	900111-2661620	경영학과	42	42	36	34	73	85	312	17	3	3	3	B+

성적을 계산하는 이 모델의 장점은 전체 학생 수와 전체 합계 점수만 제대로 입력하면 사용자가 별도의 계산 없이 자동으로 계산이 가능하다는 것이다. 하지만 다른 사람들이 이 모델을 사용하기 위해서는 보다 세밀하고 오류를 방지하기 위한 작업이 추가로 필요하다.

학점이 계산된 명단 시트에서 추가적인 계산을 하나 더 해 보자. 현재 35등인 학생은 어떤 학점을 받았는가?

이를 확인하기 위해서는 명단을 순위에 의해 오름차순으로 정렬하고 35등을 찾아서 학점을 확인하면 될 것이다. 이를 보다 간편하게 할 수 있는 방법에 대해 알아보자. 예를 들어 점수나 등수만 입력하면 자동으로 학점이 계산되도록 간단한 학점 조회 수식을 만들어 보자.

⑭ 먼저 등수나 점수에 의해 학점을 조회하는 별도의 시트를 작성하고 여기에 수식을 작성해 보자. 워크시트 삽입 버튼을 클릭하여 새로운 **시트를 추가**하고 시트의 이름을 **'학점조회'** 라고 입력한다. 학점조회 시트의 A1에 '점수와 등수로 학점을 조회합니다' 라고 입력하고 **글꼴 크기를** 14로 지정한다.

▶ A1 : 점수와 등수로 학점을 조회합니다.

A3:A4, A6:A7에 다음과 같이 입력한다.

셀 주소	A3	A4	A6	A7
입력 값	등수	학점	점수	학점

이제 B3에 22라고 입력하고 B4에는 22등에 해당하는 학점을 찾아보자. 이를 해결하는 데는 여러 가지 방법이 있지만 가장 간단한 방법은 위의 등수에 해당하는 점수를 찾고 다시 그 점수에 맞는 학점을 찾는 것이다.

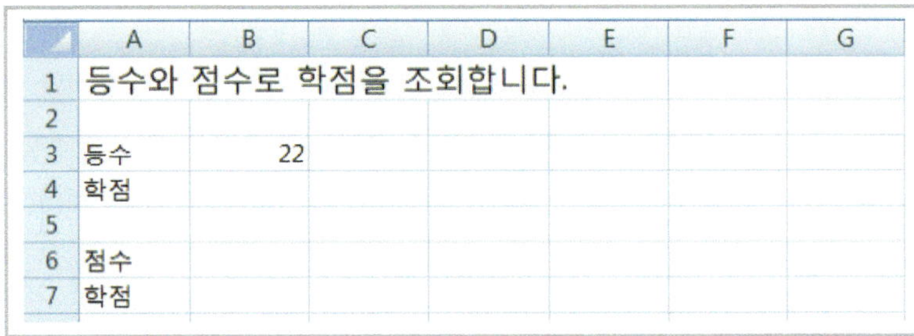

위의 22등에 해당하는 점수를 찾는 수식은 다음과 같이 LARGE 함수를 사용한다.

▶ LARGE(합계,B3)

⓯ 이 수식은 점수 합계가 입력된 J2:J61에서 22번째로 큰 숫자가 어떤 것인지를 제공한다. 이번에는 이 값을 이용해서 그에 해당하는 학점을 찾는다. 학점을 찾는 함수식은 다시 VLOOKUP을 이용하는데, 이에 해당하는 함수식은 다음과 같다.

▶ B3 : 22

▶ B4 : =VLOOKUP(LARGE(합계,B3),명단!J2:O61,6,0)

위 함수식의 의미는 LARGE 함수식을 이용하여 찾은 점수를 명단 시트의 J2:O61의 맨 좌측 열에서 찾고 J2:O61 배열의 6번째 열에 해당되는 값을 반환하라는 것이다. 마지막에 0을 지정한 것은 맨 좌측 열에서 정확하게 일치하는 값을 찾아서 지정된 열의 값을 반환하라는 의미이다. 따라서 B4에는 22등에 해당하는 학점인 'B+'가 나타날 것이다.

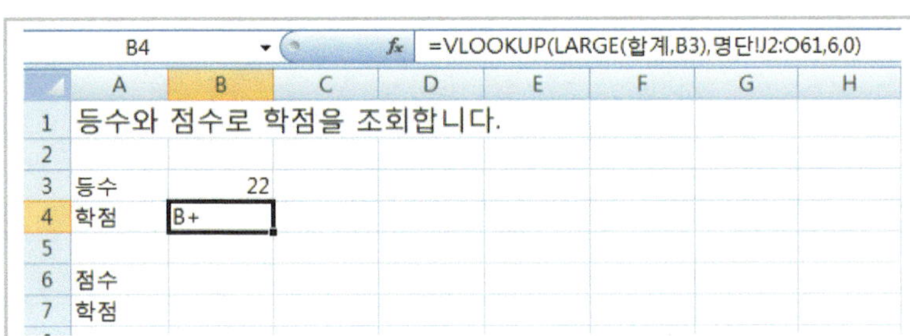

⑯ 이번에는 점수에 해당하는 학점을 찾는 방법에 대해 알아보자. 점수에 의해 학점을 찾는 수식도 등수에 의해 학점을 찾는 수식과 유사하지만 추가적으로 고려해야 할 사항이 있다. 등수는 1등부터 60등까지 모든 등수가 존재하지만 점수는 중간에 누락된 점수가 있다는 점이다. 먼저 B6에 217을 입력하고 이 점수에 해당하는 학점을 계산해 보자.

앞에서와 같이 VLOOKUP을 이용한다면 다음과 같이 입력할 것이다.

▶ B6 : 215

▶ B7 : =VLOOKUP(B6,명단!J2:O61,6,0)

위 수식을 B7에 입력해 보자. B7에는 수식의 결과인 'C'가 나타날 것이다. 하지만 끝났다고 생각하기에는 아직 이르다. B6의 점수를 215로 변경해 보자. B7에는 '#N/A'라는 오류메시지가 나타날 것이다. 이는 215에 해당하는 점수가 명단!J2:O61의 좌측 열에 존재하지 않는다는 의미이다. 따라서 이번에는 위의 배열에 존재하지 않는 점수를 조회했을 경우를 대비하는 함수를 추가해 보자. 이 경우에는 =VLOOKUP(B6,명단!J2:O61,6,0)의 함수식에 의해서 찾은 값이 오류인 경우만 처리하는 함수를 추가한다. 이때 사용하는 함수가 IFERROR이다. 이를 이용하여 위의 함수식을 수정하면 다음과 같다.

▶ B7 : =IFERROR(VLOOKUP(B6,명단!J2:O61,6,0),"점수없음")

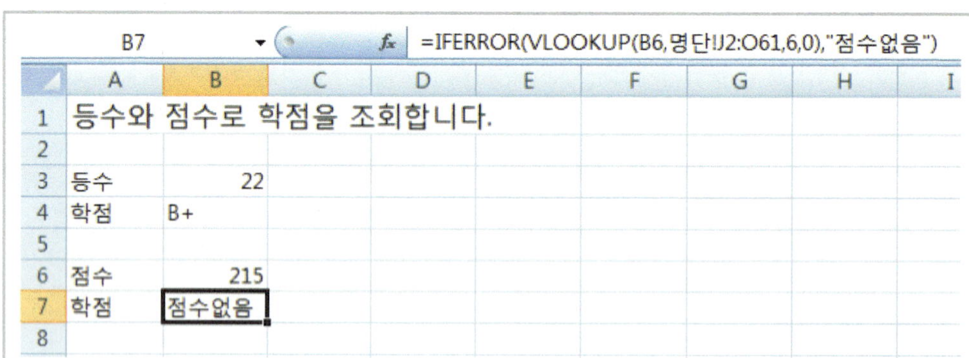

위 식의 의미는 VLOOKUP 함수에 의해 제공된 값이 오류가 아닌 경우에는 제공된 값을 표시하고 그렇지 않으면 오류 메시지인 '점수없음'을 표시하라는 것이다.

위 두 함수식을 이용하여 다양한 등수와 점수의 학점을 찾아보자. 실제로 우리 주위에 간단한 조회식만으로도 실무에 유용한 결과를 찾아내는 경우가 많다.

엑셀 오류 사례

VLOOKUP 함수 오류

미국 에너지 환경청에서는 유해 폐기물이 지하수를 통해서 확산되는 것을 계산하는 데 스프레드시트 모델인 JE Superfund를 사용하고 있는데, 이 모델에서 VLOOKUP 함수가 잘못 사용되고 있는 것이 발견되었다. 이 모델은 어떤 폐기물 지역을 먼저 정화할 것인가를 결정하는데 사용된다. JE 모델에 포함된 오류의 영향은 지역의 특성, 규제 목적, 지형 등 경우에 따라 매우 차이가 있다.

이 오류의 수량적인 영향은 실내공기 밀도의 추정치가 0~200%까지 차이가 날 수 있다는 점이다. 이러한 오류로 인한 재무적 손실은, 유해 폐기물 지역을 평가하는 데 이 모델이 어떻게 사용되는가에 따라 달라질 수 있다. 즉, 평가 결과에 따라 유해 폐기물 정화 지역을 선정하는 데 우선순위가 바뀔 수도 있다.

http://www.envirogroup.com/JE%20Spreadsheet%20Model%20Error.pdf에서 인용

EXERCISE

연습문제

01 식단표 작성하기

Part 04 폴더의 연습문제 폴더에서 '식단표.XLS' 파일을 불러 보자. 식단표를 데이터베이스 형태로 전환하고 함수를 이용하여 식단표를 작성해 보자.

02 음식열량표

Part 04 폴더의 연습문제 폴더에서 '음식열량표.XLS' 파일을 불러내고 이를 이용하여 지난 일주일 동안 섭취한 음식의 총열량을 아침, 점심, 저녁으로 나누어 계산하고 표로 정리해 보자.

Chapter 03

주택용 전기요금

매달 통지되는 전기요금이 어떻게 계산되는지 생각해 본 적이 있는가? 전기요금이 사용량에 따라 누증된다는 것은 알고 있지만 구체적으로 어떻게 계산되는지 알고 있는 사람은 많지 않다. 현재 우리나라의 전기요금 계산은 꽤 복잡한 편인데, 엑셀을 이용하면 이러한 계산 과정을 일목요연하게 알 수 있을 뿐만 아니라 다른 사람을 위한 템플릿도 간단하게 구성할 수 있다. 또한 엑셀에서 사용되는 유용한 함수들에 대해서도 알 수 있다.

1. 계산하기

전기요금은 기본요금과 사용요금 그리고 세금 등으로 구성되어 있는데, 다음은 각각의 주택용 전기 사용량에 따른 기본요금과 사용요금표이다. 예를 들어 이번 달에 120Kwh를 사용했다면 기본요금은 사용량이 101Kwh를 넘었으므로 820원이다. 사용요금은 우선 처음의 100Kwh를 사용한 부분에 대해서는 단위당 55.1원을 반영하여 100×55.1=5510원이 되고, 나머지 20Kwh에 대해서는 단위당 113.8원이 부과되어 20×113.8=2,276원이 된다. 따라서 사용요금은 5,510원과 2,276원을 더한 7,786원에 원미만을 절사하여 7,786원이 된다.

사용량	기본요금	단위당 요금
1	370.0원	55.1원
101	820.0원	113.8원
201	1,430.0원	168.3원
301	3,420.0원	248.6원
401	6,410.0원	366.4원
501	11,750.0원	643.9원

최종의 전기요금 합계는 820원+7,786원=8,606원이고, 여기에 부가가치세와 전력산업기반기금이 추가되어 요금이 청구된다. 부가가치세는 전기요금 합계의 10%이고, 전력산업기반기금은 전기요금의 3.7%이다. 하지만 전기요금을 자동이체로 납부하는 경우에는 5,000원 한도 이내에서 전기요금의 1%를 할인해 준다. 여기에 영세민을 지원하기 위해 전기를 70Kwh 이하로 사용하는 가구에는 요금 합계의 35%를 감해 주고 100Kwh 이하를 사용한 가구에 대해서는 요금 합계의 15%를 감해 준다.

전기요금의 계산은 이처럼 복잡한 과정을 거치고, 이를 더욱 복잡하게 만드는 것은 계산 과정에서 일관성이 없이 어느 항목은 원미만 절사이고, 어느 항목은 10원 미만 절사이며, 어느 항목은 원미만 사사오입인 경우도 있기 때문이다.

엑셀에서는 이러한 계산 과정을 일목요연하게 보여 줄 수 있으며, 원미만 절사나 10원 미만 절사 등 복잡한 계산도 함수를 이용하여 쉽게 처리할 수 있다. 다음에서는 실제 전기요금을 계산하는 과정을 보여 주는 워크시트를 작성해 보기로 한다.

❶ 엑셀을 실행하여 만들어진 **새 파일**에서 **저장**을 선택하고 '**전기요금-주택용.XLS**'라는 이름으로 **저장**한다. Sheet1 시트 탭의 이름을 '**주택용저압**'으로 변경한다. A1 셀을 선택하여 '**주택용 전기요금 계산(저압)**'이라고 제목을 입력한다. B3 셀을 선택하여 '**사용량**'이라고 입력하고 C3 셀에 사용량 325를 입력한다. B3:C3를 선택하여 **수식-선택 영역에서 이름 만들기**에서 **왼쪽 열**을 선택한다.

▶ A1 : 주택용 전기요금 계산(저압)

▶ B3 : 사용량

▶ C3 : 325

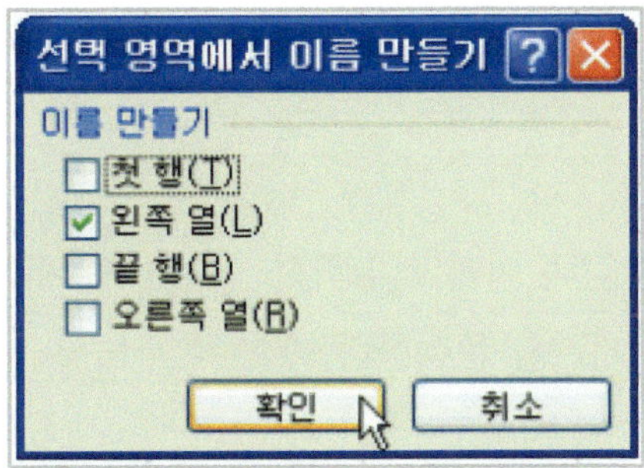

❷ C3 셀을 선택하고 셀 서식 단축메뉴를 불러 표시 형식 탭의 사용자 지정 서식을 선택하여 형식(T)란에 '0 "Kwh"'를 입력한다.

▶ C3의 셀 서식 : 0 "kwh"

A5:C11을 선택하여 아래의 전기요금표를 입력한다.

	A	B	C
5	사용량	기본요금	단위당 요금
6	1	370.0	55.1
7	101	820.0	113.8
8	201	1,430.0	168.3
9	301	3,420.0	248.6
10	401	6,410.0	366.4
11	501	11,750.0	643.9

A6:B11을 선택한 다음, 빠른 실행 도구 모음의 이름 정의를 선택하거나, 수식 메뉴의 이름 정의를 선택하여 이름을 '기본요금표'로 정의한다.

▶ 기본요금표 : A6:B11

❸ E5:G5에 각각 **'계산량'**, **'사용요금'**, **'잔량'** 을 입력하고, D열의 너비를 좁게 조절한다.

▶ E5 : 계산량

▶ F5 : 사용요금

▶ G5 : 잔량

A13을 선택하여 **'특별감액'** 이라고 입력하고 A14:B15에 다음과 같이 입력하여 영세가구에 대한 특별감액 기준을 준비한다.

▶ A14 : 70

▶ B14 : 100

▶ A15 : 35%

▶ B15 : 15%

다시 A17을 선택하여 **'전력산업기반기금'** 이라고 입력하고 B18에 3.7%를 입력한다.

▶ A17 : 전력산업기반기금

▶ B18 : 3.7%

A19와 B20에 다음과 같이 입력한다.

▶ A19 : 부가가치세율

▶ B20 : 10%

이제는 주택용 전기요금을 계산할 준비가 되었다.

❹ 단위당 요금은 100단위로 구분되어 누진적으로 적용되므로 각 단위에서 100만큼만 계산되고 나머지는 잔량으로 넘기기 위해 E6 셀에 MIN 함수를 이용, '=MIN(사용량, 100)' 이라고 다음과 같이 입력한다.

▶ E6 : =MIN(사용량, 100)

MIN 함수
=MIN(number1,number2,...)
논리값과 텍스트는 제외하고 최소값을 구한다.

사용요금은 단위당 요금에 계산량을 곱하므로 F6 셀에는 '=E6*C6'을 입력한다. 잔량은 사용량에서 계산량을 뺀 것이므로 G6 셀에는 '=사용량-E6'을 입력한다.

▶ F6 : =E6*C6

▶ G6 : =사용량-E6

E7 셀의 단위당 계산량은 바로 전 단계의 잔량(G6)과 100 중 최소값을 선택해야 하므로 '=MIN(G6,100)'이라고 입력한다.

▶ E7 : =MIN(G6,100)

F7 셀의 사용요금은 F6 셀의 식과 같은 형태이므로 F6 셀의 식을 채우기 핸들을 이용해 복사한다. G7 셀의 잔량은 그 전 단계의 잔량인 G6 셀에서 E7 셀의 계산량을 빼주어야 하므로 '=G6-E7'을 입력한다.

▶ F7 : =E7*C7

▶ G7 : =G6-E7

이제는 E7:G7을 동시에 선택하여 G10까지 채우기 핸들을 이용하여 복사한 다음, E11 셀에는 '=G10'을 입력하여 사용량이 600을 초과하는 경우에도 모든 사용량이 요금 계산에 포함되도록 한다. F11 셀에는 F10 셀에 있는 공식을 복사한다.

▶ E11 : =G10

▶ F11 : =E11*C11

❺ C3 셀을 선택하여 빠른 실행 도구 모음의 서식 복사 버튼()을 클릭하여 서식을 복사한 다음, **A6:A11을 선택**한다. A6:A11 영역에 있는 셀들에 C3 셀의 서식이 적용될 것이다. 다시 서식 복사 버튼()을 클릭한 다음, **E6:E11을 선택**한다. 다시 한 번 서식 복사 버튼()을 클릭한 다음, **G6:G11을 선택**하여 서식을 적용한다.

▶ A6:A11, E6:E11, G6:G11의 셀 서식 : 0 "kwh"

B6:B11을 선택하여 **셀 서식** 중 **사용자 지정 서식**을 선택하여 형식에 **'#,##0 원'**을 입력한다.

▶ B6:B11의 셀 서식 : #,##0 원

다시 C6:C11을 선택하여 단축메뉴에서 **셀 서식** 대화상자를 부른 다음, 표시 형식 탭의 **사용자 지정** 서식의 형식란에 **'#,##0.0 원'**을 입력한다. 서식 복사 버튼()을 클릭하여 서식을 복사한 다음, **F6:F11을 선택**하여 서식을 적용한다.

▶ C6:C11, F6:F11의 셀 서식 : #,##0.0 원

F열 중 일부는 칸이 좁아 숫자가 나타나지 않을 수 있으므로, 이 경우에는 열의 **너비를 적당히 조절**한다.

❻ 이때 사용량이 500 미만인 경우에는 불필요한 0이 나타나서 화면이 혼돈스러울 수 있으므로, 불필요한 0이 화면에 나타나지 않도록 하기 위해 Excel **옵션**의 대화상자에서 **고급 탭**을 선택하고 **'0 값이 있는 셀에 0 표시'**에 **확인을 제거**하여 화면에서 **0 값이 보이지 않도록** 한다.

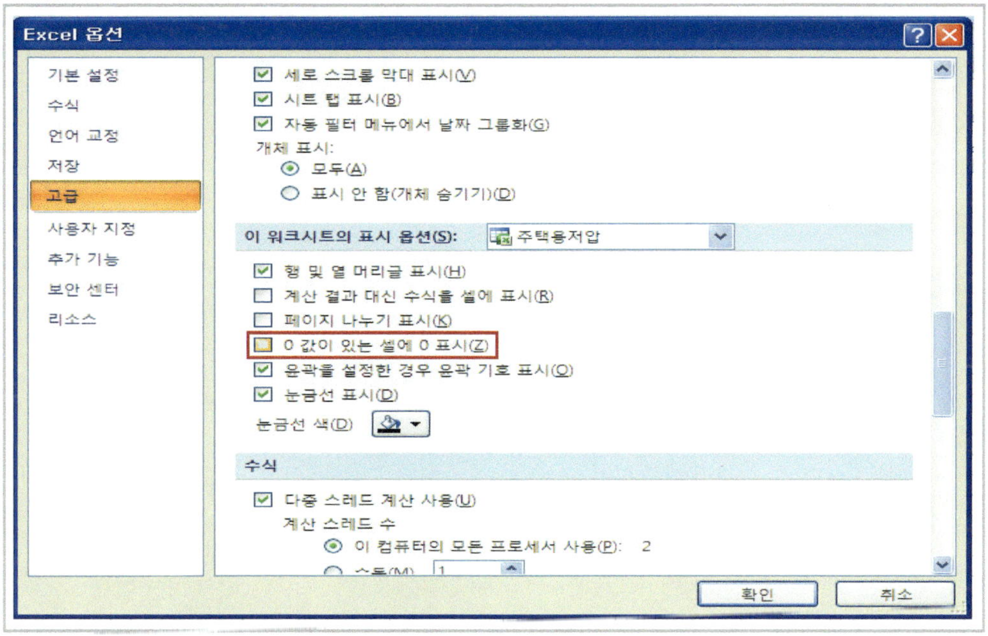

❼ 사용량에 다양한 값을 입력해 보자. 작은 수치와 큰 수치를 입력하여 계산량, 사용요금, 잔량이 제대로 계산되는지 확인해 보자.

	A	B	C	D	E	F	G
1			주택용 전기요금 계산(저압)				
2							
3		사용량	999 Kwh				
4							
5	사용량	기본요금	단위당 요금		계산량	사용요금	잔량
6	1 Kwh	370 원	55.1 원		100 Kwh	5,510.0 원	899 Kwh
7	101 Kwh	820 원	113.8 원		100 Kwh	11,380.0 원	799 Kwh
8	201 Kwh	1,430 원	168.3 원		100 Kwh	16,830.0 원	699 Kwh
9	301 Kwh	3,420 원	248.6 원		100 Kwh	24,860.0 원	599 Kwh
10	401 Kwh	6,410 원	366.4 원		100 Kwh	36,640.0 원	499 Kwh
11	501 Kwh	11,750 원	643.9 원		499 Kwh	321,306.1 원	

❽ 다음에는 이렇게 계산된 사용요금의 합계를 구하고, 기본요금을 계산한 다음 특별감액을 조정하여 자동이체 할인 여부를 반영하고 부가가치세와 전력산업기반기금을 합하여 최종 청구금액을 구해야 한다. 이를 위해 다음과 같이 입력한다.

D13:D22에 사용요금, 기본요금, 요금합계, 특별감액, 특별감액 후 요금, 자동이체 할인, 할인 후 금액, 부가가치세, 전력산업기반기금, 청구금액을 입력한다. 또한 각 항목에 따라 원미만 또는 10원 미만에 대한 처리가 다르므로 이를 잊지 않기 위해 G16, G18, G20, G21, G22에 각각 원미만 절사, 원미만 절사, 원미만 사사오입, 10원 미만 절사, 10원 미만 절사를 입력한다.

D13	사용요금		
D14	기본요금		
D15	요금합계		
D16	특별감액	G16	원미만 절사
D17	특별감액 후 요금		
D18	자동이체 할인	G18	원미만 절사
D19	할인 후 요금		
D20	부가가치세	G20	원미만 사사오입
D21	전력산업기반기금	G21	10원 미만 절사
D22	청구금액	G22	10원 미만 절사

❾ 사용요금은 앞에서 계산한 사용요금의 합계이므로 F13에 =SUM(F6:F11)을 입력한다. 기본요금은 사용량에 따라 달라지므로 기본요금표에서 찾아야 한다. 이를 위해서는 찾기/참조 함수를 사용해야 하는데, 이러한 용도에는 VLOOKUP 함수가 가장 알맞다. F14에는 =VLOOKUP(사용량, 기본요금표, 2)라고 입력한다. 이는 사용량의 값을 기본요금표의 좌측 열에서 찾아서 기본요금표의 2번째 열의 값을 반환하라는 의미이다.

- ▶ F13 : =SUM(F6:F11)
- ▶ F14 : =VLOOKUP(사용량, 기본요금표, 2)

=VLOOKUP(lookup_value, table_array, col_index_number,...)
표의 가장 왼쪽 열에서 특정 값을 찾아, 지정한 열에서 같은 행에 있는 값을 표시한다.
인수 중 lookup_value는 숫자, 참조 영역 또는 문자열을 지정할 수 있다.
table_array는 참조 영역 또는 범위 이름을 사용한다.
col_index_number는 table_array에서 가져올 값이 들어 있는 열의 번호이다.

❿ 요금합계는 사용요금과 기본요금의 합계이므로 F15에는 =F13+F14를 입력한다.

▶ F15 : =F13+F14

특별감액은 사용량이 70Kwh와 100Kwh 이하인 경우에 각각 요금 합계의 35%와 15%를 감해 주는 것이다. 이 수치들은 이미 A14:B15에 입력되어 있으므로 이 수치들을 이용해 다음과 같이 계산한다.

▶ F16 : =IF(사용량<=A14,A15,IF(사용량<=B14,B15,0))*F15

이 수식은 IF 함수를 중첩으로 사용하여 좀 복잡해 보인다. 하지만 IF 함수는 엑셀을 사용하는 데 가장 기초가 되는 함수로 이 함수에 대해서는 충분한 이해가 있어야 한다.

IF(logical_test, value_if_true, value_if_false)
logical_test의 결과가 참이면 value_if_true의 값을 반환하고 거짓이면 value_if_false 값을 반환한다.
logical_test에는 1(참), 0(거짓)을 사용하거나 이에 상응하는 논리식을 사용한다.

위의 수식을 분석해 보자. 처음에 나타난 부분만을 보면,

=IF(사용량<=A14, A15, IF(사용량<=B14, B15, 0))

이다. 이는 다음과 같이 표현할 수도 있을 것이다.

=IF(사용량<=A14, A15, IF(뒷부분))

이 수식은 사용량이 A14에 입력된 값(즉, 70)보다 작으면 A15에 입력된 값(즉, 35%)을 반환하고 그렇지 않는 경우에는 'IF(뒷부분)' 에 의해 결정되는 값을 반환하라는 의미이다. 이제 뒷부분 함수식을 살펴보자.

IF(사용량<=B14, B15, 0)

이는 사용량이 B14에 입력된 값(즉, 100)보다 작거나 같으면 B15에 입력된 값(즉, 15%)을 반환하고 그렇지 않으면 0을 반환하라는 의미이다. 이와 같은 연산을 순차적으로 수행하면 먼저 사용량이 70 이하인지를 비교하여 조건이 맞으면 35%를 제공하고, 그 다음에는 다시 100 이하인지를 비교하여 다음 조건에 맞으면 15%를, 위의 조건에 충족되지 않으면 0을 반환하게 된다.

최종적으로 IF 함수에서 반환한 값에다 F15를 곱한 결과가 화면에 나타날 것이다. 따라서 사용량에 따라 이 수식에서 반환될 값은 다음과 같다.

사용량	=IF(사용량<=A14, A15, IF(사용량<=B14, B15, 0))	최종 결과
70 이하	A15, 35%	35% * F15
100 이하	B15, 15%	15% * F15
100 초과	0	0 * F15

F17에는 요금 합계에서 특별감액을 뺀 금액이 계산되어야 하므로

▶ F17 : =F15-F16

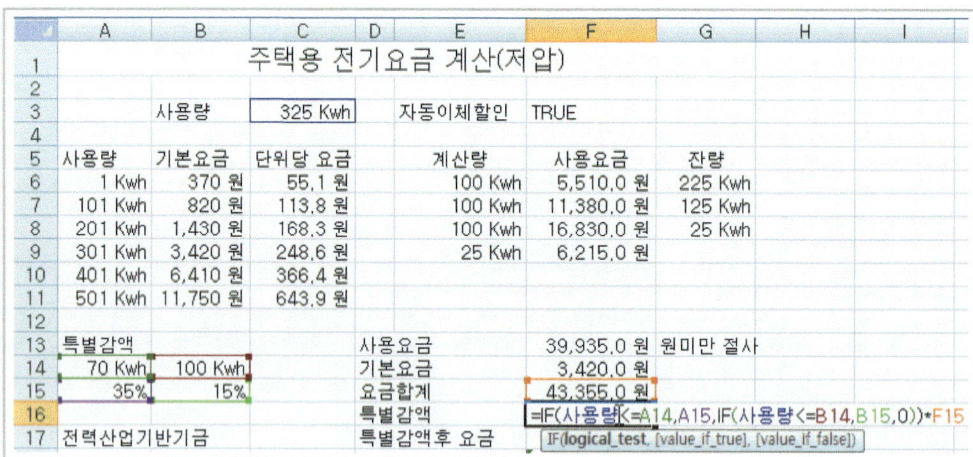

	A	B	C	D	E	F	G	H	I
1	주택용 전기요금 계산(저압)								
2									
3		사용량	325 Kwh		자동이체할인	TRUE			
4									
5	사용량	기본요금	단위당 요금		계산량	사용요금	잔량		
6	1 Kwh	370 원	55.1 원		100 Kwh	5,510.0 원	225 Kwh		
7	101 Kwh	820 원	113.8 원		100 Kwh	11,380.0 원	125 Kwh		
8	201 Kwh	1,430 원	168.3 원		100 Kwh	16,830.0 원	25 Kwh		
9	301 Kwh	3,420 원	248.6 원		25 Kwh	6,215.0 원			
10	401 Kwh	6,410 원	366.4 원						
11	501 Kwh	11,750 원	643.9 원						
12									
13	특별감액			사용요금		39,935.0 원	원미만 절사		
14	70 Kwh	100 Kwh		기본요금		3,420.0 원			
15	35%	15%		요금합계		43,355.0 원			
16				특별감액		=IF(사용량<=A14,A15,IF(사용량<=B14,B15,0))*F15			
17	전력산업기반기금			특별감액후 요금		IF(logical_test, [value_if_true], [value_if_false])			

⓫ 자동이체 할인은 자동이체를 한 경우에 특별감액 후 요금의 1%를 할인해 주는 것이므로, 이를 계산하기 위해서는 우선 자동이체의 여부가 표시되어야 할 것이다. E3와 F3에 각각 '자동이체'와 1을 입력하자. F3에 있는 1은 자동이체를 한 경우이고, 자동이체를 하지 않는 경우에는 0이라고 입력한다. F18에는 '=IF(F3, 0.01,0)*F17'이라고 입력한다.

▶ E3 : 자동이체

▶ F3 : 1

이는 자동이체를 한 경우에는 특별감액 후 요금의 1%를 계산하고 그렇지 않으면 0이라는 의미이다. 하지만 자동이체 할인 금액의 한도는 5,000원이므로 이를 넘지 않아야 할 것이다. 따라서 위의 식을 다음과 같이 변경한다.

▶ F18 : =MIN(IF(F3, 0.01,0)*F17, 5000)

⓬ 할인 후 요금은 요금 합계에서 자동이체 할인을 뺀 금액이므로

▶ F19 : =F17−F18

부가가치세는 할인 후 요금의 10%이므로 B20에 입력된 부가가치 세율을 적용하여

▶ F20 : =F19*B20

전력산업기반기금은 할인 후 요금의 3.7%이므로

▶ F21 : =F19*B18

청구금액은 할인 후 요금과 부가가치세, 전력산업기반기금을 모두 합한 것이므로

▶ F22 : =F19+F20+F21

이제는 F13:F22에 알맞은 셀 서식을 적용하자. **B6**를 선택하여 서식 복사 버튼( )을 클릭한 다음 **F13:F22를 선택**하면 B6의 셀 서식이 F13:F22에 복사된다.

▶ F13:F20의 셀 서식 : #,##0 원

⑬ 계산된 요금에 **소수점 처리**를 해 보자. 우선 특별감액은 원미만 절사이므로 TRUNC 함수를 사용하여 원래의 **공식을 수정**하여 원미만의 자릿수를 버린다.

▶ F16 : =TRUNC(IF(사용량<=A14,A15,IF(사용량<=B14,B15,0))＊F15, 0)

F18에 있는 자동이체 할인도 원미만 절사이다. 이번에는 INT 함수를 이용해 공식을 수정한다.

▶ F18 : =INT(MIN(IF(F3,0.01,0)＊F17, 5000))

=TRUNC(number, num_digit)
지정한 자릿수만큼 남기고 나머지는 버린다.

=INT(number)
소수점 이하는 버리고 정수화한다.

⑭ 부가가치세는 '원미만 사사오입' 이므로 이번에는 F20에 ROUND 함수를 사용하여 원래의 공식을 수정한다.

▶ F20 : =ROUND(F19＊B20, 0)

=ROUND(number, number_digit)
숫자를 지정한 자릿수에서 반올림한다.

전력산업기반기금은 10원 미만 절사이므로 10단위까지 표시되어야 한다. 이러한 경우에는 TRUNC 함수의 단위 표시를 -1로 해 준다. 따라서 F21의 공식을 다음과 같이 수정한다.

▶ F21 : =TRUNC(F19 * B18, -1)

청구금액 역시 10원 미만 절사이므로 위와 같이 TRUNC 함수를 사용할 수 있다.

▶ F22 : =TRUNC(F19+F20+F21, -1)

⑮ 영수증에 청구금액을 보기 좋게 표시하기 위해 A24에 다음과 같이 입력한다.

▶ A24 : ="이번 달 전기 사용량 "&사용량&" Kwh에 대한 청구금액은 "&F22&" 원입니다."

A24에는 '이번 달 전기 사용량 325Kwh에 대한 청구금액은 48790원입니다.' 라고 표시될 것이다. 이 문자열은 사용량이 변화하면 그에 따라 사용량과 청구금액이 달리 표시되므로 사용자가 이해하기 좋다. 하지만 현재 A24에 입력된 내용은 전기 사용량이나 청구금액에 대해 적절한 셀 서식을 사용할 수 없다는 단점이 있다. 이를 해결하기 위해 A24에 입력된 수식을 다음과 같이 수정한다.

▶ A24 : ="이번 달 전기 사용량 "&TEXT(사용량,"#,##0 ""Kwh""")&"에 대한 청구금액은 "&TEXT(F22, "#,##0 원")&"입니다."

수정한 수식에서는 TEXT 함수를 이용하여 사용량과 F22에 입력된 청구금액의 서식을 지정하고 이를 연결하여 청구 메시지를 작성하였다.

TEXT(value, format_text)
값을 지정한 표시 형식의 텍스트로 변환한다.
Value 숫자 값, 숫자 값을 계산하는 수식 또는 숫자 값이 포함된 셀의 참조이다.
Format_text 셀 서식 대화상자의 표시 형식 탭의 범주 상자의 텍스트 형식에 있는 숫자 서식이다.

마지막으로 A24의 **글꼴 크기**를 16으로 지정하고 **굵게**를 선택하면 전기요금의 계산을 위한 워크시트의 작성이 끝난다.

지금까지 작업한 워크시트의 내용은 다음과 같다.

	A	B	C	D	E	F	G	H
1	주택용 전기요금 계산(저압)							
2								
3		사용량	325 Kwh		자동이체할인	☑ 자동이체		
4								
5	사용량	기본요금	단위당 요금		계산량	사용요금	잔량	
6	1 Kwh	370 원	55.1 원		100 Kwh	5,510.0 원	225 Kwh	
7	101 Kwh	820 원	113.8 원		100 Kwh	11,380.0 원	125 Kwh	
8	201 Kwh	1,430 원	168.3 원		100 Kwh	16,830.0 원	25 Kwh	
9	301 Kwh	3,420 원	248.6 원		25 Kwh	6,215.0 원		
10	401 Kwh	6,410 원	366.4 원					
11	501 Kwh	11,750 원	643.9 원					
12								
13	특별감액			사용요금		39,935.0 원	원미만 절사	
14	70 Kwh	100 Kwh		기본요금		3,420.0 원		
15	35%	15%		요금합계		43,355.0 원		
16				특별감액			원미만 절사	
17	전력산업기반기금			특별감액후 요금		43,355.0 원		
18		3.70%		자동이체 할인		433.0 원	원미만 절사	
19				할인후 요금		42,922.0 원		
20	부가가치세율			부가가치세		4,292.0 원	원미만 사사오입	
21		10.00%		전력산업기반기금		1,580.0 원	10원미만 절사	
22				청구금액		48,790.0 원	10원 미만 절사	
23								
24	이번 달 전기 사용량 325 Kwh에 대한 청구금액은 48,790 원입니다.							

2. 목표값 찾기

앞에서 만든 전기요금 계산에서 다양한 사용량을 입력하여 전기요금을 계산해 보자. 전기요금의 사용량이 증가함에 따라 누증되는 것을 알 수 있다. 예를 들어 150Kwh를 사용한 경우의 요금은 13,510원이지만 300Kwh를 사용하면 39,040원이고, 600Kwh를 사용하면 192,880원으로 크게 증가한다.

그럼 전기요금이 25,000원일 때 사용량은 얼마일까? 300Kwh보다는 작지만 150Kwh보다는 클 것이다. 두 값 사이의 200Kwh를 입력하면 19,900원이 계산된다. 이제는 200Kwh보다는 크고 300Kwh보다는 작다는 것을 알 수 있다.

하지만 이러한 방법으로 25,000원의 요금을 납부하는 사용량을 찾기는 시간이 걸리고, 정확한 값을 찾기도 어렵다. 이러한 경우에 엑셀에서 사용하는 기능이 '목표값 찾기' 이다. 목표값 찾기에서는 수식이 입력된 셀에 원하는 값을 입력하고 그 수식의 계산에 사용된 수치가 입력된 셀을 지정하면 원하는 값을 계산하는 값을 찾아준다.

❶ 현재의 주택용저압 시트에서 청구금액 25,000원을 가져오는 사용량을 찾기 위해서는 **빠른 실행 도구**의 목표값 찾기를 선택하여 **목표값 찾기 대화상자**를 연다.

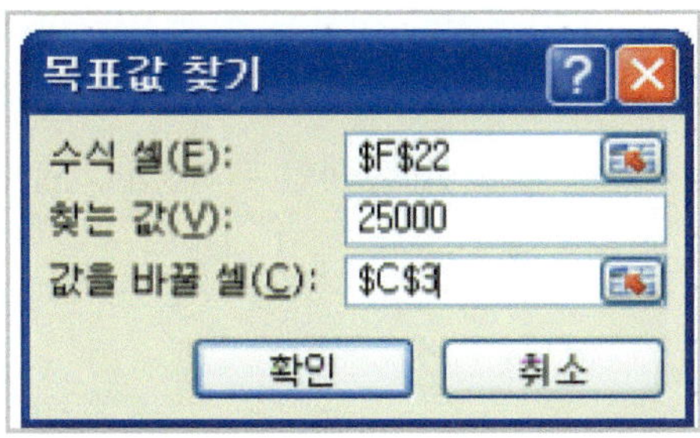

수식 셀에는 원하는 값을 계산하는 셀인 **F22를 입력**하고, **찾는 값**에는 **25000을**, **값을 바꿀 셀**에는 사용량이 입력된 C3을 선택한다. 엑셀은 계산의 난이도에 상관없이 목표값을 가져오는 값을 바꿀 셀의 값이 변경된 결과를 다음과 같이 보여 준다.

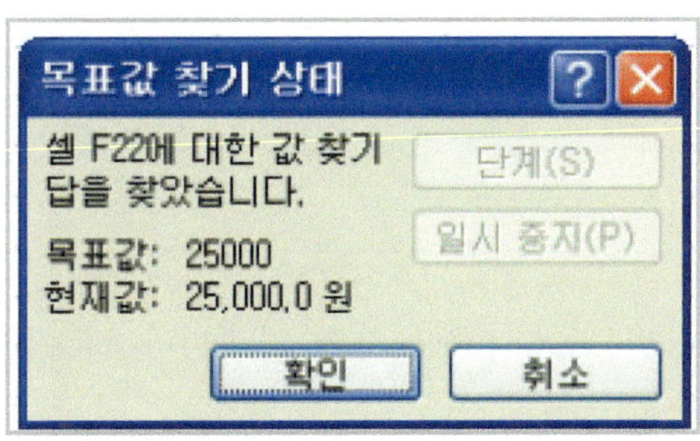

확인을 선택하면 25,000원의 청구요금에 대한 사용량은 223Kwh임을 알 수 있다.

3. 양식 도구 사용하기

이상의 워크시트에서는 사용량만 입력하면 전기요금과 관련된 모든 항목이 자동으로 계산된다. 이번에는 엑셀을 잘 모르는 일반 사용자들이 사용할 수 있도록 일부를 자동화해 보자. 엑셀에서 일반 사용자를 위해 자동화된 워크시트를 작성하려면 VBA를 사용하는 것이 보통이지만 이를 사용하지 않고도 양식 도구 모음을 사용하면 쉽게 워크시트의 일부를 자동화할 수 있다.

먼저 양식 도구를 이용하여 자동이체 여부를 쉽게 입력할 수 있도록 변경해 보자.

❶ 빠른 실행 도구 메뉴의 **컨트롤**을 선택한 후 **삽입**을 클릭하면 다음 그림과 같이 양식 컨트롤과 ActiveX 컨트롤의 도구 모음이 나타난다.

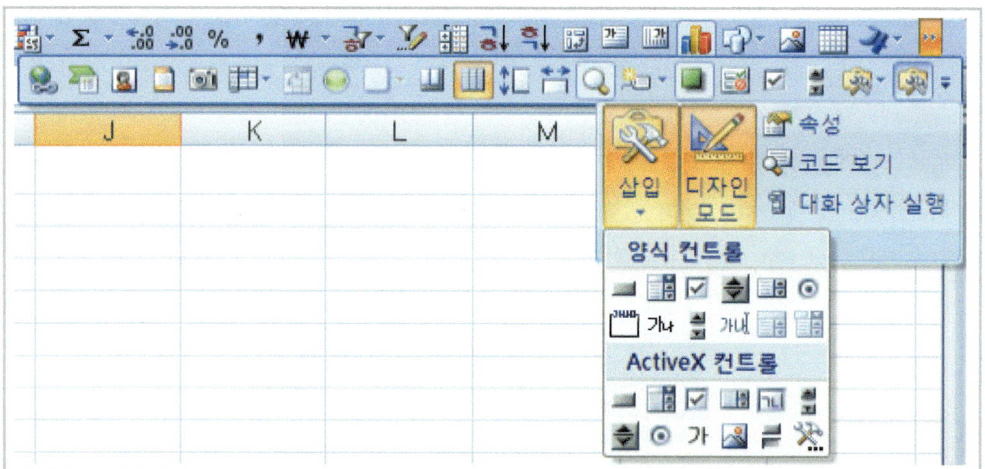

양식 도구 모음은 워크시트에서 사용자의 입력이나 컨트롤을 자동화하기 위해 사용되는 도구들이다. 이와 유사한 도구로 ActiveX 컨트롤 도구 모음이 있는데, ActiveX 컨트롤 도구는 VBA에서 주로 사용되고 일반 워크시트에서는 양식 도구 모음이 사용된다. 양식 도구 모음과 ActiveX 컨트롤 도구 모음은 제공되는 버튼이 동일하지만 사용법에 차이가 있으므로 주의해야 한다.

양식 도구 모음에 포함된 버튼들의 기능은 다음과 같다.

- : 레이블, 문자열을 입력한다. 특별한 기능이 없음.
- : 그룹상자, 여러 개의 옵션 버튼를 한 그룹으로 묶는다.
- : 명령 버튼, 매크로를 지정하는 데 사용된다.
- : 확인란, 체크 여부에 따라 True 또는 False 값을 반환한다.
- : 옵션 버튼, 여러 가지 옵션을 선택하는 데 사용된다.
- : 목록상자, 지정된 목록을 나타내고 셀에 자동으로 입력할 수 있게 한다.
- : 콤보상자, 목록상자와 유사하지만 풀다운으로 목록이 나타난다.
- : 스크롤 막대, 0부터 30,000까지의 숫자를 자동으로 입력할 수 있게 한다.
- : 회전자, 스크롤 막대와 같은 기능을 한다.
- : 컨트롤 속성, 양식 도구의 컨트롤의 속성을 지정한다.
- : 코드 편집, 명령 버튼에 매크로가 지정된 경우 매크로를 편집한다.
- : 눈금선 설정/해제, 워크시트의 눈금선을 지우거나 보이게 한다.

❷ '확인란' ( )을 마우스로 클릭하여 F3에 그려 넣은 다음 확인란 1이라고 입력된 이름을 '자동이체'라는 이름으로 변경한다.

F3에 그릴 때는 Alt 키를 누른 상태에서 그리면 F3 셀에 꼭 맞게 그릴 수 있다.

❸ 단축메뉴에서 컨트롤 서식을 선택하여 나타난 컨트롤 서식 대화상자의 컨트롤 탭에서 셀 연결을 F3 셀로 지정하고 색 및 선 탭을 선택하여 채우기와 선을 적절히 지정한다.

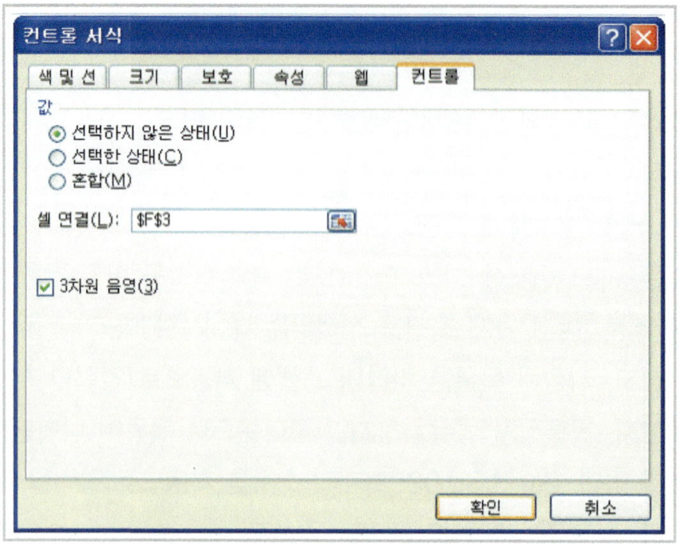

❹ 이번에는 사용량을 자동으로 입력할 수 있도록 양식을 사용해 보자. 양식 도구 모음에서 **스크롤 막대**를 선택한 다음, Alt 키를 누른 상태에서 B2:C2 셀에 그려 넣는다.

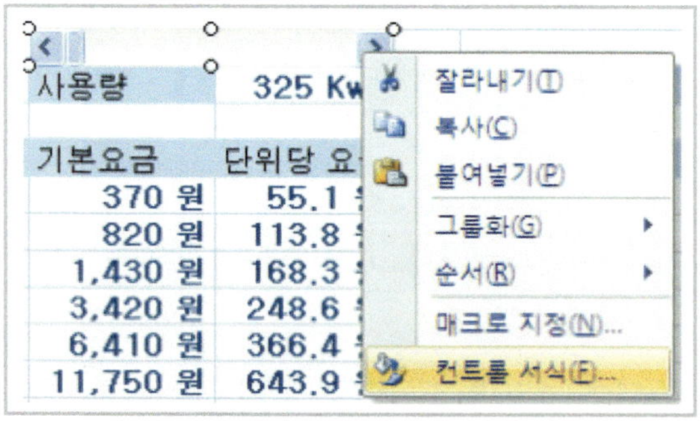

그려진 **스크롤 막대**에서 단축메뉴를 불러 **컨트롤 서식**을 선택한다. **컨트롤** 탭을 선택하여 다음과 같이 입력한다.

- 최소값 : 0
- 최대값 : 2000
- 증분 변경 : 1
- 페이지 변경 : 10
- 셀 연결 : C3

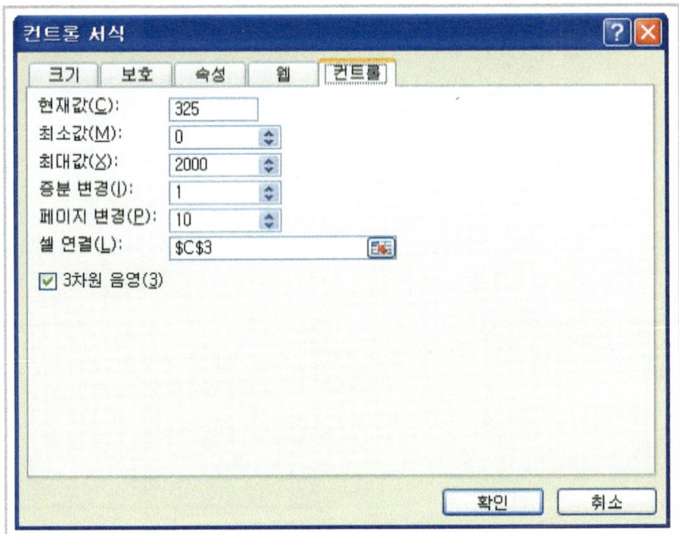

임의의 셀을 선택한 다음, 그려진 스크롤 막대를 움직이면 C3 셀의 값이 변경되는 것을 알 수 있다. 마우스로 스크롤 막대를 움직여 보자. 사용량의 값이 증가함에 따라 계산 내용이 달라지고, 확인란을 클릭하면 자동이체가 계산될 것이다.

4. 시트의 보호와 통합문서의 보호

전기요금 계산 시트는 엑셀을 전혀 모르는 사용자라도 쉽게 사용할 수 있도록 스크롤 막대와 확인란을 이용하고 있다. 하지만 엑셀을 모르는 사용자들이 수식이 들어 있는 셀들을 함부로 수정하게 된다면 문제가 생길 수도 있다. 이러한 문제를 해결하기 위해 엑셀에서는 워크시트의 전체 또는 일부에 있는 내용을 고치지 못하게 할 수 있다.

이를 위해서는 검토메뉴의 시트 보호를 설정해야 한다.

❶ 먼저 계산 과정을 사용자에게 보여 주지 않는 방법을 생각해 보자. 이를 위해서는 행 숨기기 기능을 활용한다. 5:11행을 **행 머리글을 이용하여 선택**하고 단축메뉴를 불러서 **숨기기**를 선택한다. 선택된 행들이 화면에 나타나지 않을 것이다.

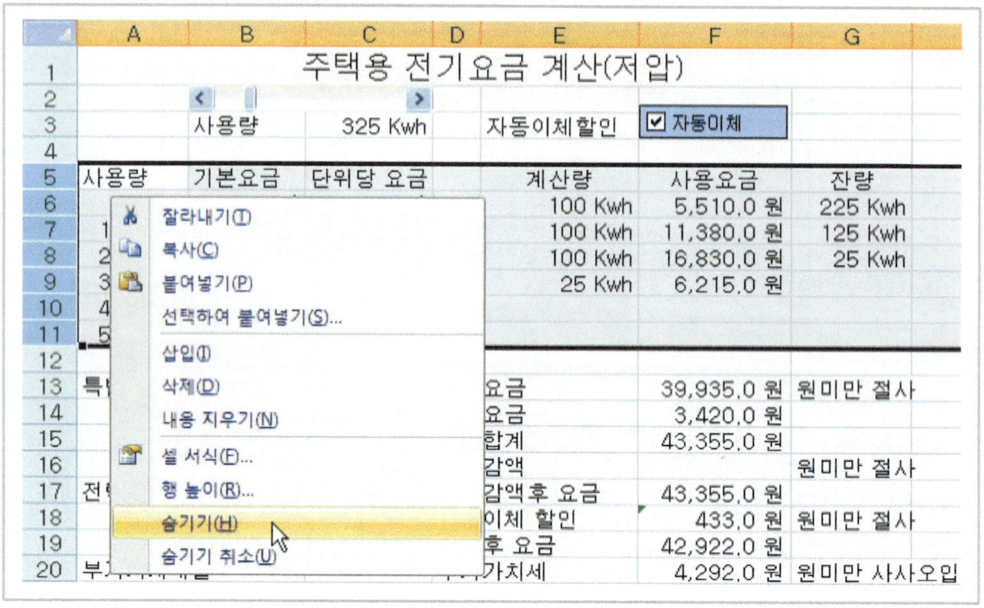

❷ 이번에는 C3:F3를 선택하고 단축메뉴에서 **셀 서식**을 선택한 다음, **보호** 탭에서 **잠금**의 선택을 해제한다.

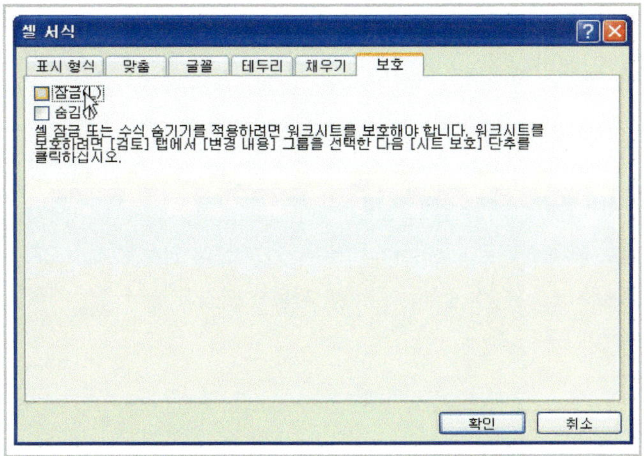

❸ 메뉴의 **검토-시트 보호를 선택**하여 시트 보호 대화상자를 부르고 **암호를 입력**하여 시트를 보호한다. 이때 워크시트에서 허용할 내용에서 **잠긴 셀 선택 및 잠기지 않는 셀 선택의 확인을 제거**하면 암호를 모르는 사용자는 전기요금계산 시트의 내용을 변경할 수 없고, 워크시트상의 셀들을 선택할 수도 없다. 다만 스크롤 막대나 확인란만을 이용하여 수치를 입력할 수 있을 뿐이다.

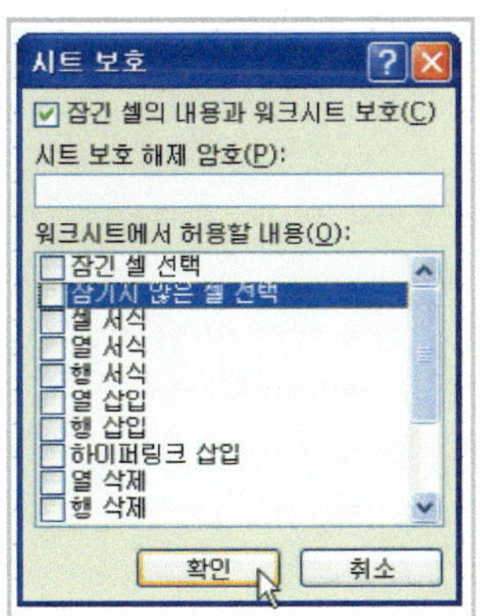

워크시트의 보호를 해제하기 위해서는 메뉴의 **검토-시트 보호-시트 보호 해제**를 선택하여 **암호를 입력**한다.

TIP

해제되지 않는 강력한 암호 만들기

최근 암호 해제용 프로그램이 워낙 뛰어나기 때문에 암호는 최소 8자리 이상으로 '영어+특수문자+숫자' 가 결합된 형태로 지정하는 것이 좋다. 단, 기억할 수 있는 암호를 사용해야 한다.

이번 장에서 배운 내용은 다음과 같다.

- 함수
  MIN, VLOOKUP, IF, TRUNC, INT, ROUND, TEXT
- 목표값 찾기
- 양식 도구 모음 사용
- 시트 보호
- 문자열 연산자(&) 이용
- 엑셀의 옵션 지정하기

엑셀 오류 사례

스프레드시트를 수식으로 5,800만 달러를 잘못 계산

로스엔젤레스 시 공공서비스 부서의 감사보고서는 다음과 같은 내용을 포함하고 있다. 수치 계산에 수많은 오류를 발견했으며 수치 결과에 대한 점검이 제대로 이루어지지 않아 내부통제가 미흡하다. 이 부서는 핵심 지표 중의 하나를 184,500만 달러라고 보고했으나 감사 결과 125,500만 달러인 것으로 판명되었다. 그러므로 제1사분기의 핵심 지표 값이 5,800만달러나 과대 계상되었다. 이 오류는 스프레드시트에서 사용한 공식의 오류에서 비롯되었다.
이 부서에 대한 감사보고서에는 다음과 같은 내용도 들어 있다. 이 부서는 많은 지표 값들을 수작업으로 계산하고 있어서 계산 과정에서 실수가 나타날 가능성이 매우 높다. 따라서 이 계산 과정에 스프레드시트나 데이터베이스 프로그램의 사용을 늘려야 한다.

www.lla.state.la.us/perform/dps02.pdf에서 인용

EXERCISE

연습문제

01 수도요금 계산

집에서 매일 사용하는 수도요금에 대해서 생각해 본 적이 있는가? 수도요금의 계산은 생각보다 복잡하다. 수도요금은 상수도 사용요금, 수도관 사용요금, 하수도 요금, 그리고 물 이용부담금으로 구성되어 있다. 상수도 사용요금과 하수도 사용요금은 업종별, 사용량에 따라 부과되는 요금이 누진적으로 증가하는 방식으로 계산되고, 수도관 요금은 수도관의 구경에 따라 정액요금이 부과된다. 그리고 물 이용부담금은 물 사용량에 따라 일정 금액이 부과된다. 하지만 구체적인 사용요금은 지자체마다 약간씩 다르다. 이는 지방마다 물을 공급하고 하수를 처리하는 원가에 차이가 있기 때문이다. 다음은 어느 지방도시의 수도요금 계산표이다.

상수도 요금

업종별	사용량(톤)	요금(원)
가정용	0~10	420
	11~20	620
	21~30	980
	31	1,300
일반용	0~100	1,000
	101~300	1,350
	301~1000	1,470
	1001~2000	1,610
	2001	1,790
대중탕용	0~1000	850
	1001~1500	1,050
	1501~2000	1,210
	2001	1,360
산업용	0~1000	1,230
	1001	1,430

하수도 요금

업종별	사용량(톤)	요금(원)
가정용	0~10	130
	11~20	140
	21~30	180
	31	260
일반용	0~100	200
	101~300	250
	301~1000	290
	1001~2000	350
	2001	410
대중탕용	0~1000	190
	1001~1500	230
	1501~2000	270
	2001	310
산업용	0~1000	190
	1001	220

EXERCISE

연습문제

구경별 정액요금

구경(mm)	요금(원)	구경(mm)	요금(원)
13	500	75	14,000
20	910	100	23,310
25	1,560	150	50,150
32	2,810	200	70,430
40	4,090	250	97,550
50	6,740		

* 물 이용부담금 : 톤(㎥)당 130원

이 표에 의하면 월 23톤을 사용하는 가정의 수도요금은 다음과 같이 계산된다. 대부분의 가정에 공급되는 수도관은 13mm이므로 수도관 요금은 500원이다. 23톤에 해당되는 상수도 요금은, 처음 10톤은 10 * 420=4,200원, 다음 10톤은 10 * 620=6,200원, 나머지 3톤은 3 * 980=2,940원이므로 4,200+6,200+2,940=13,340원이다. 하수도요금도 마찬가지 방식으로 1,300+1,400+540=3,240원이 된다. 마지막으로 물 이용부담금은 23 * 130=2,990원, 위의 금액을 모두 합하면 최종 요금은 20,070원이다.

– 엑셀을 이용해서 물 사용량에 따른 가정용 수도요금을 자동으로 계산해 주는 다음과 같은 워크시트를 만들어 보자.

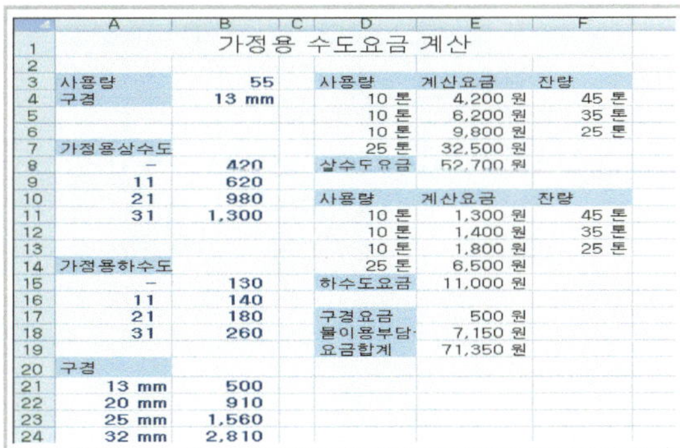

	A	B	C	D	E	F
1	가정용 수도요금 계산					
2						
3	사용량	55		사용량	계산요금	잔량
4	구경	13 mm		10 톤	4,200 원	45 톤
5				10 톤	6,200 원	35 톤
6				10 톤	9,800 원	25 톤
7	가정용상수도			25 톤	32,500 원	
8	–	420		상수도요금	52,700 원	
9	11	620				
10	21	980		사용량	계산요금	잔량
11	31	1,300		10 톤	1,300 원	45 톤
12				10 톤	1,400 원	35 톤
13				10 톤	1,800 원	25 톤
14	가정용하수도			25 톤	6,500 원	
15	–	130		하수도요금	11,000 원	
16	11	140				
17	21	180		구경요금	500 원	
18	31	260		물이용부담	7,150 원	
19				요금합계	71,350 원	
20	구경					
21	13 mm	500				
22	20 mm	910				
23	25 mm	1,560				
24	32 mm	2,810				

EXERCISE

연습문제

02 산업용 전기요금 계산

산업용, 일반용, 교육용 전기요금의 계산은 주택용 전기요금의 계산과는 다르다. 산업용 전기요금은 산업체가 전기 사용을 추정하여 한전과 계약한 계약전력, 전력공급 구분, 계절, 사용량, 역률 등에 의해 결정된다.

먼저 기본요금은 계약전력과 전력공급 구분에 의해 결정된다. 예를 들어 어떤 기업체가 매월 5,000Kwh의 저압을 받기로 계약했다면 다음 표에 의해 기본요금은 2,095만 원이 된다.

역률은 사업체가 절전에 어느 정도 노력했는가를 기준으로 정해지며, 90%의 역률을 기준으로 90% 이상이면 기본요금에 그 비율만큼의 비용을 감해주며, 그 이하이면 기본요금에 그 비율만큼을 더 부과한다. 만약 위의 업체가 역률이 92%라면 기본요금 2,095만 원의 2%(92~90%)인 419,000원을 공제해 준다. 역률의 최대값은 95%이다.

사용 요금은 계절에 따라 다른데, 봄가을(4, 5, 6, 9월), 겨울(10~3월), 여름(7, 8월)으로 구분되어 다음 표에 의해 결정된다. 나머지의 자동이체 할인, 전력산업 기반기금, 부가가치세 등은 주택용 전기요금 계산과 동일하다.

구 분	기본요금	전력량 요금(원/Kwh)		
		여름철	봄/가을철	겨울철
저압	4,190원	64.4원	48.5원	52.4원
고압A1	4,440원	64.1원	48.4원	51.9원
고압A2	5,110원	60.6원	45.0원	48.6원
고압B1	4,100원	63.2원	47.6원	51.1원
고압B2	4,730원	59.9원	44.3원	47.9원

EXERCISE

연습문제

– 다음과 같이 산업용 전기요금을 자동으로 계산해 주는 워크시트를 작성해 보자. (http://www.kepco.co.kr/cyber 사이트 참조)

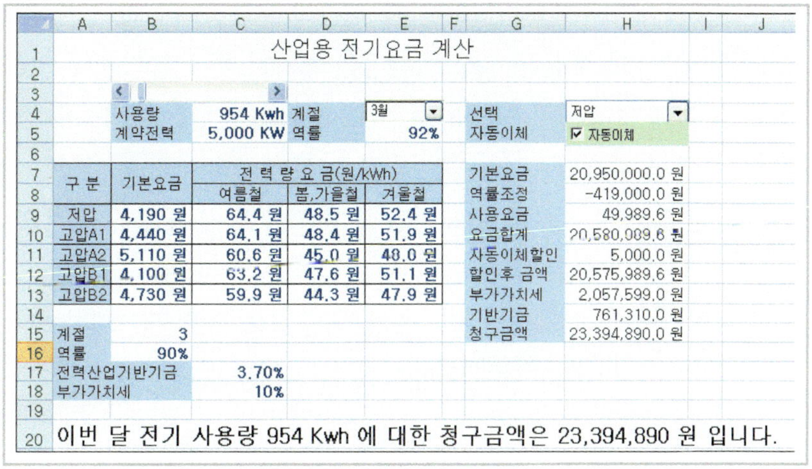

	A	B	C	D	E	F	G	H	I	J
1	산업용 전기요금 계산									
2										
3										
4		사용량	954 Kwh	계절	3월		선택	저압		
5		계약전력	5,000 KW	역률	92%		자동이체	☑ 자동이체		
6										
7	구 분	기본요금	전 력 량 요 금(원/kWh)				기본요금	20,950,000.0 원		
8			여름철	봄,가을철	겨울철		역률조정	-419,000.0 원		
9	저압	4,190 원	64.4 원	48.5 원	52.4 원		사용요금	49,989.6 원		
10	고압A1	4,440 원	64.1 원	48.4 원	51.9 원		요금합계	20,580,089.6 원		
11	고압A2	5,110 원	60.6 원	45.0 원	48.0 원		자동이체할인	5,000.0 원		
12	고압B1	4,100 원	63.2 원	47.6 원	51.1 원		할인후 금액	20,575,989.6 원		
13	고압B2	4,730 원	59.9 원	44.3 원	47.9 원		부가가치세	2,057,599.0 원		
14							기반기금	761,310.0 원		
15	계절	3					청구금액	23,394,890.0 원		
16	역률	90%								
17	전력산업기반기금		3.70%							
18	부가가치세		10%							
19										
20	이번 달 전기 사용량 954 Kwh 에 대한 청구금액은 23,394,890 원 입니다.									

※ 산업용 전기요금 계산에서 사용된 콤보상자를 이용하기 위해서는 콤보상자의 목록을 미리 작성하고 컨트롤 서식 대화상자에서 이를 지정해야 한다.

Chapter 04

다가구 전기요금

우리는 앞에서 주택용 전기요금을 계산해 보았다. 전기요금에 대해 좀 더 생각해 보자. 전기요금의 계산은 복잡한 과정을 거치기 때문에 엑셀에 의한 계산에 적당하다. 한 주택에 여러 가구가 사는 경우, 특히 자취를 하는 학생들은 전기요금을 가지고 주인과 갈등을 일으킬 수 있는데, 이 경우에는 1주택 다가구 신청을 하면 혜택을 받는다. 한전에서는 이 경우에 어느 가구도 손해가 나지 않도록 전기요금을 계산하므로 모두가 이익을 얻을 수 있다.

물론 이 경우의 전기요금 계산은 일반 주택용 전기요금 계산보다 복잡하다. 이번에는 다가구의 전기요금을 계산하는 방법에 대해 살펴보면서 엑셀의 다양한 함수와 응용 방법에 대해 알아보자.

다가구의 전기요금은 다음과 같이 계산된다. 우선 기본요금의 계산에 있어서 일반 주택용 전기요금의 기본요금표에 가구 수를 곱한 사용량을 받는다.

사용량	기본요금	단위당 요금
1	370.0원	55.1원
101	820.0원	113.8원
201	1,430.0원	168.3원
301	3,420.0원	248.6원
401	6,410.0원	366.4원
501	11,750.0원	643.9원

예를 들어 3가구가 사는 주택의 기본요금은 사용량이 301Kwh 이하이면 전체에 대해 370 * 3=1,110원을, 601Kwh 이하이면 820 * 3=2,460원을 받는다. 사용요금도 마찬가지로 가구 수를 곱한 사용량에 대한 단위당 요금을 적용한다. 예를 들어 3가구가 555Kwh를 사용했다면 300Kwh까지는 55.1원의 단위당 요금이 적용되고 그 이상에는 113.8원의 단위당 요금이 적용된다.

특별감액 부분은 역시 가구당 사용량의 평균이 70Kwh 이하이면 요금 합계의 35%를 100Kwh 이하이면 15%를 감액해 준다. 나머지의 자동이체 할인, 전력산업기반기금, 부가가치세는 일반 주택용과 동일하다.

하지만 여기에 복잡함을 더하는 것은 가구별로 사용량이 크게 차이가 나는 경우에 조정하는 것이다. 만일 모든 가구가 거의 동일하게 전기를 사용하면 문제가 없지만 한 가구가 특히 전기를 많이 사용하는 경우에는 각각 다르게 요금을 내야 하는데 그 과정이 좀 복잡하다.

이 경우에는 각 가구별로 별도의 주택용 전기요금을 계산하고 이 계산된 요금의 비율에 따라 전체로 계산한 전기요금을 분담한다. 예를 들어 3가구가 각각 100Kwh, 200Kwh, 255Kwh의 전기를 사용했다면, 자동이체를 한 경우에 일반 주택용 전기요금 계산에 따라 각각 5,620원, 19,920원, 31,040원을 내야 한다. 이 합계는 56,580원으로 다가구로 계산한 54,030원보다 크다(다가구로 계산한 요금이 별도로 계산한 요금보다 항상 작다).

따라서 이 경우에는 54,030/56,580=0.9549를 별도로 계산한 금액에 곱해 최종 납부요금을 정한다. 따라서 최종적으로 각 가구가 부담해야 하는 전기요금은 각각 5,367원, 19,022원, 29,641원이 된다.

이러한 요금 계산을 자동으로 하는 워크시트를 작성해 보자. 가구 수에는 제한이 없지만 5가구로 한정해서 계산한다. 계산 과정을 이해하고 나면 가구 수는 얼마든지 늘릴 수 있다.

다가구 전기요금의 계산에서 유의할 점은 3가지의 계산이 별도로 이루어져야 한다는 점이다. 우선 전체 가구의 전기요금을 계산하고, 각각 가구에 대한 요금을 계산하여 2가지 결과를 비교하여 가구별 최종 요금을 결정해야 한다.

1. 전체 전기요금의 계산

❶ 먼저 '전기요금-주택용.XLS' 파일을 열어 메뉴의 **파일-다른 이름으로 저장**을 선택하여 '**전기요금-다가구**'라는 이름으로 **저장**한다. Sheet2의 이름을 '**다가구**'라고 변경하고 A1에 '**주택용 전기요금 계산(다가구)**'라고 입력한다.

▶ 다가구!A1 : 주택용 전기요금 계산(다가구)

A1:G1을 선택하여 셀을 **병합**하고 **글꼴 크기**를 16으로 조정한다. Sheet3의 이름을 '**다가구자료**'라고 변경하고 A1을 선택하여 '**다가구 전기요금 자료**'라고 입력한다. A1:F1을 선택하여 셀을 **병합**하고 **글꼴 크기**를 16으로 조정한다.

▶ 다가구자료!A1 : 다가구 전기요금 자료

❷ 다시 '**다가구**' 시트의 A3을 선택하여 '**가구1**'을 입력하고 E3까지 **채우기 핸들**을 이용해 **복사**한다. A3:E3에는 '가구1' 부터 '가구5' 까지가 입력될 것이다.

A5:C5에 각각 65, 95, 725를 **입력**하고 **셀 서식**을 지정하여 'Kwh'가 표시되도록 한다.

▶ A5 : 65
▶ B5 : 95
▶ C5 : 725
▶ A5:C5 셀 서식 : #,##0 "Kwh"

가구4, 가구5에 해당하는 D5, E5에는 값이 입력되어 있지 않으므로 계산 시 0으로 취급된다.

A7과 C7에 각각 다음과 같이 입력한다.

▶ A7 : 총 사용량
▶ C7 : 가구 수

B7에는 **총 사용량**이 계산되어야 하므로 다음의 수식을 입력한다.

▶ B7 : =SUM(A5:E5)

D7에는 **가구 수**가 입력되어야 한다. 하지만 전기를 사용하지 않는 가구는 제외해야 하므로 다음의 함수를 이용해 0을 초과하는 값이 입력된 셀의 개수를 계산한다.

▶ D7 : =COUNTIF(A5:E5,">0")

COUNTIF(range, criteria)
범위 내에서 주어진 조건에 맞는 셀의 개수를 센다.
range : 조건을 검사할 셀 범위이다.
criteria : 숫자, 수식, 텍스트 형식으로 된 조건이다. 예를 들어, criteria는 32, ">32", "사과" 등으로 표시할 수 있다.

B7과 D7의 셀 서식을 각각 '#,##0 "Kwh"', '0 "가구"'로 지정한다. E7에는 'True'를 입력하여 자동이체를 표시한다.

❸ **양식 컨트롤 도구 모음**의 **스크롤 막대**와 **확인란**을 이용하여 각 가구의 사용량과 자동이체 여부를 자동으로 입력하도록 한다. 각각의 **스크롤 막대의 최소값**을 0으로, **최대값을 1000**으로 지정하고 **셀 연결**은 해당되는 **가구의 사용량이 입력된 A5:E5로 지정한다.** 이때에 주의할 점은 스크롤 막대의 최소값이 0이 되도록 해야 한다는 것이다. 그래야 스크롤 막대만을 이용해서도 사용가구 수를 지정할 수 있다. 각 가구의 지금까지의 과정을 표시하면 다음과 같다.

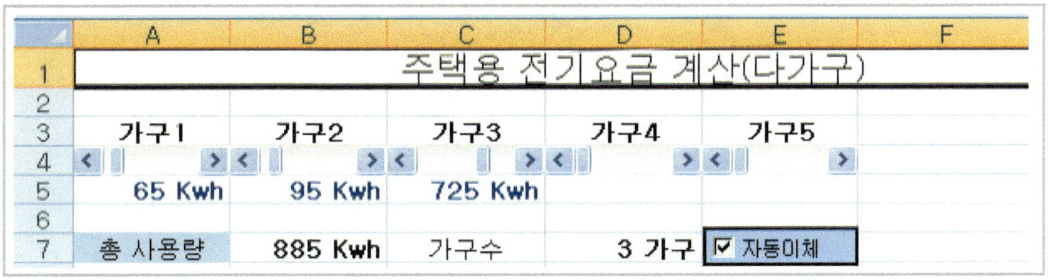

❹ '주택용저압' 시트의 A5:C11을 선택하여 복사하고 '다가구' 시트의 A9를 선택하여 붙여 넣는다. '다가구' 시트의 A9:C15에는 다음의 표가 입력될 것이다.

사용량	기본요금	단위당 요금
1Kwh	370원	55.1원
101Kwh	820원	113.8원
201Kwh	1,430원	168.3원
301Kwh	3,420원	248.6원
401Kwh	6,410원	366.4원
501Kwh	11,750원	643.9원

하지만 다가구 시트의 사용량과 기본요금은 가구 수를 반영해야 하므로 B10에는 다음의 수식을 입력한다.

▶ B10 : =주택용저압!B6*$D$7

수식의 D7에 절대주소를 사용한 것은 다음 셀에 복사하기 위해서이다. 이 수식은 채우기 핸들을 이용하여 B15까지 복사한다.

❺ A11에는 가구 수를 반영한 사용량이 계산되어야 하므로 다음과 같이 입력한다.

▶ A11 : =$D$7*(주택용저압!A7–주택용저압!A6)+A10

이 수식의 의미는 주택용저압 시트의 A7에 입력된 값에서 주택용저압 시트의 A6에 입력된 값을 뺀 값에 가구 수를 곱하고 여기에 A10을 더하라는 의미이다. 현재는 가구 수가 3개이므로 3*(101–1)+1=301이 계산된다. A11을 채우기 핸들을 이용하여 A15까지 복사한다.

❻ E9:G9에 각각 계산량, 사용요금, 잔량을 입력한다. E10에는 맨 처음 단계의 계산량이 계산되어야 하므로 다음과 같이 입력한다.

▶ E10 : =MIN(B7,A11−A10)

이 수식의 의미는 B7에 입력된 총 사용량과 두 번째 단계의 계산량과 첫 번째 단계의 계산량의 차이를 비교하여 작은 값을 선택한다는 것이다.

❼ F10과 G10, E11, G11에는 각각 다음의 수식을 입력하고 F10을 F15까지, E11을 E14까지 G11을 G15까지 복사한다.

▶ F10 : =E10 * C10

▶ G10 : =B7−E10

▶ E11 : =MIN(G10,A12−A11)

▶ G11 : =G10−E11

E15에는 =G14를 입력하여 모든 사용량이 계산되도록 한다. 이제 스크롤 막대를 이용하여 각 가구의 사용량에 다른 값을 입력한 다음 계산이 제대로 이루어지는지 확인해 보자. 지금까지 입력한 결과는 다음과 같다.

	A	B	C	D	E	F	G
1	주택용 전기요금 계산(다가구)						
2							
3	가구1	가구2	가구3	가구4	가구5		
4							
5	65 Kwh	95 Kwh	725 Kwh				
6							
7	총 사용량	885 Kwh	가구수	3 가구	☑ 자동이체		
8							
9	사용량	기본요금	단위당 요금		계산량	사용요금	잔량
10	1 Kwh	1,110 원	55.1 원		300 Kwh	16,530.0 원	585 Kwh
11	301 Kwh	2,460 원	113.8 원		300 Kwh	34,140.0 원	285 Kwh
12	601 Kwh	4,290 원	168.3 원		285 Kwh	47,965.5 원	
13	901 Kwh	10,260 원	248.6 원				
14	1201 Kwh	19,230 원	366.4 원				
15	1501 Kwh	35,250 원	643.9 원				

❽ 다음에는 '주택용저압' 시트의 A13:G22을 선택하여 복사하고 '다가구' 시트의 A17을 선택하고 붙여 넣는다. F열의 수식 중 F18, F20, F22 셀의 수식만을 다음과 같이 수정하면 계산이 완료된다.

F17	=INT(SUM(F10:F15))
F18	=VLOOKUP(B7,$A$10:$C$15,2)
F19	=F17+F18
F20	=IF(B7<=A18 * D7,A19,IF(B7<=B18 * D7,B19,0)) * F19
F21	=F19−F20
F22	=TRUNC(MIN(IF(E7,0.01,0) * F21, 5000),0)
F23	=F21−F22
F24	=ROUND(F23 * 0.1,0)
F25	=TRUNC(F23 * 0.037,−1)
F26	=TRUNC(F23+F24+F25,−1)

여기에서 유의할 점은 F20의 특별감액 계산에서 총 사용량을 특별감액의 기준에 가구 수를 곱하여 비교해야 한다는 것이다. 나머지의 수식은 주택용저압 시트의 공식과 거의 같다. 마지막으로 A28을 선택하고 다음과 같이 입력하여 전기요금을 표시한다.

▶ A28 : ="이번 달 "&D7&" 가구의 전기 사용량 "&Text(B7, "#,##0 ""Kwh""")&"에 대한 청구금액은 "&TEXT(F26, "#,##0 원")&"입니다."

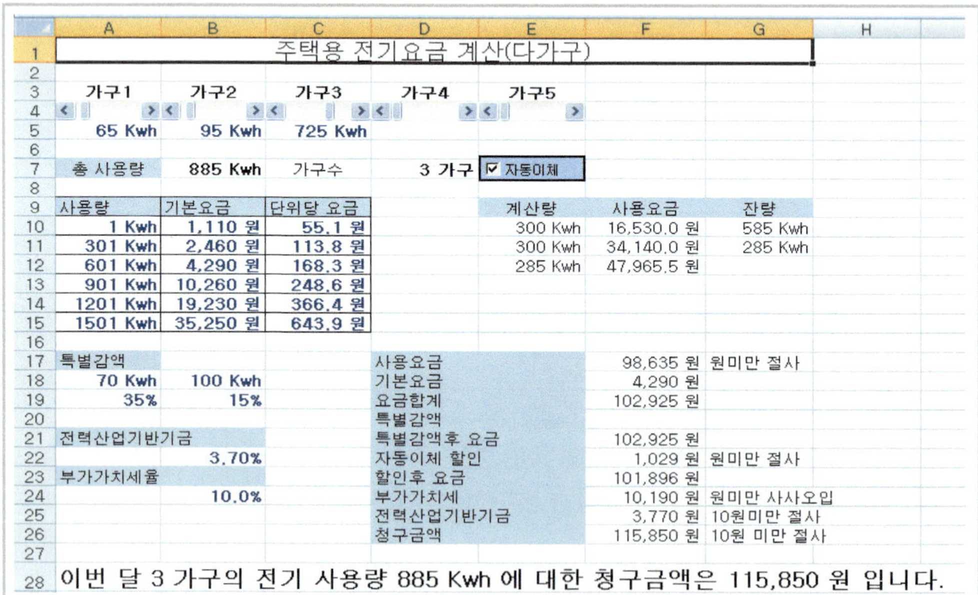

	A	B	C	D	E	F	G	H
1	주택용 전기요금 계산(다가구)							
2								
3	가구1	가구2	가구3	가구4	가구5			
4								
5	65 Kwh	95 Kwh	725 Kwh					
6								
7	총 사용량	885 Kwh	가구수	3 가구	☑ 자동이체			
8								
9	사용량	기본요금	단위당 요금		계산량	사용요금	잔량	
10	1 Kwh	1,110 원	55.1 원		300 Kwh	16,530.0 원	585 Kwh	
11	301 Kwh	2,460 원	113.8 원		300 Kwh	34,140.0 원	285 Kwh	
12	601 Kwh	4,290 원	168.3 원		285 Kwh	47,965.5 원		
13	901 Kwh	10,260 원	248.6 원					
14	1201 Kwh	19,230 원	366.4 원					
15	1501 Kwh	35,250 원	643.9 원					
16								
17	특별감액			사용요금		98,635 원	원미만 절사	
18	70 Kwh	100 Kwh		기본요금		4,290 원		
19	35%	15%		요금합계		102,925 원		
20				특별감액				
21	전력산업기반기금			특별감액후 요금		102,925 원		
22		3.70%		자동이체 할인		1,029 원	원미만 절사	
23	부가가치세율			할인후 요금		101,896 원		
24		10.0%		부가가치세		10,190 원	원미만 사사오입	
25				전력산업기반기금		3,770 원	10원미만 절사	
26				청구금액		115,850 원	10원 미만 절사	
27								
28	이번 달 3 가구의 전기 사용량 885 Kwh 에 대한 청구금액은 115,850 원 입니다.							

2. 가구별 전기요금 계산

이제는 각 가구별 전기요금을 일반 주택용 전기요금의 형식으로 계산해 보자. 원래의 주택용 전기요금 계산과 다른 점은 이번에는 하나의 워크시트에 여러 가구의 전기요금을 동시에 계산해야 한다는 점이다. 이전에는 하나의 시트에 한 가구의 전기요금을 계산했지만 이번에는 한 열에 한 가구의 전기요금을 계산해야 한다. 따라서 한 셀에 들어가는 수식이 복잡해질 수밖에 없다. 하지만 계산하는 방식은 유사하기 때문에 쉽게 작성할 수 있다.

❶ '다가구자료' 시트의 C3:G3에 '가구1'부터 '가구5'까지를 입력한다. '다가구자료' 시트의 A11에 '='을 입력하고 '다가구' 시트의 D17을 선택하면, A11에는 다음과 같은 수식이 입력된다.

▶ 다가구자료!A11 : =다가구!D17

다시 A11을 선택하여 채우기 핸들을 이용하여 A20까지 복사한다.
C22에 다음과 같이 수식을 입력한다.

▶ 다가구자료!C22 : =주택용저압!A5

다시 C22를 선택하여 E28까지 채우기 핸들을 이용하여 복사한다.

❷ 각 가구의 전기 사용량을 다가구자료 시트에 복사하기 위해 C2에 다음과 같이 입력한다.

▶ 다가구자료!C2 : =다가구!A5

C2를 선택하고 채우기 핸들을 이용하여 G2까지 수식을 복사하면 각 가구의 전기 사용량이 B2:F2에 입력될 것이다.

B2셀을 선택하고 다음과 같이 입력한다.

▶ 다가구자료!B2 : =다가구!E7

▶ A2 : 자동이체

A3에 '**구분**'이라고 입력하고, A4에 **1단계**라고 입력한 후 **채우기 핸들**을 이용하여 A9까지 6단계를 입력한다.

A22를 선택하여 '**=다가구!A17**'을 입력하고 이를 B24까지 복사하여 특별감액에 관한 값을 입력한다.

A26을 선택하여 마찬가지 방법으로 **전력산업기반기금**에 관련된 항목을 수식을 이용하여 복사한다. 마지막으로 A28을 선택하여 **부가가치세**에 관련된 항목을 수식을 이용하여 복사한다.

	A	B	C	D	E	F	G
1	다가구 전기요금 자료						
2	자동이체	TRUE	65 Kwh	95 Kwh	725 Kwh		
3	구분		가구1	가구2	가구3	가구4	가구5
4	1단계		3,581.5 원	5,234.5 원	5,510.0 원		
5	2단계				11,380.0 원		
6	3단계				16,830.0 원		
7	4단계				24,860.0 원		
8	5단계				36,640.0 원		
9	6단계				144,877.5 원		
10							
11	사용요금		3,581.5 원	5,234.5 원	240,097.5 원		
12	기본요금		370.0 원	370.0 원	11,750.0 원		
13	요금합계		3,951.5 원	5,604.5 원	251,847.5 원		
14	특별감액		1,383.0 원	840.7 원			
15	특별감액후 요금		2,568.5 원	4,763.8 원	251,847.5 원		
16	자동이체 할인		25.0 원	47.0 원	2,518.0 원		
17	할인후 요금		2,543.5 원	4,716.8 원	249,329.5 원		
18	부가가치세		254.0 원	472.0 원	24,933.0 원		
19	전력산업기반기금		90.0 원	170.0 원	9,220.0 원		
20	청구금액		2,880.0 원	5,350.0 원	283,480.0 원		
21							
22	특별감액		사용량	기본요금	단위당 요금		
23	70 Kwh	100 Kwh	1 Kwh	370.0 원	55.1 원		
24	35%	15%	101 Kwh	820.0 원	113.8 원		
25			201 Kwh	1,430.0 원	168.3 원		
26	전력산업기반기금		301 Kwh	3,420.0 원	248.6 원		
27		3.70%	401 Kwh	6,410.0 원	366.4 원		
28	부가가치세율		501 Kwh	11,750.0 원	643.9 원		
29		10%					

❸ 먼저 가구1의 전기요금을 생각해 보자. 앞에서는 3개의 열을 이용하여 전기요금을 계산하였으나 이번에는 하나의 열에서 계산해 보자. 더 작은 수의 열을 사용한다는 것은 그만큼 수식이 복잡해진다는 것을 의미한다. 엑셀에서는 특별한 경우를 제

외하고는 복잡한 수식을 피해야 하지만 이번 경우처럼 피할 수 없는 경우도 있다.

가구1의 전기사용량은 C2에 입력되어 있다. 따라서 C4에 입력될 수식은 다음과 같다.

▶ C4 : =MIN(C$2,100)*$E23

이 수식은 C2와 100 중에서 작은 수를 선택하고 여기에 E23을 곱하라는 의미이다. 즉 가구1의 사용량 중 100까지를 100 이하의 단위당 요금인 55.1원을 곱하라는 것이다. C2와 E23에 절대주소를 사용한 이유는 이 수식이 오른쪽으로 복사될 때 주소가 변하지 않게 하기 위해서이다.

❹ C5에 들어갈 수식은 좀 더 복잡하다. 계산되는 값은 전기사용량에서 100을 뺀 값과 100을 비교하여 작은 값에 E24를 곱해 주면 되지만 0보다 작아서는 안 된다. 이를 수식으로 표현하면 다음과 같다.

▶ C5 : =MAX(MIN(C$2-100, 100)*$E24, 0)

이 수식에서 MIN(C$2-100, 100)*$E4 부분은 사용량에서 100을 뺀 값과 100을 비교하여 작은 값에 E24를 곱한다는 의미이다. 앞의 MAX 함수는 C2에서 100을 뺀 값이 음수인 경우에는 0을 반환하게 한다. 이를 이용하면 C5 셀에 나타나는 결과 값이 음수가 되는 것을 방지할 수 있다. 이처럼 MAX 함수를 이용하면 IF 함수를 이용하는 것보다 간편하게 수식을 작성할 수 있다. E24에 절대주소를 사용한 이유는 이 수식들을 왼쪽으로 복사하기 위해서이다.

=MAX(number1,number2,...)
값들 중에서 가장 큰 값을 반환한다.
숫자의 개수는 30개까지 사용할 수 있다.

❺ 비슷한 방법으로 C6에는 다음과 같은 수식을 입력한다.

▶ C6 : =MAX(MIN(C$2-200, 100) * $E25, 0)

이는 C5의 수식과 거의 비슷하고 사용량에서 100 대신 200을 뺀 것만 다르다.

❻ 마찬가지 방법으로 C7과 C8에 각각 다음과 같은 수식을 입력한다.

▶ C7 : =MAX(MIN(C$2-300, 100) * $E26, 0)

▶ C8 : =MAX(MIN(C$2-400, 100) * $E27, 0)

❼ 마지막으로 C9에는 나머지 사용량을 모두 계산해야 하므로 다음과 같은 수식을 입력한다.

▶ C9 : =MAX((C$2-500) * $E28, 0)

❽ 이제는 C4:C9을 선택하고 **채우기 핸들**을 이용하여 G9까지 복사한다.

❾ 워크시트의 많은 부분이 0 값이 계산되어 있으므로 0 값이 나타나지 않게 하기 위해 메뉴의 **Excel 옵션** 대화상자를 불러낸 다음, **고급** 메뉴를 선택하여 '0 값이 있는 셀에 0 표시'의 체크를 제거한다.

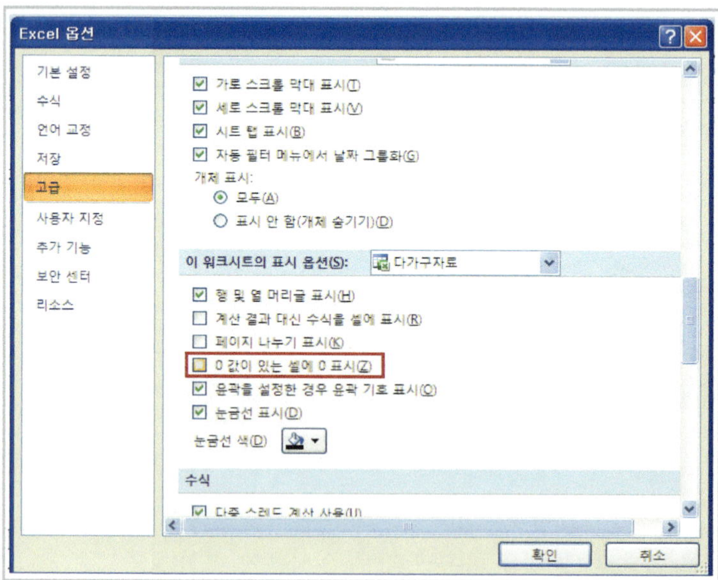

지금까지 작업한 내용은 화면에 다음과 같이 나타난다.

	A	B	C	D	E	F	G
1	다가구 전기요금 자료						
2	자동이체	TRUE	65 Kwh	95 Kwh	725 Kwh		
3	구분		가구1	가구2	가구3	가구4	가구5
4	1단계		3,581.5 원	5,234.5 원	5,510.0 원		
5	2단계				11,380.0 원		
6	3단계				16,830.0 원		
7	4단계				24,860.0 원		
8	5단계				36,640.0 원		
9	6단계				144,877.5 원		

❿ '주택용저압' 시트의 F13:F22를 선택하고 복사하여 '다가구자료' 시트의 C11에 붙여 넣은 수식 중 C11, C12, C14, C16, C18, C19 셀의 수식을 다음 아래와 같이 수정한다.

C11	=SUM(C4:C9)
C12	=IF(C$2=0,0,VLOOKUP(C$2,$C$23:$E$28,2))
C13	=C11+C12
C14	=IF(C$2<=$A$23,$A$24,IF(C$2<=$B$23,$B$24,0))*C13
C15	=C13−C14
C16	=TRUNC(MIN(IF($C$2,0.01,0)*C15, 5000),0)
C17	=C15−C16
C18	=ROUND(C17*$B$29,0)
C19	=TRUNC(C17*$B$27,−1)
C20	=TRUNC(C17+C18+C19,−1)

C11의 수식은 **사용요금 합계**를 구한 것이고, C12의 수식은 **기본요금**을 계산한 것이다. 기본요금을 구하는 수식에 IF 함수를 추가한 것은 사용량이 0인 경우(전기를 사용하지 않은 경우)에는 기본요금을 계산하는 VLOOKUP 함수가 찾고자 하는 값이 0이 되어 표의 좌측 열에서 처음 시작하는 값보다 작아 오류를 일으키기 때문이다.

특별감액을 계산하는 C14의 수식은 복잡해 보이지만 절대주소를 사용한 점만 다를 뿐, 수식의 내용은 전과 동일하다. 이제는 C11:C20을 **선택**하여 **채우기 핸들**을 이용해 G20까지 복사한다. 지금까지 3가구의 전기요금을 동시에 계산한 결과는 다음과 같다. 가구 수를 추가하기 위해서는 단지 복사를 더하면 된다.

	A	B	C	D	E	F	G
1	다가구 전기요금 자료						
2	자동이체	TRUE	65 Kwh	95 Kwh	725 Kwh		
3	구분		가구1	가구2	가구3	가구4	가구5
4	1단계		3,581.5 원	5,234.5 원	5,510.0 원		
5	2단계				11,380.0 원		
6	3단계				16,830.0 원		
7	4단계				24,860.0 원		
8	5단계				36,640.0 원		
9	6단계				144,877.5 원		
10							
11	사용요금		3,581.5 원	5,234.5 원	240,097.5 원		
12	기본요금		370.0 원	370.0 원	11,750.0 원		
13	요금합계		3,951.5 원	5,604.5 원	251,847.5 원		
14	특별감액		1,383.0 원	840.7 원			
15	특별감액후 요금		2,568.5 원	4,763.8 원	251,847.5 원		
16	자동이체 할인		25.0 원	47.0 원	2,518.0 원		
17	할인후 요금		2,543.5 원	4,716.8 원	249,329.5 원		
18	부가가치세		254.0 원	472.0 원	24,933.0 원		
19	전력산업기반기금		90.0 원	170.0 원	9,220.0 원		
20	청구금액		2,880.0 원	5,350.0 원	283,480.0 원		
21							
22	특별감액		사용량	기본요금	단위당 요금		
23	70 Kwh	100 Kwh	1 Kwh	370.0 원	55.1 원		
24	35%	15%	101 Kwh	820.0 원	113.8 원		
25			201 Kwh	1,430.0 원	168.3 원		
26	전력산업기반기금		301 Kwh	3,420.0 원	248.6 원		
27		3.70%	401 Kwh	6,410.0 원	366.4 원		
28	부가가치세율		501 Kwh	11,750.0 원	643.9 원		
29		10%					

다가구 시트에서 스크롤 막대를 이용하여 각 가구의 전기 사용량에 다양한 값을 입력하고 계산 결과를 살펴보자. 제대로 계산이 되었는가?

3. 가구별 분담금액의 결정

이제는 전체 가구의 전기요금과 가구별 전기요금이 계산되었으므로 이를 이용하여 가구별 분담금액을 결정해야 한다.

❶ **'다가구' 시트**를 선택하고 A30:C30에 다음과 같이 입력한다.

▶ A30 : 가구구분

▶ A31 : 단독요금

▶ A32 : 분담금액

❷ **A3:E3**를 선택하여 **복사**한 다음, **B30을 선택하여 붙여 넣는다**. B31부터 F31에는 '다가구자료' 시트에서 계산된 가구별 단독요금이 입력되어야 하므로 B31에 다음과 같이 입력한다.

▶ B31 : =다가구자료!C20

다시 B31 셀을 선택하고 채우기 핸들을 이용하여 F31까지 수식을 복사한다. G31에는 각 가구의 단독요금 합계를 계산한다.

▶ G31 : =SUM(B31:F31)

❸ **B32:F32**에는 **분담금액**이 계산되어야 하므로 B32에 다음과 같이 입력한다.

▶ B32 : =B31/$G$31*$F$26

이 수식의 의미는 B31의 값을 각 가구 단독요금의 합계로 나누고 여기에 전체 요금을 곱한다는 것이다. 절대주소를 사용한 이유는 이를 오른쪽으로 복사하기 위해서이다. 이제 B32를 F32까지 채우기 핸들을 이용해 복사한다.

❹ 마지막으로 **G32**에는 **자동합계를 이용해 분담요금의 합계를 계산**한다. 이 합계가 F26의 청구금액과 일치하는가? 각 가구의 전기 사용량에 다양한 값을 입력하고 그 결과를 살펴보자. 계산 결과가 정확한가?

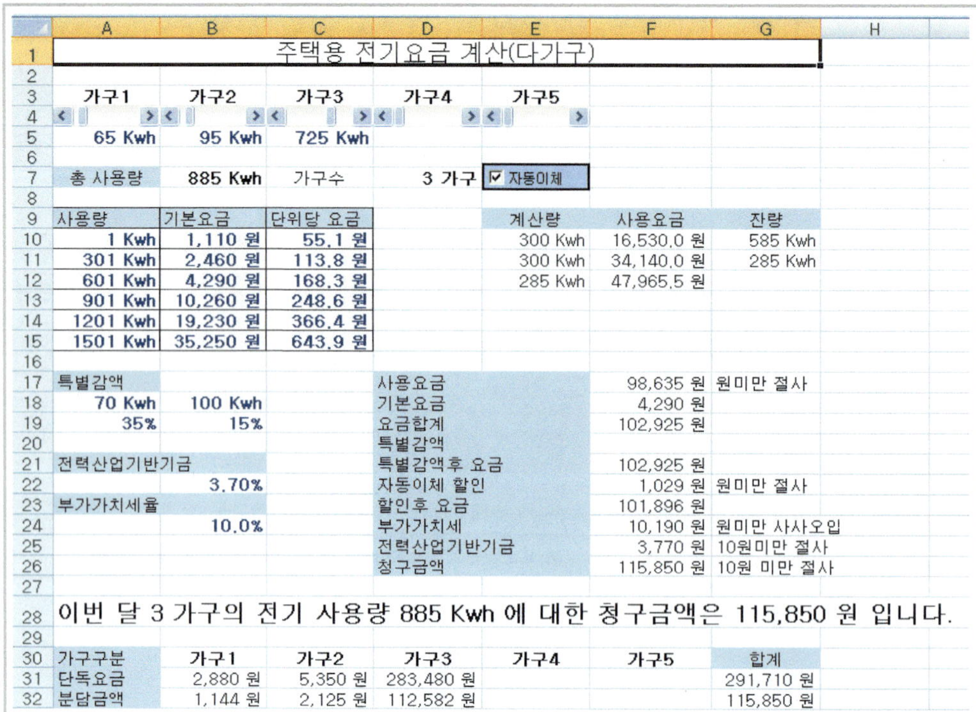

	A	B	C	D	E	F	G	H
1	주택용 전기요금 계산(다가구)							
2								
3	가구1	가구2	가구3	가구4	가구5			
4								
5	65 Kwh	95 Kwh	725 Kwh					
6								
7	총 사용량	885 Kwh	가구수	3 가구	☑ 자동이체			
8								
9	사용량	기본요금	단위당 요금		계산량	사용요금	잔량	
10	1 Kwh	1,110 원	55.1 원		300 Kwh	16,530.0 원	585 Kwh	
11	301 Kwh	2,460 원	113.8 원		300 Kwh	34,140.0 원	285 Kwh	
12	601 Kwh	4,290 원	168.3 원		285 Kwh	47,965.5 원		
13	901 Kwh	10,260 원	248.6 원					
14	1201 Kwh	19,230 원	366.4 원					
15	1501 Kwh	35,250 원	643.9 원					
16								
17	특별감액			사용요금		98,635 원	원미만 절사	
18	70 Kwh	100 Kwh		기본요금		4,290 원		
19	35%	15%		요금합계		102,925 원		
20				특별감액				
21	전력산업기반기금			특별감액후 요금		102,925 원		
22		3.70%		자동이체 할인		1,029 원	원미만 절사	
23	부가가치세율			할인후 요금		101,896 원		
24		10.0%		부가가치세		10,190 원	원미만 사사오입	
25				전력산업기반기금		3,770 원	10원미만 절사	
26				청구금액		115,850 원	10원 미만 절사	
27								
28	이번 달 3 가구의 전기 사용량 885 Kwh 에 대한 청구금액은 115,850 원 입니다.							
29								
30	가구구분	가구1	가구2	가구3	가구4	가구5	합계	
31	단독요금	2,880 원	5,350 원	283,480 원			291,710 원	
32	분담금액	1,144 원	2,125 원	112,582 원			115,850 원	

이번 예제에서 배운 내용은 다음과 같다.

- 함수
  COUNTIF, MAX
- 중첩 함수 사용하기
- 다른 시트의 값을 이용하여 계산하기

엑셀 오류 사례

자동변환으로 유전자 명칭이 날짜로

유전자 연구에 있어서 엑셀에서 유전자 명칭을 입력하면 일부 유전자 명칭이 다른 데이터로 자동으로 변환되는 것을 발견했다. 예를 들어 SEPT2라고 입력하면 자동으로 날짜로 변경된다. 이 문제는 날짜 형식으로 저장되고 엑셀에 저장되는 값은 숫자이다. 이렇게 날짜로 자동 변환되는 유전자 명칭은 최소 30가지 이상으로 Riken 식별자를 포함하면 2000개가 넘는다. 이러한 변환은 되돌릴 수 없고 원래 의도했던 유전자 명칭은 영원히 복구할 수 없다.

http://www.biomedcentral.com/1471-2105/5/80에서 인용

EXERCISE

연습문제

01 Part 04 폴더의 연습문제 폴더에서 '이름자료.XLS' 파일을 열어보자.

이름자료 시트에는 우리나라 사람들의 성씨의 비율과 학생 1,300여 명의 이름을 조사하여 나타난 이름의 빈도와 성별을 포함하고 있다. 이를 이용하여 무작위로 이름과 성별을 생성하는 수식을 만들어 보자. 각 성씨와 이름은 빈도에 맞도록 추출되어야 할 것이다. 예를 들어 생성된 이름 중 21.6%는 김씨 성을 가져야 할 것이고, 빈도가 높은 이름이 추출되는 확률이 높아야 할 것이다.

02 주민등록번호에 대해 알아보자.

주민등록번호는 생년월일을 나타내는 앞자리 6개의 숫자와 성별, 지역코드, 신고 순서 그리고 오류를 방지하는 검증 숫자 등을 나타내는 뒷자리 7개의 숫자로 구성되어 있다. 생년월일은 년, 월, 일을 각각 두 자릿수로 표시하여, 880518이면 88년 5월 18일 출생을 나타낸다.

성별은 1900년대 출생한 사람 중 남자는 1, 여자는 2, 2000년대에 출생한 사람 중 남자는 3, 여자는 4, 그리고 1800년대에 출생한 사람 중 남자는 0, 여자는 9를 부여한다.

지역코드는 전국에 3,700여 개의 동사무소를 나타내는 코드로 네 자릿수로 구성되어 있다.

EXERCISE

연습문제

뒷자리의 6번째 숫자는 같은 날 동사무소에 출생신고를 한 순서로 대개 1-4의 숫자로 되어 있다.

마지막 검증 숫자를 계산하는 것은 약간 복잡하다. 이 숫자는 주민등록번호의 각 숫자에 2-9의 숫자를 곱하여 합계를 구하고 이를 11로 나누어 나머지를 구하고 나머지 숫자를 11에서 뺀 결과의 1단위를 구하여 사용한다.

예를 들어 주민등록번호 앞 12자리가 610712-155123으로 구성되어 있으면, 다음과 같이 계산된다.

주민등록번호	6	1	0	7	1	2	1	5	5	1	2	3	합계
곱하는 숫자	2	3	4	5	6	7	8	9	2	3	4	5	
결과	12	3	0	35	6	14	8	45	10	3	8	15	159

위의 합계 159를 11로 나누면 나머지는 5가 된다. 다시 11에서 이 나머지 숫자를 빼고, 그 결과의 1단위 숫자만 구하면 11-5=6이 된다.

그러므로 이 경우의 주민등록번호는 610712-1551236이 된다. Part 04 폴더의 연습문제 폴더에 '주민번호.XLS' 파일을 열어 보자. 이 파일에는 무작위로 만들어진 주민등록번호의 12자리만 입력되어 있다. 위의 계산 방법에 의해 주민등록번호의 검증숫자를 구해 보자.

03 최근에는 자녀수가 3명 이상인 가구에 대해서는 다음과 같은 전기요금 혜택을 제공하고 있다.

EXERCISE

연습문제

	원래 요금	다자녀 요금
0~100	1단계	→ 1단계
101~200	2단계	→ 2단계
201~300	3단계	→ 3단계
301~400	4단계	→ 3단계
401~500	5단계	→ 4단계
501~600	6단계	→ 5단계
601 이상	6단계	→ 6단계

– 변경된 내용을 현재 작성된 주택용 전기요금 계산에 적용해 보자.

Chapter 05

전기요금 계산기

우리는 앞에서 여러 가지 형태의 전기요금을 계산해 보았다. 실제로 한국전력 사이버 지점에서 제공하고 있는 전기요금의 종류에는 주택용 저압, 주택용 고압, 일반용, 산업용, 교육용, 심야전기 그리고 주택수가구가 있다. 이번에는 도량형 변환기와 같이 모든 종류의 전기요금을 계산해 주는 계산기를 만들어 보자.

1. 도형 작성 및 하이퍼링크 지정

❶ 먼저 Part 04 폴더에서 **'전기요금-전체.XLS'**를 불러낸 다음, 빠른 실행 도구 메뉴의 **다른 이름으로 저장**을 선택하여 **'전기요금 계산기'**라는 이름으로 **저장**한다.

불러낸 파일은 각종 전기요금을 계산하는 워크시트를 모두 포함하고 있으므로 계산은 추가로 필요하지 않고 이를 사용자들에게 보여주는 인터페이스만 잘 구성하면 전기요금 계산기를 작성할 수 있다.

이번에는 하이퍼링크를 이용하여 계산기를 만들어 보자. 하이퍼링크는 인터넷에서 파일들을 연결하는 방법으로 익숙하게 사용하고 있지만 엑셀에서도 활용할 수 있다. 엑셀에서는 웹상의 하이퍼링크뿐만 아니라 엑셀의 워크시트나 파일 간에 하이퍼링크를 이용하면 워크시트 간의 이동이나 파일 간의 이동을 쉽게 할 수 있다.

❷ 시트 탭에서 단축메뉴를 이용하여 새로운 **워크시트를 삽입**하고 새로운 시트의

이름을 '**표지**'라고 입력한다.

❸ **그리기 메뉴 삽입-도형에서** 직사각형( )을 선택하여 **A1:G1에 직사각형을 그려 넣는다.** 그려진 **직사각형을 선택한 상태에서 삽입**의 텍스트 상자( )를 클릭하여 직사각형에 다음의 문장을 입력한다.

▶ **텍스트** : "**전기요금을 계산합니다. 원하시는 전기요금을 선택하세요.**"

도형을 선택하면 그리기 도구 메뉴의 서식을 선택한다. **서식 탭**에서 **도형 효과-그림자**를 선택한 후 **바깥쪽**에서 **오프셋 대각선 오른쪽 아래**를 선택한다.

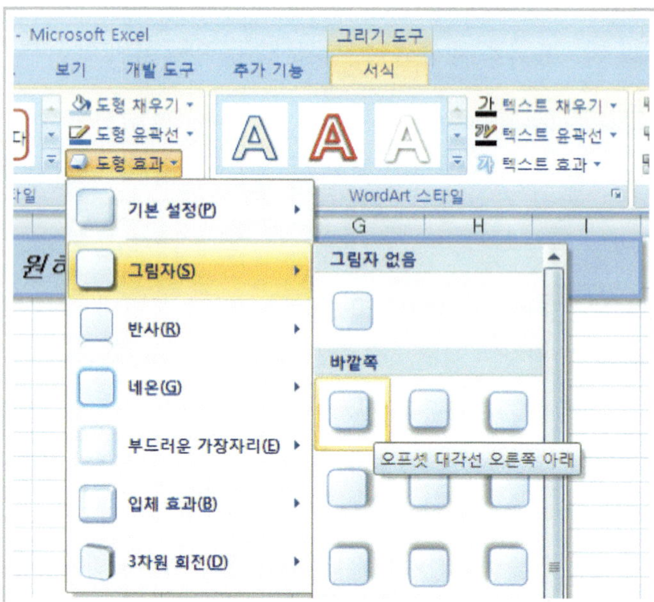

❹ 단축메뉴에서 **도형 서식**을 선택하여 **오른쪽 버튼을 클릭하면 미니 도구 모음**이 나타난다. 서식 대화상자의 글꼴 탭에서 **글꼴 크기를 16**으로 **글꼴 스타일**을 **굵은 기울임꼴**로 선택하고, **맞춤 탭**에서 가로에 **가운데 맞춤**을 선택한다.

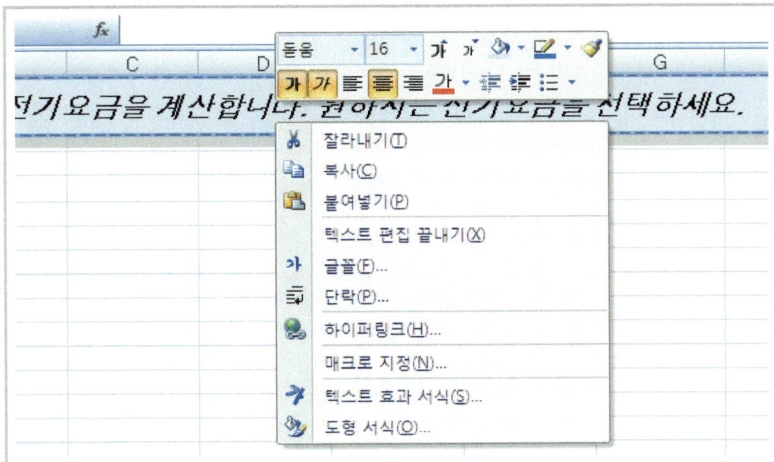

또한 마우스 오른쪽 버튼을 클릭하여 도형 서식 대화상자를 불러낸 다음 대화상자의 채우기 탭에서 도형의 채우기 색을 '파랑, 강조1, 80% 더 밝게' 로 선택한 후, 선 스타일 탭에서 선 너비를 2pt로 지정한다.

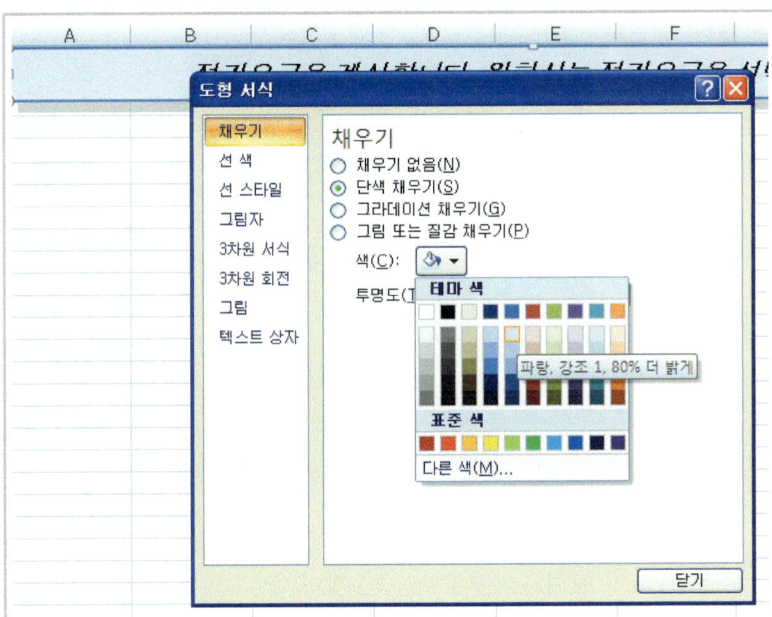

❺ 그리기 도구 모음의 직사각형( )을 선택하여 워크시트의 B4에 그려 넣고 텍스트를 '주택용 저압'이라고 입력한다. 글꼴의 크기를 14로, 가운데 맞춤을 선택한다. 도형 채우기는 대화상자의 채우기 탭에서 도형의 채우기 색을 '빨강, 강조1, 80% 더 밝게'로 선택한다.

❻ 주택용 저압을 선택하여 복사하고 붙여넣기를 6번 반복한다. 복사된 도형들을 선택하여 적당한 위치에 옮기고 각각의 텍스트를 '주택용 고압', '주택용 다가구', '일반용', '산업용', '교육용', '심야전기'라고 입력한다. 이때 도형들을 쉽게 정렬하기 위해서는 정렬하고자 하는 도형들을 Ctrl 키를 이용하여 선택하고 그리기 도구 메뉴-서식 탭의 맞춤버튼을 이용한다.

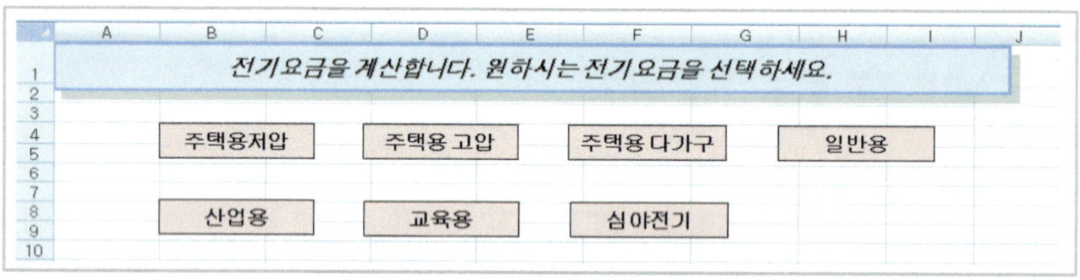

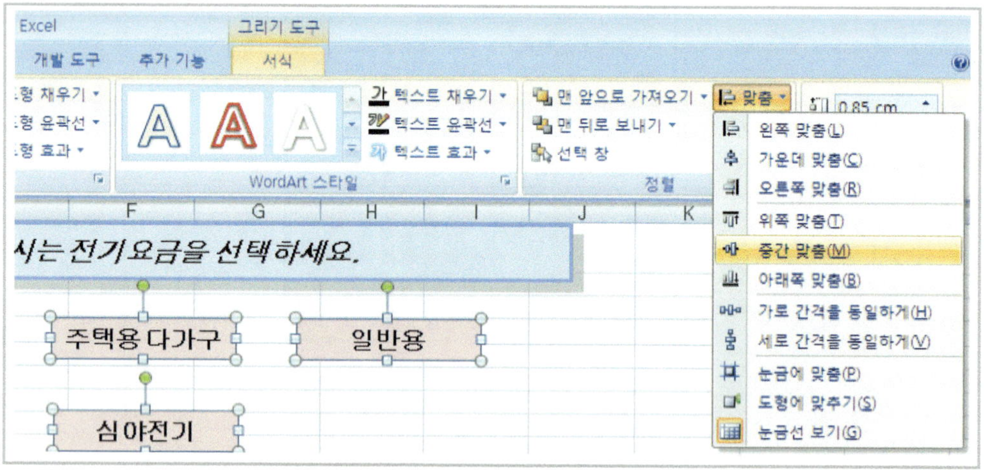

이제 각 도형을 클릭하면 해당하는 워크시트로 이동하도록 하이퍼링크를 지정하자.

❼ '주택용 저압' 도형을 선택하고 빠른 실행 단축메뉴에서 하이퍼링크를 선택하여 하이퍼링크 삽입 대화상자를 불러낸다.

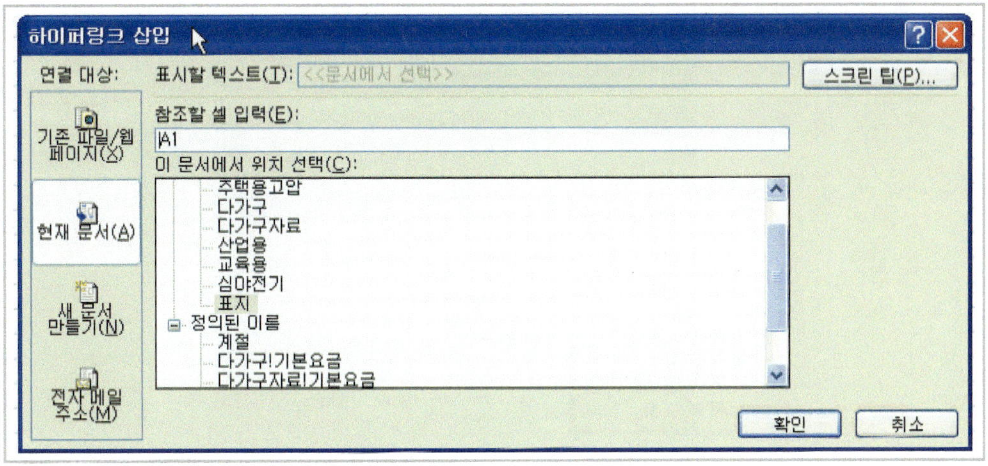

연결 대상에 현재 문서를 선택하고 '이 문서에서 위치 선택'에 주택용 저압 시트를 선택한다. 스크린 팁을 선택하여 하이퍼링크 스크린 팁 설정 대화상자가 나타나면 다음과 같이 입력한다.

▶ 스크린 팁 : "주택용 저압 전기요금을 계산합니다."

참조할 셀 입력은 A1으로 지정한다.

지정을 마치고 다른 셀을 클릭한 다음, 주택용 저압 도형을 선택하면 '주택용 저압' 시트의 A1 셀이 선택되어 있을 것이다.

❽ 사용자가 '주택용 저압' 시트를 선택하면 입력해야 할 내용을 설명하는 메시지를 셀의 메모를 이용하여 추가한다. 주택용 저압 시트의 A1 셀을 선택한 상태에서 단

축메뉴를 이용해 **메모 삽입**을 선택하여 메모가 나타나면 다음과 같이 **수정**한다. 입력된 내용에 맞게 메모의 크기를 조정한다. 다시 단축메뉴에서 **메모 표시**를 선택하여 **항상 메모가 화면에 표시되도록 지정**한다.

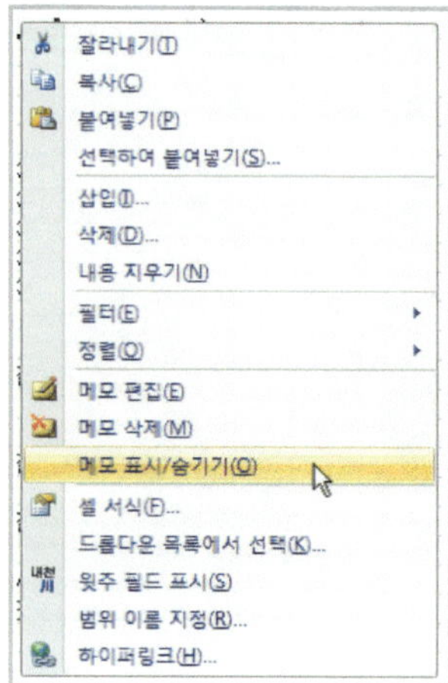

사용자가 '주택용 저압' 시트에서 표지 시트로 쉽게 이동할 수 있도록 하이퍼링크가 입력된 도형을 다시 작성해 보자.

❾ **표시된 메모 오른편에 직사각형**을 그려 넣고 **'표지로 돌아가기'**라고 문자열을 **입력**한 다음 적당하게 **글꼴을 지정**한다. 단축메뉴에서 **하이퍼링크를 선택**하여 하이퍼링크 삽입 대화상자가 나타나면 **현재의 문서 중**에서 **표지 시트**를 선택하고 **스크린 팁**에 **"표지로 돌아갑니다."**를 입력한다.

▶ 스크린 팁 : "표지로 돌아갑니다."

❿ **이 도형을 복사**하여 **주택용 고압, 다가구, 일반용, 산업용, 교육용, 심야전기 시트에 붙여 넣는다. 각 시트의 A1에 메모를 삽입**하고 메모의 내용과 크기를 각각의 시트에 적절하게 다음과 같이 입력한다. 이때 **메모의 모양을 변경**하고자 할 때는 **메모를 선택하고 그리기 도구 메뉴의 그리기 탭에서 도형 편집-도형 모양 변경**을 선택하면 다양한 형태의 메모를 만들 수 있다.

일반용, 산업용, 교육용 시트

계약전력
계절
역률
자동이체 여부
사용량을
입력하세요.

심야전기

계절
자동이체 여부와
사용량을
입력하세요.

주택용 다가구

가구별 사용량과
자동이체 여부를
입력하세요

⓫ 표지 시트로 돌아가서 각 도형에 적절한 하이퍼링크와 스크린 팁을 지정하여 도형을 선택하면 해당 워크시트를 선택하도록 한다.

⓬ 이 상태를 사용자가 쉽게 변경할 수 없도록 하기 위해서는 시트 보호와 통합문서 보호를 이용하면 된다. 통합문서의 보호를 위해서는 검토 메뉴의 통합문서 보호-구조 및 창 보호를 선택하여 보호할 대상에 구조를 선택하고 암호를 입력한다.

이제는 사용자가 도형의 하이퍼링크만으로 시트를 선택하고 계산에 필요한 수치를 입력할 수 있을 뿐, 통합문서의 구조를 변경할 수 없다.

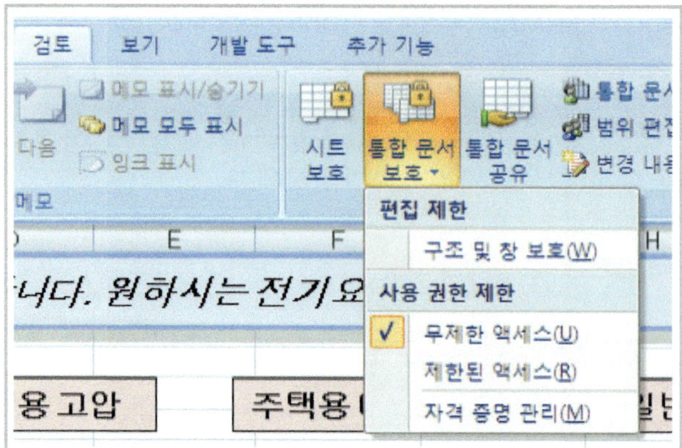
검토
보기
개발 도구
추가 기능
메모 표시/숨기기
메모 모두 표시
잉크 표시
다음
메모
시트 보호
통합 문서 보호
통합 문서 공유
통합 문서
범위 편집
변경 내용
편집 제한
구조 및 창 보호(W)
사용 권한 제한
무제한 액세스(U)
제한된 액세스(R)
자격 증명 관리(M)

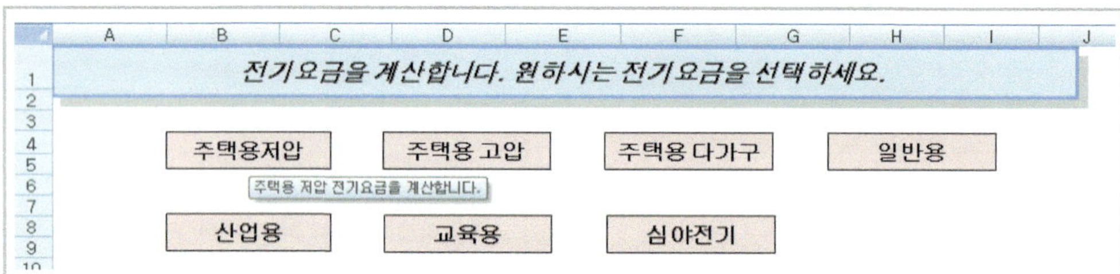
전기요금을 계산합니다. 원하시는 전기요금을 선택하세요.
주택용저압
주택용 고압
주택용 다가구
일반용
주택용 저압 전기요금을 계산합니다.
산업용
교육용
심야전기

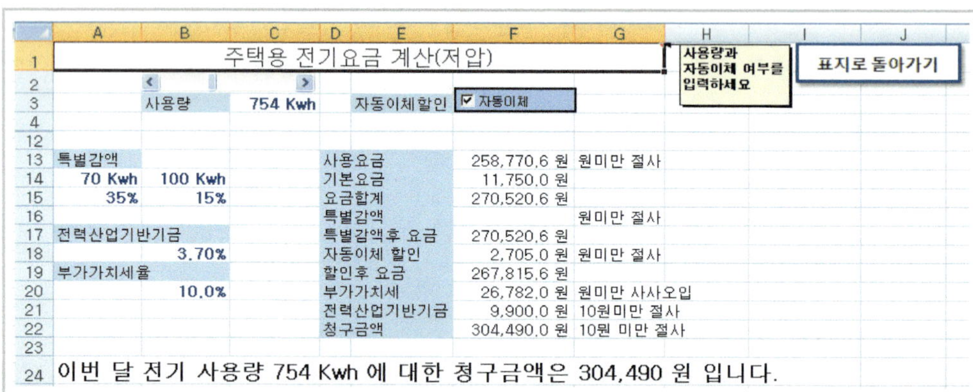
주택용 전기요금 계산(저압)
사용량과 자동이체 여부를 입력하세요
표지로 돌아가기
사용량
754 Kwh
자동이체할인
자동이체
특별감액
70 Kwh
100 Kwh
35%
15%
전력산업기반기금
3.70%
부가가치세율
10.0%
사용요금 258,770.6 원 원미만 절사
기본요금 11,750.0 원
요금합계 270,520.6 원
특별감액 원미만 절사
특별감액후 요금 270,520.6 원
자동이체 할인 2,705.0 원 원미만 절사
할인후 요금 267,815.6 원
부가가치세 26,782.0 원 원미만 사사오입
전력산업기반기금 9,900.0 원 10원미만 절사
청구금액 304,490.0 원 10원 미만 절사
이번 달 전기 사용량 754 Kwh 에 대한 청구금액은 304,490 원 입니다.

이번 장에서 배운 내용은 다음과 같다.

- 하이퍼링크 사용하기
- 도형 그리기, 도형 조작
- 메모 삽입, 메모 편집, 메모 조작
- 통합문서 보호

엑셀 오류 사례

위조된 스프레드시트로 소송 자료를 조작하다

휘발유 가격담합 혁의로 휘발유 유통업자들을 수백만 달러에 기소한 호주의 공정관리위원회가 일부 조사관들이 증거의 일부를 조작하였다고 실토함으로써 기소를 취하하게 되었다. 공정관리 위원회는 Geelong 지역의 휘발유 소매상들이 1999년부터 2000년까지 가격을 올리기 위해 담합했다는 주유소 종업원들의 증언을 대규모 스프레드시트를 이용해 관리해 왔다. 공정관리위원회의 책임조사관인 Jane Edwards는 부하 조사관 중의 한 명이 스프레드시트의 데이터의 일부를 의도적으로 잘라내서 붙임으로써 증거를 조작했다고 시인했다.
Jane Edwards는 그 조사관이 이 사건에서 승소하기 위해 매우 열성적이었으며 자신이 사용하는 방법을 다른 사람들은 모를 것이라고 생각했다고 말했다. 이러한 방법으로 공정관리 위원회가 기소하기에는 특정 기간 동안의 가격변동에 대한 부족한 자료를 복사해서 사용하려고 했으나 발각되고 말았다.

http://www.theage.com.au/articles/2005/11/09/1131407702080.html에서 인용

EXERCISE

연습문제

01

Part 04 폴더의 연습문제 폴더에서 '철도요금표.XLS'를 불러내고 이를 이용하여 출발지와 도착지를 입력하면 요금을 자동으로 계산해 주는 계산기를 만들어 보자.

※데이터를 행과 열을 바꿔서 복사하기 위해서는 데이터를 복사한 후, 단축메뉴에서 선택하여 붙여 넣기를 선택하고 선택하여 붙여 넣기 대화상자에서 행/열 바꿈을 선택한다.

Chapter 06

사원별 영업실적

최준영 씨는 백악보험 서석지점을 관리하고 있는 지점장이다. 이 지점에서는 10명의 보험설계사를 관리하고 있는데, 설계사 간의 경쟁을 유발하기 위해 매주와 매월의 실적을 차트로 그려서 회의실의 전면에 부착한다. 예전에는 일일이 수작업으로 차트를 작성하였으나 이제는 엑셀을 사용하여 실적을 관리하고 있으므로 차트도 엑셀을 이용하여 작성한다.

하지만 매주 또는 매월 차트를 다시 작성해야 하는 불편함이 있다. 이는 차트에서 지정된 데이터의 영역이 달라지기 때문이다. 실적 데이터의 영역이 증가하더라도 자동으로 인식하여 차트를 작성하는 방법은 없을까? 이번에는 엑셀에서 이름을 지정할 때 함수를 사용함으로써 데이터 영역이 자동으로 변경되는 차트를 작성해 보자.

1. 기본 차트 만들기

❶ Part 04 폴더에서 **'사원별영업실적.XLS'** 파일을 연다. 이 파일에는 10명의 설계사에 대한 1월과 2월의 실적이 기록되어 있다. 각 설계사의 **3월에 해당하는 실적을 다음과 같이 입력해** 보자.

셀주소	D3	D4	D5	D6	D7	D8	D9	D10	D11	D12
입력값	500	2500	1250	1890	1320	3420	580	950	1500	1250

❷ 이제 1월부터 3월까지의 실적을 나타내 주는 차트를 작성해 보자.

A2:D12을 선택하고 빠른 실행 도구 모음에서 **차트 만들기 버튼**을 **클릭**하여 차트 삽입 대화상자를 연 다음, 세로막대형 중 **묶은 세로막대형** 차트를 선택한다.

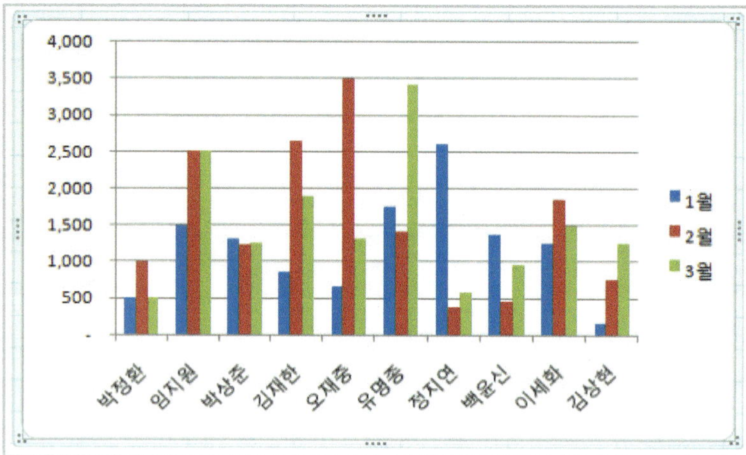

❸ 작성된 차트는 설계사가 X축에 표시되어 있고 월이 범례로 되어 있다. 우리가 작성하려고 하는 차트는 월별 차트이므로 데이터가 변경되어야 한다. **차트의 그림 영역**에 **마우스 포인터**를 **위치**시키고 단축메뉴를 불러 단축메뉴에서 **데이터 선택**을 선택한다.

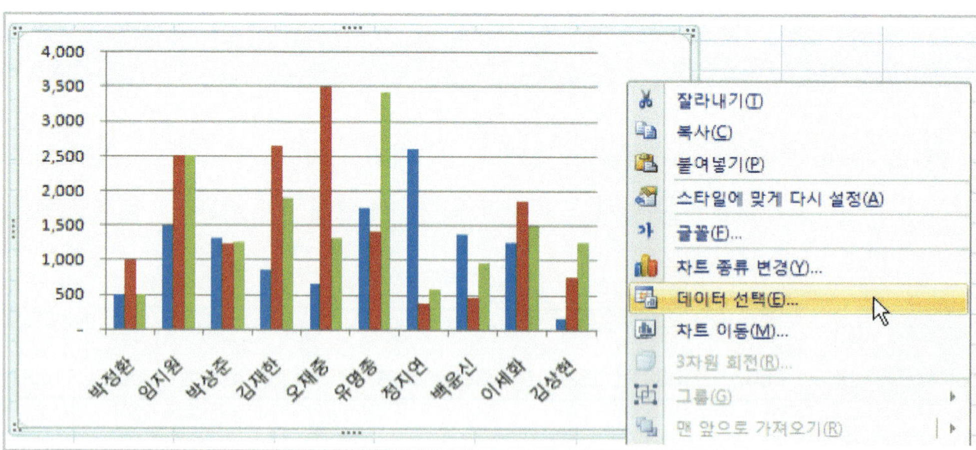

이어 나타난 데이터 원본 선택 대화상자에서 **행열전환 버튼**을 클릭하여 차트 데이터 행열을 바꾼다.

❹ 이번에는 이름을 지정해 보자. A2:D12를 선택하고 **수식** 메뉴의 **정의된 이름** 그룹에서 **선택 영역에서 만들기**를 선택한다.

❺ 이어 나타난 선택 영역에서 이름 만들기 대화상자에서 **왼쪽 열**의 확인란만 표시된 상태에서 **확인** 버튼을 클릭한다.

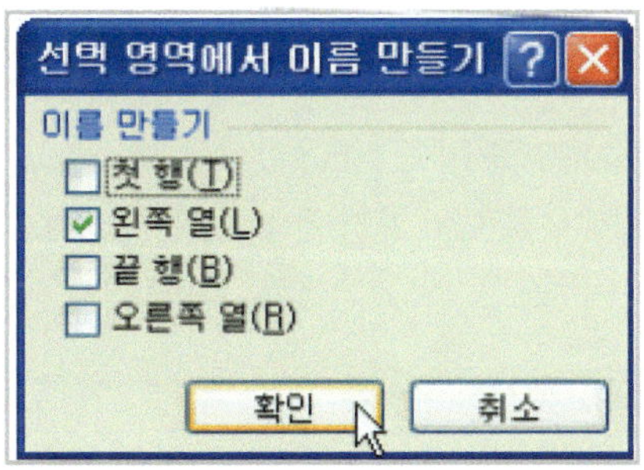

2. OFFSET 함수와 COUNT 함수

이제는 앞에서 생성한 이름들을 함수를 이용하여 데이터의 양에 따라 영역이 변동되는 가변형의 이름으로 변환해 보자. 가변형의 이름을 작성하기 위해서 사용되는 함수는 OFFSET 함수이다. OFFSET 함수는 지정된 위치에서 주어진 행과 열의 거리만큼의 위치에 있는 값을 반환하는 함수로 VLOOKUP, INDEX와 더불어 가장 많이 사용되는 참조함수이다. 먼저 OFFSET 함수에 대한 연습을 해 보자.

❶ H5를 선택하고 여기에 '=OFFSET(A1,3,3)' 라고 입력한다.

▶ H5 : =OFFSET(A1,3,3)

H5에는 A1 셀에서 밑으로 3, 우측으로 3만큼 떨어진 D4셀의 값인 2500이 표시될 것이다.

❷ 다시 H6를 선택하고 '=OFFSET(D8,2,−1)' 라고 입력해 보자. H6에는 D8에서 밑으로 2, 좌측으로 1만큼 떨어진 C10 셀의 값인 450이 표시될 것이다.

OFFSET 함수는 이처럼 하나의 셀 값을 가져올 뿐만 아니라 일정 영역(배열)의 값도 가져올 수 있다.

▶ H6 : =OFFSET(D8,2,−1)

❸ 이번에는 H7에 '=OFFSET(B3,0,0,3,3)' 라고 입력해 보자. H7에는 '#VALUE' 라는 오류 메시지가 나타날 것이다. 이것은 하나의 셀에 여러 값을 표시할 수 없으므로 나타난 오류 메시지이다.

▶ H7 : =OFFSET(B3,0,0,3,3)

❹ 이번에는 H8에 '=SUM(OFFSET(B3,0,0,3,3))' 라고 입력해 보자. H8에는 B3에서 시작해서 밑으로 3칸, 우측으로 3칸에 해당하는 3 * 3 행열의 합인 12,310이 계산되어 나타날 것이다.

▶ H8 : =SUM(OFFSET(B3,0,0,3,3))

❺ 이번에 사용할 또 하나의 함수는 COUNT 함수이다. COUNT 함수는 일정한 영역에서 숫자가 입력된 셀의 개수를 계산해 주는 함수이다.

H10에 '=COUNT(A3:N3)' 라고 입력하면 H10에는 해당 영역 중 숫자가 들어 있는 셀의 개수인 3이 표시될 것이다. H11에는 '=COUNT(3:3)' 이라고 입력해 보자. 이 함수식의 의미는 3번째 행 전체에서 숫자가 들어 있는 셀의 개수를 계산하라는 것이고, 역시 H11에도 3이 표시될 것이다.

▶ H10 : =COUNT(A3:N3)

▶ H11 : =COUNT(3:3)

❻ H12에 '=SUM(OFFSET(B3,0,0,1,COUNT(3:3)))' 라고 입력해 보자. H12에는 2000이라고 나타날 것이다. 위 함수식의 의미는 B3셀에서 한 행 그리고 3번째 행에

서 숫자가 입력된 셀의 개수만큼의 영역에 있는 숫자들의 합계를 계산하라는 것이고, 그 결과 H12에는 2000이 표시된다.

▶ H12 : =SUM(OFFSET(B3,0,0,1,COUNT(3:3)))

❼ 현재 상태에서 E3에 450이라고 입력하면 H12에는 2450이라고 나타날 것이다. 즉, 3번째 행에 새로운 값이 입력되면 그 합계가 자동으로 H12에 계산되도록 되어 있다. 이러한 성질을 이용하면 데이터가 추가로 입력되면 이를 자동으로 포함하는 이름을 작성할 수 있다.

	A	B	C	D	E	F	G	H
1	백악보험 서석지점 영업실적							
2	월	1월	2월	3월	4월	5월	6월	7월
3	박정환	500	1,000	500	450			
4	임지원	1,500	2,500	2,500				
5	박상준	1,320	1,240	1,250				2500
6	김재한	850	2,650	1,890				450
7	오재중	650	3,500	1,320				#VALUE!
8	유명종	1,750	1,420	3,420				12310
9	정지연	2,600	380	580				
10	백윤신	1,375	450	950				4
11	이세화	1,250	1,850	1,500				
12	김상현	150	750	1,250				2450

3. 가변적 이름 만들기

이제 OFFSET 함수와 COUNT 함수의 사용 방법을 익혔으니 이름 관리자에서 OFFSET 함수를 이용하여 이름이 가변적인 영역을 나타낼 수 있도록 수정해 보자.

❶ OFFSET 함수와 COUNT 함수를 익히기 위해 임시로 입력한 E3와 H5:H12의 내용을 지운다.

수식 메뉴의 정의된 이름 그룹에서 이름 관리자를 클릭하여 이름 관리자 대화상자를 활성화한다. 이름 관리자 대화상자에는 지금까지 작성한 이름들의 이름, 값, 참조 대상, 범위들이 나타나 있다.

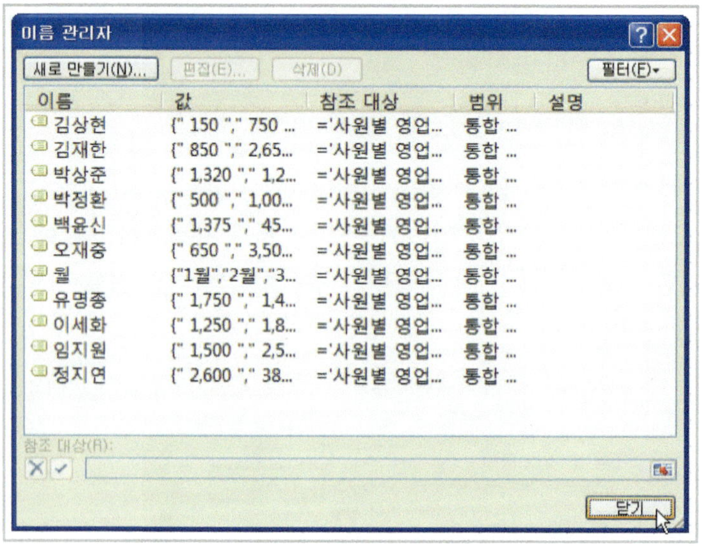

❷ 이제 각 이름들의 참조 대상을 함수식으로 대체해 보자. 첫 번째 이름인 김상현을 선택하면 이름 관리자 하단의 참조 대상의 입력란에 '= '사원별 영업실적'!$B$12:$D$12' 라고 표시되어 있을 것이다.

이 참조 대상을 다음과 같이 수정한다.

▶ =OFFSET('사원별 영업실적'!$B$12,0,0,1,COUNT('사원별 영업실적'!$12:$12))

이 수식을 입력할 때는 포인트 앤드 클릭 방식으로 먼저 '=OFFSET(' 를 입력하고 B12 셀을 클릭한 다음, ',0,0,1,COUNT(' 를 입력하고 다시 12행의 머리글을 클릭한 다음 '))' 를 입력한다. 이때 주의할 사항 중의 하나는 입력 시에 방향키를 사용하면 셀 포인터가 입력된 셀 주소가 자동으로 입력되므로 방향키를 사용하지 말아야 한다. 그리고 함수식을 입력한 뒤에는 엔터 키를 누르거나 입력 버튼을 클릭해 주어야 입력이 완료된다.

❸ 이제 참조 대상이 제대로 입력되었는지 확인하기 위해 이름 관리자 대화상자를 닫고 B14 셀에 '=SUM(김상현)' 이라고 입력해 보자. B14 셀에는 2150이라고 표시될

것이다. 이는 B12:D12에 입력된 값들의 합계가 2,150이기 때문이다.

❹ 이제 나머지 이름들에 대해 위의 수식을 적용해 보자. 다시 **이름 관리자** 대화상자를 열고 이름 중 **김상현을 클릭**하여 **김상현의 참조 대상**을 선택하고 이를 Ctrl+C를 이용하여 **복사**한다. 다시 이름 중 **김재한**을 선택한 다음 **참조 대상을 지우고** Ctrl+C를 이용하여 **붙여 넣은 다음** 일부를 **수정**하여 다음과 같은 수식으로 변경한다.

▶ 김재한 : =OFFSET('사원별 영업실적'!$B$6,0,0,1,COUNT('사원별 영업실적'!$6:$6))

나머지 이름들에 대해서도 다음과 같이 변경한다.

박상준	=OFFSET('사원별 영업실적'!$B$5,0,0,1,COUNT('사원별 영업실적'!$5:$5))
박정환	=OFFSET('사원별 영업실적'!$B$3,0,0,1,COUNT('사원별 영업실적'!$3:$3))
백윤신	=OFFSET('사원별 영업실적'!$B$10,0,0,1,COUNT('사원별 영업실적'!$10:$10))
오재중	=OFFSET('사원별 영업실적'!$B$7,0,0,1,COUNT('사원별 영업실적'!$7:$7))
유명종	=OFFSET('사원별 영업실적'!$B$8,0,0,1,COUNT('사원별 영업실적'!$8:$8))
이세화	=OFFSET('사원별 영업실적'!$B$11,0,0,1,COUNT('사원별 영업실적'!$11:$11))
임지원	=OFFSET('사원별 영업실적'!$B$4,0,0,1,COUNT('사원별 영업실적'!$4:$4))
정지연	=OFFSET('사원별 영업실적'!$B$9,0,0,1,COUNT('사원별 영업실적'!$9:$9))
월	=OFFSET('사원별 영업실적'!$B$2,0,0,1,COUNT('사원별 영업실적'!$3:$3))

❺ 이름들이 제대로 입력되었는지 확인하기 위해 A15에 다음 수식을 입력해 보자.

▶ A15 : =SUM(박정환,임지원,박상준)

A15에 박정환, 임지원, 박상준의 1월, 2월, 3월의 합계인 12,310이 표시되면 이름들이 제대로 정의되었음을 알 수 있다.

4. 차트에 계열 변경하기

❶ 이제는 변경된 이름을 차트에 입력하는 방법에 대해 알아보자. 차트의 첫 번째 계열을 선택하면, 수식 입력줄에 다음과 같이 입력한다.

▶ =SERIES('사원별 영업실적' !$A$3, '사원별 영업실적' !$B$2:$D$2, '사원별 영업실적' !$B$3:$D$3,1)

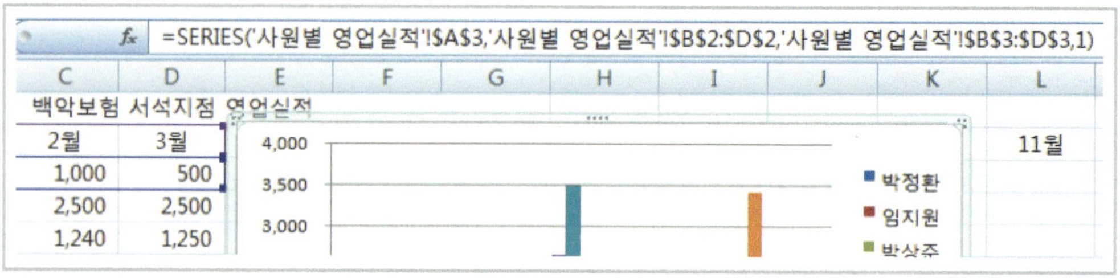

이는 첫 번째 계열 즉, SERIES는 다음과 같이 구성된다는 것이다.

▶ 범례 : '사원별 영업실적' !$A$3

▶ X축 목록 : '사원별 영업실적' !$B$2:$D$2

▶ 데이터 : '사원별 영업실적' !$B$3:$D$3

▶ 계열순서 : 1

❷ 따라서 X축 목록과 데이터를 앞에서 지정한 이름으로 대체하면 된다. 수식 입력줄의 X축 목록의 시트 명 사원별영업실적! 다음에 커서를 위치시키고 '월' 이라고 입력하고 $B$2:$D$2를 지운다.

❸ 다시 데이터의 시트명 사원별영업실적! 다음에 '박정환' 이라고 입력한 후 $B$3:$D$3를 지운 다음 엔터 키를 누른다. 이 과정을 거치면 수식 입력줄의 내용은 다음과 같이 변경된다.

▶ =SERIES(사원별영업실적!$A$3,' 사원별영업실적.xls' !월,' 사원별영업실적.xls' !박정환,1)

이제 첫 번째 계열은 다음과 같이 구성된다.

▶ 범례 : '사원별 영업실적' !$A$3

▶ X축 목록 : 월
▶ 데이터 : 박정환
▶ 계열순서 : 1

이때 X축 목록과 데이터의 이름 앞에 파일명이 자동으로 붙는다.

위와 같은 과정을 나머지 모든 계열에 대해 지정해 주고 나면 차트는 앞에서 부여한 가변적인 영역을 데이터로 갖는 차트가 된다.

임지원	=SERIES('사원별 영업실적'!$A$4, '사원별 영업실적'!$B$2:$D$2, 사원별 영업실적.xls!임지원,2)
박상준	=SERIES('사원별 영업실적'!$A$5, '사원별 영업실적'!$B$2:$D$2, 사원별 영업실적.xls!박상준,3)
김재한	=SERIES('사원별 영업실적'!$A$6, '사원별 영업실적'!$B$2:$D$2, 사원별 영업실적.xls!김재한,4)
오재중	=SERIES('사원별 영업실적'!$A$7, '사원별 영업실적'!$B$2:$D$2, 사원별 영업실적.xls!오재중,5)
유명종	=SERIES('사원별 영업실적'!$A$8, '사원별 영업실적'!$B$2:$D$2, 사원별 영업실적.xls!유명종,6)
정지연	=SERIES('사원별 영업실적'!$A$9, '사원별 영업실적'!$B$2:$D$2, 사원별 영업실적.xls!정지연,7)
백윤신	=SERIES('사원별 영업실적'!$A$10, '사원별 영업실적'!$B$2:$D$2, 사원별 영업실적.xls!백윤신,8)
이세화	=SERIES('사원별 영업실적'!$A$11, '사원별 영업실적'!$B$2:$D$2, 사원별 영업실적.xls!이세화,9)
김상현	=SERIES('사원별 영업실적'!$A$12, '사원별 영업실적'!$B$2:$D$2, 사원별 영업실적.xls!김상현,10)

❹ 차트가 제대로 영역을 표시하는지 확인하기 위해 4월에 해당하는 E3:E12에 다음과 같이 입력해 보자. 차트에는 4월에 해당하는 그래프가 자동으로 추가될 것이다.

셀주소	E3	E4	E5	E6	E7	E8	E9	E10	E11	E12
값	2500	1250	2750	1650	970	1270	2800	1680	2200	1800

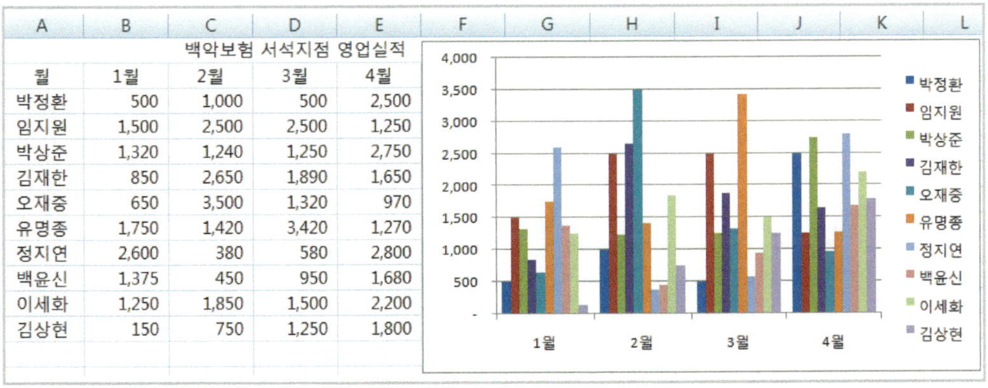

A	B	C	D	E
		백악보험 서석지점 영업실적		
월	1월	2월	3월	4월
박정환	500	1,000	500	2,500
임지원	1,500	2,500	2,500	1,250
박상준	1,320	1,240	1,250	2,750
김재한	850	2,650	1,890	1,650
오재중	650	3,500	1,320	970
유명종	1,750	1,420	3,420	1,270
정지연	2,600	380	580	2,800
백윤신	1,375	450	950	1,680
이세화	1,250	1,850	1,500	2,200
김상현	150	750	1,250	1,800

5. 가변적 순위 차트 만들기

이번에는 각 설계사들의 월 순위를 차트로 만들어 보자. 먼저 **워크시트 삽입** 버튼을 클릭하여 새 시트를 추가하고 **시트명**을 **'월별 순위'**라고 입력한다. 월별 순위 시트의 A1에 **'월별 순위'**라고 입력한다.

❶ 사원별 영업실적 시트에서 사원명과 월을 복사하여 월별 순위 시트의 A2에 붙여 넣는다.

❷ B3에 '순위'라고 입력하고 이를 B12까지 복사한다.

❸ C3에 '=A3&B3'라고 입력한 후 이를 C12까지 채우기 핸들을 이용하여 복사한다.

❹ C3:C12를 복사한 다음 A3에 셀 포인터를 위치시킨 후 단축메뉴에서 선택하여 붙여넣기를 선택하고, **선택하여 붙여넣기** 대화상자의 붙여넣기 목록에서 **값**을 선택하고 확인 버튼을 누른다.

❺ B3:C12의 내용을 지운다. 이 과정을 거치면 A3:A12에는 각 설계사의 이름에 순위가 붙은 목록이 만들어질 것이다.

❻ 이제 각 사원들의 월별 실적 순위를 계산해 보자. 순위를 계산하기 위해서는 RANK라는 함수를 사용한다. B3에 다음과 같이 수식을 입력한다.

▶ B3 : =RANK('사원별 영업실적'!B3, '사원별 영업실적'!B$3:B$12,1)

이 수식의 의미는 사원별 영업실적 시트의 B3에 입력된 값이 사원별 영업실적 시트의 B3:B12의 영역에 있는 숫자들 중 몇 번째인가를 나타낸다. 그리고 마지막에 입력된 1은 큰 값이 큰 순위를 갖도록 지정한 것이다. B3에는 박정환의 실적이 맨 끝에서 2번째이므로 2가 표시된다.

❼ 이제는 이 수식을 B12까지 복사하고, 이를 다시 M12까지 복사해 보자.

B3 =RANK('사원별 영업실적'!B3,'사원별 영업실적'!B$3:B$12,1)

	A	B	C	D	E	F	G	H	I	J	K	L	M
1				월별 순위									
2	월	1월	2월	3월	4월	5월	6월	7월	8월	9월	10월	11월	12월
3	박정환순위	2	4	1	8	#N/A	#N/A	#N/A	#N/A	#N/A	#N/A	#N/A	#N/A
4	임지원순위	8	8	9	2	#N/A	#N/A	#N/A	#N/A	#N/A	#N/A	#N/A	#N/A
5	박상준순위	6	5	4	9	#N/A	#N/A	#N/A	#N/A	#N/A	#N/A	#N/A	#N/A
6	김재한순위	4	9	8	4	#N/A	#N/A	#N/A	#N/A	#N/A	#N/A	#N/A	#N/A
7	오재중순위	3	10	6	1	#N/A	#N/A	#N/A	#N/A	#N/A	#N/A	#N/A	#N/A
8	유명종순위	9	6	10	3	#N/A	#N/A	#N/A	#N/A	#N/A	#N/A	#N/A	#N/A
9	정지연순위	10	1	2	10	#N/A	#N/A	#N/A	#N/A	#N/A	#N/A	#N/A	#N/A
10	백윤신순위	7	2	3	5	#N/A	#N/A	#N/A	#N/A	#N/A	#N/A	#N/A	#N/A
11	이세화순위	5	7	7	7	#N/A	#N/A	#N/A	#N/A	#N/A	#N/A	#N/A	#N/A
12	김상현순위	1	3	4	6	#N/A	#N/A	#N/A	#N/A	#N/A	#N/A	#N/A	#N/A

4월까지는 데이터가 있으므로 각 월별 순위가 나타나지만 5월 이후의 값에는 '#N/A' 라는 오류 메시지가 나타날 것이다. 이는 순위를 계산할 목록이 없으므로 나타난 오류이다. 향후 사원별 영업실적 시트에 각 사원들의 실적만 입력해도 순위가 자동으로 계산되기 위해서는 수식이 이미 입력되어 있어야 한다. 문제는 오류 메시지인데 이를 해결하기 위해서는 오류를 통제하는 함수를 사용한다.

❽ 다시 B3의 함수식을 다음과 같이 변경한다.

▶ B3 : =IFERROR(RANK('사원별 영업실적'!B3, '사원별 영업실적'!B$3:B$12,1),"")

이 수식의 의미는 =RANK('사원별 영업실적'!B3, '사원별 영업실적'!B$3:B$12,1)의 값이 오류이면 " " 즉 아무것도 표시하지 않는다는 것이다. 이제 다시 이 수식을 B3:M12까지 복사한다.

B3 =IFERROR(RANK('사원별 영업실적'!B3,'사원별 영업실적'!B$3:B$12,1),"")

	A	B	C	D	E	F	G	H	I	J	K	L	M
1				월별 순위									
2	월	1월	2월	3월	4월	5월	6월	7월	8월	9월	10월	11월	12월
3	박정환순위	2	4	1	8								
4	임지원순위	8	8	9	2								
5	박상준순위	6	5	4	9								
6	김재한순위	4	9	8	4								
7	오재중순위	3	10	6	1								
8	유명종순위	9	6	10	3								
9	정지연순위	10	1	2	10								
10	백윤신순위	7	2	3	5								
11	이세화순위	5	7	7	7								
12	김상현순위	1	3	4	6								

❾ 이제는 이 자료를 다시 가변적 차트로 작성해 보자.

A3:E12를 **선택**하고 **수식** 메뉴의 **정의된 이름** 그룹에서 **선택한 영역**에서 **만들기**를 선택한 다음 이어 나타난 선택 영역의 이름 만들기 대화상자에서 **왼쪽 열**의 확인란만 표시된 상태에서 확인 버튼을 클릭한다.

❿ 이제 11개의 이름을 OFFSET 함수와 COUNT 함수를 이용하여 가변적 이름으로 다음과 같이 변경한다.

김상현순위	=OFFSET(월별순위!$B$12,0,0,1,COUNT(월별순위!$12:$12))
김재한순위	=OFFSET(월별순위!$B$6,0,0,1,COUNT(월별순위!$6:$6))
박상준순위	=OFFSET(월별순위!$B$5,0,0,1,COUNT(월별순위!$5:$5))
박정환순위	=OFFSET(월별순위!$B$3,0,0,1,COUNT(월별순위!$3:$3))
백윤신순위	=OFFSET(월별순위!$B$10,0,0,1,COUNT(월별순위!$10:$10))
오재중순위	=OFFSET(월별순위!$B$7,0,0,1,COUNT(월별순위!$7:$7))
유명종순위	=OFFSET(월별순위!$B$8,0,0,1,COUNT(월별순위!$8:$8))
이세화순위	=OFFSET(월별순위!$B$11,0,0,1,COUNT(월별순위!$11:$11))
임지원순위	=OFFSET(월별순위!$B$4,0,0,1,COUNT(월별순위!$4:$4))
정지연순위	=OFFSET(월별순위!$B$9,0,0,1,COUNT(월별순위!$9:$9))

⓫ 이제 A2:E12를 선택하고 빠른 실행 도구 모음에서 **차트 만들기** 버튼을 클릭하여 **차트 삽입** 대화상자를 연 다음, 꺾은선형 중 **꺾은선형 차트**를 선택한다.

이어 나타난 **데이터 원본 선택 대화상자**에서 **행열 전환 버튼**을 클릭하여 차트 데이터 행열을 바꾼다.

⓬ 이제는 각 데이터 계열에 이름을 부여해 준다.

먼저 **차트의 그림 영역**에서 **박정환순위 계열**을 **선택**하면 수식 입력줄에 다음과 같이 나타날 것이다.

▶ =SERIES(월별순위!$A$3,월별순위!$B$2:$E$2,월별순위!$B$3:$E$3,1)

위의 계열 수식을 다음과 같이 변경하고 엔터 키를 누른다.

▶ =SERIES(월별순위!$A$3, '사원별 영업실적' !월, 월별순위!박정환순위,1)

그 결과 위의 수식은 다음과 같이 자동으로 변경된다.

▶ =SERIES(월별순위!$A$3, '사원별영업실적.xls' !월, '사원별영업실적.xls' !박정환순위,1)

이제는 나머지 9개의 계열에 대해서도 이름을 부여해야 한다. 나머지 계열에서는 X축 목록은 변경하지 않아도 첫 번째 계열에서 지정한 X축이 자동으로 나타나게 되어 있다.

임지원	=SERIES(월별순위!$A$4,월별순위!$B$4:$E$4, 사원별 영업실적.xls!임지원순위,2)
박상준	=SERIES(월별순위!$A$5,월별순위!$B$5:$E$5, 사원별 영업실적.xls!박상준순위,3)
김재한	=SERIES(월별순위!$A$6,월별순위!$B$6:$E$6, 사원별 영업실적.xls!김재한순위,4)
오재중	=SERIES(월별순위!$A$7,월별순위!$B$7:$E$7, 사원별 영업실적.xls!오재중순위,5)
유명종	=SERIES(월별순위!$A$8,월별순위!$B$8:$E$8, 사원별 영업실적.xls!유명종순위,6)
정지연	=SERIES(월별순위!$A$9,월별순위!$B$9:$E$9, 사원별 영업실적.xls!정지연순위,7)
백윤신	=SERIES(월별순위!A0,월별순위!$B$10:$E$10, 사원별 영업실적.xls!백윤신순위,8)
이세화	=SERIES(월별순위!$A$11,월별순위!$B$11:$E$11, 사원별 영업실적.xls!이세화순위,9)
김상현	=SERIES(월별순위!$A$12,월별순위!$B$12:$E$12, 사원별 영업실적.xls!김상현순위,10)

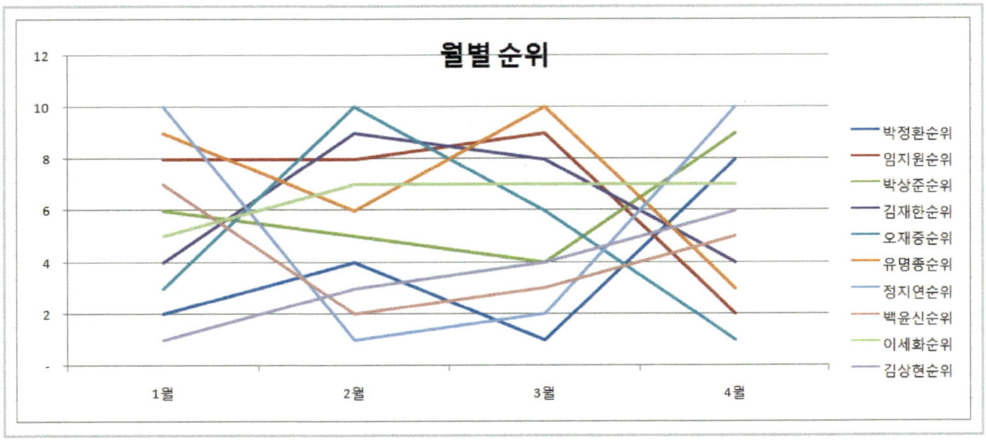

⓭ 이제는 사원별 영업실적 시트로 돌아가 5월의 데이터를 F3:F12에 다음과 같이 입력해 보자.

셀주소	F3	F4	F5	F6	F7	F8	F9	F10	F11	F12
값	1240	2500	1100	2800	950	850	2200	2700	1500	2100

사원별 실적 차트와 월별순위 차트를 확인해 보면 5월까지의 각 설계사에 대한 실적과 순위가 차트에 나타나 있을 것이다.

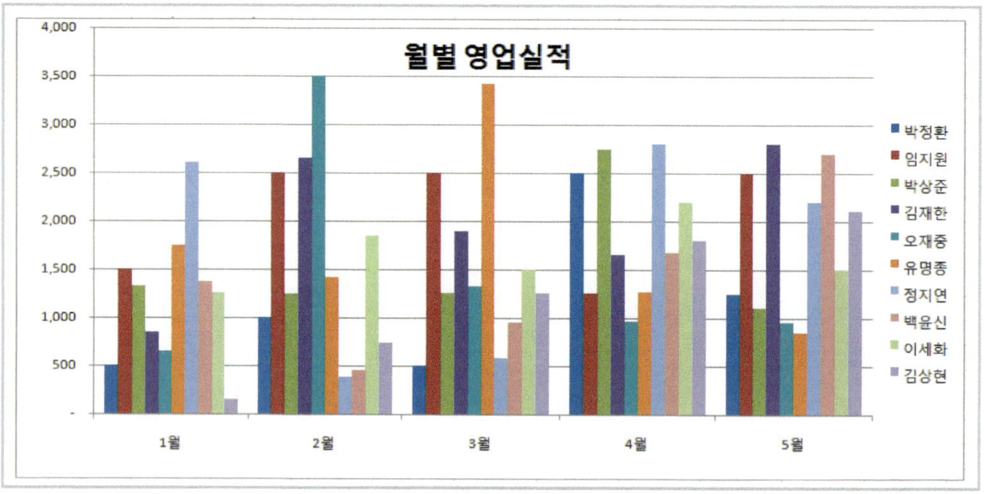

(실적)

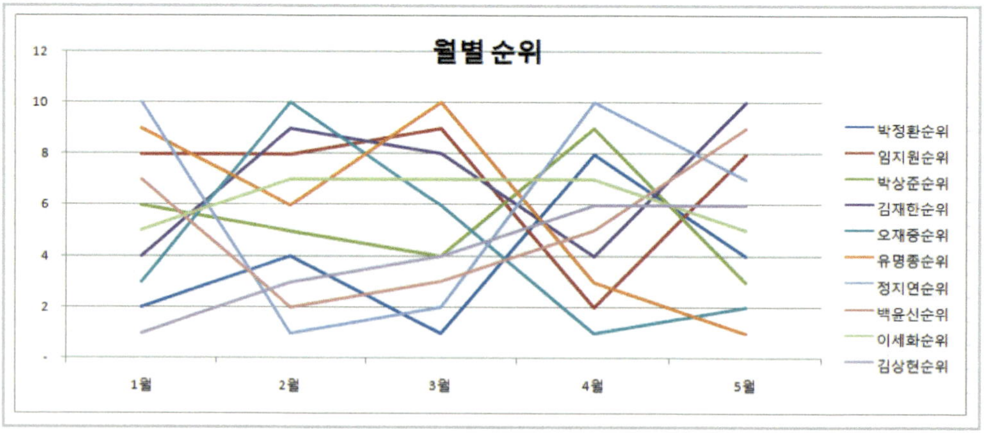

(순위)

EXERCISE

연습문제

01 로또는 1부터 45까지의 숫자 중 6개를 선택하여 6개가 맞으면 1등으로 당첨이 된다.

Rnad( ) 함수를 이용하여 로또번호가 자동으로 발생되어 다음과 같이 표시되는 차트를 작성해 보자. 현재까지 로또번호 중 가장 많이 당첨된 번호는 40으로 33회 당첨되었고, 가장 적게 당첨된 번호는 38로 18회 당첨되었다. 인터넷에서 각 번호에 대한 당첨 횟수를 찾아서 무작위로 로또번호를 발생시키고 각 번호에 대한 당첨 빈도를 보여 주는 차트를 작성해 보자.

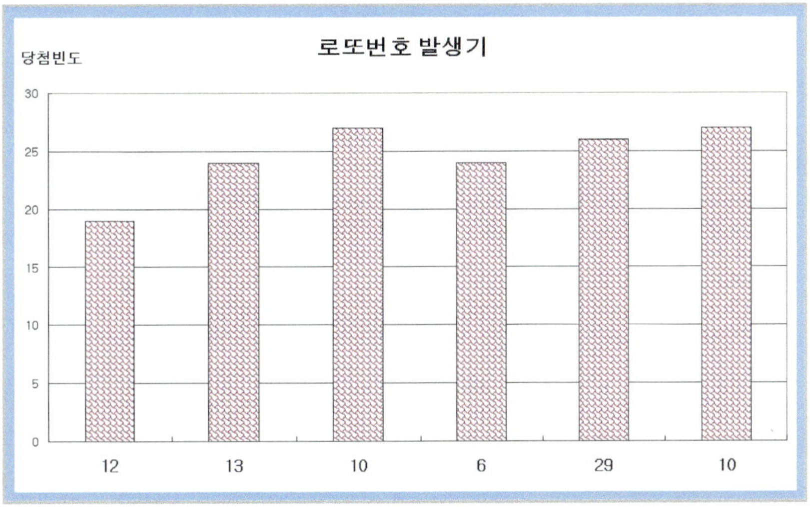

EXERCISE

연습문제

02 사다리타기 게임

- 엑셀의 난수 생성 기능과 차트 기능을 이용하면 고급 사용자가 아니더라도 엑셀에서 간단한 게임을 만들 수 있다. 친구들과 간단한 내기를 할 때 사다리타기 게임을 하는 경우가 많다. 먼저 총 금액이 30,000원이고 참가자가 5명인 사다리타기 게임을 만들어 보자.
- B2에 난수를 생성해 주는 함수인 RAND( )를 사용하고, F9 키를 눌러서 변화를 살펴보자. 또한 순위의 값이 변경될 때마다 1등에는 셀이 빨강색으로 표시되고, 5등에는 셀에 굵은 글꼴로 테두리가 있게 조건부 서식을 이용하여 적용한다.

	A	B	C	D	E	F	G	H	I
1	참가자	난수	순위	조정순위	금액			총금액	30000
2	김삼순	70	3	2	6000			참가자수	5
3	정민호	18	5	4	12000				
4	이철구	26	4	3	9000				
5	박정수	71	2	1	3000				
6	최미경	75	1	0	0				
7									

- 이제 계산 시트에서 만들어진 결과를 차트 기능을 이용하여 그림으로 표시해 보자.

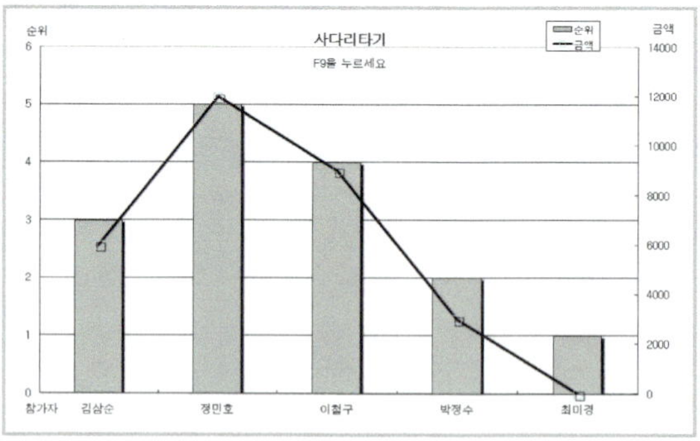

Chapter 07

도량형 변환기

우리나라를 비롯한 대부분의 나라에서는 미터법에 기준한 도량형을 사용하지만, 다른 도량형을 사용하는 나라도 많이 있다. 대표적인 나라가 미국으로 무게를 표시하는 데 파운드나 온스를 사용한다. 우리나라에서도 아직까지 돈, 근, 관을 사용하는 경우가 상당히 있다. 다양한 도량형을 우리가 익숙한 단위로 변환해 주는 계산기를 엑셀을 이용해서 만들어 보자.

도량형 변환 계산기를 작성하기 위해서는 사용자의 입력이 최소화되어야 하므로 사용자가 키 입력을 전혀 하지 않고 결과를 볼 수 있도록 구성해야 할 것이다. 앞에서도 소개가 되었지만 복잡한 프로그램을 하지 않고도 엑셀에서는 양식 도구를 이용하면 거의 프로그램 수준에 달하는 사용자 인터페이스를 구성할 수 있다. 물론 이 경우에도 사용자가 원하는 계산은 사용자에게는 보이지 않는 곳에서 수행되어 그 결과만을 사용자에게 보여 주어야 한다.

1. 표지 만들기

❶ Part 04 폴더에서 **'도량형환산표.XLS'**를 불러온다. '도량형환산표' 시트에는 길이, 무게, 부피, 면적 등 각 도량형의 환산을 위한 표가 작성되어 있다. 이 표를 이용하면 각 도량형의 환산을 쉽게 할 수 있다. 예를 들어 무게의 파운드를 킬로그램으로 환산하고자 하면 무게 표의 파운드 행이 킬로그램 열과 교차하는 셀의 값인 0.45359를 원하는 값에 곱해 주면 된다. 따라서 180파운드는 81.65킬로그램이라는

것을 쉽게 알 수 있다.

하지만 이 계산을 위해서는 원하는 도량형을 표에서 찾아야 하고 환산값을 원래 도량형의 값에 곱해 주어야 한다. 도량형 변환 계산기에서는 이러한 모든 과정이 자동으로 수행되어야 할 것이다. 즉, 원래 도량형의 값과 환산하고자 하는 도량형을 입력하면 환산값을 찾아서 두 수치를 곱한 결과가 화면에 나타나도록 한다. 결국 도량형 변환 계산기는 사용자들이 쉽게 도량형을 환산할 수 있게 사용자 인터페이스만을 구성하면 된다.

❷ 먼저 '도량형환산표' 시트 탭에서 단축메뉴를 불러 삽입을 선택하고 **워크시트**를 **삽입**한다. 새로 삽입된 워크시트의 **이름을 '표지'** 라고 변경하고 표지 시트의 B2 셀에 '도량형을 자동으로 환산합니다.' 라고 입력한다.

▶ B2 : 도량형을 자동으로 환산합니다.

❸ B4:F4에 각각 다음과 같이 입력한다.

▶ B4 : 종류
▶ C4 : 에서
▶ D4 : 으로
▶ E4 : 값
▶ F4 : 환산 값

	A	B	C	D	E	F	G
1							
2		도량형을 자동으로 환산합니다.					
3							
4		종류	에서	으로	값	환산 값	
5							

❹ H1:H5를 선택하여 각각 종류, 길이, 무게, 부피, 면적이라고 입력한 다음 H1:H5를 **선택**하고 **수식** 메뉴의 **정의된 이름** 그룹의 **'선택 영역에서 이름 만들기'** 를 선택하여 **첫 행**에 확인된 상태에서 확인하여 H2:H5에 **종류**라는 이름을 부여한다.

▶ H1 : 종류

▶ H2 : 길이

▶ H3 : 무게

▶ H4 : 부피

▶ H5 : 면적

▶ 종류 : H2:H5

❺ 다시 '도량형환산표' 시트를 선택하고 **수식** 메뉴의 **정의된 이름** 그룹의 '**이름 정의**'를 선택하여 '**새 이름**' 대화상자를 부른다. '새 이름' 대화상자의 **이름란**에 '**길이**'라고 입력한 다음, **참조 대상란에 커서를 위치**시키고 도량형환산표의 길이 도량형의 종류가 나열되어 있는 A4:A13을 선택한다.

참조 대상에는 '=도량형환산표!$A$4:$A$13' 이라고 입력될 것이다.

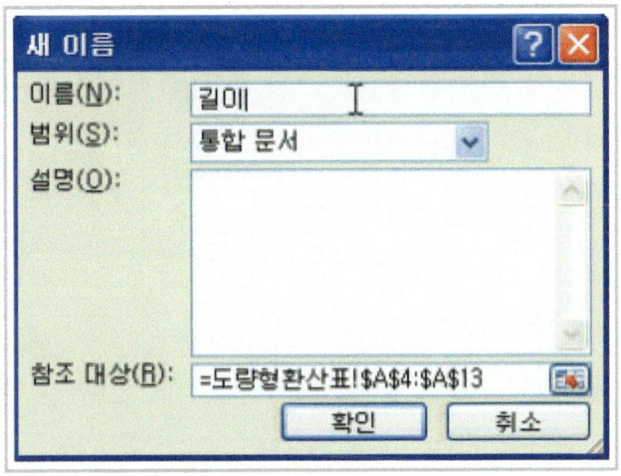

❻ **추가** 버튼을 클릭하여 이름을 추가하고, 다시 **이름란**에 '**길이1**'이라고 입력한 다음, **참조 대상의 란**에 커서를 위치시키고 길이 도량형의 환산표가 입력되어 있는 B4:K13을 선택한다.

참조 대상에는 '=도량형환산표!$B$4 :$K$13' 이라고 입력될 것이다. 다시 추가 버튼을 클릭하면 길이1이 정의된다. 이제 길이에는 길이의 종류가 지정되고, 길이1에는 길이의 환산표가 정의되었다.

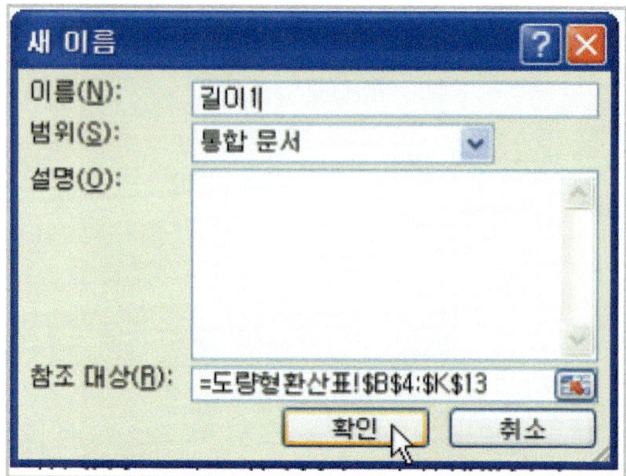

❼ 마찬가지 방법으로 무게, 부피, 면적에 대해 각각 무게, 무게1, 부피, 부피1, 면적, 면적1의 이름을 부여한다.

❽ 지금까지의 작업으로 작성된 이름을 확인하기 위해서는 표지 시트의 빈 셀인 A6을 선택하고 수식 메뉴의 정의된 이름 그룹에서 수식에서 사용–이름 붙여넣기를 선택하여 이름 붙여넣기 대화상자를 부른 다음 목록 붙여넣기 버튼을 클릭하면 다음과 같은 목록이 자동으로 A6 셀 아래에 표시된다.

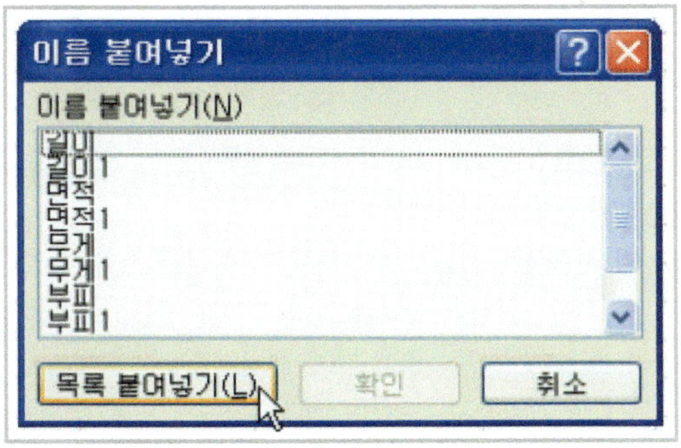

종류	=표지!$H$2:$H$5
길이	=도량형환산표!$A$4:$A$13
길이1	=도량형환산표!$B$4:$K$13
면적	=도량형환산표!$A$42:$A$50
면적1	=도량형환산표!$B$42:$J$50
무게	=도량형환산표!$A$17:$A$25
무게1	=도량형환산표!$B$17:$J$25
부피	=도량형환산표!$A$29:$A$38
부피1	=도량형환산표!$B$29:$K$38

자동으로 생성된 이름 목록이 정확한지 확인하고 나서 내용을 지운다. 이제는 기초적인 준비 작업은 완료되었다.

2. 사용자 인터페이스

표지에 입력된 '종류'는 도량형의 종류를, '에서'는 환산하고자 하는 도량형을, '으로'는 결과로 나타날 도량형을 의미한다. 또 값은 원래 도량형의 값을 의미한다. 이제 B5에 종류를 자동으로 선택할 수 있는 목록이 나타나도록 해야 할 것이다. 이러한 경우에 쉽게 사용할 수 있는 것이 콤보상자이다.

❶ 도구 모음이 표시된 영역에서 메뉴 **개발 도구**의 **컨트롤** 그룹의 **삽입-양식**을 선택한다. 양식 도구 모음에서 콤보상자(▦)를 선택하여 그리기 상태가 되면 [Alt] 키를 누른 상태에서 B5 셀의 좌측상단에서부터 우측하단으로 콤보상자를 그려 넣는다.

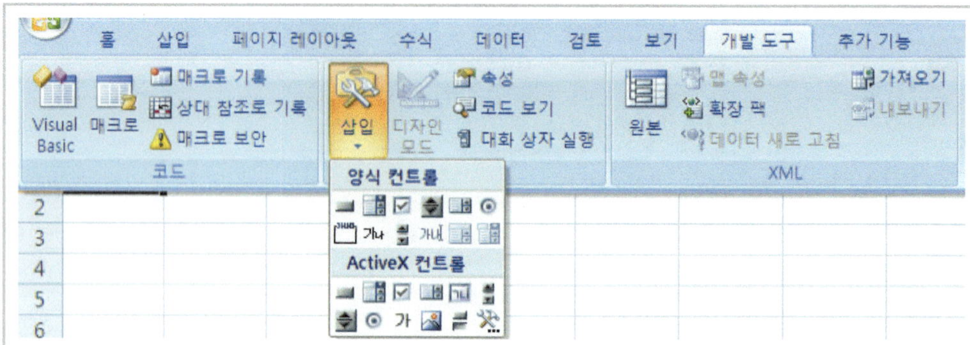

❷ 콤보상자에서 **'컨트롤 서식'** 대화상자를 부른다. '컨트롤 서식' 대화상자의 **입력 범위**에 **'종류'**라고 입력하고, **셀 연결**에는 **$B$5**, **표시 줄 수**에는 4를 입력한 후 확인한다.

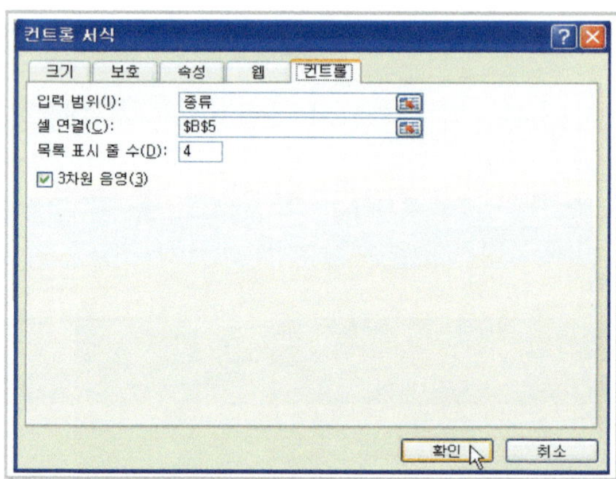

다른 셀을 선택한 다음, 콤보상자의 우측 확대 버튼에 마우스를 위치시키면 마우스 포인터의 모양이 손가락 모양으로 변하고, 이 상태에서 종류 목록에 있는 한 종류를 선택할 수 있다.

이때 B5에는 선택된 목록의 순서만 입력된다는 점에 유의해야 한다. 즉, 길이가 선택되면 B5에는 1이 자동으로 입력되고, 부피를 선택하면 3이 자동으로 입력된다.

이번에는 '에서'와 '으로'도 종류와 마찬가지로 콤보상자를 이용하여 쉽게 처리하고 싶다. 하지만 종류에서 선택된 도량형에 따라 콤보상자의 목록이 달라져야 한다는 문제가 있다. 예를 들어 종류에서 길이를 선택하면 '에서' 목록에는 센티미터, 미터 등 길이에 대한 목록만 나타나야 하고, 무게를 선택하면 그램, 킬로그램 등 무게에 관한 목록만 나타나야 한다는 것이다.

이를 해결하는 데 사용되는 함수가 INDIRECT이다. 이 함수는 =INDIRECT(ref)의 형식으로 사용되며, 셀 주소나 이름으로 부여된 ref의 값을 보여 주는 기능을 한다.

=INDIRECT(참조)
텍스트 문자열로 지정된 참조를 반환한다. 참조가 바로 계산되어 해당 내용이 표시된다.

예를 들어 표지 시트의 B5에 A3라고 입력하고, B6에는 =INDIRECT(B5)라고 입력하면, B6에는 A3에 입력된 종류가 표시된다. 즉, B5에서 지정하고 있는 셀의 값을 간접적으로 표시하는 것이다. INDIRECT 함수의 이러한 기능은 이름이나 유효성 검사와 결합되어 유용하게 사용될 수 있다.

❸ 이제는 INDIRECT 함수를 사용할 수 있는 준비를 해 보자. 먼저 I1을 선택하여 '=INDEX(종류, B5)'라고 입력한다. I1에는 종류의 콤보상자에서 선택한 목록의 이름이 나타날 것이다.

▶ I1 : =INDEX(종류, B5)

=INDEX(배열, 행 번호, 열 번호)
배열에서 행 번호와 열 번호로 지정된 값을 반환한다.

INDEX 함수는 지정된 배열에서 원하는 값을 찾을 때 사용된다. 예를 들어 길이 도량형 환산값이 입력되어 있는 길이1 영역에서 3행과 5열이 교차하는 값을 찾고자 할 때는 다음과 같이 입력한다.

▶ =INDEX(길이1, 3, 5)

INDEX 함수는 열이나 행만으로 이루어진 1차원의 배열에서도 사용될 수 있다.

❹ I2를 다시 선택하여 '=I1&1' 라고 입력한다. I2에는 I1의 값에 1을 덧붙인 문자열이 나타날 것이다. 따라서 I2에 나타난 값도 콤보상자에서 선택한 값에 의해 달라지는 도량형 종류의 환산값을 지정하는 이름을 나타낸다.

▶ I2 : =I1&1

❺ 마지막으로 **수식** 메뉴의 **정의된 이름** 그룹의 **이름 정의**를 선택하여, 새 이름 대화상자에서 이름란에 **'선택'** 이라고 입력하고 **참조 대상**에 **'=INDIRECT(표지!$I$1)'** 이라고 입력한다.

▶ 선택 : =INDIRECT(표지!$I$1)

이렇게 정의하면 선택은 종류에서 선택된 목록이 지정하는 영역을 나타낼 것이다.

❻ 이제 **양식 도구 모음**에서 콤보상자( )를 선택하고, **C5**에 **콤보상자를 그려 넣은 다음, 컨트롤 서식** 대화상자를 불러 **입력 범위**에 '**선택**'을, **셀 연결**에 **C5**를, **표시 줄 수**에 **4**를 입력한다.

❼ **다른 셀을 선택**하고 나서 **'에서'** 의 콤보상자에 나타나는 목록을 살펴보면, 종류에서 선택된 목록에 따라 '에서' 에서 나타나는 목록이 달라진다는 것을 알 수 있다.

❽ 같은 방법으로 **'으로'** 에 **해당되는 콤보상자를 D5에 그리고, 컨트롤 서식** 대화상자에서 **입력 범위**에 **선택을**, **셀 연결**에 **D5를**, **표시 줄 수**에 **4를** 입력한다.

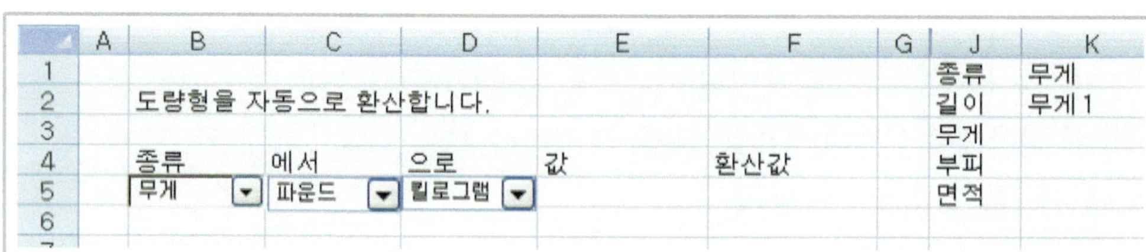

❾ 값을 자동으로 입력하기 위해 **양식 도구 모음의 스크롤 막대( )**를 선택하고 [Alt] 키를 **누른 상태에서 E6에 그려 넣고, 컨트롤 서식** 대화상자를 부른다. 컨트롤 서식 대화상자에서 **최소값에 1을, 최대값에 1000을, 증분 변경에 1, 페이지 변경에 10을, 셀 연결에 E5를** 각각 입력한 후 확인한다.

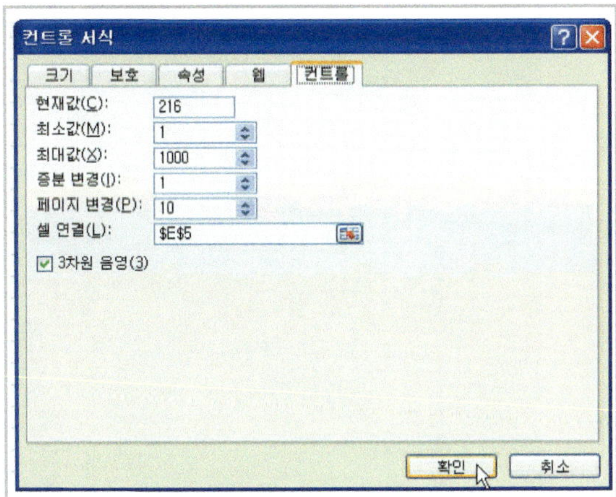

마지막으로 환산값을 계산해야 한다. 환산값은 '에서' 콤보상자와 '으로' 콤보상자에서 선택된 도량형에 해당되는 환산치에 E5의 값을 곱한다. 이때에는 앞에서와 같이 INDEX 함수를 사용하면 쉽게 해결할 수 있다. 다만 환산치를 찾는 영역이 콤보상자의 선택에 따라 달라지므로 이를 고려해야 하는 문제가 있다. 하지만 이 문제도 INDIRECT 함수를 사용하면 쉽게 해결된다.

❿ 결과적으로 F5에는 '=INDEX(INDIRECT(I2),C5,D5) * E5' 라고 입력한다.

▶ F5 : =INDEX(INDIRECT(I2),C5,D5) * E5

이 수식의 의미는 I2에 나타난 영역에서 '에서'의 행과 '으로'의 열에 해당하는 위치의 환산값을 찾아서 E5 값을 곱해 주라는 것이다. I2에는 종류를 선택하는 콤보상자에서 지정한 도량형 종류의 환산값을 포함한 영역의 이름이 입력되어 있다. 따라서 위의 수식은 '에서' 도량형에서 '으로' 도량형으로 계산하는 환산값을 E5에 입력된 값에 곱하여 결과를 나타낸다.

⓫ 이제 다양한 도량형과 값을 입력하여 원하는 결과가 나오는지 확인해 보자. 계산이 제대로 수행되는 것을 확인하고 나서, **빠른 실행 도구 모음**의 **확대/축소**에서 **200%**를 **선택하거나**, **보기 메뉴**의 확대/축소( )를 선택한다. 다시 **표지 시트 전체**를 선택하고, **홈 메뉴**의 **글꼴 그룹**에서 **채우기 색**을 선택한 다음 '**흰색, 배경 1, 25% 더 어둡게**'를 선택해 보자. 이렇게 만들면 사용자는 키 입력 없이 자동으로 원하는 도량형을 계산할 수 있다.

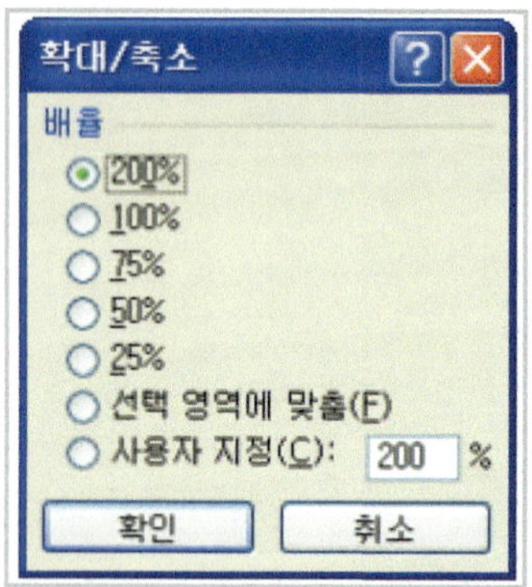

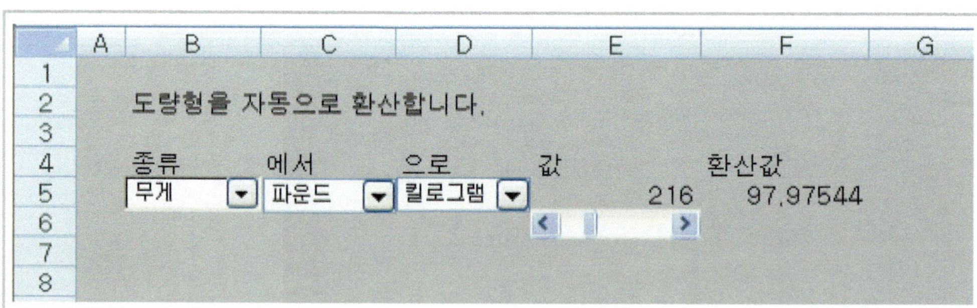

도량형 변환기는 원하는 도량형에 대해 환산값을 제공할 것이다. 하지만 보다 완벽한 도량형 변환기가 되기 위해서는 스크롤 막대에서 입력한 값이나 환산값에 사용

자가 선택한 단위가 표시되어야 할 것이다. 예를 들면 사용자가 인치에서 센티미터로 도량형을 환산하고자 할 때, 스크롤 막대에는 입력된 값에 인치의 단위가 나타나야 하고, 환산값에는 센티미터가 나타나야 할 것이다. 이를 위해서는 몇 가지의 추가적인 조작이 필요하다.

⓬ 우선 I3에 '에서'에서 선택한 도량형이 나타나도록 다음과 같은 수식을 입력한다.

▶ I3 : =INDEX(INDIRECT(I1),C5)

I4에는 '으로'에서 선택한 도량형이 나타나도록 다음과 같은 수식을 입력한다.

▶ I4 : =INDEX(INDIRECT(I1),D5)

⓭ 스크롤 막대의 셀 연결을 E5에서 J1으로 수정한다. 역시 F5에 입력된 수식을 J2로 이동하여 J2에 환산값이 나타나도록 한다. J3에는 '에서'에서 선택된 도량형의 서식을 표시하기 위해 다음과 같이 입력한다.

▶ J3 : ="#,##0.0## "&I3

J4에도 '으로'에서 선택된 도량형의 서식을 표시하기 위해 다음과 같이 입력한다.

▶ J4 : ="#,##0.0## "&I4

위의 두 수식은 각각 '에서'와 '으로'에서 선택된 도량형을 표시하기 위한 셀 서식을 문자열로 나타낸 것이다.

⓮ 마지막으로 E5와 F5에는 TEXT 함수를 이용하여 다음과 같이 입력한다.

▶ E5 : =TEXT(J1,J3)
▶ F5 : =TEXT(J2,J4)

이제는 사용자가 선택한 도량형의 종류에 따라 표시되는 단위가 달라질 것이다.

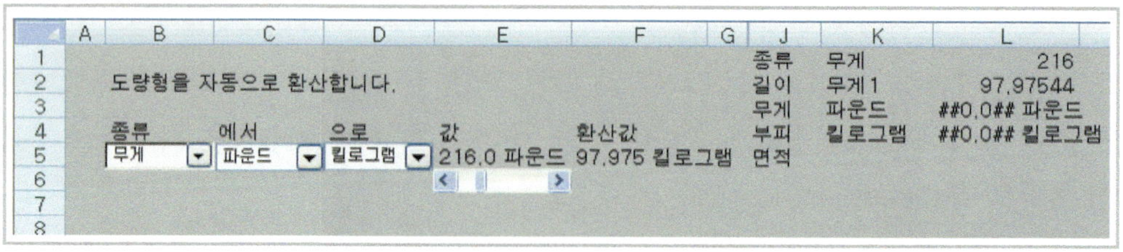

3. 시트 꾸미기

사용자들이 원하지 않는 실수를 저지르는 것을 방지하기 위해 다음과 같은 보호조치를 취해 보자.

❶ 먼저 사용자들이 복잡한 계산 내용을 알지 못하도록 시트 탭을 감추기 위해, **도량형환산표 시트**를 **선택**한 다음, **홈 메뉴**의 **셀 그룹**에서 **서식**을 선택한 후 **표시 유형**의 **숨기기 및 숨기기 취소 버튼**을 클릭하여 **숨기기**를 하면, 도량형환산표 시트가 숨겨진다.

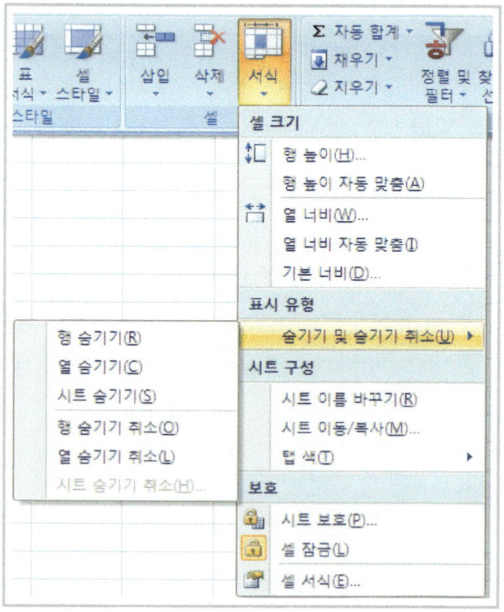

❷ 다시 Excel **옵션**을 선택하여 옵션 대화상자를 불러서, **고급** 탭의 **통합 문서의 표시 옵션**에서 **모든 선택을 취소**하고, **워크시트 표시 옵션**에서도 **모든 선택을 취소**한 다음 **확인**을 선택하면 화면이 도량형만을 계산하는 계산기처럼 변경될 것이다.

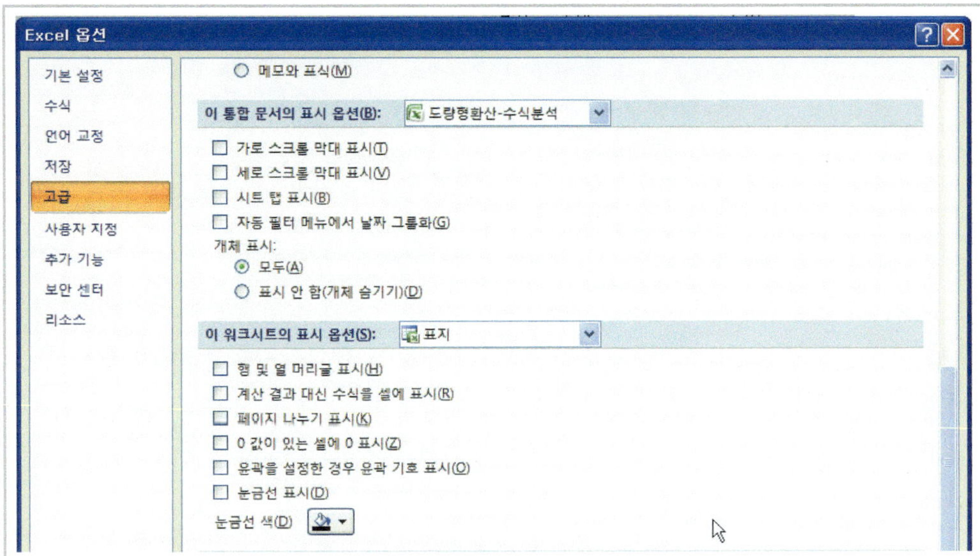

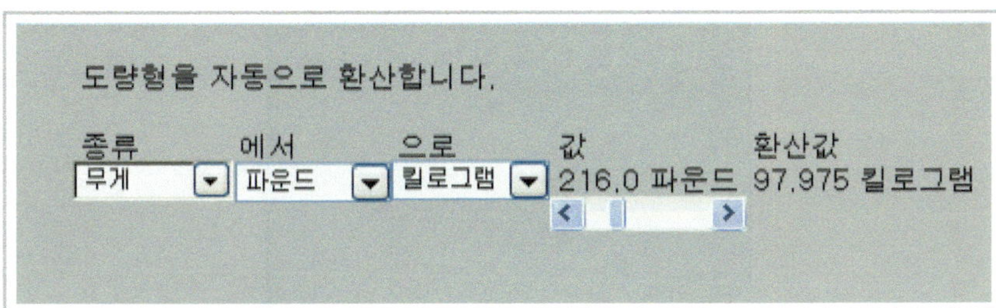

이처럼 만들어진 도량형변환기를 다른 사용자가 변경하는 것을 방지하기 위해 보호조치를 취해 보자.

❸ 메뉴의 **검토**에서 변경 내용 그룹의 **통합 문서 보호**를 선택하여 통합 문서 보호 대화상자를 부른 다음, **보호할 대상**에 **구조**를 선택하고 **암호**를 **입력**한다. 암호 확인

대화상자에서 동일한 암호를 다시 입력하면 위에서 조작한 엑셀의 구조를 암호를 알지 않고서는 변경할 수 없다.

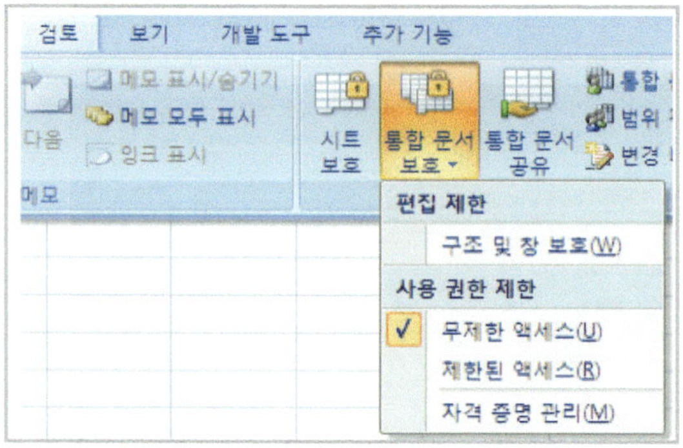

❹ 다시 B5:E5를 선택하여 단축메뉴에서 **셀 서식** 대화상자를 부르고, **보호** 탭을 선택한 다음 **보호의 선택을 취소**하고, **검토** 메뉴의 **변경 내용** 그룹에서 **시트 보호**를 **선택**하여 시트를 보호하면 사용자는 콤보상자나 스크롤 막대만을 이용하여 자료를 입력할 수 있을 뿐, 다른 조작은 할 수 없다.

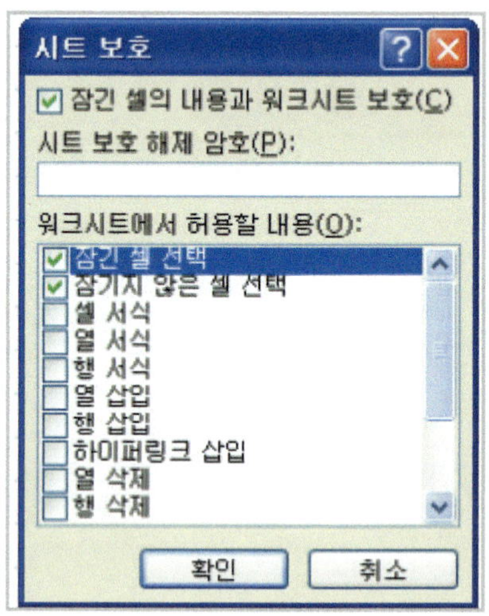

이번 장에서 배운 내용은 다음과 같다.

- 함수
  INDIRECT, INDEX, TEXT
- 콤보상자 사용하기
- 다른 시트의 값을 이용하여 계산하기
- 시트 숨기기
- 시트와 통합문서 보호하기

엑셀 오류 사례

스프레드시트의 오류를 4년이나 지나서 발견

CECO의 사내 회계부문 직원은 최근 이 회사의 건설부서의 공정률 회계에 사용되는 스프레드시트의 계산에 오류가 있다는 것을 발견했다고 한다. 이로 인해 2000년부터 2003년까지의 수익이 통산 1,969,00달러 과다 계상되었고 세전 순이익도 이 금액만큼 실제보다 크게 계산되었다. 과거의 수익이 과다 계상된 오류가 올해의 손익계산에는 유리하게 작용했다. 2004년 9월 말에 발표되는 CECO의 올해 세전 순이익에 이 오류가 18만 달러의 플러스 효과가 발생했다고 한다.
CECO의 회장인 Phillip DeZwirek는 우리 회사의 내부 회계부문 직원이 자체적으로 이 계산 오류를 발견했고 이를 즉시 회사의 회계감사를 책임지고 있는 외부의 회계사들에게 보고했다고 한다. 이는 우리 회사가 지속적으로 성장하고 있고 Sarbanes-Oxley 법의 준수에도 철저하게 대비하고 있다는 것을 보여 주는 증거라고 Phillip DeZwirek 회장은 주장했다.

http://biz.yahoo.com/prnews/050208/cltu108_1.html에서 인용

엑셀은 오래전부터 경영관련 자료의 정리와 계산에 응용되어 왔다. 그중에서도 특히 회계자료의 정리, 재무적 사례분석, 재고 시뮬레이션 등에 활용되어 왔다. 엑셀이 이처럼 경영분석에 광범위하게 사용되는 이유는 계산 결과가 즉시 나타나는 즉시성뿐만 아니라 다양한 가정을 실험하고 결과를 알 수 있는 민감도 분석에 뛰어나기 때문이다. 이제까지 배운 엑셀의 기초와 수식 활용, 데이터베이스 그리고 엑셀의 함수와 복잡한 수식을 활용하는 방법을 기초로 이번에는 경영과 관련된 사례들을 분석함으로써 엑셀의 응용에 대해 알아본다.

P·A·R·T

05

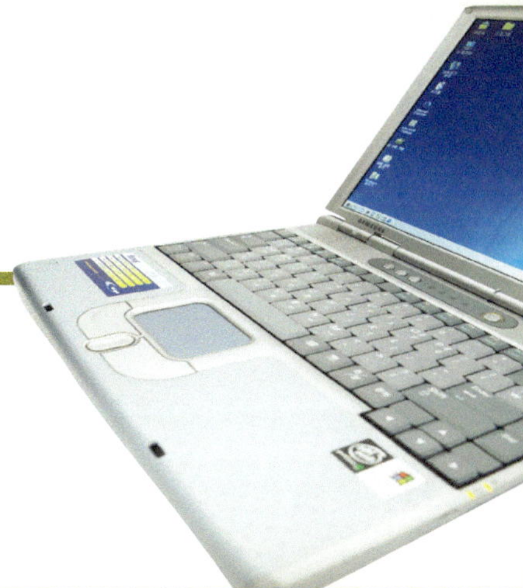

기업에서 쓰는 경영자료 분석

EXCEL

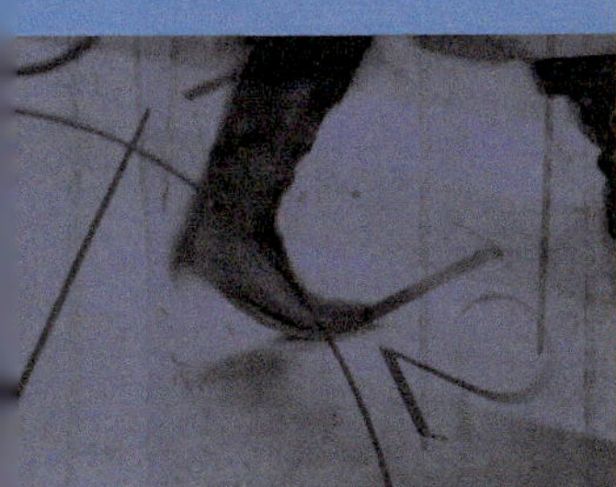

Chapter 01

엑셀의 사용 위험과 올바른 엑셀 모형 작성법

1. 엑셀 사용의 위험

스프레드시트의 대표적인 소프트웨어인 엑셀의 가장 큰 장점은 사용하기가 용이하다는 점이다. 수식과 다양한 형식을 쉽게 적용할 수 있고 개발자나 사용자가 생각하고 있는 수식을 작성하면 그 결과가 바로 화면에 나타나기 때문에 이해하기 쉽고 이러한 특징 때문에 다양한 업무에 사용되고 있다.

하지만 이러한 엑셀 사용의 용이성은 많은 위험을 내포하고 있다. 전문적인 프로그래머가 작성하여 일반 사용자가 사용하는 데이터베이스 관련 프로그램과는 달리 엑셀 모형은 프로그램 개발과 관련된 전문 교육을 받지 않은 일반 사용자들이 자체적으로 작성하여 사용하는 경우가 많다. 기업체에서 엑셀을 전문적으로 사용하는 사람들에 대한 조사에 의하면, 대부분의 사용자들이 독학으로 또는 주위의 전문가로부터 비공식적으로 배운 내용에 기초하여 엑셀에 대한 지식을 습득한다.

엑셀의 사용에 대해, 특히 엑셀을 이용한 계산의 위험에 대해 충분히 교육받지 못한 사용자들이 개발한 엑셀 관련 모형을 사용함으로써 많은 문제들이 발생하고 있다. 한 연구에 의하면 기업체에서 실제로 사용하고 있는 거의 모든 엑셀 모형에 오류가 내포되어 있다고 한다. 또한 엑셀은 사용자들이 부정을 저지르기 위한 수단으로 악용되기도 한다. 최근에 미국에서는 이러한 엑셀의 악용과 오용을 막기 위해 최고경영층이 엑셀로 작성된 문서들에 대해 책임을 환기하는 Sarbanes-Oxley법이 시행되고 있다.

엑셀은 주로 숫자를 다루는 분야에 사용되므로 엑셀의 오류로 인한 피해는 막대하다. 예를 들어 신규투자의 타당성을 계산하는 엑셀 모형에 오류가 발생하여 회사에 막대한 재정적 손실을 입힌 경우가 발생하고 있으며, 회사의 회계서류를 엑셀을 이용하여 조작하고 이를 근거로 회계자료를 발표하여 수많은 투자자들에게 피해를 입힌 사례도 있다. 우리나라에서도 기초생계비를 지급하는 공무원이 엑셀로 입금계좌를 조작하여 부정을 일으킨 사례가 보고된 적이 있다.

2. 엑셀 오류의 종류

엑셀을 사용함으로써 발생할 수 있는 오류는 다양하다. 의도적으로 수치를 부풀리거나 수식을 원래와 다르게 작성하여 사용자를 호도하는 경우에서 단순한 실수로 결과 값이 다르게 나타나는 의도하지 않는 오류에 이르기까지 여러 가지가 있다. 여기에서는 엑셀에서 발생할 수 있는 오류들에 대해 알아본다.

부정한 의도를 가진 조작

엑셀을 이용한 계산의 특징은 계산 과정이 매우 복잡하고 연계되어 있어서 하나의 수치 변경으로도 관련된 모든 수치들이 변경된다는 것이다. 이는 엑셀의 장점이기도 하지만 이러한 특징을 부정한 목적에 활용하는 경우도 많다. 간단하게는 추정손익계산서를 작성하면서 제품의 수량이나 가격을 다르게 입력함으로써 최종적으로 계산되는 순이익에 큰 영향을 줄 수 있다.

또한 수식을 원래와는 다르게 작성함으로써 결과 값이 다르게 나타날 수 있다. 계산 과정에 포함되어야 할 항목을 의도적으로 누락한다든지 또는 다른 항목을 포함함으로써 결과 값을 다르게 나타나게 할 수 있다.

엑셀을 이용한 계산에서는 이러한 조작을 쉽게 파악할 수 있게 작성함으로써 이러한 위험을 최소화할 수 있다. 이 방법에 대해서는 뒤에서 상세하게 설명한다.

실수에 의한 오류

엑셀을 사용하면서 가장 많이 나타나는 오류가 숫자를 잘못 입력하거나 수식에 포함되는 셀의 주소를 잘못 입력하는 경우이다. 사람들은 엑셀 모형을 작성하면서 수많은 타이핑 오류와 참조 오류를 범한다. 대부분의 오류는 그 즉시 수정된다. 하지만 사용자가 실수를 하고 나서도 알지 못하는 경우도 있다. 예를 들어 재무 관련 계산을 하면서 이자율을 5% 대신에 6%를 입력한 후에 이를 알아채지 못하고 계산을 마치면 최종의 수익성에 큰 영향을 줄 수도 있다.

이와는 다른 형태의 오류로 사용자가 숫자를 잘못 기억하는 경우도 있다. 사용자가 문서를 보면서 엑셀로 계산하는 경우도 있지만 머릿속으로 숫자를 기억하고 있다가 그 숫자를 입력하는 경우에 원래의 의도와는 다른 숫자를 입력하는 실수도 있다.

이러한 오류를 방지하기 위해서는 실제의 계산과 엑셀의 계산을 대조하는 방법이나 한 사용자가 작성한 엑셀 모형을 다른 사람이 검증하는 방법이 사용된다. 경우에 따라서는 엑셀 모형의 오류를 검증하는 엑셀용 감사 프로그램을 사용하기도 한다. 엑셀용 감사 프로그램에는 Spreadsheet Professional이나 XLAnalysist 등이 있다.

수식 오류

수식이나 함수를 사용하면서 실수를 범하는 경우이다. 초보 사용자들이 가장 범하기 쉬운 오류로, 함수의 의미를 잘못 이해하고 사용하는 경우와 함수를 착각한 경우가 있다. 예를 들어 VLOOKUP 함수를 사용하면서 참조 테이블의 좌측 열을 정렬하지 않는 경우에는 의도하지 않는 결과를 가져온다. 반면에 VLOOKUP 함수에서 range lookup 값을 0 또는 false로 지정한 경우에는 찾는 값이 테이블에 존재해야 한다. 그렇지 않는 경우에는 오류가 발생하거나 의도하지 않는 값이 나타날 수 있다. SUMIF를 사용하면서 기준 열을 잘못 지정할 수도 있고, PMT 함수를 사용하면서 FV나 Type를 잘못 입력하면 다른 결과를 가져올 수 있다.

함수나 수식을 사용하면서 절대주소와 상대주소를 혼동하면 다른 결과 값을 가져온다. 이러한 오류는 대부분의 경우에 즉시 알 수 있지만 경우에 따라서는 지나칠 수도 있다.

이러한 오류는 엑셀의 함수 사용법을 잘못 이해하고 있거나 수식의 사용에 익숙하지 못하기 때문이다. 이러한 오류들은 엑셀 사용법에 대한 교육을 받음으로써 어느 정도 줄일 수 있다.

상황 인식의 오류

엑셀의 사용법과는 상관없이 엑셀을 이용해서 해결하고자 하는 문제를 잘못 이해하거나 문제를 해결하는 과정에서 실수로 일부를 누락하는 경우도 있다. 예를 들어 추정현금흐름표를 작성하는 과정에서 고정자산의 감가상각비는 세금을 계산하는 과정에서는 고려되어야 한다. 하지만 감가상각비는 실제로 현금이 지출된 것이 아니고 장부상에서만 지출된 것이므로 현금흐름과는 상관이 없다. 따라서 이는 최종의 현금흐름 계산에서는 다시 더해 주어야 한다. 만일 추정현금흐름을 계산하면서 이를 고려하지 않았다면 이 문제를 제대로 파악하지 못해서 발생한 문제이다.

또 다른 형태의 오류는 이러한 상황을 인식하고 있었지만 실수로 이를 누락한 경우이다. 예를 들어 새로운 투자안의 경제성을 평가하는 과정에서 비용 항목 중의 하나를 누락하는 경우이다.

이러한 오류들은 문제를 분석하고 엑셀 모형을 설계하는 과정에서 치밀하게 준비함으로써 방지할 수 있다.

질적인 오류

엑셀의 현재의 계산 과정에는 영향이 없지만 향후의 사용에 따라서 오류가 발생할 가능성을 높이거나 엑셀 모형을 이해하기 어렵게 만드는 오류들이 있다. 엑셀을 사용한 계산은 하나의 시트에 간단하게 계산하는 경우도 있지만 다수의 시트를 사용한 복잡한 모형도 있다. 복잡한 모형인 경우 다른 사용자들이나 검사자들이 쉽게 이해할 수 있도록 시트나 파일을 작성해야 한다.

엑셀에서는 수식이나 함수에는 숫자를 사용하지 않고 다른 셀에 수치를 입력하고 이를 참조해서 수식이나 함수를 사용해야 한다. 예를 들어 추정손익계산서를 작성하기 위해서는 다양한 수치들을 사용한다. 이자율, 인플레이션, 제품의 가격, 매출수량, 인건비, 세금, 운송비 등등. 이러한 수치들은 최종 결과인 추정순이익을 계산하는 데 사용되지만 경우에 따라서 여러 가지 상황 변화에 따라 위의 수치들을 변경할 수도 있다.

그런데 이자율을 5%로 C5에 입력하고 이를 함수나 수식에 사용하였는데, F85에 입력된 수식에는 이자율에 5%라고 수치를 입력했다고 하자. 향후에 시중의 이자율이 상승하여 모델을 이용한 계산에서 5% 대신 6%를 사용하면 다른 사용자는 C5의 값만을 6%로 수정해서 계산하면 될 것으로 착각할 것이다. 하지만 F85에 있는 수식은 여전히 5%의 이자율을 사용함으로써 계산이 맞지 않는 오류가 발생할 수 있다.

또 다른 오류는 엑셀의 계산 과정에서 사용하는 테이블이 구성이나 문자열들이 통일되지 않는 경우에 워크시트를 쉽게 파악할 수 없어서 문제가 발생할 수 있다.

이러한 오류를 방지하기 위해서는 엑셀의 워크시트를 작성하는 원칙이나 기준을 준수해야 한다. 다음에 이 기준에 대해서 설명한다.

3. 엑셀 워크시트 작성 기준

조직의 거의 모든 업무에 엑셀이 사용되고 특히 수치계산에 많이 사용되고 있다. 하지만 엑셀을 사용하여 계산하는 데는 위험이 따른다. 엑셀을 사용하여 문제를 해결하거나 계산을 하는 데는 여러 유형이 있을 수 있다. 엑셀은 자신의 업무에 필요한 간단한 계산에 사용되기도 하지만 한 개발자가 작성한 엑셀 모형을 여러 부서가 사용하는 경우도 있으며 심지어는 오랜 기간 동안 중요한 업무에 사용되기도 한다.

예를 들어 대부분의 건설회사는 입찰에 필요한 계산을 위해 엑셀을 사용한다. 그리고 입찰에 필요한 계산은 대부분 유사하기 때문에 한 번 작성된 엑셀 입찰 모형을 여러 경우에 활용한다. 이러한 엑셀 모형의 경우 회사의 업무에 매우 중요한 역할을

한다. 만일 이러한 엑셀 모형에 오류가 있다면 매우 위험한 상황이 발생할 것이다. 외국에서는 실제로 입찰이나 기업합병에 사용된 엑셀 모형에 오류가 발생하여 회사에 막대한 손해를 끼친 사례가 있다. 따라서 작성된 엑셀 모형의 오류 발생 가능성을 최소화하고 오류 검출을 용이하게 하기 위해서는 다음과 같은 엑셀 모형 또는 엑셀 워크시트의 작성 기준을 지켜야 한다.

분리성

엑셀에서는 다양한 데이터를 사용한다. 우선 문자열과 숫자가 있고 숫자의 경우에도 함수나 수식에 의해 계산된 숫자와 사용자가 입력한 숫자가 있다. 또한 엑셀의 계산 과정에 있어서도 유사한 계산 방식을 사용하는 데이터의 블록이 존재한다. 이처럼 다른 성격의 데이터는 사용자가 쉽게 알 수 있도록 분리해야 한다.

데이터와 수식의 분리

엑셀 모형을 작성할 때 가장 기본적으로 지켜야 할 것이 데이터와 수식의 분리이다. 엑셀의 수식이나 함수식에서 데이터를 별도의 공간에 입력하고 이를 참조해서 수식을 작성해야 한다. 이를 준수하지 않을 경우 오류가 발생하기 쉽고, 오류가 발생했을 경우에도 이를 발견하기가 어렵다.

예를 들어 엑셀에서 적금통장을 작성한다고 할 때, 이자율을 별도의 셀에 입력하지 않고 이를 수식에 직접 입력했다고 가정하자. 이 경우 이자율이 변경되었을 때 이자율에 관련된 모든 수식을 변경해야 하고, 이 과정에서 추가적인 오류가 발생할 가능성이 있다. 하지만 이자율을 별도의 공간에 입력하고 이를 참조해서 수식을 작성한 경우에는 이자율만 변경하면 모든 결과가 한꺼번에 수정된다.

또한 엑셀에서 수치 데이터를 직접 입력하는 경우에는 수치를 한 셀에 한 번만 입력하고 다른 계산에 이를 참조해서 활용해야 한다. 이렇게 해야만 한 번 작성된 모형의 수치들이 일관성이 있고 향후 모형을 수정하더라도 최소한의 작업으로 끝낼 수 있다.

엑셀의 장점 중의 하나는 어떤 모형을 작성하고 나서 다양한 민감도 분석이 가능하다는 것이다. 이러한 장점을 최대로 활용하기 위해서는 데이터와 수식을 완전히 분리하고 동일한 수치는 한 번만 입력해야 한다.

하지만 모든 데이터와 수식을 분리하는 것에도 예외가 있다. 수식이나 함수를 사용하다보면 0, 1, 7, 12와 같은 수치들은 수식이나 함수식에 포함되는 것이 자연스러운 경우가 많다. 따라서 이러한 숫자들은 예외로 한다.

입력 데이터, 계산 과정, 출력 데이터의 분리

엑셀 모형은 대개의 경우 표지, 입력 데이터, 계산 과정, 그리고 출력 데이터로 구성된다. 엑셀 모형의 최종 목적은 의사결정에 도움이 되는 출력 데이터를 작성하는 것이고, 이를 계산하기 위해 필요한 입력 데이터 그리고 구체적인 계산 과정이 포함된다. 이때 입력 데이터와 계산 과정이 확실하게 분리되어야 한다. 모형이 아주 단순한 경우를 제외하고는 별도의 워크시트에 입력 데이터, 계산 과정 그리고 출력 데이터가 나타나도록 해야 한다. 그리고 이 모형에 대해 표지에 상세하게 제시해야 한다.

만일 모형 자체가 단순하여 입력 데이터, 계산 과정, 출력 데이터를 별도의 시트로 분리하는 것이 적합하지 않은 경우에는 하나의 워크시트에서 영역을 확실히 구분해야 한다. 이때 입력 데이터는 워크시트의 좌측 상단에, 출력 데이터는 워크시트의 우측 하단에 나타나도록 하는 것이 좋다.

동일한 형식의 자료와 계산

데이터의 입력과 계산에 있어서도 동일한 형식의 데이터와 계산은 동일한 구역에 표시하는 것이 좋다. 입력 데이터를 입력한 경우 유사한 성격의 데이터를 묶어서 표현하는 것이 좋다. 또한 계산 과정에 있어서도 연결된 수식이 유사한 경우에는 이를 하나의 블록으로 분리하는 것이 좋다.

유사한 데이터와 계산이 반복되는 경우 이를 별도의 공간에 작성해야 한다. 예를 들어 15개 영업소의 매출자료를 관리한다고 할 때, 각 영업소의 자료를 동일한 형식을 가지는 각각 별도의 시트로 작성하고 이를 통합하는 것이 모형을 이해하는 데 도움이 된다.

일관성

엑셀 모형은 일관성을 가지고 있어야 한다. 엑셀에서 사용하는 제목, 표제, 데이터 형식, 단위, 수식, 하이퍼링크, 차트 등은 특별한 경우를 제외하고는 동일한 형식, 동일한 서식, 동일한 수식을 지녀야만 한다.

데이터의 일관성

사용자가 직접 입력하는 수치의 경우 표시 형식, 계산 단위 등에서 일관성을 지녀야 한다. 엑셀에서 자주 나타나는 오류 중의 하나는 단위를 잘못 표시해서 나타나는 오류이다. 이를 방지하기 위해서는 화폐, 기간 등을 표시할 때 동일한 단위를 사용해야 혼동을 피할 수 있다.

예를 들어 한 워크시트에서는 천 단위를 사용해서 계산하고 다른 워크시트에서는 백만 단위를 사용해서 계산한다면 혼동을 불러일으키고 이는 오류로 이어질 가능성이 높다. 화폐 단위의 경우에도 특별한 경우를 제외하고는 동일한 화폐 단위를 사용하는 것이 좋다. 또한 재무 계산에 있어서도 명목가격이나 실질가격 중 일관되게 하나의 기준을 사용해야만 오류의 가능성을 줄인다.

서식의 일관성

엑셀에서는 하나의 워크시트에 다양한 자료가 포함된다. 대표적으로 제목, 표제, 수치 데이터, 문자열 데이터, 계산된 결과, 하이퍼링크 등이다. 이 경우에 각각의 자료에 대해 통일된 서식을 적용하는 것이 좋다. 예를 들어 워크시트 제목의 경우 글자의 크기, 굵기, 글자 색, 채우기 색 등과 같은 서식을 일관되게 적용하고 다른 성질의 자료와 쉽게 구분할 수 있도록 해야 한다. 또한 제목의 위치, 표제의 위치, 입력 데이터의 위치 등도 각 워크시트의 동일한 위치를 사용하는 것이 좋다.

특히 수치 데이터의 경우 사용자가 직접 입력하는 수치와 계산의 결과로 표시되는 수치는 쉽게 구분할 수 있도록 별도의 서식을 적용해야 한다. 이렇게 구분함으로써 워크시트의 가독성을 높이고 오류의 발생을 최소화하며 오류가 나타난 경우에도 쉽게 찾아낼 수 있다.

워크시트 간의 이동을 위한 하이퍼링크의 경우에도 동일한 위치에 동일한 서식을 적용함으로써 사용자의 편의성을 높이고 혼동을 줄일 수 있다.

수식의 일관성

엑셀에서 사용하는 수식이나 함수는 동일한 형식의 수식을 참조되는 주소만 변경하여 사용하는 경우가 많다. 특별한 경우를 제외하고는 같은 행이나 열에 동일한 수식을 사용하는 것이 좋다. 예를 들어 매출원가를 계산하는 행에는 동일한 수식을 적용해야 한다. 이때 첫 번째 계산과 두 번째 이후의 계산 형식이 다른 경우가 있다. 이 경우에는 IF 함수를 사용함으로써 동일한 행에는 동일한 수식을 사용하는 원칙을 지킬 수 있다. 마찬가지로 종업원의 매출수당을 계산하는 열에는 역시 동일한 수식을 적용해야 한다. 현재 사용되고 있는 엑셀 검토 프로그램들은 엑셀의 이러한 성질을 이용하여 오류를 검출하고 있다.

엑셀의 수식은 좌측상단에서 우측하단으로 참조되어야 한다. 예를 들어 G열에 입력된 수식이 H열에 입력되었거나 계산된 데이터를 참조해서는 안 된다. 마찬가지로 G25에 입력된 수식이 G31에 입력되거나 계산된 수치를 참조해서는 안 된다. 이러한 기준이 지켜지지 않을 경우에는 사용자가 워크시트의 계산을 검토할 때 계산 결과를 추적하기 위해 워크시트의 좌우상하를 방황해야 할 것이다.

명료성

엑셀은 계산의 결과가 화면에 즉시 나타나기 때문에 사용하기 편리하지만 계산 수식은 화면에 나타나지 않기 때문에 워크시트 또는 모델의 작성자가 아닌 다른 사람이 계산 결과를 이해하기가 쉽지 않다. 경우에 따라서는 본인이 작성한 워크시트도 상당한 시일이 지난 후에는 그 계산 과정을 이해하는 데 시간과 노력이 필요하다.

수식의 명료성

따라서 엑셀에서 사용하는 수식은 가급적이면 간단명료하게 작성해야 한다. 즉, 다른 사용자가 그 계산 결과를 쉽게 파악할 수 있도록 복잡한 수식은 지양하고 간단한 수식 위주로 작성해야 한다. 다음의 예를 보자.

=IF(F5>G5,F5,G5)

위 수식의 의미는 F5가 G5보다 크면 F5를 그렇지 않으면 G5를 나타내라는 것이다. 하지만 이는 다음의 수식으로 더 간단하게 표시할 수 있다.

=MAX(F5,G5)

이러한 수식이나 함수를 활용하는 것은 엑셀에 대한 많은 훈련과 실무에서 연습이 필요하다. 이러한 경우를 제외하고도 수식을 간단하게 만드는 방법에는 다음과 같은 것들이 있다.

첫째, 이름을 사용하는 것이다. 다음의 수식을 보자.

=(수당표!$B$16+IF(E2="홍차",수당표!$B$17,0)+HLOOKUP(G2,수당표!$B$20:$F$21,2)+HLOOKUP(H2,수당표!$B$23:$F$24,2))*H2

이 수식을 이해하기 위해서는 상당한 시간이 필요할 것이다. 이 수식이 복잡한 이유는 두 가지이다. 먼저 수식에서 참조하고 있는 셀 주소들이 어떤 내용들인지 알 수가 없다. 이를 해결하기 위해서는 위 수식에 사용된 셀 주소들에 이름을 부여하는 것이다. HLOOKUP 함수에서 사용하고 있는 테이블과 홍차수당, 기본수당에 대해 이름을 부여하면 다음과 같이 간단해진다.

=(기본수당+IF(E2="홍차",홍차수당,0)+HLOOKUP(G2,수량수당,2)+HLOOKUP(H2,금액수당,2))*H2

둘째, 수식을 풀어서 표현하는 것이다. 위의 수식이 아직도 복잡한 이유는 하나의 셀에 모든 계산을 포함하고 있기 때문이다. 위의 수식을 자세히 보면 4가지 항목의 합계에 H2를 곱한 것으로 구성되어 있다. 따라서 위의 수식은 각각의 인접한 열에 각각의 항목을 계산하고 그 결과를 더한 다음 이를 최종적으로 곱해 주면 된다.

I2 : =기본수당

J2 : =IF(E2="홍차",홍차수당,0)

K2 : =HLOOKUP(G2,수량수당,2)

L2 : =HLOOKUP(H2,금액수당,2)

M2 : =SUM(I2:M2)

N2 : =M2*H2

셋째, 복잡한 함수나 이해하기 어려운 함수의 사용을 가급적 지양하는 것이다. 엑셀에 관한 지금까지의 연구 결과들은 다음과 같은 참조함수들이 오류의 원인이 되는 경우가 많다고 지적하고 있다. INDIRECT, OFFSET, INDEX와 MATCH 등. 따라서 이런 복잡한 함수들은 꼭 필요한 경우를 제외하고는 가급적 사용을 지양해야 한다. 특히 INDIRECT 함수는 참조되는 셀의 내용에 따라 결과 값이 달라지므로 사용을 지양해야 한다. 엑셀을 높은 수준으로 활용하기 위해서는 이러한 함수들에 대한 이해가 필수적이지만 복잡한 함수들의 사용은 피하는 것이 좋다.

넷째, 간단한 함수를 사용하는 것이 좋다. 함수를 복잡하게 만드는 대표적인 경우가 IF 함수이다.

=IF(K2<60,"F",IF(K2<65,"D",IF(K2<70,"D+",IF(K2<75,"C",IF(K2<80,"C+",IF(K2<85,"B",IF(K2<90,"B+",IF(K2<95,"A" "A+"))))))))

위의 수식보다는 다음의 수식이 훨씬 이해하기 쉽다.

=VLOOKUP(K2,성적표,2)

물론 위의 수식을 이용하기 위해서는 성적표라는 테이블을 별도의 영역에 작성해야 한다. 하지만 사용자가 식을 쉽게 이해하기 위해서는 두 번째의 수식을 사용하는 것이 좋다.

다섯째, 계산 결과가 너무 복잡한 수식이나 함수의 경우에는 사용자 정의함수를 사용함으로써 간략하게 결과를 표시할 수 있다. 물론 사용자 정의함수를 사용하기 위해서는 매크로에 대한 이해가 있어야 하므로 초보자는 어려울 것이다. 중요한 것은 자신의 사용 능력에 알맞은 방식으로 엑셀을 활용하는 것이다. 따라서 너무 복잡한 경우에는 전문가의 도움을 받아서 알기 쉽게 작성하는 것이 좋다.

워크시트의 서식

사용자가 계산 과정을 제대로 이해하기 위해서는 계산 과정이 투명하게 제시되어야 한다. 따라서 계산 과정에 포함된 행이나 열들을 숨기는 것은 특별한 경우를 제외하고는 삼가야 한다. 실무에서 활용되고 있는 엑셀 파일이나 워크시트 중에는 불필요하게 행이나 열들을 숨겨서 다른 사람들이 그 계산 과정을 알지 못하게 하는 경우가 많다. 숨겨진 행이나 열들의 서식을 사용자가 알지 못하도록 서식을 지정하는 경우도 있다. 하지만 이러한 관행은 워크시트의 내용을 보호하는 데 전혀 도움을 주지 못하고 오히려 계산 과정에 숨겨진 오류를 찾는 데 어려움을 줄 뿐이다. 워크시트의 내용이나 수식을 보호하기 위해서는 사용자 정의함수를 이용하거나 엑셀의 보호 기능을 활용하는 것이 올바른 방법이다.

사용자 기록 매크로 사용 지양

엑셀을 사용하는 데 초보자들이 범하기 쉬운 오류 중의 하나는 매크로를 불필요하게 많이 사용한다는 것이다. 특히 매크로에 대한 전문적인 지식이 없이 매크로 기록으로 단순하게 작성한 매크로를 이용하는 경우에는 향후에 문제가 발생할 가능성이 매우 높다. 가장 많이 사용하는 매크로는 워크시트 간의 이동을 매크로를 이용해서 통제하는 것이다. 하지만 워크시트 간의 이동은 매크로보다는 하이퍼링크를 사용하는 것이 바람직하다.

워크시트의 삽입이나 행 또는 열의 삽입 등 기타의 경우에도 매크로를 사용하기 위해서는 매크로에 대한 보다 깊은 이해가 선행되어야 한다. 특히 인쇄를 매크로를 이용해서 처리하는 경우가 많은데 이 경우에도 매크로에 대한 정확한 이해 없이 한두 번의 시행으로 기록매크로를 이용하는 것은 위험하다. 다음의 예를 보자

```
Sub 인쇄()
'
' 인쇄 Macro
' 홍길동이 2008-11-04에 기록한 매크로
'
' 바로 가기 키: Ctrl+p
'
    ActiveWindow.SelectedSheets.PrintOut Copies:=1, Collate:=True
    Sheets("현급여(인쇄)").Select
    ActiveWindow.SelectedSheets.PrintOut Copies:=1, Collate:=True
    Sheets("급여조정(인쇄)").Select
    ActiveWindow.SelectedSheets.PrintOut Copies:=1, Collate:=True
    Sheets("비교").Select
    ActiveWindow.SelectedSheets.PrintOut Copies:=1, Collate:=True
    Sheets("TOP").Select
End Sub
```

이는 4개의 시트를 한꺼번에 인쇄하는 매크로를 기록하고 명령 버튼에 저장한 것이다. 하지만 각각 시트를 인쇄할 때마다 해당 시트를 선택해서 활성화한 다음 인쇄를 하므로 오류를 일으킬 수 있다. 따라서 위의 매크로는 다음과 같이 수정되어야 한다.

```
Sub 인쇄()
    Sheets("인쇄").PrintOut Copies:=1
```

```
    Sheets("현급여(인쇄)").PrintOut Copies:=1
    Sheets("급여조정(인쇄)").PrintOut Copies:=1
    Sheets("비교").PrintOut Copies:=1
End Sub
```

표지를 사용하여 모델에 대한 설명

엑셀 모델에서 사용하고 있는 여러 가지 계산 과정을 사용자가 보다 쉽게 이해하고 그 계산 과정을 신뢰하기 위해서는 엑셀 모형에서 사용하고 있는 여러 가지 가정이나 함수, 계산 과정에 대한 설명이 추가되어야 한다. 아주 간단한 계산에 사용되는 엑셀을 제외하고 엑셀 모형을 완성한 후에는 이 엑셀 모형에 대한 설명이 추가되어야 한다. 엑셀 모형에 대한 설명은 별도의 시트에 다음과 같은 내용을 담아 작성해야 한다.

작성자, 최초 작성 일시, 테스트 및 검토 정보, 수정 일시, 수정된 내용, 버전 정보, 관련 부서, 중요한 가정에 대한 설명, 결과 값을 계산하는 과정, 사용하고 있는 함수에 대한 설명 등.

완결성

엑셀 모형을 경우에 따라서는 매우 방대해질 수도 있다. 엑셀 모형이 커지면 이에 따른 계산이 복잡해지고 파일의 크기가 커지게 된다. 이를 해결하기 위해 하나의 모형에 여러 개의 파일을 사용하는 경우가 있다. 또는 자신의 업무 중에 관련된 엑셀 파일들이 서로 관련되어 있어서 파일 간의 데이터나 수식을 참조하는 경우가 있다. 이러한 경우에 엑셀 파일은 특별한 경우를 제외하고는 한 파일 내에서 그 계산이 완료되어야 하며 다수의 파일을 사용하는 경우에는 관련된 파일 전체를 하나의 그룹으로 묶어 주어야 한다.

워크시트 내에서 계산 완료

한 워크시트에서의 계산은 특별한 경우를 제외하고 해당 워크시트에서 완료되어야 한다. 실무에 사용되는 엑셀 파일에서는 한 워크시트에서 계산된 결과가 다른 워크시트에서 사용되고 그 결과가 다시 원래의 워크시트에서 참조되는 순환적인 구조를 가지는 경우가 있다. 이러한 워크시트 간의 순환적 참조는 계산 결과의 추적을 어렵게 할 뿐만 아니라 오류가 발생할 가능성을 높인다.

급여계산 시트에 다음과 같은 수식이 있다고 하자.

X12 : =' 급여조정 '!N12*W12

그리고 급여조정 시트에는 다음과 같은 수식이 있다고 하자.

N12 : =IF('급여계산 '!Y12>2400000,20000,10000)

위의 두 시트의 계산에는 이상이 없지만 두 수식에서 순환적으로 참조하여 급여계산 시트 값이 변경되면 급여조정 시트의 값이 변경되고 이는 다시 급여계산 시트 내의 값에 영향을 준다. 이러한 수식의 참조는 오류를 일으키기 쉽다.

따라서 다른 워크시트의 값을 참조하여 계산할 경우에는 참조의 흐름이 한쪽으로만 이루어지도록 해야 한다. 또한 다른 시트의 값을 참조하는 경우에도 참조되는 값이나 영역에 이름을 부여하여 사용해야 한다. 엑셀을 이용한 계산에서 표를 이용할 경우에는 별도의 시트에 값을 입력하고 이를 참조하는 경우가 많은데, 이 경우 표가 입력된 부분에 이름을 부여하면 수식을 이해하기 편리하고 오류가 발생할 가능성이 낮아진다.

부득이하게 타 시트의 값을 참조하는 수식을 사용하는 경우에는 그 값을 이용하는 수식을 간단하게 작성하는 것이 좋다.

파일 내에서 계산 완료

엑셀의 모형이 커지고 복잡해지면 다른 파일에 있는 데이터를 참조하는 경우가 있다. 다음의 수식을 보자. 이 수식은 기업체에서 실제로 사용되고 있는 엑셀파일에서 인용한 것이다.

=IF(T10>0,LOOKUP(T10,' C:\Documents and Settings\SEC1\바탕화면\[2007pay-8월개정분.xls]국민연금' !$B$5:$C$49,' C:\Documents and Settings\SEC1\바탕 화면\[2007pay-8월개정분.xls]국민연금' !$A$5:$A$49)," ")

위의 수식은 다음과 같이 간단하게 정리할 수 있다.

=IF(T10>0,LOOKUP(T10,$B$5:$C$49,$A$5:$A$49)

이를 보다 더 간단하게 정리하면 다음과 같다.

=IF(T10>0,LOOKUP(T10,연금란,급여란)

이와 같이 다른 파일에 있는 데이터를 직접 사용하여 수식을 작성하면 불필요하게 수식이 복잡해지고 오류의 가능성도 높아진다. 위의 수식을 이용하면, 국민연금 파일의 위치가 변경되면 위 수식에 오류가 발생하게 된다. 또한 수식의 가독성이 떨어지므로 위의 수식에 오류가 있더라도 발견하기 어렵다.

따라서 엑셀에서의 계산은 한 파일 내에 모든 데이터를 포함시켜야 하고 부득이하게 다른 파일에 있는 데이터를 참조할 경우에는 데이터를 일단 참조하고 참조된 데이터를 사용하여 수식을 작성해야 한다.

4. 엑셀 모형 작성을 위한 분석과 설계

엑셀을 이용하여 문제를 해결하고자 할 때, 즉 엑셀 모형을 작성하여 의사결정에 이용할 때는 문제의 분석, 모델의 설계, 모델 작성, 테스트, 문서화의 절차를 거쳐야 한다. 하지만 모든 엑셀의 이용에 이 절차를 거치는 것이 아니고 문제의 중요성, 모델 사용자의 수, 사용 빈도, 모델의 복잡성에 따라 달라진다. 예를 들어 자신의 업무 처리에 필요한 간단한 한 번의 계산에 엑셀을 사용하는데 위와 같은 복잡한 절차를 거칠 필요는 없다.

반면에 회사에서 최적입찰가액 결정 모형을 엑셀을 이용해서 개발한다고 할 때는 위의 절차를 반드시 지켜야 한다. 위의 업무는 회사의 경영에 막대한 영향을 미치는 중요한 문제이고, 이 모형은 여러 사람들이 오랜 기간에 걸쳐서 사용하고 문제 자체도 매우 복잡할 것이기 때문이다. 엑셀 모형을 작성하는 절차 중 모델 작성 방법에 대해서는 앞에서 이미 설명하였으므로 이번에는 분석과 설계를 중심으로 설명한다.

문제의 분석

대부분의 초보 사용자들은 문제가 주어지면 바로 엑셀 프로그램을 작동시켜서 모형의 작성에 들어가려고 한다. 하지만 이렇게 작성된 모형은 수많은 시행착오를 거치면서 수정되고 재작성되어 많은 시간과 노력을 낭비할 뿐만 아니라 모형 자체의 신뢰도도 보장할 수 없다. 이를 방지하기 위해서는 맨 먼저 문제 자체를 면밀히 분석해야 한다.

목적과 사용자 분석

문제 분석의 첫 단계는 문제의 본질이 무엇인가를 파악하는 일이다. 여기에는 엑셀 모델을 사용하여 얻고자 하는 결과가 무엇인지와 사용자가 누구인지를 확실히 해야 한다. 원하는 목적에 따라 모델의 결과가 주어질 것이고 이를 계산하는 기초 자료와 계산 방법이 뒤따르기 때문이다. 또한 모델의 결과에 따라 모델에서 사용하는 데이터의 수준, 즉 데이터의 정확도와 단위의 상세 정도가 주어진다.

예를 들어 최고경영층에서 사용하는 향후 10년 단위의 개략적인 계획이라면 데이터의 정확도가 그리 요구되지 않을 것이고 시간의 주기도 년 단위나 분기 단위로도 충분할 것이다. 하지만 종업원들의 급여계산에 사용될 모델을 작성한다면 사용되는 데이터와 그 결과 값에 매우 높은 정확도가 요구될 것이고 매우 상세한 시간 단위가 요구될 것이다.

사용 목적을 정확하게 파악하기 위해서는 사용자에 대한 분석이 요구된다. 사용자가 한 사람인지 다수인지에 따라 목적도 달라지고 사용자만이 그 목적을 분명히 알 수 있기 때문이다.

사용 도구의 적합도

두 번째로 고려해야 할 사항은 엑셀이 이 문제를 해결하는 데 적합한 도구인지를 확실히 해야 한다. 엑셀 사용자들이 범하기 쉬운 오류 중의 하나는 모든 문제를 엑셀을 이용해서 해결하려고 한다는 점이다. 엑셀은 사용이 용이하고 다양한 문제에 활용될 수 있다는 장점이 있지만 문제에 따라서는 엑셀보다 더 적합한 도구가 있다.

엑셀은 수치 조작이 뛰어나고 다양한 내장함수를 지니고 있으며 직관적으로 이해하기 쉽게 되어 있다. 또한 강력한 그래프 기능을 포함하고 있고 매크로를 이용하면 복잡한 문제도 해결이 가능하다. 하지만 많은 양의 데이터를 조작하는 데는 데이터베이스 프로그램에 뒤떨어지며 통계적인 문제를 해결하는 데는 통계 전문 패키지를 사용하는 것이 보다 적합하다.

엑셀을 이용해서 간단한 시뮬레이션을 수행할 수는 있지만 시뮬레이션 전문 프로그램에는 뒤떨어진다. 엑셀에서 그래프와 도형을 이용하여 프레젠테이션을 작성할 수는 있지만 전문 프레젠테이션 프로그램에는 뒤떨어진다. 엑셀의 매크로를 이용해서 자동화된 사용자 인터페이스를 작성할 수 있지만 이러한 유형의 문제는 데이터베이스 전문 프로그램을 사용하는 것이 더 적합하다.

엑셀을 사용해서 다양한 문제를 해결할 수 있지만 성공적인 엑셀 모델을 구축하기 위해서는 엑셀이 아니면 해결할 수 없거나 엑셀에 가장 적합한 문제를 해결하는 데 사용되어야 한다. 즉 계산 과정과 데이터의 표현이 엑셀에 가장 적합한 문제인지를 결정하는 것이 중요하다.

엑셀 모형의 종류

엑셀을 이용해서 해결하는 문제들은 여러 가지로 구분할 수 있다. 문제의 성격에 따라 매우 복잡한 문제, 간단한 문제, 시급하게 해결해야 할 문제, 불분명한 문제로 구분된다. 매우 복잡한 문제는 기업의 재무예측 모델과 같이 많은 양의 데이터를 사용하고 계산 과정도 복잡한 문제를 말한다. 시급하게 해결해야 할 문제는 빠른 시간 내에 결과가 요구되는 문제이다. 불분명한 문제는 문제의 본질과 목적이 불분명한 경우이다. 우리가 현실에서 부딪치는 문제는 간단한 것처럼 보이지만 실제로는 불문명한 경우가 많다.

엑셀을 이용해서 문제를 해결하는 구체적인 모델로는 다음과 같은 유형들이 있다.

❶ 양식 모델

실무에서 가장 많이 사용하는 엑셀 모델은 양식 모델이다. 연말정산 서류, 급여명세서, 세금계산서 등 데이터와 엑셀의 서식을 이용하여 다양한 형식의 문서를 작성하는 데 사용된다. 가장 간단한 형태의 모델로 구성과 계산이 그리 복잡하지 않다.

❷ 데이터베이스 모델

데이터베이스 모델은 데이터베이스 프로그램에서 추출된 많은 양의 데이터를 분석하여 유용한 정보를 추출하거나 조건에 맞는 데이터를 검색하는 데 사용된다. 이 모델은 정기적으로 사용되지만 데이터의 양이 일정하지 않고 분석 방법도 달라질 수 있다. 이 모델은 많은 계산을 필요로 하지 않고 정형화하기 어려우므로 작성하는 데 그리 큰 어려움은 없다.

❸ 재무예측 모델

재무나 회계 분야에서 주로 사용하는 재무예측 모델은 연도별, 분기별 시계열 자료를 이용하여 미래의 현금흐름이나 손익과 같은 재무예측에 사용되는 모델이다. 이 모델은 다양한 상황의 변화나 의사결정 변수의 변경에 따른 결과 값의 변화를 파악하는 것이 중요하므로 입력 데이터, 계산 모델, 출력 데이터를 구분하는 것이 무엇보다 중요하다.

❹ 계산 모델

많은 양의 복잡한 계산에 사용되는 모델로 다양한 분야에 사용된다. 엑셀은 전통적으로 사용되어 온 재무나 회계 분야뿐만 아니라 최적화, 공학, 의학, 자연과학 등 거의 모든 분야의 계산에 이용되고 있다. 이러한 수리 모델은 복잡한 수식들이 다양한 형태로 연결되어 있어서 계산의 정확성을 확보하는 것이 중요하다. 이를 위해서는 계산 과정을 풀어서 표현해야 하고 계산 과정에 대한 설명이 뒤따라야 한다.

❺ 프로그램 모델

매크로를 이용하여 자동화된 사용자 인터페이스를 구성하여 사용자들이 업무를 수행할 수 있도록 지원하는 모델이다. 이 모델에서는 계산 과정이 노출되지 않으므로 프로그램의 무결성을 확보하는 것이 무엇보다 중요하다. 이 모델은 특히 많은 테스트를 필요로 한다.

모형의 설계

분석 단계를 거쳐 모델의 목적과 사용자, 데이터의 성격 등이 파악되면 엑셀을 이용해 결과를 작성하는 과정에 대한 충분한 검토가 필요하다. 설계 단계에서는 맨 먼저 출력 데이터를 상세하게 파악하는 것이 필요하다. 이를 위해서는 출력 데이터가 포함된 문서를 엑셀로 작성해 보는 것이 도움이 된다. 출력 데이터가 포함된 문서를 작성할 때는 다음과 같은 사항을 고려해야 한다.

누가 이 문서를 사용할 것인가?
각 문서가 어떤 목적에 사용되는가?
데이터는 어느 정도의 정밀도가 요구되는가?

출력 데이터가 확정되면 어떤 계산 과정을 거쳐 이를 작성할 것인지에 대해 파악해야 한다. 예를 들어 추정손익계산서를 작성한다면 최종 결과물은 세후 순이익이 될 것이고, 이 세후 순이익을 계산하기 위해서는 복잡한 과정을 거쳐야 한다. 판매수량과 제품가격, 가격할인, 제품원가, 고정비, 변동비, 세율, 감가상가비 등 다양한 요소들이 복잡하게 연결되어 최종 결과물을 산출해 낸다.

이러한 과정을 논리적으로 표현하고 이를 사용자나 관련된 다른 사람들과 논의를 하기 위해서는 다음과 같은 도구들을 사용할 수 있다.

계산 흐름도

각 항목들의 계산의 논리적인 흐름을 개략적으로 보여 주는 그림이다. 작성되는 모델에서 요구되는 정확도의 수준에 따라 계산 흐름도의 세부 내역도 달라질 수 있으며 필요에 따라 더 세부적인 흐름도를 그릴 수 있다.

다음은 추정현금흐름표를 작성하기 위한 계산 흐름도이다. 이 흐름도에서는 구체적인 계산 방법은 알 수 없지만 각 항목들이 어떻게 다음 항목의 계산에 연결되어 있는지를 보여 주고 있어서 모델 개발 과정에서 사용자와 의사소통하는 데 유용한 도구가 된다.

계산 흐름표에서는 각 항목들이 계산 과정에 어떻게 연결되는가를 개략적으로 보여 주지만 그 계산 방법이 구체화되어 있지 않다. 따라서 같은 계산 흐름표에서도 서로 다른 해석과 계산 방법이 있을 수 있다. 이러한 문제점은 다음의 계산표를 작성함으로써 해결할 수 있다.

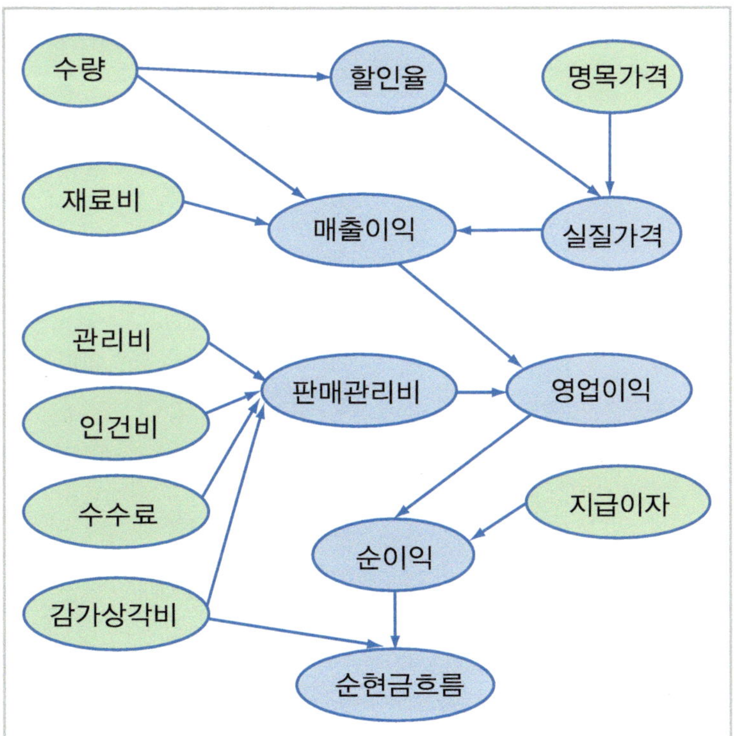

계산표

계산표는 모델의 각 항목이 어떤 계산 방법을 통해 계산되는가를 상세하게 보여주는 테이블이다. 계산되는 각 항목은 각각의 참조번호와 명세를 가지고 있으며 참조번호는 입력 데이터인가 계산 데이터인가를 구분한다. 계산 방법은 엑셀의 수식과 유사한 구문을 사용하여 쉽게 이해할 수 있도록 명확하게 표현한다. 계산 과정은 좌측상단에서 우측하단으로 참조되도록 구성하여 향후 엑셀에서 실제로 수식을 입력할 때 도움이 되도록 한다.

참조번호	명세	참조번호	계산방법	단위	예시	비고
입력항목						
입력01	기초재고(1차년도)			천개	200	
입력02	예상매출량			천개	300	
입력03	구매량			천개	150	
계산항목						
계산01	기초재고		=IF		=IF	
			1차년도		1차년도	
			THEN		THEN	
		입력01	기초재고(1차년도)	천개	200	
			ELSE			
			기말재고(지난해)	천개		
계산02	실제 판매량		=IF		=IF	
		계산01	기초재고	천개	200	예상 매출량을
			+		+	뒷받침할
		입력03	구매량	천개	150=350	충분한 재고가
			〉		〉	있는지를 확인
		입력02	예상매출량	천개	300	
			THEN		300	
		입력02	예상매출량	천개		
			ELSE			
		계산01	기초재고	천개		
			+			
		입력03	구매량	천개		
계산03	기말재고		=		=	
		계산01	기초재고	천개	200	
			+		+	
		입력03	구매량	천개	150	
			−		−	
		계산02	실제 판매량	천개	300=50	

여기에서 제시된 수식들은 매우 구체적으로 표현되어 있으므로 각 항목 간의 관계를 상세하게 나타내고 있어서 복잡한 모델을 작성할 때는 계산 흐름도와 같이 사용되면 모델을 구체화하는 데 도움이 된다.

프로토타입

프로토타입이란 모델을 완성하기에 앞서 사용자와의 의사소통이나 계산 과정, 표현 방법 등을 확인하기 위해 임시로 만든, 하지만 핵심적인 계산 과정을 거의 다 포함하고 있는 임시적인 모델이다. 특히 모델의 목적이나 계산 과정이 명확하지 않을 때 구체적인 결과물을 포함하고 있는 프로토타입은 애매한 부분을 명확히 하는 데 도움이 된다.

프로토타입은 여러 단계에서 작성될 수 있으며 초기의 아주 개략적인 형태에서 나중에는 보다 구체적이고 완선한 모델에 가까운 형대를 지니게 된다. 엑셀은 특히 이러한 프로토타입을 작성하는 데 유용한 도구이다. 특히 모델을 작성하는 데 여러 가지 대안이 있을 때 이를 비교하는 데 프로토타입은 큰 도움이 된다.

하지만 프로토타입은 최종 완성된 모델은 아니고 사용자와의 의사소통을 위한 도구라는 점을 명심해야 한다. 대개의 경우 프로토타입은 아직 계산의 정확성과 무결성을 확보한 것이 아니므로 이를 기초로 완전한 최종 모델을 다시 작성해야 한다.

프로토타입을 작성할 때는 다음과 같은 점에 주의하여야 한다. 우선 프로토타입을 작성하는 데 너무 많은 시간을 소비해서는 안 된다. 프로토타입에서는 오류의 처리, 화면 구성의 최적화, 계산의 명확성 등이 확보되지 않는 상태이므로 너무 많은 시간을 투자하지 않는 것이 좋다. 프로토타입에서는 사용된 수식의 내용이 화면에 나타나지 않으므로 계산표나 계산 흐름도와 같은 다른 도구들과 함께 사용되어야 한다.

입력 데이터의 정의

모델의 계산 과정과 방법이 구체적으로 정해졌으면 설계의 최종 단계는 입력 데이터를 구체화하는 것이다. 보다 완벽한 모델을 작성하기 위해서는 입력 데이터들을 매우 구체적으로 정의해야 한다. 이를 위해서는 다음과 같은 입력 데이터 리스트를 작성하는 것이 좋다.

데이터	형식	단위	빈도	상태	유효성	출처
이자율	0.00%	%	단 한 번 입력	정책변수	>0	재무부서
매출액	숫자	천개	1달에 한 번	추정	>0	판매부서
가격	숫자	천원	1달에 한 번	합의된 예상치	>1	판매부서
자본비용	숫자	천원	1달에 한 번	추정		자동입력
내용년수	숫자	년	단 한 번 입력	정책변수	>10	재무부서

엑셀 오류 사례

엑셀 수식의 실수로 2,400만 달러의 손실

톨레도대학은 최근 예산손익계산 결과 2,400만 달러의 손실을 예측했다. "우리 대학의 공식적인 예측에 의하면 대학원 입학생들이 10% 정도 감소할 것으로 보았는데 스프레드시트의 공식에 실수로 오히려 증가가 나타나게 되었고 이를 근거로 한 입학생들의 숫자가 부풀려졌고 그에 따라 수익도 과다 계상되었다"고 Decatur가 발표했다. Dr. Johnson(아마 총장)은 이 실수를 저지른 직원은 그동안의 직무성과가 뛰어나 이 일로 인한 공식적인 징계는 없을 것이라고 했다. 하지만 향후에는 보다 신뢰성이 높은 자료를 작성하기 위해 시스템적인 개혁을 추구할 것이라고 학교 당국은 발표했다. "우리 학교의 직원들은 매우 유능하지만 대학의 재정적 상황이 악화되어 대학 행정에 전혀 행정 프로세스에서 상호검증할 수 있는 인력의 여분이 전혀 존재하지 않는 상황에 처해 있다"고 Dr. Johnson은 말했다.

http://www.toledoblade.com/apps/pbcs.dll/article?AID=/20040501/NEWS21/405010344/-1/NEWS에서 인용

Chapter 02

삼성두부

수원에서 두부공장을 운영하고 있는 이영학 씨는 최근에 서울 시내의 백악할인마트로부터 두부코너를 운영해 달라는 제안을 받았다. 이영학 씨는 20년 이상 두부공장을 운영한 아버지의 뒤를 이어 2년 전에 삼성두부공장의 운영을 맡아 왔다. 이영학 씨는 가내수공업 수준의 유영을 해 오던 아버지의 운영 방식에서 벗어나 서울 시민을 대상으로 공장을 확장하여 그런대로 성공을 거두어 왔다.

이영학 씨는 기존의 두부에다 순두부, 메밀묵을 생산 품목에 추가시키고, 납품업체도 서울 시내의 재래시장과 동네 소형 슈퍼마켓으로 확대하여 상당한 매출 신장을 가져왔다. 또한 향후에는 마진율이 높은 두유나 유기농두부, 기능성 두부 분야로 진출하려는 계획도 가지고 있다.

두부공장은 제조 방법이 비교적 단순하여 콩을 삶아서 으깨고, 여기에 소금물을 첨가하여 응고시켜서 두부를 제조한다. 하지만 업체별로 소금물의 농도를 어떻게 하느냐, 콩을 불리고 삶는 과정을 어떻게 하느냐에 따라 차이가 있다.

백악할인마트에서는 보증금 5,000만 원과 매년 관리비 500만 원에 5년 계약을 하자고 제안해 왔다. 백악할인마트는 서울에서 비교적 최근에 설립되어 급속한 신장을 보이고 있는 할인체인으로 이미 서울 시내의 여러 곳에서 할인점을 운영하고 있다. 이영학 씨에게 제시된 할인점은 최근에 오픈을 계획하고 있는 서울 시내의 주거지역에 설치될 강남점이다. 지금까지의 백악할인체인의 영업실적으로 보아 할인점에 입점하면, 상당한 수준의 매출을 올릴 수 있을 것으로 이영학 씨는 기대하고 있다. 이렇게 백악할인마트의 제안을 긍정적으로 고려하기로 한 이영학 씨는 구체적인 비용과

수익에 대해 검토하기 시작했다.

새로운 할인점에서는 기존에 삼성두부에서 생산하고 있는 품목인 순두부, 일반두부 그리고 메밀묵을 판매할 수 있을 것이다. 그리고 이번 기회에 최근에 급속하게 확산되고 있는 유기농두부를 시범적으로 생산하여 추가로 판매할 수 있을 것으로 생각하고 있다.

각각의 품목은 가격, 원가, 예상되는 매출에 차이가 있는데, 순두부는 일주일에 평균 600개 정도 판매할 수 있을 것으로 예상되므로, 1년이면 600 * 50주=3만 개를 판매할 수 있을 것이다. 수원공장에서 생산되는 순두부는 개당 1,000원에 판매되는데, 실제로는 특별세일, 떨이세일, 주말특별세일 등으로 명목가격보다 저렴하게 판매되어 부가가치세를 제외한 실질가격은 700원 정도가 된다. 실질판매가격이 이처럼 낮은 이유는 할인점에 배송되는 두부가 당일에 판매되지 못하면 저녁 늦게 떨이세일을 통해서 절반 정도의 가격에 판매되고, 그래도 남는 순두부는 원가에도 미치지 못하는 수준으로 사료공장에 납품되기 때문이다.

수원에서 생산하고 있는 품목 중 일반두부와 메밀묵도 경쟁력이 있는 제품으로 백악할인마트의 매장에서 각각 1,000원과 2,000원에 판매한다면 일반두부는 매주 800개 정도, 메밀묵은 매주 300개 정도 판매가 가능할 것으로 예상된다. 동일한 코너에서 판매될 일반두부와 메밀묵도 잦은 할인행사와 반품으로 인해 명목가격보다는 30% 정도 할인되어 판매될 것이다. 여기에 유기농두부를 추가하여 소비자들의 신뢰를 획득하면 큰 수익이 나타날 것으로 예상하고 있다. 유기농두부는 아직까지 다른 두부에 비해 가격이 높다는 인식만 있을 뿐 정확한 매출을 예측하기가 힘들다.

따라서 이영학 씨는 보다 정확한 예측을 위해 서울 시내의 마케팅연구소에 의뢰하여 조사한 결과, 유기농두부를 실질가격 2,500원으로 판매하는 경우 매주 평균 200개 정도의 판매는 가능할 것으로 예측하고, 최근의 웰빙 바람에 힘입어 매년 10% 정도 매출이 신장될 것으로 조사되었다. 순두부와 메밀묵은 매년 5%씩 성장할 것으로 예상되지만, 일반두부는 매출이 오히려 매년 2%씩 감소할 것으로 예측되었다.

새로운 할인점에 납품하기 위해서는 기존의 공장라인만으로는 감당할 수 없으므로 우선 생산라인을 증설해야 한다. 또한 유기농두부를 생산하기 위해서는 최신의 설비를 갖추고 품질 면에서도 기존의 제품과는 다르다는 점을 보여야 한다. 기존의 공장부지가 여유가 있어서 이러한 설비를 구축하는 데 공간적인 문제는 없지만 설비를 구축하는 데는 5,000만 원 정도가 필요할 것으로 예상된다. 이렇게 구축된 설비는 5년 동안 사용하고 나면 시설이 노후화되므로 5년 후 설비의 가치는 2,000만 원 정도로 예상된다.

그리고 두부의 추가생산을 위해 1명의 종업원을 고용해야 하는데, 적어도 월 150만 원은 주어야 하고, 할인점에서 판매를 담당하는 판매원도 월 150만 원 이상을 주어야 능력 있는 판매원을 구할 수 있을 것으로 생각된다.

각 제품에 따라 마진율, 즉 제품의 가격에서 원가를 뺀 비율은 약간씩 차이가 나는데, 순두부와 메밀묵의 경우 순수재료비는 각각 200원과 300원(운반비 포함)이고, 일반두부의 순수재료비는 250원(운반비 포함)에 달한다. 즉, 1,000원짜리 순두부를 만드는 데 드는 직접비용이 200원이다. 유기농두부의 경우에는 농약을 사용하지 않는 순수 국산 콩을 계약재배하여 생산해야 하므로 재료비만 하나당 1,000원에 달한다. 여기에 할인점에 내야 하는 수수료가 8% 추가되고 인건비와 관리비, 보증금 이자, 설비의 감가상각비 등을 고려하면 수익이 있다는 보장은 없다.

우선 입점을 위해서는 설비를 구입하여 설치하고 보증금을 납부하기 위해 은행으로부터 대출을 받아야 하는데, 이영학 씨가 거래하는 은행으로부터 1억 원을 대출받을 경우 지불해야 하는 이자율은 연 6%이다. 향후 5년 동안 매년 물가상승률은 4%로 예상되고, 재료비는 물가상승률의 절반 정도로 증가하게 되지만, 판매되는 제품의 가격은 경쟁업체들이 있으므로 인상할 수가 없다. 판매원들의 인건비 역시 경력이 높아지면 더 많은 급여를 주어야 하므로 물가상승률 정도 인상해 주어야 한다. 또한 구입하는 설비도 5년 후면 가치가 하락하므로 매년 동일한 금액으로 감가상각을 해야 한다. 다행히 백악할인마트에서는 매년 납부하는 관리비에 대해서는 5년 동안 동결하는 것에 동의하였다.

이영학 씨는 백악할인마트와 5년 계약을 해야 할까?

이러한 문제는 투자안의 타당성을 평가하는 문제로 엑셀을 이용하여 추정손익계산서나 추정현금흐름표를 작성함으로써 투자안의 경제성을 평가할 수 있다.

이 사례에 대한 추정현금흐름표를 작성해 보자.

1. 기본 자료 입력

❶ 먼저 엑셀을 시작하여 만들어진 **새 문서**를 **'삼성두부'** 라는 이름으로 **저장**하자. Sheet1의 이름을 **'기본 자료'** 라고 변경하고 이 시트에 다음과 같이 기본 자료들을 입력한다.

	A	B	C	D	E
1	가격				
2		순두부가격	700	시설비	50,000,000
3		일반두부가격	700	잔존가액	20,000,000
4		유기농두부가격	2,500	수수료율	8%
5		메밀묵가격	1,400	관리비	5,000,000
6	원가			보증금	50,000,000
7		순두부원가	200	이자율	6%
8		일반두부원가	250	물가상승율	4%
9		유기농두부원가	1,000	인건비	3,000,000
10		메밀묵원가	300	인건비증가율	4%
11	수량			관리비상승율	0%
12		순두부수량	30,000	원가상승율	2.0%
13		일반두부수량	40,000		
14		유기농두부수량	10,000		
15		메밀묵수량	15,000		
16	성장율				
17		순두부성장율	5%		
18		일반두부성장율	-2%		
19		유기농두부성장율	10%		
20		메밀묵성장율	5%		

이처럼 기본 자료들을 별도로 입력하는 것은 자료와 분석 모형이 분리되어야 기본 자료가 변경됨에 따른 결과의 변화를 쉽게 파악할 수 있고, 작성자가 아닌 다른 사람들도 전체적인 분석 모형을 쉽게 이해할 수 있게 하기 위해서이다.

❷ 이제는 입력된 기본 자료들에 이름을 부여한다. B2:C20을 선택하여 메뉴의 **수식-정의된 이름** 그룹에서 **'선택 영역에서 만들기'** 대화상자를 불러내고 **왼쪽 열**을 선

택하여 이름을 부여한다. 다시 D2:E12를 선택하여 같은 방법으로 이름을 부여한다.

2. 추정현금흐름표 작성

❶ Sheet2를 선택하여 이름을 **'추정현금흐름표'** 라고 변경하고 A열과 B열의 폭을 좁게 한 다음, 아래와 같이 추정현금흐름표의 제목을 작성한다.

	A	B	C	D	E	F	G	H	I
1						추정현금흐름표			
2			년도	2007년	2008년	2009년	2010년	2011년	합계
3	매출액								
4		순두부							
5			수량						
6			단가						
7		일반누부							
8			수량						
9			단가						
10		유기농두부							
11			수량						
12			단가						
13		메밀묵							
14			수량						
15			단가						
16									
17	매출원가								
18		순두부							
19			원가						
20		일반두부							
21			원가						
22		유기농두부							
23			원가						
24		메밀묵							
25			원가						
26									
27	매출이익								

이제 추정현금흐름표를 작성해 보자. 먼저 매출액을 계산하기 위해서는 각각의 품목에 대한 매출액을 먼저 구해야 하고, 각 품목의 매출액은 수량에 단가를 곱하여 계산된다.

❷ 따라서 D5를 선택하고 **'=순두부수량'** 이라고 입력한다. 이는 앞에서 이름을 부여하였으므로 셀 주소 대신 이름이 사용되었다. D6을 선택하여 **'=순두부가격'** 이라

고 입력한다. 이제는 D4를 선택하여 순두부의 매출액은 수량에 단가를 곱한 것이므로 '=D5*D6' 라고 입력한다.

❸ 마찬가지 방법으로 일반두부, 유기농두부, 메밀묵에 대해서도 매출액을 계산한다. D3에는 매출액의 합계가 계산되어야 하므로 '=D4+D7+D10+D13' 라고 입력한다.

▶ D5 : =순두부수량

▶ D6 : =순두부가격

▶ D4 : =D5*D6

▶ D8 : =일반두부수량

▶ D9 : =일반두부가격

▶ D7 : =D8*D9

▶ D11 : =유기농두부수량

▶ D12 : =유기농두부가격

▶ D10 : =D11*D12

▶ D14 : =메밀묵수량

▶ D15 : =메밀묵가격

▶ D13 : =D14*D15

▶ D3 : =D4+D7+D10+D13

❹ 이제는 원가를 계산해 보자. 먼저 D19에는 '=순두부원가' 라고 입력하고 D18에는 수량에 원가를 곱해야 하므로 '=D5*D19' 라고 입력한다. 같은 방법으로 나머지 품목에 대해 매출원가를 계산한 다음, D17에 매출원가의 합계를 구하기 위해 '=D18+D20+D22+D24' 라고 입력한다. 매출이익은 매출액에서 매출원가를 차감한 것이므로 D27에는 '=D3-D17' 라고 입력한다. 이렇게 2007년도의 매출이익이 계산되었다.

- D19 : =순두부원가
- D18 : =D5*D19
- D21 : =일반두부원가
- D20 : =D8*D21
- D23 : =유기농두부원가
- D22 : =D11*D23
- D25 : =메밀묵원가
- D24 : =D14*D25
- D17 : =D18+D20+D22+D24
- D27 : =D3−D17

❺ 이제는 다음 해인 2008년의 매출이익을 계산해 보자. 먼저 E5를 선택하여 다음 해의 순두부 수량을 계산한다. 순두부는 매출이 매년 순두부성장율만큼 성장하므로 E5에 '=D5*(1+순두부성장율)'이라고 입력한다. E6에 입력될 2008년의 순두부가격은 변동이 없으므로 2007년의 값을 채우기 핸들을 이용하여 복사한다. E4에 입력될 2008년의 순두부 매출액도 2007년의 식과 유사하므로 채우기 핸들을 이용해 복사한다. 마찬가지 방법으로 나머지 품목들의 매출액과 매출액 합계를 계산한다.

- E5 : =D5*(1+순두부성장율)
- E8 : =D8*(1+일반두부성장율)
- E11 : =D11*(1+유기농두부성장율)
- E14 : =D14*(1+메밀묵성장율)

❻ 2008년의 순두부 매출원가는 2007년의 원가에 원가상승율을 반영한 만큼 증가해야 하므로 '=D19*(1+원가상승율)'라고 입력한다. E18에 입력될 순두부의 매출원가는 원가에 수량을 곱한 것이므로 '=E5*E19'라고 입력한다. 마찬가지 방법으로 나머지 품목들의 매출원가와 매출원가 합계를 구한다. E27에 입력될 2008년의 매출

이익은 2008년의 매출액에서 2008년의 매출원가를 차감한 금액이므로 '=E3-E17'이 될 것이다.

▶ E19 : =D19*(1+원가상승율)

▶ E21 : =D21*(1+원가상승율)

▶ E23 : =D23*(1+원가상승율)

▶ E25 : =D25*(1+원가상승율)

❼ 이제는 E3:E27을 선택하고 **채우기 핸들**을 이용하여 **H27까지 복사**하여 2011년까지의 매출이익을 계산한다. D3:H3을 선택하여 표준 도구 모음의 자동합계 버튼(Σ)을 클릭하여 **매출액의 합계**를 구하고, 다시 I3을 선택하여 **I27까지 복사**한 다음, **불필요한 셀들에 입력된 수식을 제거**한다. 지금까지 작성된 결과는 다음과 같다.

	A	B	C	D	E	F	G	H	I
1	추정현금흐름표								
2			년도	2007년	2008년	2009년	2010년	2011년	합계
3	매출액			95,000,000	99,040,000	103,446,200	108,248,626	113,480,071	519,214,897
4		순두부		21,000,000	22,050,000	23,152,500	24,310,125	25,525,631	116,038,256
5			수량	30,000	31,500	33,075	34,729	36,465	165,769
6			단가	700	700	700	700	700	3,500
7		일반두부		28,000,000	27,440,000	26,891,200	26,353,376	25,826,308	134,510,884
8			수량	40,000	39,200	38,416	37,648	36,895	192,158
9			단가	700	700	700	700	700	3,500
10		유기농두부		25,000,000	27,500,000	30,250,000	33,275,000	36,602,500	152,627,500
11			수량	10,000	11,000	12,100	13,310	14,641	61,051
12			단가	2,500	2,500	2,500	2,500	2,500	12,500
13		메밀묵		21,000,000	22,050,000	23,152,500	24,310,125	25,525,631	116,038,256
14			수량	15,000	15,750	16,538	17,364	18,233	82,884
15			단가	1,400	1,400	1,400	1,400	1,400	7,000
16									
17	매출원가			30,500,000	32,461,500	34,624,772	37,011,733	39,646,781	174,244,786
18		순두부		6,000,000	6,426,000	6,882,246	7,370,885	7,894,218	34,573,350
19			원가	200	204	208	212	216	1,041
20		일반두부		10,000,000	9,996,000	9,992,002	9,988,005	9,984,010	49,960,016
21			원가	250	255	260	265	271	1,301
22		유기농두부		10,000,000	11,220,000	12,588,840	14,124,678	15,847,889	63,781,408
23			원가	1,000	1,020	1,040	1,061	1,082	5,204
24		메밀묵		4,500,000	4,819,500	5,161,685	5,528,164	5,920,664	25,930,012
25			원가	300	306	312	318	325	1,561
26									
27	매출이익			64,500,000	66,578,500	68,821,428	71,236,893	73,833,290	344,970,111

❽ 이제는 추정현금흐름표의 나머지 부분을 완성해 보자. 먼저 추정현금흐름표의 나머지 부분에 대한 제목을 다음과 같이 입력한다.

	A	B	C	D	E	F	G	H	I
26									
27	매출이익			64,500,000	66,578,500	68,821,428	71,236,893	73,833,290	344,970,111
28									
29	판매및 관리비								
30		수수료							
31		관리비							
32		인건비							
33		감가상각비							
34									
35	영업이익								
36		지급이자							
37									
38	순이익								
39									
40	감가상각비								
41									
42	순현금흐름								

❾ D30을 선택하여 수수료를 계산하기 위한 수식을 입력한다. 수수료는 매출액에 수수료율을 곱한 것이므로 '=D3*수수료율' 이라고 입력한다.

▶ D30 : =D3*수수료율

관리비는 매년 동일한 금액이 정해져 있으므로 D31에는 '=관리비' 라고 입력한다.

▶ D31 : =관리비

인건비는 연간 인건비가 계산되어야 하므로 기본 자료에 나와 있는 월 인건비에 12를 곱해 주어야 한다. 따라서 D32에는 '=인건비*12' 라고 입력한다.

▶ D32 : =인건비*12

감가상각비는 취득가액에서 잔존가액을 차감한 금액을 매년 동일한 금액으로 상각하는 정액법을 이용하므로 D33에는 '=(시설비−잔존가액)/5' 라고 입력한다.

▶ D33 : =(시설비−잔존가액)/5

판매 및 관리비는 수수료, 관리비, 인건비, 감가상각비를 모두 합한 금액이므로 D29에는 '=SUM(D30:D33)' 라고 입력한다.

▶ D29 : =SUM(D30:D33)

⑩ 매출이익에서 판매 및 관리비를 차감한 금액이 영업이익이다. 따라서 D35에는 '=D27-D29' 라고 입력한다.

▶ D35 : =D27-D29

D36에 입력될 지급이자는 은행으로부터 차입한 금액에 대해 지불하는 이자이다. 이영학 씨는 시설비와 보증금을 은행으로부터 차입하므로 이에 대한 이자를 매년 지불해야 한다. 따라서 D36에는 '=(보증금+시설비)*이자율' 이라고 입력한다.

▶ D36 : =(보증금+시설비)*이자율

순이익은 영업이익에서 지급이자를 제외한 금액이므로 D38에는 다음과 같이 입력한다.

▶ D38 : =D35-D36

이 결과 2007년에는 390만 원의 순이익이 발생할 것으로 추정되었다. 여기에 세금을 제외한 금액이 최종소득이 된다. 하지만 이번의 사례에서는 이영학 씨에게 기존의 공장과 같은 다른 소득원이 있으므로 소득에 대한 세율을 정하기는 쉽지 않다. 따라서 이번 사례에서 세금은 고려하지 않기로 한다.

순이익은 위와 같이 계산되지만 순수현금만을 고려했을 때는 순이익과 현금이 일치하지는 않는다. 그 이유는 회계상으로 계산된 이익과 실제 현금에는 여러 가지 요인에 의해 차이가 발생하기 때문이다.

그 대표적인 요인이 감가상각비인데, 감가상각비는 다른 비용과 달라서 현금의 지출을 수반하지 않는 명목상의 비용일 뿐이다. 예를 들어 인건비의 경우에는 종업원이나 판매원에게 직접 급여를 주어야 한다. 하지만 감가상각비는 기계설비가 노후화되는 미래에 대비하여 적립해 놓은 충당금일 뿐이다. 따라서 순수현금만을 계산할 때는 감가상각비를 순이익에 더해 주어야 한다.

⓫ 따라서 D40에는 D33에서 계산된 감가상각비를 다시 더해 주기 위해 다음과 같이 입력한다.

▶ D40 : =D33

마지막으로 D42에 입력될 순현금흐름은 순이익에 감가상각비를 더해 준 금액이므로 D42에는 '=D38+D40' 라고 입력한다.

▶ D42 : =D38+D40

이제 2007년도의 순이익과 순현금흐름이 계산되었다.

⓬ 2008년부터 2011년까지의 순이익과 순현금흐름을 계산하기 위해서는 매년 값이 변화하는 인건비와 지급이자만 조정하고 나머지는 D열에 작성된 수식을 복사하면 된다. E32에 입력될 2008년도의 인건비는 인건비 상승률만큼 조정해 주어야 하므로 E32에는 다음과 같이 입력한다.

▶ E32 : =D32*(1+인건비증가율)

은행에 지급해야 하는 이자는 매년 감가상각된 부분만큼은 은행에 원금을 납입하게 되므로 이를 고려하여 다음과 같이 입력한다.

▶ E36 : =(보증금+시설비-SUM($D$33:D33))*이자율

나머지 영역의 수식은 D열과 유사하므로 채우기 핸들을 이용해 복사한다.

⓭ 다시 E29:E42를 선택하여 H42까지 복사한 다음, I열에 합계를 계산한다. 최종적으로 작성된 추정현금흐름표는 다음과 같다.

	A	B	C	D	E	F	G	H	I
1						추정현금흐름표			
2			년도	2007년	2008년	2009년	2010년	2011년	합계
3	매출액			95,000,000	99,040,000	103,446,200	108,248,626	113,480,071	519,214,897
4		순두부		21,000,000	22,050,000	23,152,500	24,310,125	25,525,631	116,038,256
5			수량	30,000	31,500	33,075	34,729	36,465	165,769
6			단가	700	700	700	700	700	3,500
7		일반두부		28,000,000	27,440,000	26,891,200	26,353,376	25,826,308	134,510,884
8			수량	40,000	39,200	38,416	37,648	36,895	192,158
9			단가	700	700	700	700	700	3,500
10		유기농두부		25,000,000	27,500,000	30,250,000	33,275,000	36,602,500	152,627,500
11			수량	10,000	11,000	12,100	13,310	14,641	61,051
12			단가	2,500	2,500	2,500	2,500	2,500	12,500
13		메밀묵		21,000,000	22,050,000	23,152,500	24,310,125	25,525,631	116,038,256
14			수량	15,000	15,750	16,538	17,364	18,233	82,884
15			단가	1,400	1,400	1,400	1,400	1,400	7,000
16									
17	매출원가			30,500,000	32,461,500	34,624,772	37,011,733	39,646,781	174,244,786
18		순두부		6,000,000	6,426,000	6,882,246	7,370,885	7,894,218	34,573,350
19			원가	200	204	208	212	216	1,041
20		일반두부		10,000,000	9,996,000	9,992,002	9,988,005	9,984,010	49,960,016
21			원가	250	255	260	265	271	1,301
22		유기농두부		10,000,000	11,220,000	12,588,840	14,124,678	15,847,889	63,781,408
23			원가	1,000	1,020	1,040	1,061	1,082	5,204
24		메밀묵		4,500,000	4,819,500	5,161,685	5,528,164	5,920,664	25,930,012
25			원가	300	306	312	318	325	1,561
26									
27	매출이익			64,500,000	66,578,500	68,821,428	71,236,893	73,833,290	344,970,111
28									
29	판매및 관리비			54,600,000	56,363,200	58,213,296	60,154,994	62,193,314	291,524,804
30		수수료		7,600,000	7,923,200	8,275,696	8,659,890	9,078,406	41,537,192
31		관리비		5,000,000	5,000,000	5,000,000	5,000,000	5,000,000	25,000,000
32		인건비		36,000,000	37,440,000	38,937,600	40,495,104	42,114,908	194,987,612
33		감가상각비		6,000,000	6,000,000	6,000,000	6,000,000	6,000,000	30,000,000
34									
35	영업이익			9,900,000	10,215,300	10,608,132	11,081,899	11,639,976	53,445,307
36		지급이자		6,000,000	5,640,000	5,280,000	4,920,000	4,560,000	26,400,000
37									
38	순이익			3,900,000	4,575,300	5,328,132	6,161,899	7,079,976	27,045,307
39									
40	감가상각비			6,000,000	6,000,000	6,000,000	6,000,000	6,000,000	30,000,000
41									
42	순현금흐름			9,900,000	10,575,300	11,328,132	12,161,899	13,079,976	57,045,307

3. 추정현금흐름 분석

엑셀을 이용하여 추정손익계산서나 추정현금흐름표를 계산하게 되면 계산 과정도 비교적 단순할 뿐만 아니라 분석에 있어서 기본 가정들이 변화했을 때, 그 결과들의 변화를 즉시 알 수 있다. 예를 들어 현재의 가정에 의하면 5년 동안 약 5,000만 원 정도의 순현금 유입이 있을 것으로 계산되었지만, 수수료율이나 인건비 증가율 또는 매출 상승률에 변화가 있을 때, 어떤 결과가 나타날지를 쉽게 알 수 있다는 것이다. 이를 민감도 분석이라고 하는데, 미래의 상황에 대한 의사결정에 매우 유용하게 사용된다.

이를 위해서는 다음과 같이 '기본 자료' 시트에 '분석' 시트의 주요 항목들을 복사해 놓고 각각의 요인들의 변화에 따른 주요 결과들의 변화를 지켜본다.

❶ 먼저 기본 자료 시트의 A23:A27에 각각 매출액, 매출이익, 영업이익, 순이익, 순현금흐름을 입력한다. B22:F22에는 2007년부터 2011년까지 입력한다.

❷ B23을 선택하여 '=추정현금흐름표!D3' 이라고 입력하고, 채우기 핸들을 이용하여 F23까지 채운다. B24를 선택하여 '=추정현금흐름표!D27' 라고 입력하고 F24까지 채운다.

❸ 같은 방법으로 영업이익, 순이익, 순현금흐름을 기본 자료 시트에 복사한다.

- ▶ 기본자료!A23 : 매출액 기본자료!B23 : =추정현금흐름표!D3
- ▶ 기본자료!A24 : 매출이익 기본자료!B24 : =추정현금흐름표!D27
- ▶ 기본자료!A25 : 영업이익 기본자료!B25 : =추정현금흐름표!D35
- ▶ 기본자료!A26 : 순이익 기본자료!B26 : =추정현금흐름표!D38
- ▶ 기본자료!A27 : 순현금흐름 기본자료!B27 : =추정현금흐름표!D42

	A	B	C	D	E	F
1	가격					
2		순두부가격	700	시설비	50,000,000	
3		일반두부가격	700	잔존가액	20,000,000	
4		유기농두부가격	2,500	수수료율	8%	
5		메밀묵가격	1,400	관리비	5,000,000	
6	원가			보증금	50,000,000	
7		순두부원가	200	이자율	6%	
8		일반두부원가	250	물가상승율	4%	
9		유기농두부원가	1,000	인건비	3,000,000	
10		메밀묵원가	300	인건비증가율	4%	
11	수량			관리비상승율	0%	
12		순두부수량	30,000	원가상승율	2.0%	
13		일반두부수량	40,000			
14		유기농두부수량	10,000			
15		메밀묵수량	15,000			
16	성장율					
17		순두부성장율	5%			
18		일반두부성장율	-2%			
19		유기농두부성장율	10%			
20		메밀묵성장율	5%			
21						
22		2007년	2008년	2009년	2010년	2011년
23	매출액	95,000,000	99,040,000	103,446,200	108,248,626	113,480,071
24	매출이익	64,500,000	66,578,500	68,821,428	71,236,893	73,833,290
25	영업이익	9,900,000	10,215,300	10,608,132	11,081,899	11,639,976
26	순이익	3,900,000	4,575,300	5,328,132	6,161,899	7,079,976
27	순현금흐름	9,900,000	10,575,300	11,328,132	12,161,899	13,079,976

이와 같은 상태에서 **수수료율을 8%에서 6%로 변경**해 보자. 각 항목에 변화가 즉시 나타날 것이다. 이번에는 더 우수한 인력을 채용해서 매출을 높이는 방법에 대해 생각해 보자. 이를 위해서는 인건비를 높이고 그에 상응하게 매출성장률을 1%씩 상승한 것으로 계산해 보자. 인건비에 4,000,000을 입력하고 각 매출성장률을 1%씩 상향 조정하여 입력해 보자. 이번에도 인건비의 변화와 매출성장률의 변화에 따른 순현금흐름의 변화가 즉시 나타날 것이다.

이와 같이 미래에 대한 예측에 대해 몇 개의 시나리오를 만들어서 실행해 보면 어떠한 변화가 나타나는지를 알 수 있다.

엑셀 오류 사례

문자열로 입력된 숫자로 3만 파운드의 예산 손실

엑셀의 예산 스프레드시트의 숫자가 정확하게 더해지지 않아서 자신이 맡고 있는 학교의 예산에 3만 파운드의 부족이 발생했다고 이 학교의 교장인 Peter Wolstenholme가 말했다. AccountingWEB 그룹 소속의 엑셀 전문가 몇 명의 도움으로 문제의 원인을 발견했는데, 예산에 입력된 숫자 중의 일부가 수치가 아니라 우측에 맞춰진 문자열로 입력되어 착오를 일으킨 것이었다. 이렇게 입력된 숫자–실제로는 문자열–들은 =Sum 함수에 더해지지 않았고 이러한 결과들이 다음 계산에 연속적으로 영향을 미쳐서 이 학교의 예산서의 최종 결과에 오류가 발생했다. Wolstenholme는 OBDC 방법을 사용하는 회계시스템에서 데이터를 추출할 때 수치 대신에 문자열이 나타나는 경우가 자주 있다고 인정했다.
AccountingWEB의 회원인 Paul Mitchell은 이러한 사태를 방지하기 위해서는 정부당국은 IT 교육의 관행을 점검해야만 한다고 주장했다. Wolstenholme 교장도 확실한 문제점은 cross-check을 하지 않는 것이라고 말했다.

http://www.accountingweb.co.uk/cgi-bin/item.cgi?id=40301에서 인용

EXERCISE

연습문제

01 홍길동상회

홍길동 씨는 가락동 공판장에서 과일도매상을 하고 있다. 최근에 신축 중인 대형할인점에서 홍길동 씨에게 보증금 1억 원에 연간 관리비 2,000만 원에 입점하라는 제안이 들어왔다. 새로운 할인점의 명성이나 규모, 위치 등을 고려할 때, 홍길동 씨가 과일코너에 입점하면 매주 1,000만 원의 매출은 충분히 올릴 수 있을 것으로 예상된다(연간 5억 원). 또한 홍길동 씨가 중매인을 통해 경쟁력 있는 과일만을 구입하어 제공할 경우, 매출된 제품의 원가는 판매가격의 80% 정도로 유지할 수 있고, 할인점의 명성에 비추어 볼 때 향후 5년 동안은 매출이 매년 10% 정도 상승할 것으로 예상된다.

하지만 원활한 판매를 위해서는 한 명의 판매원을 고용해야 하고, 할인점에 10%의 수수료도 납부해야 한다. 판매원에 대한 인건비는 보너스를 포함하여 월 150만 원 수준이지만 매년 10% 정도 인상해 주어야 하고, 관리비도 매년 물가상승률인 5% 정도로 인상될 것이다. 할인점에 입점하는 데 드는 추가적인 비용은 없다고 가정할 때, 홍길동 씨는 할인점과 5년 동안의 계약을 해야 하는가? 홍길동 씨의 단골 은행에서 받는 대출이자율은 8%라고 가정하자.

EXERCISE

연습문제

02 화자떡볶이

김화자 씨는 주택가에 있는 학교 주변에서 떡볶이 가게를 운영하고 있다. 최근에 신축 중인 대형할인점에서 김화자 씨에게 시설비 2,000만 원, 보증금 2,000만 원, 연간 관리비 500만 원에 입점하라는 제안이 들어왔다. 새로운 할인점의 명성이나 규모, 위치 등을 고려할 때, 김화자 씨가 떡볶이코너에 입점하면 매주 떡볶이 80만 원, 튀김 120만 원, 도합 200만 원의 매출은 충분히 올릴 수 있을 것으로 예상된다(연간 1억 5,000만 원). 또한 김화자 씨는 재료의 품질을 높이고 그동안의 노하우를 통해 경쟁력 있는 떡볶이와 튀김을 판매하면, 매출된 제품의 원가는 떡볶이는 판매가격의 50%, 튀김은 30% 정도로 유지할 수 있고, 할인점의 명성에 비추어 볼 때 향후 5년 동안은 매출이 매년 10% 정도 상승할 것으로 예상된다.

하지만 원활한 판매를 위해서는 한 명의 판매원을 별도로 고용해야 하고, 할인점에 10%의 수수료도 납부해야 한다. 판매원에 대한 인건비는 보너스를 포함하여 월 150만 원 수준이지만 매년 7% 정도 인상해 주어야 한다. 관리비는 계약기간 동안 동결하지만 초기 설비에 들어가는 비용은 5년 후에는 회수할 수 없으므로 매년 동일한 금액으로 감가상각을 해야 한다. 또한 튀김이나 떡볶이는 부가가치세가 10% 추가된다. 현재의 가게를 처분하면 설비비는 충당할 수 있지만, 보증금은 은행에서 대출을 받아야 한다. 할인점에 입점하는 데 드는 추가적인 비용은 없다고 가정할 때, 김화자 씨는 할인점과 5년 동안의 계약을 해야 하는가? 김화자 씨의 단골 은행에서 받는 대출이자율은 8%라고 가정하자.

Chapter 03

상덕건재

지난 10년 동안 광주에서 건축자재를 판매하고 있는 박상덕 씨는 최근 아파트의 대형화와 고급화에 의한 혜택을 단단히 보고 있다. 5년 전부터 아파트가 고급화할 것이라는 예상으로 고급 이태리타일을 수입하여 판매하기 시작하였지만, 그 동안에는 최고급 수입타일에 대한 수요가 이 지역에서는 그리 많지 않았다. 하지만 최근의 아파트 대형화와 고급화 바람은 최고급 이태리타일에 대한 수요를 급증시켰고, 이제는 어느 품목보다 많은 수익을 창출하는 품목으로 자리 잡았다.

박씨가 고급 이태리타일을 수입하게 된 계기는 우연히 미국 여행을 가서 방문한 친지의 주택 화장실의 고급 타일에 관심을 갖게 되면서였다. 이때부터 고급 타일의 수입을 문의한 결과 홍콩에 있는 이태리타일 제조업체의 대리점과 접촉하게 되었고, 그 후 꾸준히 이 대리점으로부터 이태리타일을 수입하여 판매하고 있다.

타일의 판매는 주로 지역 건설업체에 납품하여 판매하고 있는데, 대형아파트를 신축하는 건설회사와 계약을 맺은 경우에는 계약을 맺은 이후에 수입주문을 내므로 재고관리에 문제가 없다. 하지만 최근에는 아파트의 리모델링이 증가하고 개인주택에서도 고급 타일을 사용하는 경우가 증가하여 소량의 주문도 많은 편이다.

홍콩에 타일을 주문하여 광주에 도착하는 데는 약 2주의 기간이 소요된다. 이는 발주한 날부터 선적을 준비하고, 홍콩에서 출발하여 광양항에 도착한 후 수입검사를 마치고 광주까지 운반되어야 하기 때문이다. 대형 건설업체로부터의 대량주문인 경우에는 전체 물량에 대해 계약을 맺고 4주 후에 납품하면 된다. 하지만 소량의 주문인 경우에는 대부분의 건설업자들은 주택이나 아파트의 리모델링을 위한 것이므로 주문한 날로부터 1주일 이내에 제품을 공급받기를 원하고 있다.

현재까지 타일의 수요를 분석해 본 결과 소량의 타일 판매는 매주 평균 350평방미터로 다음과 같은 분포를 보이고 있었다.

수요(평방미터)	100	200	300	400	500	600
확률(%)	0.08	0.12	0.30	0.28	0.16	0.06

이는 매주 항상 350평방미터가 팔린다는 것은 아니고, 전체 기간 중 100평방미터가 판매되는 경우가 8% 정도, 200평방미터가 팔리는 경우가 12% 정도 된다는 의미이다. 따라서 운이 좋으면 연속 600평방미터가 팔리는 경우도 있지만 그 반대의 경우도 있다.

소량의 타일을 주문하는 건설업자는 1주일 이내에 납품이 되지 않으면 다른 업체의 타일을 사용하게 되고, 그렇게 되면 타일 판매의 기회를 잃게 될 뿐만 아니라 단골 고객을 다른 업체에 뺏기게 되어 향후 예상되는 손실이 크다. 따라서 박상덕 씨는 주문을 낸 후 타일이 도착하는 기간인 2주 동안 예상할 수 있는 최대의 판매수량인 1,200평방미터 이상의 재고를 유지한다. 현재는 재고수량이 1,200평방미터 이하이면 2,500평방미터를 주문하는 것을 방침으로 하고 있다.

한꺼번에 많은 타일을 주문하는 이유는 한 번의 주문에 많은 비용이 들기 때문이다. 타일의 판매가격은 평방미터당 65,000원이어서 국산 타일에 비해 상당히 비싼 편이다. 수입업자에게서 구매하는 가격은 환율에 따라 달라지지만 대체로 평방미터당 40,000원이고(달러당 1,000원 기준), 운반비는 평방미터당 2,400원 정도가 든다. 타일을 수입업자에게 주문하는 데는 서류와 전화 등 사무업무와 포장과 선적에 필요한 경비를 포함해서 주문당 150만 원이 들고, 타일이 운반되어 오면 운반되는 도중에 있게 되는 파손품에 의한 손실과 통관을 위한 검사비용이 40만 원 정도 추가된다.

타일을 보관하는 데도 상당한 비용이 들어간다. 보관창고임대료, 보험료, 관리비, 이자비용 등 다양한 경비가 재고와 관련이 있는데, 최근에 회계사무소에 의뢰한 결과 1년 동안의 보관비용은 전체 재고액의 32%에 달한다는 회답을 받았다. 현재는 1,000

평방미터의 재고를 가지고 있으므로 재고품의 가치는 4,240만 원으로(1,000 * 42,400원) 만약 1년 내내 이 정도 수준의 재고를 보유하고 있다면, 보관에 드는 비용은 이 금액의 32%인 13,568,000원이 될 것이다.

최근에 회사의 영업실적을 분석하던 박상덕 씨는 재고유지비용이 너무 많이 든다는 느낌을 받았다. 고객들을 놓치지 않기 위해서는 높은 재고 수준을 유지하는 것도 좋지만 매월 100만 원 이상의 재고유지비를 지불하는 것은 경영상에도 부담이 된다.

박상덕 씨가 재고가 너무 많다고 느낀 이유는 재고가 없을 경우에는 서울에 있는 다른 업체에 긴급주문을 받아 1주일 이내로 납품이 가능하기 때문이다. 하지만 이 경우에는 추가비용이 든다. 서울의 업체에는 600평방미터 단위로 긴급주문을 낼 수 있는데, 이 경우에는 평방미터당 5만 원 이상의 구입가격을 지불해야 하므로, 운반비와 주문비용을 고려하면 정상적인 구매에 비해 400만 원이 별도로 든다. 또한 긴급주문이 노착하더라도 건축입자에게 이틀 정도 늦게 공급할 수 있으므로, 이러한 비용을 고려하면 100만 원의 추가적인 부담이 된다. 따라서 긴급주문을 내는 경우에 드는 추가비용은 500만 원 정도이다.

현재의 재고관리방침은 재고가 1,200평방미터 이하이면 2,500평방미터를 주문하는 것이다. 이렇게 주문된 물품은 2주 후에 도착한다. 박상덕 씨는 현재의 주문량이 너무 많고 또한 주문시점도 1,200평방미터보다 적었으면 좋겠다고 생각하고 있다. 그러나 고객의 주문을 적시에 만족시키고 비용도 적게 드는 재고관리방침을 찾는 것이 보통 일이 아니라는 것도 잘 알고 있다.

여러분은 이 문제를 어떻게 해결할 것인가?

1. 기본 자료 입력

엑셀에서는 간단한 형태의 재고 시뮬레이션을 할 수 있다. 위의 문제를 해결하기 위해서는 재고관리를 위한 시뮬레이션을 수행하여 여러 가지 재고관리방침에 대한 결과를 검토하고 최적의 방침을 선택해야 한다.

❶ 엑셀을 시작하여 **새 파일을 상덕건재**라는 이름으로 **저장**한다. Sheet1의 이름을 '**기본 자료**' 로 변경하고 이 시트의 A1:B9에 시뮬레이션을 위한 **기본 자료를 입력**하기 위해 다음과 같이 입력하고 각각의 이름에 해당하는 값을 입력한다.

A1	단위당 가격	B1	65,000
A2	구입원가	B2	42,400
A3	주문비용	B3	1,900,000
A4	보관비용비율	B4	32%
A5	현재재고	B5	1,000
A6	재주문수준	B6	1,200
A7	주문수량	B7	2,500
A8	긴급주문수량	B8	600
A9	긴급주문비용	B9	5,000,000

❷ A1:B9를 선택하고 메뉴의 **수식-정의된 이름** 그룹에서 '**선택 영역에서 만들기**' 대화상자를 불러내어 **왼쪽 열**을 선택하여 이름을 부여한다

제품의 단위당 가격은 사례에 나타난 대로 65,000원이다. 제품의 구입원가는 40,000원의 원가에 운송비 2,400원을 더하여 42,400원이다. 주문비용은 주문에 드는 비용 150만 원에 통관 및 파손검사를 위한 비용 40만 원을 더해 190만 원이다. 보관비용 비율은 32%이고, 현재 재고는 1,000평방미터이다. 제품을 주문하는 재고 수준인 재주문 수준은 1,200평방미터이고, 재주문수량은 2,500평방미터이다. 서울에 있는 업체에 긴급히 주문하는 경우의 주문량은 600평방미터이고, 이 경우 500만 원의 추가비용이 발생한다.

❸ 이번에는 매주 판매되는 제품 판매의 확률분포를 나타내는 표를 작성한다. F1:G7에 다음과 같이 **확률분포**를 입력한다.

F1	수 량	G1	확 률
F2	100	G2	0.08
F3	200	G3	0.12
F4	300	G4	0.3
F5	400	G5	0.28
F6	500	G6	0.16
F7	600	G7	0.06
F8	합 계	G8	=SUM(G2:G7)

❹ E1을 선택하여 **'누적확률'** 이라고 입력하고 E2에 0을 입력한다. E3에는 '=SUM($G$2:G2)' 를 입력하고 **채우기 핸들**을 이용해 E7까지 채운다. 이렇게 하면 E2:E7에는 수요에 대한 누적확률이 계산된다. E2:G7을 선택하여 메뉴의 **수식**을 선택하고 **정의된 이름 그룹**에서 **이름 정의**를 선택한다. 이 영역에 **'수요확률'** 이라는 이름을 부여한다.

❺ A11:A15에 각각 **분석 결과, 재고유지비용, 주문비용, 긴급주문비용, 총비용**을 입력한다.

2. 시뮬레이션 모형 작성

이제는 재고 시뮬레이션을 위한 기본 자료의 입력이 완성되었다.

❶ Sheet2를 선택하여 시트의 이름을 **'분석'** 이라고 변경하고 시뮬레이션을 위한 표제를 다음과 같이 입력한다.

A1	주
B1	주초재고
C1	난수
D1	수요
E1	주문량
F1	도착량
G1	긴급주문량
H1	주말재고

❷ 시뮬레이션은 1주부터 시작하므로 A2를 선택하여 1을 입력하고, B2에는 맨 처음 시작 단계의 재고 상태인 **'현재재고'**를, C2에는 **난수**를, D2에는 **생성된 난수에 해당하는 수요량을 계산**하기 위해 다음과 같이 입력한다.

▶ A1 : 1

▶ B2 : =현재재고

▶ C2 : =RAND()

▶ D2 : =VLOOKUP(C2,수요확률,2)

❸ E2에는 주문량이 입력되어야 하므로 주문량을 계산하는 공식을 다음과 같이 입력한다.

▶ E2 : =IF(B2<재주문수준,주문수량,0)

❹ 도착량은 2주 전의 도착량을 입력해야 하지만 **이전에 주문된 타일이 없으므로 '0'**을 입력한다. **긴급주문량**은 **수요가 현재 확보된 재고량을 초과하는 경우에만** 발생하므로 '=IF((B2+F2)〈D2,긴급주문수량,0)' 라고 입력한다.

▶ F2 : 0

▶ G2 : =IF((B2+F2)〈D2,긴급주문수량,0)

이는 재고량에 도착량을 더한 타일의 양이 수요에 못 미치는 경우에만 긴급주문량을 주문한다는 의미이다.

❺ **주말재고는 주초재고와 도착량 그리고 긴급주문량에서 수요를 뺀 타일의 양이**므로 H2에는 다음과 같이 입력한다.

▶ H2 : =B2+F2+G2−D2

❻ 다음 주에 해당하는 행에 입력할 식은 첫째 주의 식과 유사하다. A3에는 **2번째 주이므로 2**를 입력하고, B3에는 2번째 주의 주초재고가 입력되어야 하므로 '=H2'를 입력한다. 나머지 C3:H3은 2번째 행과 식이 유사하므로 **채우기 핸들**을 이용해 공식을 **복사**한다.

	A	B	C	D	E	F	G	H
1	주	기초재고	난수	수요	주문량	도착량	긴급주문량	주말재고
2	1	1000	0.7368	400	2500	0	0	600
3	2	600	0.8189	500	2500	1	0	101

2주째의 주문량인 E3에는 또다시 주문이 발생하였다. 이는 E3의 계산식이 '=IF(B3〈재주문수준,주문수량,0)'으로 되어 있어서, 첫 번째 주의 주문 여부에 관계없이 주초재고와 재주문수준만을 단순히 비교하여 재주문량을 발주하기 때문이다. 하지만 현실에서는 한 번 발주를 하고 그 주문이 도착하기 전까지는 다시 주문을 내지는 않을 것이다. 따라서 이 식은 **지난주에 발주가 없는 경우에만 발주하도록** 다음과 같이 **변경**되어야 한다.

▶ E3 : =IF(AND(B3<재주문수준,E2=0),주문수량,0)

AND(logical1,logical2,...)
모든 인수가 TRUE이면 TRUE를, 인수 중 하나가 FALSE이면 FALSE를 반환한다.
Logical1,logical2,... TRUE 또는 FALSE를 검사할 조건으로, 30개까지 지정할 수 있다.

F3에는 채우기 핸들을 이용해 복사하는 과정에서 1이 입력되어 있으므로 이를 0으로 수정한다.

❼ 이번에는 A3:H3의 공식들을 채우기 핸들을 이용해 A4:H4에 복사해 보자. 역시 다음과 같이 원하지 않는 결과가 나타날 것이다.

	A	B	C	D	E	F	G	H
1	주	기초재고	난수	수요	주문량	도착량	긴급주문량	주말재고
2	1	1000	0.7993	500	2500	0	0	500
3	2	500	0.104	200	0	0	0	300
4	3	300	0.0671	100	2500	1	0	201

우선 F4에는 2주 전에 주문된 주문량인 E2가 입력되어야 하므로 F4의 수식을 다음과 같이 수정한다.

▶ F4 : =E2

E4에는 또다시 주문이 발생하였는데 이를 방지하기 위해 E4의 수식을 다음과 같이 수정한다.

▶ E4 : =IF(AND(B3<재주문수준,E2=0,E3=0),주문수량,0)

❽ 이제 시뮬레이션을 위한 준비가 완료되었다. 1년 동안의 재고변화를 알아보자. 1년은 52주이지만 휴일을 제외하고 50주의 기간 동안만을 계산해 보자. A4:H4를 A51:H51까지 채우기 핸들을 이용해 복사한다. 엑셀에서 계산되는 RAND() 함수는 계산할 때마다 값이 달라지므로 모든 경우에 같은 값이 나타나지는 않을 것이다.

3. 결과의 분석

이제는 1년 동안의 재고변화를 관찰하고 재고관리와 관련된 비용을 계산해야 한다.

❶ 먼저 B52에 **평균재고수준**을 계산하기 위해 '=AVERAGE(B2:B51)'을 입력하고 이를 D52까지 복사한다.

▶ B52 : =AVERAGE(B2:B51)

평균재고수준, 생성된 난수의 평균, 수요의 평균이 계산될 것이다.

❷ E52에는 **주문횟수**를 계산하기 위해 '=SUM(E2:E51)/주문수량'을 입력하고, G52에는 '=SUM(G2:G51)/긴급주문수량'을 입력한다.

▶ E52 : =SUM(E2:E51)/주문수량

▶ G52 : =SUM(G2:G51)/긴급주문수량

	A	B	C	D	E	F	G	H
1	주	기초재고	난수	수요	주문량	도착량	긴급주문량	주말재고
44	43	500	0.256	300	0	2500	0	2700
45	44	2700	0.325	300	0	0	0	2400
46	45	2400	0.484	300	0	0	0	2100
47	46	2100	0.96	600	0	0	0	1500
48	47	1500	0.678	400	0	0	0	1100
49	48	1100	0.45	300	2500	0	0	800
50	49	800	0.811	500	0	0	0	300
51	50	300	0.68	400	0	2500	0	2400
52	평균	1282	0.533	372	8		0	

평균이 계산되어 있는 52행으로 이동하면 위의 행들이 스크롤하는데, 이때 첫 행이 화면에서 스크롤하는 것을 방지하기 위해서는 A2 셀을 선택하고 메뉴의 **보기**를 선택하고 **창** 그룹의 **틀 고정**을 선택한다.

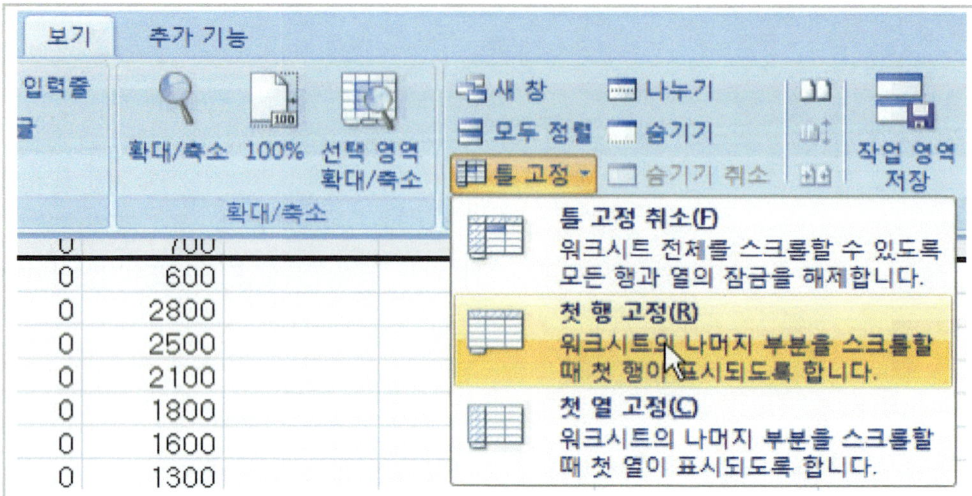

❸ 이 상태에서 F9 키를 눌러서 **재계산**을 해 보자. 재계산 결과에 차이가 있을 것이다. 평균수요가 320에서 370 사이에서 변동할 것이다. 또한 주문횟수도 7회에서 8회 사이에서 변동할 것이다. 이제는 이렇게 계산된 평균재고와 주문횟수에 따른 재고비용을 계산해 보자.

❹ 기본 자료 시트를 선택하여 A11과 B11을 **병합**하고 B12에는 **'=분석!B52*구입원가*보관비용비율'**을 입력한다.

▶ B12 : =분석!B52*구입원가*보관비용비율

이는 평균재고수준에 구입원가를 곱하여 평균재고액을 구하고, 여기에 보관비용비율을 곱한 것이다.

❺ 주문비용은 주문횟수에 1회당 주문비용을 곱한 것이므로, B13에는 **'=분석!E52*주문비용'**을 입력하고, B14에는 **'=분석!G52*긴급주문비용'**을 입력한다. B15에는 **재고유지비용, 주문비용, 긴급주문비용의 합계**를 구한다.

▶ B13 : =분석!E52*주문비용

▶ B14 : =분석!G52*긴급주문비용

▶ B15 : =SUM(B12:B14)

	A	B	C	D	E	F	G
1	단위당 가격	65,000			누적확률	수량	확률
2	구입원가	42,400			0	100	0.08
3	주문비용	1,900,000			0.08	200	0.12
4	보관비용비율	32%			0.2	300	0.3
5	현재재고	1,000			0.5	400	0.28
6	재주문수준	1,200			0.78	500	0.16
7	주문수량	2,500			0.94	600	0.06
8	긴급주문수량	600			합계		1
9	긴급주문비용	5,000,000					
10							
11							
12	분석결과						
13	재고유지비용	18,954,496					
14	주문비용	13,300,000					
15	긴급주문비용	3,000,000					
16	총비용	35,254,496					

❻ 이 상태에서 다시 F9 키를 눌러서 **재계산**을 해 보자. F9 키를 누를 때마다 재고유지비용, 주문비용 및 총비용의 값이 변화함을 알 수 있다. 또한 이 값들의 변화폭이 너무 커서 최적의 재고관리 방안을 찾기 어렵다.

보다 안정적인 값을 찾기 위해 이제는 1년이 아닌 10년 동안의 재고 시뮬레이션을 실행해 보자. 이를 위해서는 분석 시트에서 50주 대신에 500주의 시뮬레이션을 진행한다.

❼ **분석 시트**를 선택하고 **B52:G52의 내용을 지운 다음, A51:H51**을 **채우기 핸들**을 이용해 **A501:H501까지 복사**한다.

❽ B502에는 **평균재고를 계산**하기 위해 '=AVERAGE(B2:B501)'을 입력하고 이를 **D502까지 복사**한다. 이제는 생성된 난수의 평균값이 0.5에 근접하는 것을 알 수 있다.

❾ 1년 동안의 평균적인 주문횟수를 계산하기 위해 E502에는 다음과 같이 입력한다.

▶ E502 : =SUM(E2:E501)/주문수량/10

'=SUM(E2:E501)' 은 10년 동안의 주문수량이므로 1년 동안의 주문횟수를 계산하기 위해서는 이 값을 주문수량과 10으로 나누어야 한다. 마찬가지로 G502에는 '=SUM(G2:G501)/ 긴급주문수량/10' 을 입력한다.

▶ G502 : =SUM(G2:G501)/긴급주문수량/10

❿ 이제는 다시 기본 자료 시트로 돌아가서 B12:B14의 식에서 B52, E52, G52를 각각 B502, E502, G502로 수정한다.

▶ B12 : =분석!B502*보관비용비율*구입원가

▶ B13 : =분석!E502*주문비용

▶ B14 : =분석!G502*긴급주문비용

재고 시뮬레이션이 완성되었다. 이제는 재주문수준과 주문수량에 다양한 값을 입력하여 최소의 총비용을 가져오는 값을 찾아야 한다. 현재의 재주문수준 1,200평방미터와 주문수량 2,500평방미터에서는 총비용이 3,600만 원 수준이지만, 재주문수준을 1,300평방미터로 높이고 주문수량을 2,200평방미터 정도로 낮추면 총비용은 3,450만 원 내외가 될 것이다.

4. 시나리오 작성

❶ 이를 체계적으로 분석하기 위해서는 시나리오 기능을 이용한다. '기본 자료' 시트에서 빠른 실행 도구 메뉴의 시나리오 관리자 기능을 불러낸다.

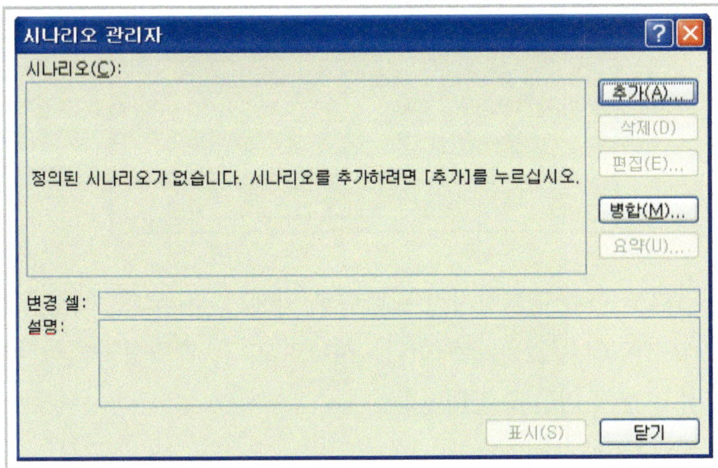

❷ 현재는 작성된 시나리오가 없으므로 **추가** 버튼을 눌러서 새로운 시나리오를 만든다. 시나리오의 이름을 '현재의 정책'이라고 입력하고, **변경 셀**에는 B6:B7을 입력한 후 **확인** 버튼을 클릭한다.

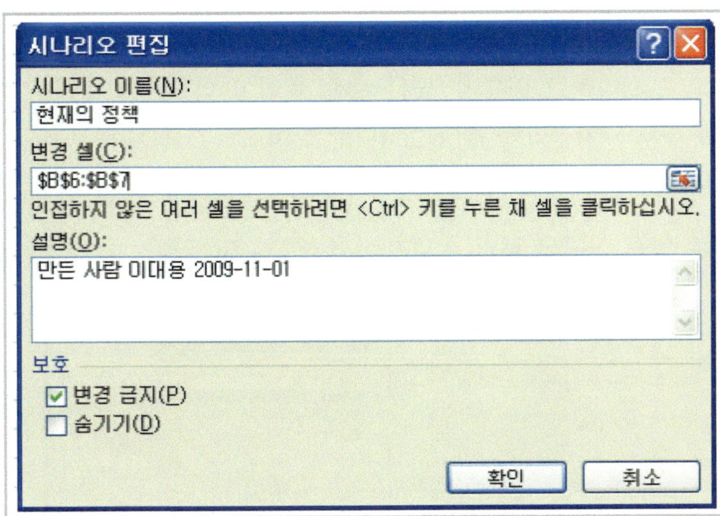

❸ 시나리오 값 대화상자에서 변경 셀에는 현재의 재고관리정책에 해당하는 1200과 2500을 각각 입력하고 **추가** 버튼을 클릭한다.

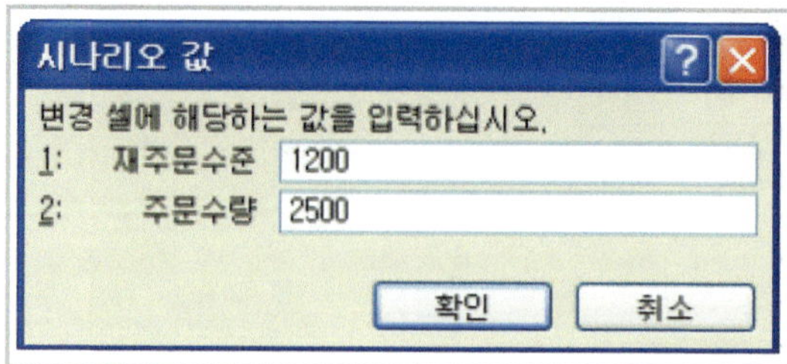

❹ 다시 시나리오 추가 대화상자가 나타나면 이제는 **시나리오 이름**을 **'재주문수준 조정'**이라고 입력하고 **확인**을 클릭한다. 시나리오 값 대화상자에서 **재주문수준**에 1300을 입력하고 **추가** 버튼을 클릭한다.

❺ 이번에는 시나리오의 이름을 **'주문수량 조정'**이라고 입력, **확인** 버튼을 클릭하고 **시나리오 값** 대화상자에서 **주문수량**에 2000을 입력하고 **추가** 버튼을 클릭한다.

❻ 다음에 나타나는 시나리오 추가 대화상자에서는 **시나리오 이름**을 **'혼합조정'**이라고 입력하고 **확인**을 누른 다음, 시나리오 값 대화상자에서 **재주문수준**과 **주문수량**에 각각 1300과 2000을 입력하고 **추가** 버튼을 클릭한다.

❼ 마지막으로 **시나리오 이름**에 **'낮은 수준'**이라고 입력하고 **확인**을 선택한 다음, **재주문수준**과 **주문수량**에 각각 1200과 1500을 입력하고 **추가** 버튼을 클릭한다.

이제는 5가지의 시나리오가 작성되었다. 각각의 **시나리오를 선택**하고 **표시** 버튼을 클릭하면 **기본 자료 시트의 값이 변경됨**을 알 수 있다.

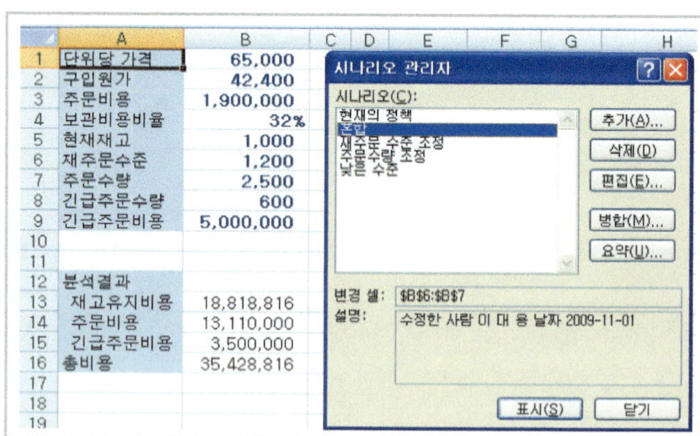

위와 같은 시나리오들을 하나의 보고서 형식으로 작성할 수 있는 기능이 요약이다.

❽ **보고서의 종류**에서 **시나리오 요약**을 선택하고, **결과 셀**에 B13:B16를 선택하고 **확인** 버튼을 클릭하면 다음과 같은 시나리오 요약보고서가 생성된다.

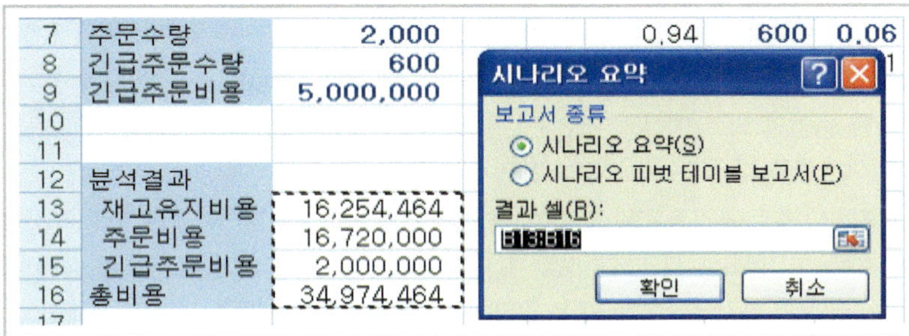

	A	B	C	D	E	F	G	H	I
1									
2		시나리오 요약							
3				현재 값:	현재의 정책	혼합	주문 수준 조정	주문수량 조정	낮은 수준
5		변경 셀:							
6			재주문수준	1,300	1,200	1,300	1,300	1,200	1,200
7			주문수량	2,000	2,500	2,000	2,500	2,000	1,500
8		결과 셀:							
9			재고유지비용	16,262,605	18,490,470	16,382,003	19,475,507	15,093,043	12,338,739
10			주문비용	16,150,000	13,110,000	16,530,000	13,110,000	16,530,000	21,280,000
11			긴급주문비용	1,000,000	2,500,000	2,500,000	1,000,000	3,500,000	4,000,000
12			총비용	34,325,120	36,798,611	35,238,237	34,573,258	33,120,330	37,697,578
13		참고: 현재 값 열은 시나리오 요약 보고서가 작성될 때의							
14		변경 셀 값을 나타냅니다. 각 시나리오의 변경 셀들은							
15		회색으로 표시됩니다.							

❾ 시나리오 요약 시트의 C9:C12에 입력된 B12, B13, B14, B15를 각각 **재고유지비용**, **주문비용**, **긴급주문비용**, **총비용으로 수정**하면 최종보고서가 완성될 것이다. 시나리오 요약 시트의 행과 열에 나타난 윤곽은 앞에서 설명한 바와 같다.

❿ 시나리오 요약 대화상자에서 시나리오 요약 대신 시나리오 **피벗테이블 보고서**를 선택하면 피벗테이블이 생성되어 다음과 같은 보고서를 작성할 수 있다.

	A	B	C	D	E
1	$B$6:$B$7 작성자	(모두)			
2					
3		결과 셀			
4	$B$6:$B$7	$B$13	$B$14	$B$15	$B$16
5	낮은 수준	12,051,098	21,660,000	4,500,000	38,211,098
6	재주문 수준 조정	20,322,150	12,730,000	500,000	33,552,150
7	주문수량 조정	15,299,277	16,340,000	3,000,000	34,639,277
8	현재의 정책	18,973,491	13,110,000	1,500,000	33,583,491
9	혼합	16,444,416	16,530,000	1,500,000	34,474,416

엑셀 오류 사례

예산을 이중기재

뉴햄프셔 주의 주지사 John Lynch의 예산팀은 예산 수입과 지출을 맞추기 위해 7,000만 달러를 추가로 찾아야 했다. 지난 가을 보건복지서비스 부서가 예산 담당관들에게 보낸 서류에는 향후 2년 동안의 의료 예산에 1,700만 달러가 이중으로 계산되어 있었다. 이 계산은 스프레드시트를 이용했는데, 화요일 오전에 세입세출 위원회에 보낸 상세 서류에는 향후 2년 동안 병원 의료지원비 항목에 3,500만 달러가 포함되어 있었다. 하지만 이날 오후에 다시 보낸 스프레드시트에는 이 항목에 금액이 0으로 표시되어 있었다. 사실 이 항목은 주립병원에만 해당되는 내용으로 일반병원과는 상관없는 항목에 이중으로 이 큰 금액에 잘못 기재되어 있었던 것이다.

http://www.theunionleader.com/articles_showfast.html?article=50185에서 인용

E X E R C I S E

연습문제

01 김씨 가구

김성철 씨와 김성길 씨 형제는 가구공장을 운영하고 있다. 동생인 김성길 씨는 오래전부터 가구를 만들어 와서 가구업계에서는 알아주는 기술자이다. 김성길 씨가 만드는 식탁은 매우 솜씨가 좋고 튼튼해서 비교적 비싼 값에도 잘 팔리는 편이다. 김씨 형제는 시내에 있는 상당히 큰 규모의 가구 소매상에 물건을 공급하고 있는데, 물건의 품질에 대해서는 모두가 만족하고 있었지만 물건을 주문 받아서 공급해 주는 데까지 약 한 달의 기간이 걸려서 소매상과 잦은 마찰이 있었다. 그래서 최근에 공장을 대폭 확장하고 종업원 수도 늘렸다.

이제 공장을 확장하고 새로운 종업원을 쓰게 되었으므로 이러한 문제는 없어지고 일주일 이내로 물건을 공급할 수 있을 것으로 생각하고 있다. 소매상에서는 앞으로 일주일 이내에 물건을 공급해 준다면 이 공장에서 만드는 제품이 품질이 좋으므로 독점계약을 하자고 제의해 왔다. 이 소매상은 상당히 유명한 업체로 현재 일주일에 평균 38개의 탁자가 판매되고 있는데 개당 310,000원에 공급하기로 계약을 맺었다. 계약조건 중에는 만약에 물건의 공급이 일주일을 넘으면 물건 공급 금액에서 5%를 공제한다는 조항을 포함하고 있어서 물건은 될 수 있으면 일주일 이내로 공급을 해야 한다. 그러나 물건의 수요는 매주 일정한 것이 아니고 불확실한데 소매상에서 조사한 자료에 의하면 수요는 다음과 같은 분포를 보일 것으로 예상하고 있다.

수요(개)	10	20	30	40	50	60
확률(%)	0.03	0.17	0.24	0.28	0.17	0.11

그러므로 물건을 제때에 즉시 만들어 공급하는 것이 좋지만 그러기 위해서는 종업원을 많이 고용해야 한다. 또한 종업원을 적게 고용하는 경우에는 초과근무를 많이 해야 하고 경우에 따라서는 물건을 적시에 공급하지 못하는 수도 있을 것이다.

EXERCISE

연습문제

현재는 16명의 공장 종업원과 1명의 관리자, 경리를 포함해 18명을 채용하고 있다.

식탁의 제조에는 4가지 공정이 필요한데, 목재를 절단하고, 베니어판을 붙이고, 조립한 다음 마무리 작업을 한다. 각 공정마다 드는 시간과 노력이 비슷해서 종업원을 고용할 때, 4인을 한 팀으로 고용한다. 한 팀은 일주일에 7개의 탁자를 만드는데, 현재 종업원의 임금은 시간당 6,000원(8시간 기준)이고, 만약에 주문이 밀려서 초과근무를 하게 되면 보통 작업시간보다 50%를 더 주어야 하고 초과 근무시간은 4시간을 초과할 수 없다.

소매상과의 계약에서 1주일 이내에 공급을 해야 하고 초과근무를 하게 되면 돈이 많이 들 거라고 생각한 형은 종업원을 4명 더 고용하면 어떻겠느냐고 제의해 왔다. 현재 조사된 바에 의하면 정상 근무시간에 만들 수 있는 양(28개)보다 수요가 많을 확률이 매우 높고, 만약에 1주일 이내에 물건을 공급하지 못하면 15,000원의 비용을 감수해야 한다는 것이다. 또한 종업원들이 초과근무를 하게 되면 초과근무수당(정상 근무의 150%)이 들어서 비용이 많이 발생한다는 것이다. (탁자 생산의 특성상 종업원은 각 생산 공정별로 동일하게 증원해야 하므로 4명 단위로 고용해야 한다고 가정하자.)

그러나 동생은 조금 생각이 다르다. 동생은 현재 고용하고 있는 종업원으로도 일주일에 초과근무를 하지 않더라도 한 팀당 7개씩 28개의 탁자를 만들어 낼 수 있고 초과근무를 하면 42개까지 만들 수 있으므로 충분하다고 생각하고 있다. 또한 종업원을 추가로 고용하게 되면 놀릴 수가 없으므로 계속 탁자를 만들어 내야 하는데, 만약에 만들어 놓은 탁자가 팔리지 않는다면 보관이 어려우므로 이웃에 있는 창고를 빌려 써야 되고 팔리지 않는 재고는 금융비용이나 제품의 손실이 있을 수가 있어서 비용이 발생한다는 것이다. 동생의 생각에는 탁자를 1주일 동안 재고로 보관하면 개당 4,000원의 비용이 발생할 것으로 보고 있다.

재료나 기타의 생산설비는 문제가 없다고 했을 때, 종업원을 더 고용해야 하는가? 김씨 형제는 고민하고 있다.

Chapter 04

홍길동상회

홍길동 씨는 대형 주거단지 내의 상가에서 과일가게를 운영하고 있다. 홍길동 씨가 과일가게를 운영한 지는 그리 오래되지 않았지만 싱싱한 과일을 판매하는 것으로 소문이 나서 상당한 성공을 거두었다. 가게가 위치한 아파트단지는 대형 아파트와 소형 아파트가 섞여 있어서 최고급 수준의 싱싱한 과일을 찾기도 하지만 저렴한 과일을 찾는 손님들도 많다.

홍길동 씨는 이러한 점에 착안하여 과일을 구입할 때는 당도가 높은 최고급의 과일을 구입하지만, 일정 기간이 지난 과일은 저렴한 가격으로 할인하여 판매한다. 과일도 종류에 따라 질이 떨어지는 기간이 다르다. 예를 들어 사과나 배는 상당한 기간을 보관하여도 품질이 그리 변하지 않지만, 포도나 수박은 며칠만 지나도 품질이 크게 떨어진다.

이번 여름에 홍길동 씨는 수박을 중점적으로 판매하려고 한다. 수박 판매를 위해서는 품질이 좋은 수박을 확보해서 빠른 시간 내에 판매를 해야 한다. 홍길동 씨는 이에 대비해서 유기농으로 수박을 재배하고 있는 농장과 장기계약을 맺으려고 한다. 장기계약을 맺으면 매일매일 농산물시장에 가서 수박을 구매해야 하는 번거로움을 덜 수 있고, 안정적으로 공급받을 수 있어서 제품이 품절되는 것을 막을 수 있다. 이번 계약이 성공하면 앞으로는 농장과의 직접계약으로 품질 좋은 과일을 안정적으로 공급받아 저렴한 가격으로 소비자들에게 제공하는 방식을 다른 과일에도 확대하려고 생각하고 있다.

오랫동안 생산농장을 탐색한 홍길동 씨는 도시 근교에 있는 농장을 선택하기로 결정하였다. 장기적으로 계약을 하게 되면 시장가격보다 저렴한 가격으로 구입할 수 있어서 좋은 점도 있지만, 구입한 수박이 팔리지 않는 경우에는 원가에 미치지 못하는 가격에 판매해야 하는 문제도 있다.

따라서 수박의 판매에 대한 정확한 정보에 근거해서 매일매일 구입할 수박의 수량을 장기계약에 포함시켜야 한다. 이를 위해 홍길동 씨는 과거의 경험에 비추어 보아 수박이 판매되는 양에 대해 세밀하게 조사한 결과 다음과 같은 결론을 얻었다.

한여름 수박의 판매는 매일 30개가 약간 넘는 정도의 판매를 보이고, 주말에는 그 두 배 정도의 판매를 보이고 있다. 그렇다고 매일 같은 양의 수박이 판매되는 것은 아니고 적게 판매되는 날과 많이 판매되는 날이 혼재해 있지만 미리 알 수는 없다. 구매가격에서 30%의 마진을 더한 정상적인 판매량에 대한 구체적인 확률분포는 다음과 같다.

수량(개)	10	20	30	40	50	60	합계
확률(%)	0.1	0.15	0.2	0.3	0.15	0.1	1

수박을 구매해서 당일에 판매하지 않으면 신선도가 떨어지므로 홍길동상회에서는 하루가 지난 수박에 대해서는 10%의 마진만을 더한 할인된 가격에 판매한다. 예를 들어 10,000원에 구입한 수박은 당일에는 13,000원의 정상가격에 판매하고, 하루가 지나면 2,000원을 할인한 11,000원에 판매한다. 이렇게 할인된 가격에 판매되는 수박은 정상가격에 판매되는 수박보다 많은 양이 판매된다. 그동안의 경험에 의하면 할인행사에 들어가는 수박의 판매에 대한 확률분포는 다음과 같다.

수량(개)	20	40	60	80	100	120	합계
확률(%)	0.1	0.2	0.25	0.25	0.15	0.05	1

할인판매에서도 판매되지 않는 수박에 대해서는 아주 저렴한 가격인 원가에서 20%가 할인된 가격으로 떨이판매에 들어간다. 떨이판매는 소비자에게는 아주 좋은 기회로 그리 질이 떨어지지 않는 과일을 아주 저렴한 가격에 구입할 수 있다. 수박의

경우도 할인행사에서 판매되지 않는 수량에 대해서는 원가의 20%를 할인한 가격으로 판매하면 당일로 모든 수량이 판매될 것으로 예상된다.

선정한 농장과 100일 동안의 공급계약을 맺어 개당 10,000원에 구입하기로 임시 약정한 홍길동 씨는 매일 몇 통을 공급받아야 할지 고민하고 있다. 평균수요를 살펴보면 정상판매는 매일 33통, 할인판매는 매일 66통이 판매되어 100개 정도를 주문하여도 평균적으로 100통이 모두 판매될 것으로 예상된다. 또한 주말에는 평일에 비해 수박의 수요가 2배로 증가한다. 하지만 항상 평균 이상으로 수박이 판매된다는 보장도 없고, 할인판매에서도 판매되지 않는 수박이 있다면 손해를 보고 팔아야 하는 부담도 있다.

예를 들어 어느 날 100통의 수박을 공급받아서 20개만 팔렸다면 다음 날 80통 이상이 팔릴 확률은 45%밖에 되지 않아 나머지 수박은 개당 2,000원씩의 손해를 보고 떨이로 판매해야 하는 부담이 있다. 반대로 수박을 40개만 공급받는다면 당일에 모두 판매할 가능성은 높지만, 수요가 더 많은 경우나 할인판매를 함으로써 얻을 수 있는 이익을 포기하는 결과가 된다.

홍길동 씨가 농장과 계약을 맺을 때, 평일과 주말에는 몇 개씩 공급을 받아야 최고의 수익을 거둘 수 있을까?

1. 기본 자료 입력

❶ 엑셀을 시작하여 새 문서를 **'홍길동상회'** 라는 이름으로 **저장**하고, **Sheet1**의 이름을 **'기본 자료'** 라고 변경한다. A1에 다음과 같이 입력하고 A1:G1을 **병합**한다.

▶ A1 : 기본 자료

❷ A2:B6에 다음과 같이 입력한다. A2:B6을 선택하고 **수식** 메뉴를 선택하고 **정의된 이름** 그룹의 **선택 영역 중 만들기**에서 **왼쪽 열**을 선택하여 A2:B6에 이름을 부여한다.

A2	정규판매 마진	B2	3000
A3	할인판매 마진	B3	1000
A4	떨이판매 손해	B4	-2000
A5	구입량	B5	100
A6	주말구입량	B6	200

❸ A8:C8에 각각 **정규판매, 수량, 확률**을 입력한다. 다시 B9:C14에 다음과 같이 입력한다.

B9	10	C9	0.1
B10	20	C10	0.15
B11	30	C11	0.2
B12	40	C12	0.3
B13	50	C13	0.15
B14	60	C14	0.1

A9에 0을 입력하고 A10에 다음과 같이 입력한 다음 A14까지 **채우기 핸들**을 이용하여 **복사**한다.

▶ A10 : =SUM($C$9:C9)

❹ A9:C14를 선택하고 **수식** 메뉴에서 **정의된 이름** 그룹에 있는 **이름 정의**를 선택하여 이름 대화상자를 부른 다음, **'정규판매'** 라는 이름을 부여한다.

❺ E8:G8에 각각 **할인판매, 수량, 확률**을 입력한다. 다시 F9:G14에 다음과 같이 입력한다.

F9	20	G9	0.1
F10	40	G10	0.2
F11	60	G11	0.25
F12	80	G12	0.25
F13	100	G13	0.15
F14	120	G14	0.05

E9에 0을 입력하고 E10에 다음과 같이 입력한 다음 E14까지 **채우기 핸들**을 이용하여 **복사**한다.

▶ E10 : =SUM($G$9:G9)

E9:G14를 선택하고 **수식** 메뉴에서 **정의된 이름** 그룹에 있는 **이름 정의**를 선택하여 이름 대화상자를 부른 다음, **'할인판매'** 라는 이름을 부여한다.

❻ A16:C16에 각각 **주말정규, 수량, 확률**을 입력한다. 다시 B17:C22에 다음과 같이 입력한다.

B17	20	C17	0.1
B18	40	C18	0.15
B19	60	C19	0.2
B20	80	C20	0.3
B21	100	C21	0.15
B22	120	C22	0.1

A17에 0을 입력하고 A18에 다음과 같이 입력한 다음 A22까지 **채우기 핸들**을 이용하여 **복사**한다.

▶ A18 : =SUM($C$17:C17)

A17:C22를 선택하고 **수식** 메뉴에서 **정의된 이름** 그룹에 있는 **이름 정의**를 선택하여 이름 대화상자를 부른 다음, **'주말정규'** 라는 이름을 부여한다.

❼ E16:G16에 각각 **주말할인**, **수량**, **확률**을 입력한다. 다시 F17:G22에 다음과 같이 입력한다.

F17	40	G17	0.1
F18	80	G18	0.2
F19	120	G19	0.25
F20	160	G20	0.25
F21	200	G21	0.15
F22	240	G22	0.05

E17에 0을 입력하고 E18에 다음과 같이 입력한 다음 E22까지 **채우기 핸들**을 이용하여 **복사**한다.

▶ E18 : =SUM($F$17:F17)

E17:G22를 선택하고 수식 메뉴에서 정의된 이름 그룹에 있는 **이름 정의**를 선택하여 이름 대화상자를 부른 다음, **'주말할인'** 라는 이름을 부여한다.

	A	B	C	D	E	F	G
1	기본자료						
2	정규판매 마진	3000					
3	할인판매 마진	1000					
4	떨이판매 손해	-2000					
5	구입량	100					
6	주말구입량	200					
7							
8	정규판매	수량	확률		할인판매	수량	확률
9	0	10	0.1		0	20	0.1
10	0.1	20	0.15		0.1	40	0.2
11	0.25	30	0.2		0.3	60	0.25
12	0.45	40	0.3		0.55	80	0.25
13	0.75	50	0.15		0.8	100	0.15
14	0.9	60	0.1		0.95	120	0.05
15							
16	주말정규	수량	확률		주말할인	수량	확률
17	0	20	0.1		0	40	0.1
18	0.1	40	0.15		0.1	80	0.2
19	0.25	60	0.2		0.3	120	0.25
20	0.45	80	0.3		0.55	160	0.25
21	0.75	100	0.15		0.8	200	0.15
22	0.9	120	0.1		0.95	240	0.05

이제 시뮬레이션을 위한 기본 자료가 입력되었다.

2. 시뮬레이션 모형 작성

이제는 시뮬레이션을 통해 구입량에 대한 매출을 분석해 보자.

❶ Sheet2를 선택하고 시트의 이름을 **'분석'**이라고 변경한 후, A1에 다음과 같이 입력하고 A1:K1을 병합한다.

▶ A1 : 판매 시뮬레이션

❷ A2:K2에 다음과 같이 입력한다.

▶ A2 : 일
▶ B2 : 난수1
▶ C2 : 난수2
▶ D2 : 구입량
▶ E2 : 할인재고
▶ F2 : 떨이재고
▶ G2 : 정규판매
▶ H2 : 할인판매
▶ I2 : 떨이판매
▶ J2 : 할인이월
▶ K2 : 떨이이월

❸ A3:A502에 1부터 500을 입력하여 500일의 기간에 대한 날짜를 입력한다.

❹ B3:C3에는 난수를 발생시키기 위해 다음과 같이 입력한다.

▶ B3 : =RAND()
▶ C3 : =RAND()

구입량은 좀 복잡하다. 왜냐하면 주중에는 기본 자료의 구입량을 구입하지만 주말에는 주말구입량을 구입해야 하기 때문이다. 주말은 일주일 중 토요일과 일요일로 매주 날짜를 검토하여 여기에 해당되는 날에는 주말구입량을 부여해야 한다.

❺ 이를 해결하기 위해서 D3에 다음과 같이 입력한다.

▶ D3 : =IF(OR(MOD(A3,7)=6,MOD(A3,7)=0),주말구입량,구입량)

앞에서 언급한 바와 같이 MOD 함수는 앞의 숫자를 뒤의 숫자로 나눈 나머지를 반환한다. 따라서 MOD(A3,7)=6이거나 MOD(A3,7)=7이면 일주일 중 토요일이나 일요일을 나타낸다.

OR 함수는 두 가지 이상의 조건 중 하나 이상을 만족하면 TRUE 값을 반환하는 함수이다.

OR(logical1,logical2,...)
인수 중 하나가 TRUE이면 TRUE를, 모든 인수가 FALSE이면 FALSE를 반환한다.
Logical1,logical2,... TRUE 또는 FALSE를 검사할 조건으로, 30개까지 지정할 수 있다.

따라서 위의 수식은 날짜가 주말이면 주말구입량을, 그렇지 않으면 구입량을 나타낸다.

❻ 첫 날에는 할인재고와 떨이재고가 없으므로 E3, F3에 각각 0을 입력한다.

❼ G3에 입력될 정규판매 역시 주중과 주말로 구분된다. 주중이면 정규판매의 확률로 판매가 이루어지고, 주말이면 주말정규의 확률로 판매가 이루어질 것이다. 따라서 G3에는 다음과 같이 약간은 복잡한 수식이 입력된다.

▶ G3 : =MIN(IF(OR(MOD(A3,7)=6,MOD(A3,7)=0),
VLOOKUP(B3,주말정규,2),VLOOKUP(B3,정규판매,2)),D3)

위 수식의 의미는 주말이면 주말정규의 확률을 이용해 수요를 결정하고, 아니면 정규판매의 확률로 수요를 결정하되 D3에 입력된 구입량을 초과하지 말라는 것이다.

❽ 이와 유사하게 H3에도 할인판매를 위한 다음과 같은 수식을 입력한다.

▶ H3 : =MIN(IF(OR(MOD(A3,7)=6,MOD(A3,7)=0),
VLOOKUP(B3,주말할인,2),VLOOKUP(B3,할인판매,2)),E3)

위 수식의 의미는 주말이면 주말할인의 확률을 이용해 수요를 결정하고 아니면 할인판매의 확률로 수요를 결정하되, E3에 입력된 할인재고를 초과하지 말라는 것이다.

❾ 떨이판매는 가격이 너무 저렴해 모든 수박이 팔리므로 I3에는 F3에 입력된 떨이재고가 그대로 입력된다.

▶ I3 : =F3

❿ 할인이월과 떨이이월은 각각 구입량과 정규판매의 차이, 할인재고와 할인판매의 차이이므로 J3과 K3에 각각 다음과 같이 입력한다.

▶ J3 : =D3−G3

▶ K3 : =E3−H3

⓫ 그 전날의 할인이월과 떨이이월이 2일째에는 할인재고와 떨이재고가 되므로 E4와 F4에 각각 다음과 같이 입력한다.

▶ E4 : =J3

▶ F4 : =K3

⓬ 4행의 나머지 셀들의 수식은 3행의 수식과 유사하므로 채우기 핸들을 이용하여 복사한다.

	A	B	C	D	E	F	G	H	I	J	K
1	판매 시뮬레이션										
2	일	난수1	난수2	구입량	할인재고	떨이재고	정규판매	할인판매	떨이판매	할인이월	떨이이월
3	1	0.693	0.5273	100	0	0	40	0	0	60	0
4	2	0.928	0.1041	100	60	0	60	60	0	40	0

⓭ 이제는 시뮬레이션을 위한 수식이 준비되었으므로 **4행의 수식을 502행까지 채우기 핸들을 이용하여 복사**한다. 500일 동안의 시뮬레이션 결과는 다음과 같다. 시뮬레이션의 결과는 컴퓨터마다 다를 것이다. 이는 난수가 발생하는 것이 매 실행마다 달라지기 때문이다.

	A	B	C	D	E	F	G	H	I	J	K
1	판매 시뮬레이션										
2	일	난수1	난수2	구입량	할인재고	떨이재고	정규판매	할인판매	떨이판매	할인이월	떨이이월
3	1	0.591	0.6748	100	0	0	40	0	0	60	0
4	2	0.901	0.1049	100	60	0	60	60	0	40	0
5	3	0.761	0.9432	100	40	0	50	40	0	50	0
6	4	0.645	0.347	100	50	0	40	50	0	60	0
7	5	0.444	0.2137	100	60	0	30	60	0	70	0
8	6	0.397	0.7742	200	70	0	60	70	0	140	0
9	7	0.209	0.1867	200	140	0	40	80	0	160	60
10	8	0.705	0.9117	100	160	60	40	80	60	60	80
11	9	0.442	0.6487	100	60	80	30	60	80	70	0
12	10	0.758	0.405	100	70	0	50	70	0	50	0
13	11	0.974	0.9252	100	50	0	60	50	0	40	0
14	12	0.888	0.0496	100	40	0	50	40	0	50	0
15	13	0.601	0.8354	200	50	0	80	50	0	120	0
16	14	0.685	0.6022	200	120	0	80	120	0	120	0
17	15	0.933	0.2814	100	120	0	60	100	0	40	20
18	16	0.111	0.5742	100	40	20	20	40	20	80	0
19	17	0.143	0.7416	100	80	0	20	40	0	80	40
20	18	0.096	0.2774	100	80	40	10	20	40	90	60

3. 결과의 분석

이제는 1년 동안 판매 및 재고 변화를 관찰하고 평균판매량과 마진을 계산해야 한다.

❶ 먼저 D503:K503에 정규판매, 할인판매, 떨이판매, 할인재고 및 떨이재고의 평균을 계산하기 위해 D503에 '=AVERAGE(D3:D502)'을 입력하고 이를 K503까지 복사한다.

▶ D503 : =AVERAGE(D3:D502)

❷ 다시 '기본 자료' 시트의 A24를 선택하고 '총마진'이라고 입력한 다음, A25:A27, B25:D25에 각각 다음과 같이 입력한다.

A25	구분	B25	정규판매
A26	평균판매량	C25	할인판매
A27	평균마진	D25	떨이판매

❸ B26:D27에 평균판매량과 평균마진을 계산하기 위해 다음과 같은 수식을 입력한다.

▶ B26 : =분석!G503

▶ C26 : =분석!H503

▶ D26 : =분석!I503

▶ B27 : =B26*정규판매 마진

▶ C27 : =C26*할인판매 마진

▶ D27 : =D26*떨이판매 손해

❹ B24에는 평균 총마진을 계산하기 위해 다음과 같이 입력한다.

▶ B24 : =B27+C27+D27

이제는 시뮬레이션 모형을 이용한 분석의 준비가 완성되었다.

24	총마진	162,860		
25	구분	정규판매	할인판매	떨이판매
26	평균판매량	45.66	63.64	18.88
27	평균마진	136,980	63,640	- 37,760

구입량과 주말구입량에 각각 다른 값들을 입력해 보자. 어떤 숫자의 조합이 가장 큰 평균 총마진을 가져오는가? 같은 값을 입력한 경우에도 재계산을 함에 따라 평균 총마진에 다른 값이 나타나는 것을 알 수 있다. 이는 시뮬레이션에서 이용한 난수가 재계산할 때마다 다르게 제공되기 때문이다.

	A	B	C	D	E	F	G
1				기본자료			
2	정규판매 마진	3000					
3	할인판매 마진	1000					
4	떨이판매 손해	-2000					
5	구입량	100					
6	주말구입량	200					
7							
8	정규판매	수량	확률		할인판매	수량	확률
9	0	10	0.1		0	20	0.1
10	0.1	20	0.15		0.1	40	0.2
11	0.25	30	0.2		0.3	60	0.25
12	0.45	40	0.3		0.55	80	0.25
13	0.75	50	0.15		0.8	100	0.15
14	0.9	60	0.1		0.95	120	0.05
15							
16	주말정규	수량	확률		주말할인	수량	확률
17	0	20	0.1		0	40	0.1
18	0.1	40	0.15		0.1	80	0.2
19	0.25	60	0.2		0.3	120	0.25
20	0.45	80	0.3		0.55	160	0.25
21	0.75	100	0.15		0.8	200	0.15
22	0.9	120	0.1		0.95	240	0.05
23							
24	총마진	**162,860**					
25	구분	정규판매	할인판매	떨이판매			
26	평균판매량	45.66	63.64	18.88			
27	평균마진	136,980	63,640	- 37,760			

이를 편차가 아주 작게 안정시키기 위해서는 더 많은 횟수의 시뮬레이션을 실행해야 한다. 이를 위해서는 수천 번의 시뮬레이션을 시행하여 평균을 구하는 방법도 있지만 매크로를 이용해 여러 번의 시뮬레이션을 반복하고 그 결과의 평균을 구할 수도 있다. 이에 대해서는 매크로와 VBA에서 구체적으로 알아본다.

EXERCISE

연습문제

01 시작 연도와 마지막 연도를 입력하면 그사이의 생년월일을 가지는 사람의 이름과 주민번호를 자동으로 생성하는 워크북을 작성해 보자.

0-1 사이의 무작위 난수를 생성하는 RAND 함수를 이용하면 출생년도, 월, 일에 대한 난수를 구할 수 있다. 또한 성별과 지역코드, 신고순서에 대해서도 난수를 이용하면 무작위에 의한 번호를 구할 수 있다. 마지막으로 검증번호는 앞에서 연습한 방법을 이용한다.

위의 방법을 이용하여 100명의 이름과 주민번호를 자동으로 생성하는 워크북을 만들어 보자.

E X E R C I S E

연습문제

02

백악마트용봉동.TXT 파일에는 지난 한 달 동안 백악마트 용봉동 지점에서 판매한 식품류의 판매가 기록되어 있다. 이 파일의 일부가 아래에 나와 있다.

제품명	품종	단가	판매수량	판매금액
고등어4호관 원터치	수산캔	883	192	" 169,536 "
골드중2호	쉬링크제품	6,591	16	" 105,456 "
골드팜 200gE	축산캔	1,214	120	" 145,680 "
국산깐포도 400g 원터치	과일캔	883	144	" 127,152 "
국수E호 200g	생면	722	860	" 620,920 "
국수해물맛(봉지)	생면	722	320	" 231,040 "
국수해물맛(용기)	생면	869	448	" 389,312 "
김치찌개용참치 250g	참치캔	" 1,352 "	108	" 146,016 "
깻잎 90g	농산캔	752	100	" 75,200 "
꽁치4호관 원터치	수산캔	" 1,675 "	552	" 924,600 "
꽁치5호관 2CAN	쉬링크제품	" 2,381 "	84	" 200,004 "
꽁치5호관 원터치	수산캔	" 1,306 "	216	" 282,096 "
날아라싸커360g	소세지류	" 6,132 "	75	" 459,900 "
닭표고버섯죽(285g)	죽류	" 1,620 "	24	" 38,880 "
덕용스탠다드	참치캔	" 6,591 "	96	" 632,736 "
델리꼬숑녹돈로인햄300g	냉장햄류	" 7,269 "	21	" 152,650 "
델리꼬숑녹돈비엔나450g	냉장햄류	" 6,836 "	29	" 198,250 "
델리꼬숑녹돈샌드위치햄	냉장햄류	" 10,400 "	3	" 31,200 "
델리꼬숑녹돈햄스모크	냉장햄류	" 3,195 "	721	" 2,303,310 "

E X E R C I S E

연습문제

동그랑땡 850g	냉동류	" 3,075 "	182	" 559,645 "
랍스틱 140g	맛살류	" 9,357 "	14	" 131,000 "
랍스틱 200g	맛살류	" 9,694 "	31	" 300,510 "
런천미트 200gE	축산캔	" 1,037 "	144	" 149,328 "
런천중2호	쉬링크제품	" 5,070 "	48	" 243,360 "
맛살 160g	맛살류	" 4,451 "	67	" 298,200 "
맛살 300g	맛살류	" 4,437 "	35	" 155,295 "
매운조선참갈비 800g	냉동류	" 4,250 "	135	" 573,755 "
멀티팩-큐	참치행사	" 2,549 "	132	" 336,468 "
백도 400g 원터치	과일캔	752	72	" 54,144 "
백도 800g	과일캔	" 1,777 "	36	" 63,972 "
부르트 49호	쉬링크제품	" 3,554 "	780	" 2,772,120 "
부르트 94호	쉬링크제품	" 2,540 "	120	" 304,800 "
부르트 27호	쉬링크제품	" 2,682 "	276	" 740,232 "

- 이 파일을 불러서 엑셀 파일로 저장하시오.
- 각 품종별로 판매수량과 금액의 합계를 보여 주는 표를 작성하시오.
- 품종별 판매금액이 가장 큰 품종과 가장 작은 품종을 나타내는 조건부 서식을 지정하시오.

흔히들 매크로를 엑셀의 꽃이라고 한다. 그만큼 엑셀에 있어서 매크로의 중요성과 뛰어난 기능을 강조한 말이다. 매크로를 이해하게 되면 엑셀을 더 많이 이해하게 되는 점도 있고, 다른 사용자를 위한 프로그램을 작성할 수도 있다. 따라서 많은 사용자들이 엑셀 매크로를 배우기 위해 노력하고 있다.

하지만 엑셀 매크로는 처음에 시작하기가 어렵다. 그 이유는 대부분의 사용자들은 매크로 기록을 이용해 매크로를 이해하고 숙달하는데, 엑셀에서의 기록 매크로가 직관적으로 되어 있지 않기 때문이다. 매크로를 기록하고 나서 기록된 코드를 보고는 그 복잡함에 압도되어 매크로를 배우는 것을 포기한 사용자들도 많다.

다음에서는 매크로를 쉽게 익히기 위해서 매크로 기록을 이용한 코드의 이해, 사용자와의 인터페이스를 위한 함수와 대화상자를 작성하는 구체적인 사례들을 통해 매크로를 익히는 기회를 제공한다. 하지만 여기에서는 매크로의 극히 일부만을 제시하고 있어서 매크로를 완전히 숙달하기는 어렵고 이를 위해서는 별도로 학습을 해야 한다.

P·A·R·T

06

기업에서 쓰는 매크로와 VBA

EXCEL

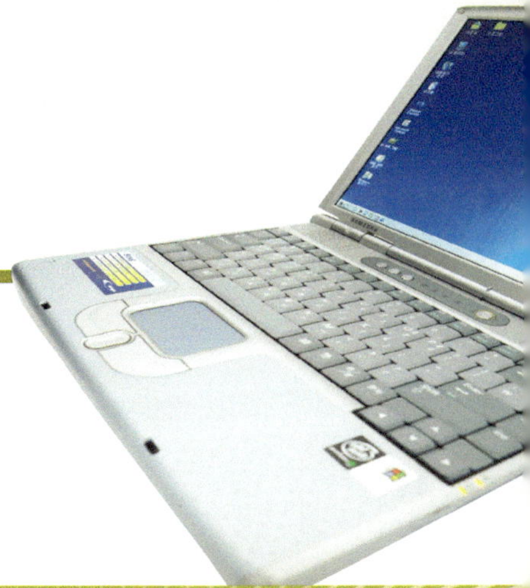

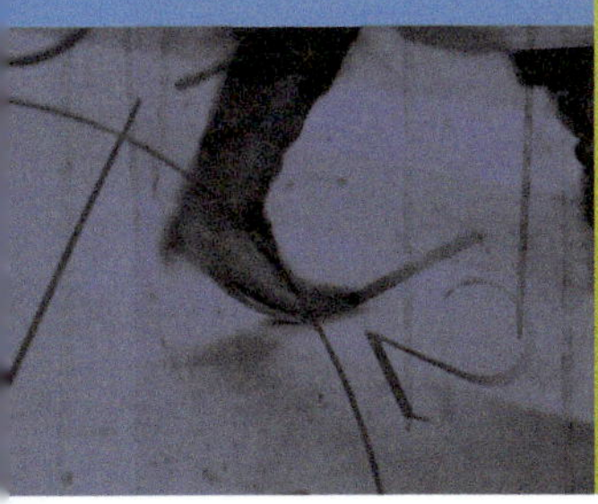

Chapter 01

매크로 소개

1. 매크로란 무엇인가?

매크로란 원래 워드프로세서나 스프레드시트 프로그램에서 키 입력을 여러 번 반복하는 작업이 필요한 경우에 이를 단순화하기 위해 만들어졌다. 예전에 PC에서 사용하였던 운영체제인 DOS에서는 모든 작업을 키보드만으로 수행했으므로 단순 키보드 입력 작업도 반복하는 일이 많았다. 예를 들어 워드프로세서에서 복잡한 단어를 찾아 그 단어의 서식을 바꾸거나 동일한 단어를 한글에서 영어로 바꾸거나 하는 작업도 키보드로 일일이 해야 했다. 이런 경우에 매크로를 이용하면 여러 번의 키보드 입력을 매크로에 저장하여 이름을 부여해 놓고 한 번의 키 입력으로 단순화할 수 있었다. 이는 엑셀과 같은 스프레드시트 프로그램에서도 마찬가지였다.

하지만 PC에서의 운영체제가 DOS에서 WINDOWS로 변화함에 따라 매크로의 기능도 변하게 되었다. 특히 윈도우 기능이 본격적으로 활용된 오피스 95부터는 단순한 키보드 입력을 뛰어넘어 윈도우용 프로그램인 Visual Basic과 매크로가 결합하게 되었고, 이후로는 매크로란 용어 대신에 VBA라는 용어를 사용하게 되었다. VBA란 'Visual Basic for Application' 의 약자로 엑셀과 같은 어플리케이션 프로그램을 위한 'Visual Basic' 이라는 뜻이다. 즉, 엑셀용 Visual Basic이다.

따라서 이제는 엑셀에서 매크로를 사용하면 매크로에 저장된 내용이 단순한 키보드 입력이나 마우스 조작에 머물지 않고 바로 Visual Basic 프로그램으로 변환된다. 이렇게 되면 매크로를 이해하기 위해서는 Visual Basic을 이해해야 한다는 문제가 생긴다. 이것이 엑셀에서 매크로를 배우는 것이 어려운 이유 중의 하나이다. 엑셀도 어려운데 프로그램인 Visual Basic을 배운다는 것은 쉬운 일이 아니기 때문이다.

하지만 좋은 점도 있다. 엑셀에서의 모든 동작이 엑셀용 Visual Basic인 VBA로 저장되므로 엑셀에 대해 일정 수준의 경험과 지식을 가지고 있는 사람은 엑셀에서 매크로를 기록하고 이를 기록한 VBA 코드를 검토함으로써 VBA 프로그램을 이해할 수 있고, 나아가 Visual Basic에 대한 이해도 넓힐 수 있다.

먼저 엑셀에서의 작업을 매크로로 기록해 보고 이를 다시 불러서 실행해 보는 예제를 만들어 보자.

2. 영업소 자료 형식 만들기

매크로 기록을 이용하면, VBA에 대한 지식이 없더라도 일련의 마우스 조작이나 키 입력을 저장해 놓고 필요할 때마다 불러서 사용할 수 있다. 다음에는 이러한 경우에 알맞은 사례를 통해 매크로를 기록하고 다시 사용하는 방법에 대해 알아본다.

❶ Part 06 폴더에서 '제1영업소-매크로.XLS' 파일을 불러온다. '제1영업소' 시트의 A1:F23에는 지난해 제1영업소의 판매 자료가 입력되어 있지만, 서식이 전혀 지정되어 있지 않아 숫자를 읽기도 어렵고 보기에도 좋지 않다. 이를 간단하게 변경하는 매크로를 작성해 보자.

	A	B	C	D	E	F
1	품종	1사분기	2사분기	3사분기	4사분기	총합계
2	건면	111500	111600	223200	706800	1153100
3	과일캔	10920772	3848952	6774872	5639208	27183804
4	김류	25632	164160	85120	101952	376864
5	냉동류	10319811	6790752	9463434	11190538	37764535
6	냉장햄류	49269505	22970359	24221242	24138450	120599556
7	농산캔	873806	2292500	4866724	3440320	11473350
8	맛살류	6205810	5106555	3269216	2914425	17496006
9	생면	11652016	7392606	6769744	5217720	31032086
10	세트류	323550			25760	349310
11	소세지류	2339770	806100	5584546	1934150	10664566
12	수산캔	5997160	4061686	9052536	9769260	28880642
13	쉬링크제품	26999134	45362876	45396055	49926515	167684580
14	어묵류	5173300	664650	8156430	12774136	26768516
15	음료	9423015	2159360	5134260	8929680	25646315
16	죽류	4940928	11048064	334896	19537152	35861040
17	쨈류	3513040	2997884	3567356	4294380	14372660
18	참치캔	1639166	1738666	1504842	2253426	7136100
19	참치행사	17058160	23879208	11694108	4672916	57304392
20	축산캔	1254966	773228	622800	696864	3347858
21	커피류	3772400	3574600	4085300	3418600	14850900
22	프리믹스	137760	312520	263856	94296	808432
23	총합계	171951201	146056326	151070537	171676548	640754612

❷ 데이터가 입력된 임의의 곳에 셀 포인터를 위치시키고 보기 메뉴의 매크로-새 매크로 기록을 선택하여 '매크로 기록' 대화상자를 불러낸다.

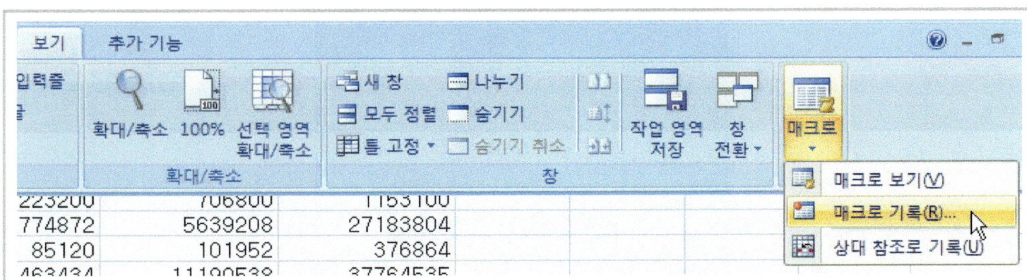

❸ 매크로 이름에 '테두리형식'이라고 입력하고 바로가기 키에는 f를 입력하여 단축키를 이용해 매크로를 쉽게 부를 수 있도록 하고 확인을 선택한다.

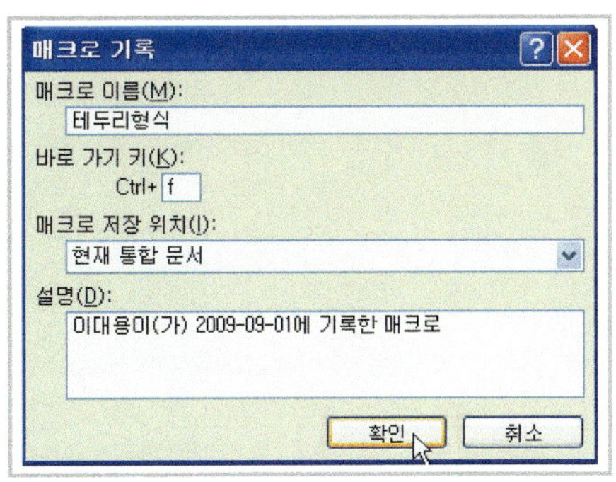

이렇게 하면 다음과 같은 '매크로 기록 중지' 도구 모음이 상태 표시줄에 나타난다. 이제부터는 매크로 기록 중지 도구 모음의 기록 중지 버튼을 클릭할 때까지의 모든 키 입력이나 마우스 동작이 매크로에 기록되므로, 불필요한 키 입력이나 마우스 동작을 하지 않아야 한다.

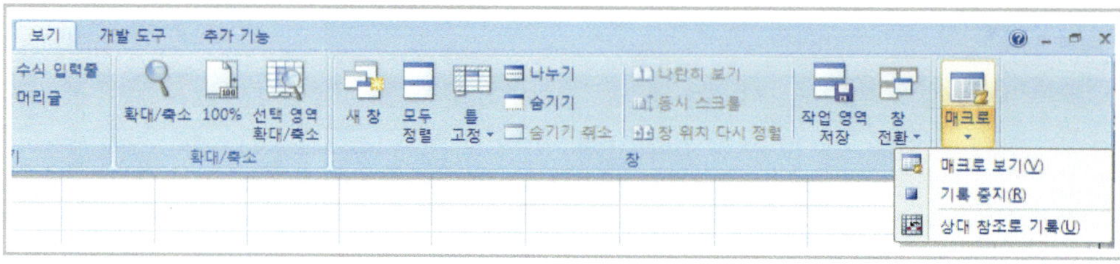

❹ F5 키를 눌러서 '이동' 대화상자를 불러낸다. '이동' 대화상자의 옵션 버튼을 클릭하여 '이동 옵션' 대화상자를 다시 불러낸다.

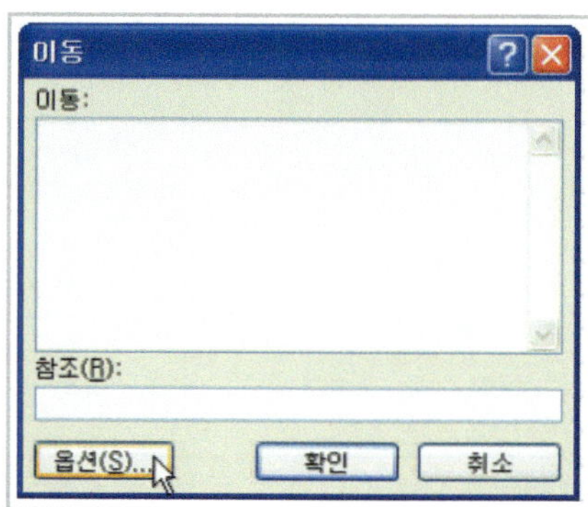

❺ '이동 옵션' 대화상자에서 현재 셀이 있는 영역을 선택하고 확인을 선택하면 현재 데이터가 입력된 A1:F23이 자동으로 선택된다. 이 기능을 이용하면 데이터의 크고 작음에 상관없이 데이터가 연속적으로 입력된 모든 부분을 선택할 수 있다. 또한 '이동 옵션' 대화상자는 조건부 서식 셀이나 유효성 검사 지정 셀, 빈 셀 등을 선택할 수 있으므로 유용하게 활용할 수 있다.

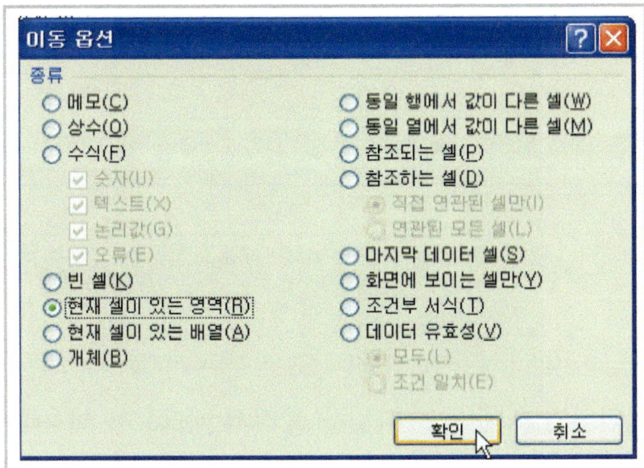

❻ A1:F23이 선택된 상태에서 서식 도구 모음의 모든 테두리 버튼(), 가운데 맞춤(), 쉼표 스타일()을 차례로 클릭한다.

	A	B	C	D	E	F
1	품종	1사분기	2사분기	3사분기	4사분기	총합계
2	건면	111,500	111,600	223,200	706,800	1,153,100
3	과일캔	10,920,772	3,848,952	6,774,872	5,639,208	27,183,804
4	김류	25,632	164,160	85,120	101,952	376,864
5	냉동류	10,319,811	6,790,752	9,463,434	11,190,538	37,764,535
6	냉장햄류	49,269,505	22,970,359	24,221,242	24,138,450	120,599,556
7	농산캔	873,806	2,292,500	4,866,724	3,440,320	11,473,350
8	맛살류	6,205,810	5,106,555	3,269,216	2,914,425	17,496,006
9	생면	11,652,016	7,392,606	6,769,744	5,217,720	31,032,086
10	세트류	323,550			25,760	349,310
11	소세지류	2,339,770	806,100	5,584,546	1,934,150	10,664,566
12	수산캔	5,997,160	4,061,686	9,052,536	9,769,260	28,880,642
13	쉬링크제품	26,999,134	45,362,876	45,396,055	49,926,515	167,684,580
14	어묵류	5,173,300	664,650	8,156,430	12,774,136	26,768,516
15	음료	9,423,015	2,159,360	5,134,260	8,929,680	25,646,315
16	죽류	4,940,928	11,048,064	334,896	19,537,152	35,861,040
17	짬류	3,513,040	2,997,884	3,567,356	4,294,380	14,372,660
18	참치캔	1,639,166	1,738,666	1,504,842	2,253,426	7,136,100
19	참치햄사	17,058,160	23,879,208	11,694,108	4,672,916	57,304,392
20	축산캔	1,254,966	773,228	622,800	696,864	3,347,858
21	커피류	3,772,400	3,574,600	4,085,300	3,418,600	14,850,900
22	프리믹스	137,760	312,520	263,856	94,296	808,432
23	총합계	171,951,201	146,056,326	151,070,537	171,676,548	640,754,612

이렇게 하면 문자들은 가운데로 정렬되고, 숫자들은 쉼표 스타일로 표시되고, 모든 셀에 테두리가 주어진다.

❼ 이제 상태 표시줄에 있는 기록 중지 버튼을 클릭하면 '기록 중지' 도구 모음이 사라진다.

이렇게 하면 지금까지 작업했던 과정이 모두 테두리 형식이라는 이름의 매크로에 저장된다. 이를 확인하기 위해 다른 파일을 불러서 매크로를 이용하여 테두리 형식을 적용해 보자.

❽ Part 06 폴더에서 '제2영업소-매크로.XLS' 파일을 불러낸다. '제2영업소' 시트에는 데이터가 입력되어 있으나 테두리 형식이 주어져 있지 않다.

❾ 이제 셀 포인터를 데이터가 입력된 영역의 임의의 곳에 위치시키고 매크로 메뉴의 매크로-매크로 보기를 선택하여 '매크로' 대화상자를 불러낸다.

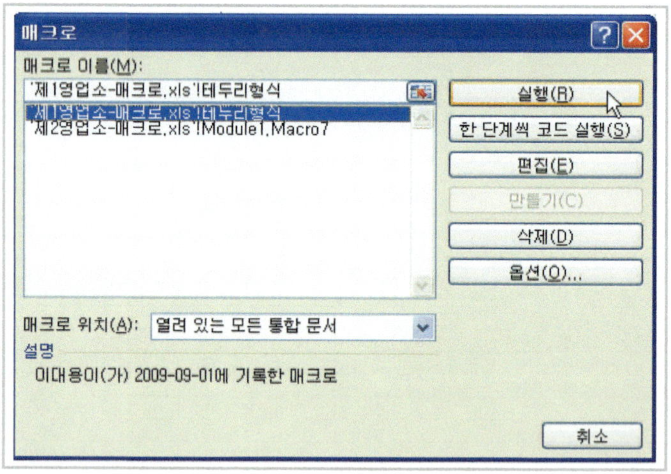

❿ 매크로 이름에서 '제1영업소-매크로.xls!테두리 형식'을 선택하고 실행 버튼을 클릭하면 앞에서 작업했던 것과 동일한 효과가 나타남을 알 수 있다. Ctrl + F를 이

용해도 같은 결과가 나타난다.

3. 매크로 기록 과정

❶ 처음에 매크로를 기록하는 것이 생각보다 쉽지 않을 것이다. 이번에는 '제2영업소-매크로' 파일을 닫고 '제1영업소-매크로' 파일에서 매크로가 기록된 Visual Basic 편집기를 살펴보자. 이를 위해서는 메뉴의 도구-매크로-Visual Basic Editor(VBE)를 선택한다.

❷ VBE에서 프로젝트 탐색기의 모듈을 더블클릭 하면 'Module1' 이라는 코드 창이 나타나고 'Module1' 에는 우리가 기록한 매크로가 나음과 같이 기록되어 있다.

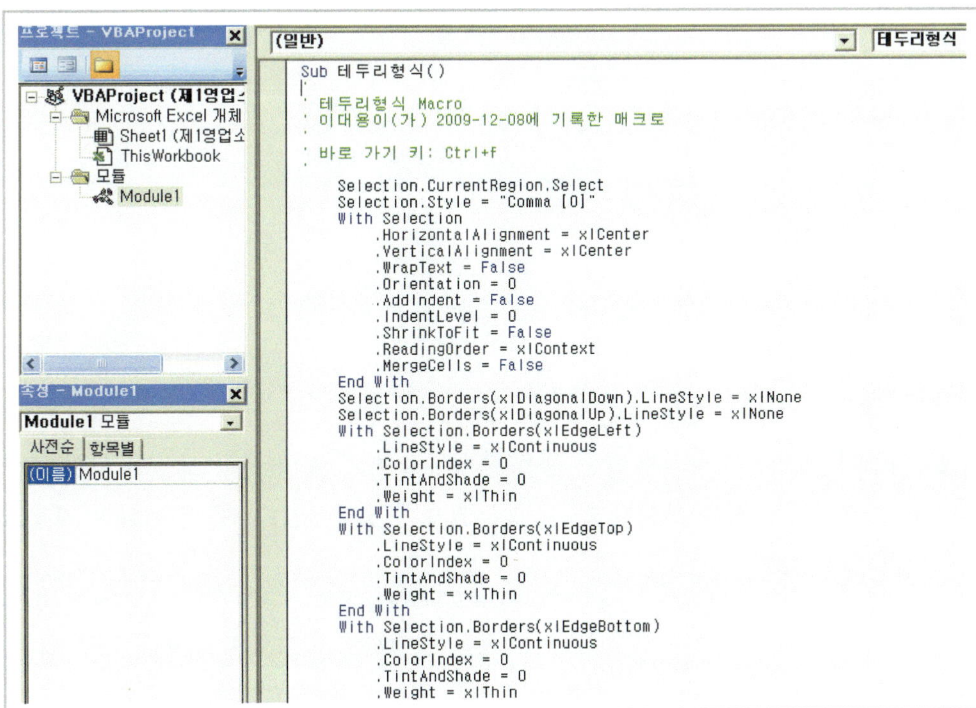

처음에 이 기록된 코드를 보면 너무 복잡하다고 생각할 것이다. 이것은 매크로를 처음 대하는 모든 사람들이 느끼는 현상이니 압도될 필요는 없다. 이번에는 처음에 기록한 코드를 모두 선택하여 지우고 다시 매크로를 기록하여 보자.

❸ VBE에 기록된 코드를 모두 지운다.

❹ 먼저 VBE의 창을 조절하여 화면의 오른쪽에 위치시키고, 화면의 왼쪽에는 엑셀 화면의 크기를 조절하여 위치시켜서 엑셀과 VBE가 동시에 나타나도록 한다. 이 경우 엑셀의 화면 확대/축소를 75%로 맞추는 것이 좋다.

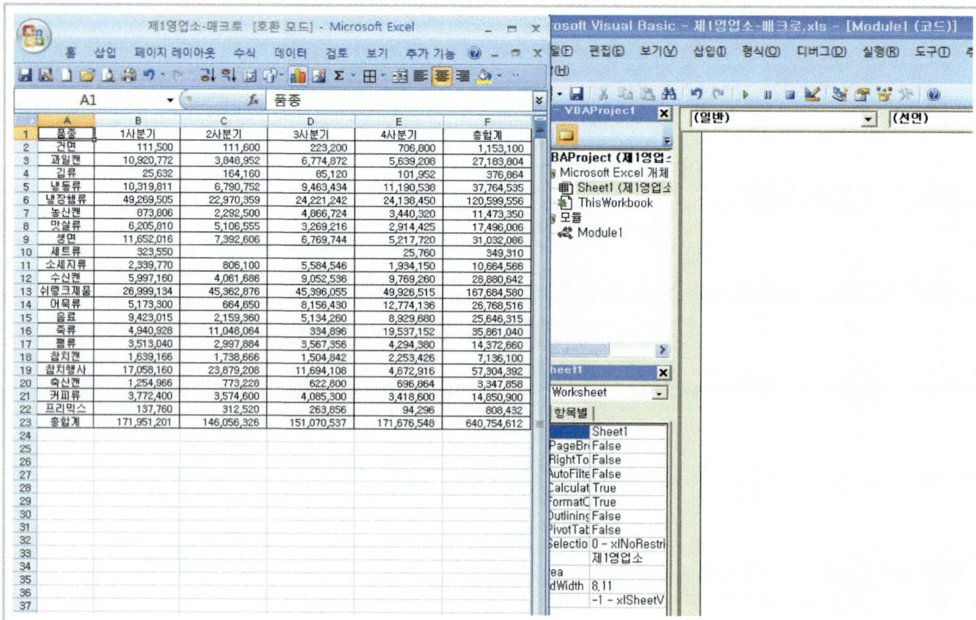

❺ 테두리 서식이 지정되지 않는 셀을 선택하고 빠른 실행 도구 모음의 서식 복사 버튼을 클릭하여 서식을 복사한 다음, 테두리가 지정된 A1:F23을 선택하여 지정된 모든 서식을 없앤다.

❻ 다시 보기 메뉴의 매크로-매크로 기록을 선택하고 매크로의 이름을 '테두리 형식' 으로 지정한 다음, 확인을 클릭한다. 확인을 클릭하면 VBE의 코드 창에

```
Sub 테두리형식()
' 테두리형식 Macro
' 이 대 용이(가) 2009-12-08에 기록한 매크로
End Sub
```

라고 기록될 것이다.

그렇다. 매크로의 시작은 'Sub'에서 시작하여 'End Sub'로 끝난다.

❼ 이번에는 F5 키를 눌러서 이동 대화상자를 불러내고, 이동 옵션 대화상자에서 현재 셀이 있는 영역을 선택하고 확인 버튼을 클릭하면 코드 창에 다음과 같은 코드가 기록될 것이다.

```
Selection.CurrentRegion.Select
```

이 코드의 의미는 현재 선택된 영역의 CurrentRegion(현재 셀이 있는 영역)을 선택했다는 것이다.

❽ 다시 빠른 실행 도구 모음의 테두리 중 '모든 테두리'를 선택하면 굉장한 양의 코드가 한꺼번에 기록될 것이다. 코드의 양에 압도될 필요는 없다. 엑셀의 매크로에서는 이처럼 불필요한 코드를 기록하는 것이 일상적인 현상이다.

❾ 이 상태에서 빠른 실행 도구 모음의 '가운데 맞춤'을 선택하면 또다시 상당한 양의 코드가 기록될 것이다. 다시 한 번 '쉼표 스타일' 버튼을 클릭하면 다음과 같은 코드가 기록될 것이다.

```
Selection.Style="Comma [0]"
```

이는 현재 선택된 영역의 스타일을 Comma[0](소수점 0자리 쉼표 스타일)으로 지정했다는 것이다.

⑩ 마지막으로 A1 셀을 선택하면 다음과 같이 기록될 것이다.

```
Range("A1").Select
```

여러분도 이 코드가 무엇을 의미하는지는 쉽게 이해할 것이다.

4. 기록된 매크로 수정

이번에는 기록된 코드 중 필요한 부분만을 남기고 삭제하여 보다 간단한 프로그램으로 수정해 보자.

❶ VBE를 선택하고 화면을 확대하여 전체 화면에 나타낸 다음, 프로젝트 탐색기를 조절한다.

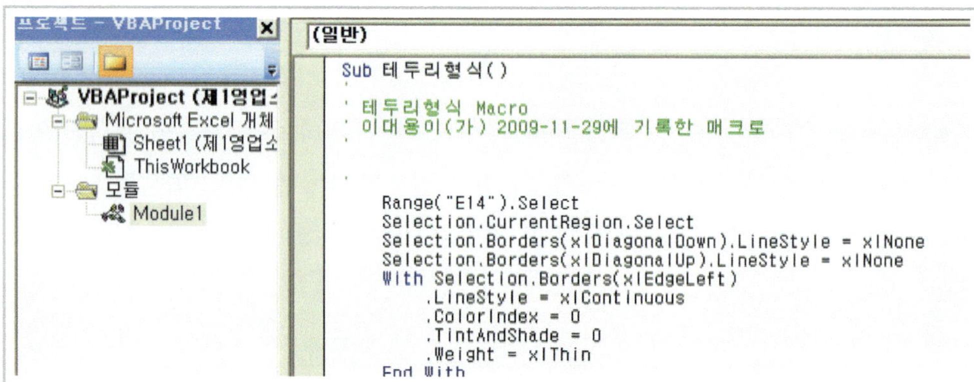

이번에는 프로그램의 Selection.CurrentRegion.Select에서 CurrentRegion을 클릭하여 커서를 놓고 F1 키를 누르면 다음과 같은 도움말이 나타날 것이다.

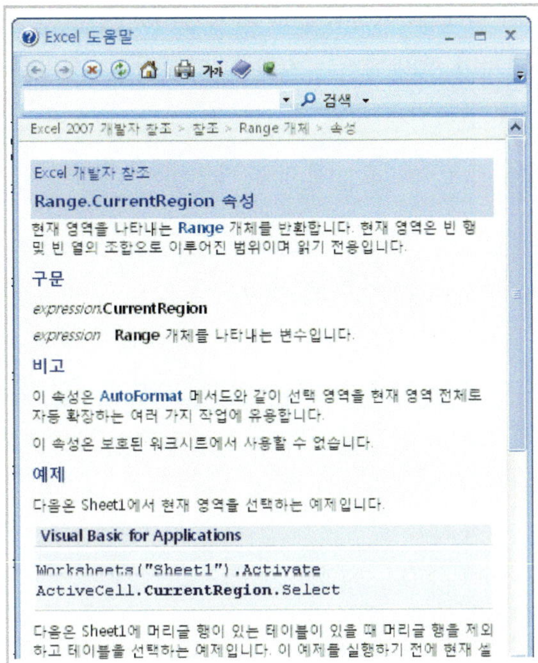

이는 CurrentRegion에 대한 도움말이다. 처음에는 다소 어려울 수 있으나 매크로를 가장 빠르게 배울 수 있는 방법 중의 하나는 이처럼 매크로를 기록하고 모르는 용어에 대해 도움말을 이용하여 공부하는 것이다. 특히 도움말에 나타난 예제를 유심히 살펴보고 이를 유사한 구문에 활용하는 것이 좋은 습관이다.

❷ 이번에는 두 번째 줄의 LineStyle에 커서를 위치시키고 F1 키를 누르면 LineStyle에 대한 도움말이 나타날 것이다. 이 도움말의 예제를 보면 Border 다음에 바로 LineStyle이 올 수 있다는 것을 알 수 있다.

따라서 두 번째 줄을 다음과 같이 수정하고 테두리를 지정하는 코드를 모두 삭제한다.

```
Selection.CurrentRegion.Select
Selection.Borders.LineStyle=xlContinuous
```

❸ 다음에는 가운데 맞춤을 지정하면서 기록된 부분을 수정해 보자. 우리는 가운데 맞춤만을 지정하였지만 엑셀에서는 선택된 영역의 수평맞춤만이 아닌 다양한 옵션을 지정하였다. 그리고 지정된 옵션 중 대부분은 우리가 필요로 하는 내용이 아니다. 따라서 수평맞춤의 가운데만을 지정하고 나머지를 없애기 위해 다음과 같이 수정한다.

```
Selection.HorizontalAlignment=xlCenter
```

❹ 나머지 두 줄에서는 불필요한 코드가 없고, 코드 중 홑따옴표(Apostrophe) 다음에 나타나는 줄은 컴퓨터가 실행하지 않는 설명문에 불과하므로 생략해도 된다. 따라서 최종적으로 정리된 코드는 다음과 같다.

```
Sub 테두리형식()
    Selection.CurrentRegion.Select
    Selection.Borders.LineStyle=xlContinuous
    Selection.HorizontalAlignment=xlCenter
    Selection.Style="Comma [0]"
    Range("A1").Select
End Sub
```

위의 코드는 셀이 있는 현재 영역을 선택하고, 모든 테두리를 지정하며, 가운데맞춤을 선택하고, 쉼표 스타일을 지정한 다음, A1 셀을 선택한 매크로 기록과 동일한 결과를 가져오는 프로그램이다.

❺ Alt + F11 키를 눌러 다시 엑셀을 선택하고 빠른 실행 도구 모음의 컨트롤 삽입에서 버튼를 선택하여 H1:H2에 그려 넣고 단축메뉴에서 매크로 지정을 선택하여, 다음에 나타난 '매크로' 대화상자에서 테두리형식을 선택하여 지정한다.

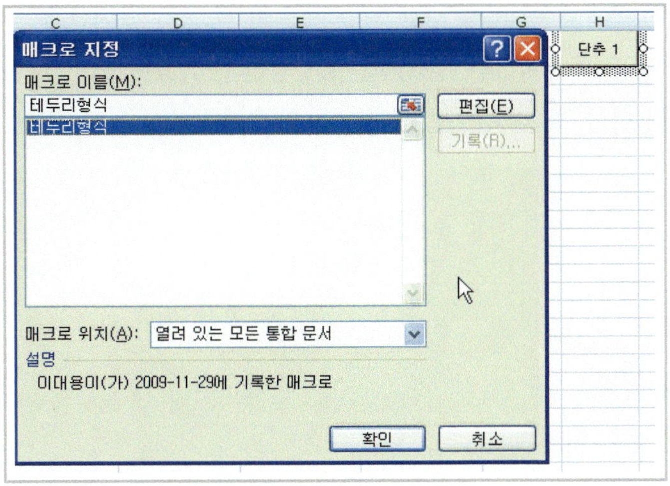

버튼의 텍스트를 '테두리'로 지정하고 다른 셀을 선택하면 버튼가 실행 모드로 변경된다.

❻ 서식 복사 버튼을 이용하여 A1:F23에 지정된 서식을 없앤 다음, 셀 포인터를 A1에 위치시키고 테두리 버튼을 클릭하면 A1:F23에 앞에서 지정한 서식이 지정될 것이다.

❼ 이번에는 보기 메뉴의 매크로-새 매크로 기록을 선택하고 매크로의 이름을 '테두리지우기'로 입력한 후 확인을 선택한다.

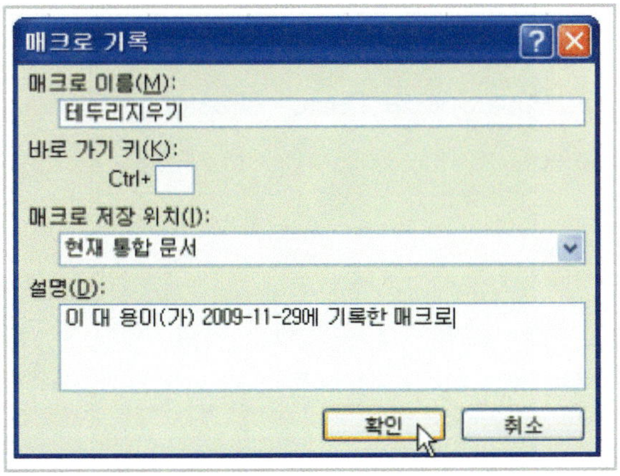

❽ I1 셀을 선택한 다음, 빠른 실행 도구 모음의 서식 복사 버튼을 클릭하고 테두리가 지정된 A1:F23을 선택한다. A1:F23에 지정한 서식들이 모두 지워질 것이다. 다시 A1을 선택한 다음, 매크로 기록 중지 버튼을 클릭한다.

❾ Alt + F11 키를 눌러 VBE를 선택하면 다음과 같은 코드가 입력되어 있을 것이다.

```
Sub 테두리지우기()
  Range("I1").Select
  Selection.Copy
  Range("A1:F23").Select
  Selection.PasteSpecial Paste:=xlPasteFormats, Operation:=xlNone, _
      SkipBlanks:=False, Transpose:=False
  Application.CutCopyMode=False
  Range("A1").Select
End Sub
```

위의 프로시저는 I1 셀을 선택하여 복사하고, A1:F23 영역에 선택하여 붙여넣기를 실행한 다음, A1 셀을 선택한 것과 같은 결과를 가져온다. 위의 코드 중에서 불필요한 부분을 지우고 다음과 같이 정리한다.

```
Sub 테두리지우기()
  Range("I1").Copy
  Range("A1:F23").PasteSpecial Paste:=xlPasteFormats
  Range("A1").Select
End Sub
```

❿ 다시 Alt + F11 키를 눌러 엑셀로 돌아온 다음, 양식 도구 모음에서 버튼를 선택하여 H3에 그려 넣고 테두리지우기 매크로를 지정한 후, 버튼의 텍스트를 '지우기'로 지정한다.

⓫ 두 개의 버튼를 작성하였으면, 두 개의 버튼를 번갈아 눌러 본다. A1:F23에 테두리 서식이 지정되었다가 다시 지워지는 것이 반복될 것이다. 이처럼 매크로는 여러 번의 마우스 동작이나 키 입력을 반복하는데 주로 사용된다.

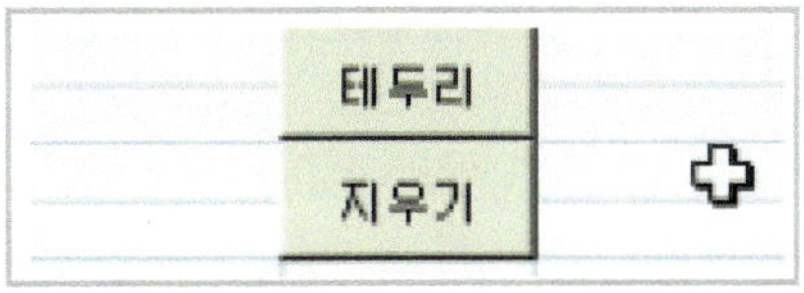

5. 자동 서식 지정

이번에는 A1:F23에 자동 서식을 지정해 보자.

❶ 보기 메뉴의 매크로-새 매크로 기록을 선택하고 매크로의 이름에 '자동 서식'을 입력한다.

❷ 매크로 기록 중지 도구 모음이 나타나면 A1 셀을 선택하고 빠른 실행 도구 메뉴의 자동 서식을 선택하여 '자동 서식' 대화상자가 나타나면, 목록형 1을 선택하고 옵션 버튼을 클릭한다. 적용할 서식 그룹상자에 있는 6개의 확인란이 모두 표시되어 있는 것을 확인한 후, 확인 버튼을 클릭하여 목록형 1 자동 서식을 지정한다.

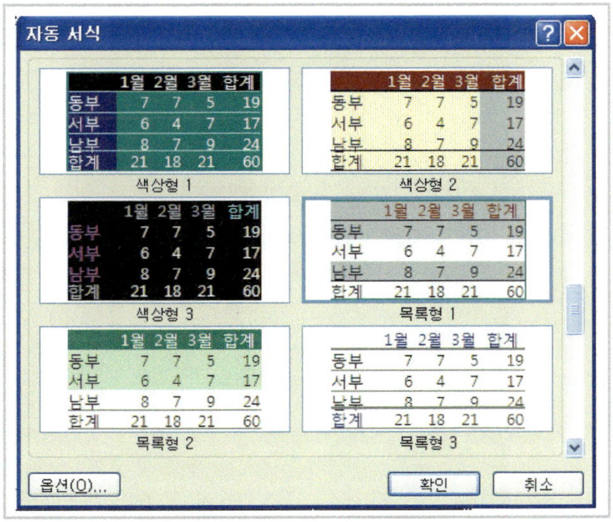

❸ 다시 빠른 실행 도구 모음의 쉼표 스타일 버튼을 클릭하여 쉼표 스타일을 지정한 다음, A:F열 머리글을 선택하고 열 사이에 마우스 포인터를 위치시켜 열 너비를 조정한다. A1 셀을 선택한 후, 매크로 기록 중지 버튼을 클릭한다.

	A	B	C	D	E	F
1	품종	1사분기	2사분기	3사분기	4사분기	총합계
2	건면	111,500	111,600	223,200	706,800	1,153,100
3	과일캔	10,920,772	3,848,952	6,774,872	5,639,208	27,183,804
4	김류	25,632	164,160	85,120	101,952	376,864
5	냉동류	10,319,811	6,790,752	9,463,434	11,190,538	37,764,535
6	냉장햄류	49,269,505	22,970,359	24,221,242	24,138,450	120,599,556
7	농산캔	873,806	2,292,500	4,866,724	3,440,320	11,473,350
8	맛살류	6,205,810	5,106,555	3,269,216	2,914,425	17,496,006
9	생면	11,652,016	7,392,606	6,769,744	5,217,720	31,032,086
10	세트류	323,550			25,760	349,310
11	소세지류	2,339,770	806,100	5,584,546	1,934,150	10,664,566
12	수산캔	5,997,160	4,061,686	9,052,536	9,769,260	28,880,642
13	쉬링크제품	26,999,134	45,362,876	45,396,055	49,926,515	167,684,580
14	어묵류	5,173,300	664,650	8,156,430	12,774,136	26,768,516
15	음료	9,423,015	2,159,360	5,134,260	8,929,680	25,646,315
16	죽류	4,940,928	11,048,064	334,896	19,537,152	35,861,040
17	껌류	3,513,040	2,997,884	3,567,356	4,294,380	14,372,660
18	참치캔	1,639,166	1,738,666	1,504,842	2,253,426	7,136,100
19	참치행사	17,058,160	23,879,208	11,694,108	4,672,916	57,304,392
20	축산캔	1,254,966	773,228	622,800	696,864	3,347,858
21	커피류	3,772,400	3,574,600	4,085,300	3,418,600	14,850,900
22	프리믹스	137,760	312,520	263,856	94,296	808,432
23	총합계	171,951,201	146,056,326	151,070,537	171,676,548	640,754,612

❹ Alt + F11 키를 눌러 VBE를 선택하면 다음과 같은 코드가 입력되어 있을 것이다.

```
Sub 자동서식()
    Range("A1").Select
    Selection.AutoFormat Format:=xlRangeAutoFormatList1, _
        Number:=True, Font:=True, Alignment:=True, _
        Border:=True, Pattern:=True, Width:=True
    Selection.Style="Comma [0]"
    Columns("A:F").Select
    Columns("A:F").EntireColumn.AutoFit
    Range("A1").Select
End Sub
```

이는 A1 셀을 선택하고, 현재 셀이 있는 영역을 선택한 다음, 이 영역에 자동 서식을 지정하고 다시 쉼표 스타일을 적용한 후, A:F열의 너비를 자동으로 조정하고 A1 셀을 선택하는 동작을 기록한 것이다. 자동 서식에서 각 옵션에 True가 입력되어 있는 것을 알 수 있다. 이로서 '자동 서식' 대화상자에서 지정한 옵션이 그대로 매크로에 기록된다는 것을 알 수 있다.

❺ 다시 Alt + F11 키를 눌러 엑셀로 돌아온 다음, 양식 도구 모음에서 버튼를 선택하여 H5에 그려 넣고 자동 서식 매크로를 지정한 후, 버튼의 텍스트를 '자동 서식'으로 지정한다.

❻ 지우기 버튼과 자동 서식 버튼 그리고 테두리 버튼을 번갈아 눌러 보자. 지정된 영역의 서식이 지정되고 지워지는 것을 알 수 있다. 이때 기록된 코드들이 어떻게 적용될 것인가에 대해 생각해 보자.

6. 표준체중표 작성

우리는 앞에서 표준체중표를 작성한 적이 있다. 엑셀에서 주로 사용하는 수식도 매크로로 그대로 기록되지만 우리가 워크시트에서 일상적으로 사용하는 수식과는 다르게 기록된다. 이를 확인하기 위해 다음에서는 표준체중표를 작성하는 매크로를 기록해 보자.

❶ 새 파일에서 A1에 '표준체중표' 라고 입력한 후 A1:G1을 선택하고 병합하여 가운데맞춤 버튼을 클릭한다. 다시 A2:G2에 각각 다음과 같이 입력하여 표준체중표의 양식을 만든다.

- ▶ A2 : 신장
- ▶ B2 : 표준체중
- ▶ C2 : 저체중

▶ D2 : 과체중

▶ E2 : 비만

▶ F2 : 중증비만

▶ G2 : 고도비만

❷ 매크로 기록을 시작한 후, 매크로의 이름을 '표준체중표' 라고 입력한다. A3 셀을 선택하여 '140' 을 입력하고 [→] 키를 이용하여 B3 셀을 선택한다.

B3 셀에 다음과 같이 입력하고 역시 [→] 키를 이용하여 C3 셀을 선택한다.

▶ B3 : =(A3-100)*0.9

C3 셀에 다음과 같이 입력하고 역시 [→] 키를 이용하여 D3 셀을 선택한다.

▶ C3 : =B3*0.9

마찬가지 방법으로 D3:G3에 각각 다음과 같이 입력한다.

▶ D3 : =B3*1.1

▶ E3 : =B3*1.2

▶ F3 : =B3*1.3

▶ G3 : =B3*1.5

❸ 다시 마우스를 이용하여 A3 셀을 선택하고 단축메뉴에서 셀 서식을 선택하고 셀 서식 대화상자에서 사용자 지정 서식을 선택하여 형식란에 다음과 같이 지정한다.

▶ A3의 사용자 지정 서식 : 0 "Cm"

❹ B3:G3을 선택하고 단축메뉴에서 셀 서식을 선택하고 셀 서식 대화상자에서 사용자 지정 서식을 선택하여 형식란에 다음과 같이 지정한다.

▶ B3:G3의 사용자 지정 서식 : 0.00 "Kg"

❺ A3:G3을 선택하여 채우기 핸들을 이용하여 A열에 190이 나타날 때까지 복사한 후, 기록 중지 버튼을 클릭한다.

❻ Alt + F11 키를 눌러 VBE를 선택하면 다음과 같은 코드가 입력되어 있을 것이다.

```
Sub 표준체중표()
    Range("A3").Select
    ActiveCell.FormulaR1C1="140"
    Range("B3").Select
    ActiveCell.FormulaR1C1="=(RC[-1]-100)*0.9"
    Range("C3").Select
    ActiveCell.FormulaR1C1="=RC[-1]*0.9"
    Range("D3").Select
    ActiveCell.FormulaR1C1="=RC[-2]*1.1"
    Range("E3").Select
    ActiveCell.FormulaR1C1="=RC[-3]*1.2"
    Range("F3").Select
    ActiveCell.FormulaR1C1="=RC[-4]*1.3"
    Range("G3").Select
    ActiveCell.FormulaR1C1="=RC[-5]*1.5"
    Range("A3").Select
    Selection.NumberFormatLocal="0  ""Cm"""
    Range("B3:G3").Select
    Selection.NumberFormatLocal="0.00  ""Kg"""
    Range("A3:G3").Select
    Selection.AutoFill Destination:=Range("A3:G53"), Type:=xlFillDefault
    Range("A3:G53").Select
    Range("A1").Select
End Sub
```

이 코드는 비교적 알기 쉽게 기록되어 있다. A3:G3에 있는 셀들을 각각 선택하고 값과 수식을 입력한 다음에, A3과 B3:G3에 셀 서식을 지정하였다. 마지막에 A3:G3에 입력된 값과 수식을 G53까지 채우기 핸들을 이용하여 복사하고 A1 셀을 선택하였다.

여기에서 특이한 점은, 각 셀에 값이나 수식을 입력하면 매크로에서는 다음과 같이 기록한다는 것이다.

ActiveCell.FormulaR1C1="값" 또는 "수식"

위 코드의 의미는 현재 선택된 셀의 수식을 R1C1 스타일로 기록한다는 것이다. R1C1 스타일은 엑셀에서 수식을 기록하는 방법 중의 하나인데, R은 Row인 행을, C는 Column인 열을 의미하고, R이나 C 다음에 나오는 []는 참조하는 셀의 상대적인 위치를 나타낸다.

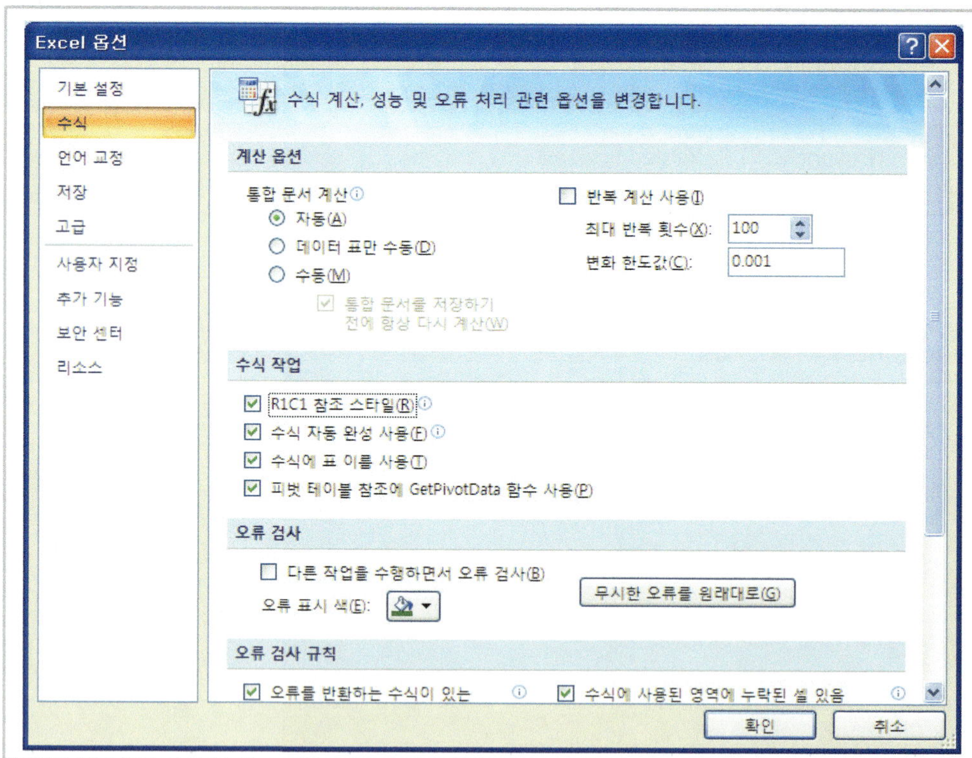

예를 들어 R[-1]C[2]는 현재 선택된 셀을 중심으로 위로 한 행, 오른쪽으로 두 칸 만큼 떨어진 셀을 참조한다는 것이다. 이를 확인하기 위해서는 엑셀에서 메뉴의 옵션에서 불러낸 '옵션' 대화상자의 수식 탭에서 R1C1 참조 스타일을 선택하면 수식 입력줄에 나타난 수식이 매크로에 기록된 수식과 동일하다는 것을 알 수 있다.

❼ 이번에는 A3:G53을 지우고 다시 매크로 대화상자를 불러 '표준체중표' 를 실행해 보자. 표준체중표가 다시 작성될 것이다.

위의 기록된 매크로에도 불필요한 코드가 많이 포함되어 있다. 예를 들어 셀을 선택하고 선택된 셀에 값이나 수식을 입력하는 것이 불필요하게 2줄로 작성되어 있다. 이를 제거하면 다음과 같이 정리된다.

```
Sub 표준체중표()
    Range("A3").FormulaR1C1="140"
    Range("B3").FormulaR1C1="=(RC[-1]-100)*0.9"
    Range("C3").FormulaR1C1="=RC[-1]*0.9"
    Range("D3").FormulaR1C1="=RC[-2]*1.1"
    Range("E3").FormulaR1C1="=RC[-3]*1.2"
    Range("F3").FormulaR1C1="=RC[-4]*1.3"
    Range("G3").FormulaR1C1="=RC[-5]*1.5"
    Range("A3").NumberFormatLocal="0""Cm"""
    Range("B3:G3").NumberFormatLocal="0.00""Kg"""
    Range("A3:G3").AutoFill Destination:=Range("A3:G53"), Type:=xlFillDefault
    Range("A1").Select
End Sub
```

7. 상대참조 매크로 기록

위에서 매크로를 기록하는 방법과 실행하는 방법, 그리고 기록된 코드의 일부를 수정하는 방법에 대해 알아보았다. 하지만 이렇게 기록된 매크로는 실질적으로 유용하게 사용되기가 어렵다. 예를 들어 표준체중표를 만드는 매크로는 항상 같은 위치에 표준체중표를 작성할 것이고, 자동서식을 지정하는 매크로도 같은 위치에 있는 셀들의 서식을 지정할 것이다.

기록된 매크로가 다양하고 유용하게 사용되기 위해서는 셀 포인터의 위치에 따라 실행되는 위치가 달라져야 한다. 이러한 매크로 기록을 상대참조 매크로라고 한다. 이번에는 상대참조 매크로를 기록하여 유용하게 사용될 수 있는 매크로를 작성해 보자.

❶ 먼저 Part 06 폴더에서 '명단.XLS' 파일을 연다. 명단 파일에는 199명의 동창회 회원 명단이 작성되어 있는데, 이를 이용하여 우편라벨 형식으로 자료를 변경하는 매크로를 작성해 보자.

❷ 우편라벨을 만들기 위해서 A2 셀이 선택된 상태에서 매크로 기록을 시작하고 매크로의 이름을 '우편라벨'로 입력한다. 보기 메뉴의 매크로에서 상대참조로 기록을 클릭하여 매크로 기록을 상대참조 상태로 만든다. 상대참조가 파란 색깔로 표시되어 있으면 상대참조이고, 색깔이 표시되어 있지 않으면 절대참조 상태이다.

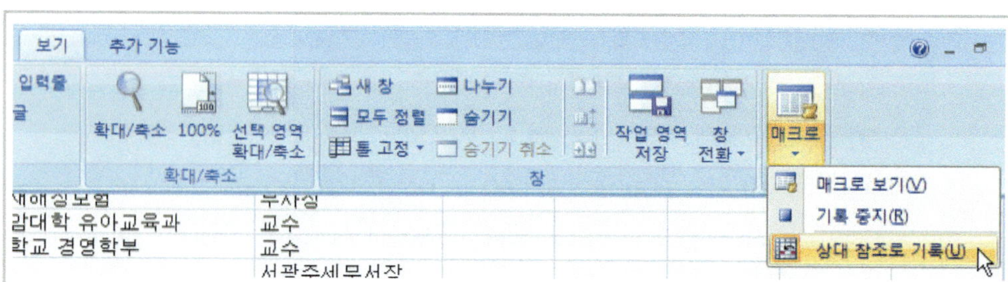

❸ 상대참조 기록인 상태에서 행 머리글 2:4를 선택하고 단축메뉴를 이용해 삽입을 선택한다.

❹ 행이 삽입된 상태에서 B5 셀을 선택하여 A2 셀로 이동하고 글꼴 크기를 14로 지정한다. C5 셀과 D5 셀을 각각 A3, A4로 이동한다.

	A	B	C	D	E
1	이름	직장우편번호	직장주소	직장명	직위
2	100-778				
3	서울 중구 남창동 51-1 대한화재보험B/D 19층				
4	대한화재해상보험				
5	유민리				부사장

❺ B5 셀에 다음과 같은 수식을 입력한다.

▸ B5 : =A5&" "&E5&"님 귀하"

❻ B5 셀을 복사한 다음, A5 셀을 선택하고 단축메뉴를 이용하여 선택하여 붙여 넣기를 선택한다. '선택하여 붙여 넣기' 대화상자에서 붙여 넣기의 값을 선택하고 확인한 후, 글꼴 크기를 14로 지정한다.

❼ 이제는 B5, E5 셀의 내용을 지우고 다음 셀인 A6을 선택한다. 상대참조 매크로에서는 기록 시 마지막 셀의 위치가 중요하므로 잊지 말고 A6을 선택해야 한다.

	A	B	C	D	E
1	이름	직장우편번호	직장주소	직장명	직위
2	100-778				
3	서울 중구 남창동 51-1 대한화재보험B/D 19층				
4	대한화재해상보험				
5	유민리 부사장님 귀하				
6	조지희	540-743	전남 순천시 덕월동 224-9	순천청암대학 유아교육과	교수
7	박보진	501-759	광주 동구 서석동 375	조선대학교 경영학부	교수

❽ 상태 표시줄에 있는 매크로 기록 중지를 선택하고 '매크로' 대화상자를 불러내어 우편라벨 매크로를 실행한다. 매크로가 원하는 작업을 수행하는 것을 확인하고 나서, 다시 '매크로' 대화상자를 불러 우편라벨 매크로를 선택하고 옵션을 선택하여 나타난 '매크로 옵션' 대화상자에서 바로가기 키에 a를 입력한다.

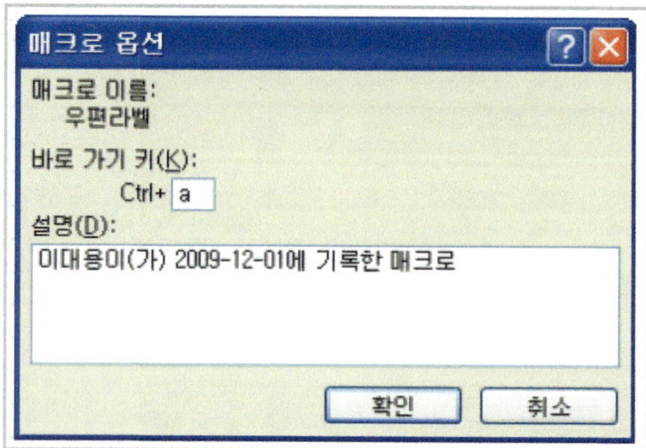

이제는 Ctrl +a만 입력하면 셀 포인터가 위치한 각 행에 대해 원하는 작업을 수행할 것이다. 이를 이용하면 200명의 명단에 대한 작업도 짧은 시간에 끝낼 수 있다. 여기에서 기록한 코드는 너무 복잡하므로 설명은 생략한다. 기록한 코드에서 불필요한 동작을 제외하고 필요한 코드만 포함하도록 수정한 코드는 다음과 같다.

```
Sub 명단()
    ActiveCell.Rows("1:3").EntireRow.Insert Shift:=xlDown
    ActiveCell.Offset(3, 1).Range("A1").Cut Destination:=ActiveCell
    ActiveCell.Font.Size=14
    ActiveCell.Offset(3, 2).Range("A1").Cut _
        Destination:=ActiveCell.Offset(1, 0).Range("A1")
    ActiveCell.Offset(3, 3).Range("A1").Cut _
        Destination:=ActiveCell.Offset(2, 0).Range("A1")
    ActiveCell.Offset(3, 1).Range("A1").FormulaR1C1=_
        "=RC[-1]&"" ""&RC[3]&""님 귀하"""
    ActiveCell.Offset(3, 1).Range("A1").Copy
    ActiveCell.Offset(3, 0).Range("A1").PasteSpecial Paste:=xlPasteValues
    ActiveCell.Font.Size=14
    ActiveCell.Offset(0, 1).Range("A1:D1").ClearContents
    ActiveCell.Offset(1, 0).Range("A1").Select
End Sub
```

E X E R C I S E

연습문제

01

엑셀에서 새 파일을 열고 보기 메뉴의 매크로-새 매크로 기록을 선택한 다음, 매크로의 이름을 '연습'이라고 입력한다.

B1:F1에 월요일부터 금요일을 차례로 입력한 후 굵게(가)와 가운데맞춤(≣), 전체 테두리(田) 버튼을 클릭하고 매크로 기록 중지를 선택한다.

다시 보기 메뉴의 매크로-매크로를 선택하여 매크로 대화상자를 부른 후 연습 매크로가 선택된 상태에서 편집 버튼을 클릭하여 연습 매크로의 코드를 검토해 보자.

매크로 코드 중에서 앞에서 지정한 내용을 제외하고 나머지 코드는 지운 상태에서 매크로를 실행해 보자.

- 매크로가 제대로 실행되는가?
- 원하는 결과가 나타나는가?

02

'제2영업소-매크로.XLS' 파일을 불러서 데이터가 있는 영역에 셀 포인터를 위치시키고 보기 메뉴의 매크로-새 매크로 기록을 선택한 후, 매크로 이름에 '차트'라고 입력한 다음, 매크로 기록 중지 도구 모음이 나타나면, F11 키를 누른 다음, 기록 중지 버튼을 클릭한다.

새로운 차트가 차트 시트에 나타날 것이다.

Alt + F11 키를 눌러 VBE를 선택하여 새로 기록된 코드 중 Source:= Sheets("제1영업소").Range("A1:F23")에서 F23을 E22로 수정하고 실행 버튼을 클릭해 보자. 어떤 결과가 나타나는가?

EXERCISE

연습문제

03 **새 파일에서 매크로를 기록하고 구구단을 작성한 후 기록을 중지하고 기록된 매크로를 검토해 보자.**

04 **현재 선택된 셀에 그림을 붙여 넣는 매크로를 기록해 보자.**

메뉴 빠른 실행 도구 모음에서 그림 삽입을 이용하여 현재 선택된 셀에 그림을 넣은 다음 그림의 바로 아래에 셀 포인터를 위치시키고 매크로 기록을 중단하면 원하는 폴더에서 그림을 추가하는 매크로를 작성할 수 있을 것이다.

Chapter 02

VBA의 기초

1. VBE의 화면

엑셀의 매크로는 VBA로 작성되고 VBA에 대해 직접 작업하기 위해서는 VBA를 위한 편집기인 VBE(Visual Basic Editor)를 사용해야 한다. 이번에는 VBE에 대해 간략하게 알아본다.

❶ 엑셀 화면에서 개발 도구 메뉴의 코드그룹에서 Visual Basic를 선택하거나 Alt + F11 키를 누르면 VBE가 실행된다.

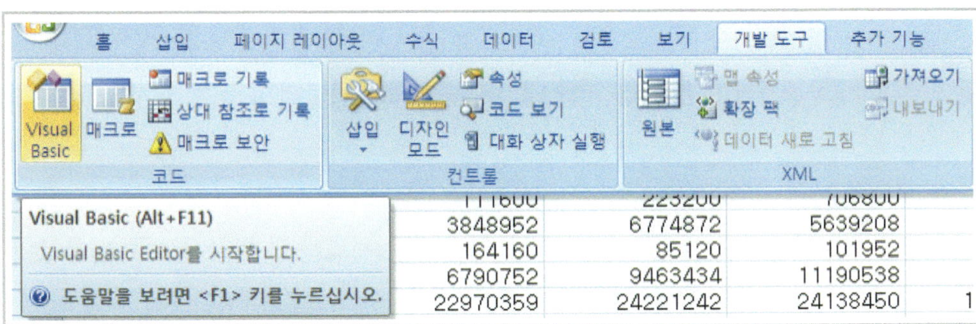

VBE의 화면은 대개 다음과 같은 3개의 창으로 이루어져 있다. 각각의 창에 대해 간단히 알아보자.

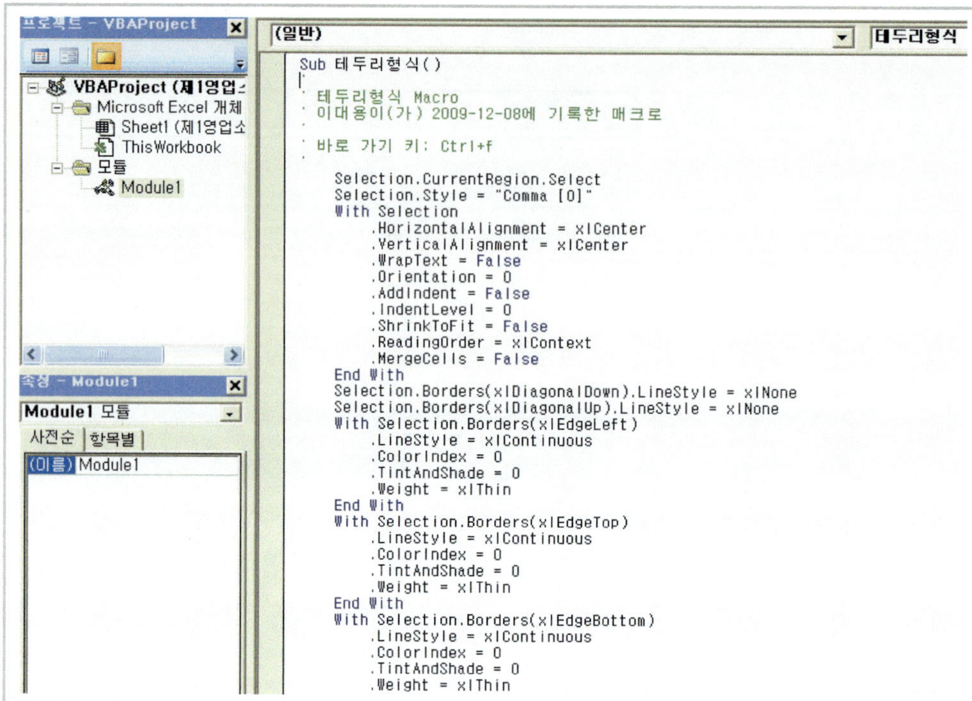

프로젝트 창

VBE의 좌측 위에 나타나는 창으로, VBA 프로그램의 기본 단위인 프로젝트의 구성을 보여 준다. 하나의 프로젝트는 워크북과 워크시트들을 포함하는 엑셀 개체, 사용자 정의 대화상자가 포함된 폼, 그리고 VBA 코드가 입력된 모듈을 가지고 있다.

워크북 및 워크시트

워크북 및 워크시트는 일반 엑셀에서 사용하는 워크북과 워크시트를 말하는데, VBA로 워크시트나 워크북에 별도의 코드를 부여하여 프로그래밍을 할 수 있다. 즉, 워크북 자체에 코드를 입력할 수도 있고, 워크시트에 코드를 부여할 수도 있다. 예를 들면 워크북이 열리면 자동으로 일련의 작업이 수행되도록 하려면 워크북에 이를 실행하는 코드를 입력해야 한다.

모듈

모듈은 프로그램을 모아 놓은 것을 말한다. 통상 하나의 모듈에는 여러 개의 단위 프로그램(프로시저)이 들어 있고, 이러한 다수의 단위 프로그램이 모여 있는 모듈들이 모여서 하나의 프로젝트를 구성한다. 일반 VB와 엑셀 VBA의 차이점은 일반 VB에서는 모듈과 폼만으로 전체 프로젝트가 구성되는데 반해, 엑셀 VBA에서는 워크북 및 워크시트 개체와 모듈 그리고 폼이 상호작용하여 하나의 프로젝트를 구성한다.

사용자 정의 폼

사용자 폼은 사용자와의 상호작용을 용이하게 하기 위해 작성하는 대화상자를 말한다. 역시 이를 미리 만들어 놓고 여기에 코드를 부여하여 사용자와의 대화를 용이하게 한다. 우리가 엑셀에서 사용하는 모든 대화상자는 사용자 정의 폼을 이용해 작성한 것이다. 이를 이용하면 다른 사용자를 위한 대화상자를 만들 수 있다.

속성 창

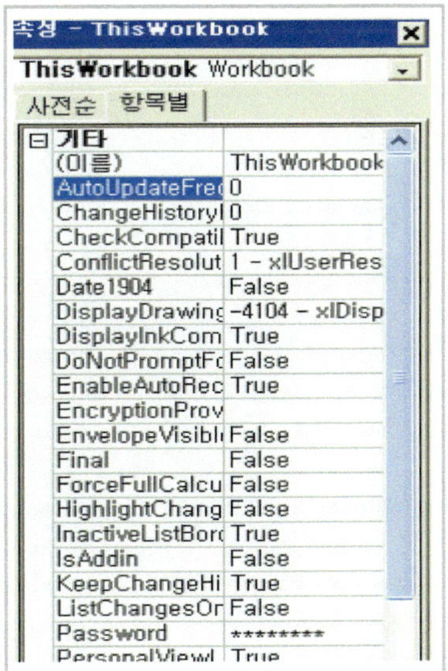

프로젝트 창 바로 아래에 있는 것이 속성 창이다. 속성 창을 처음에 대하면 복잡하다는 느낌이 드는데, 이는 어떤 개체의 모든 속성을 속성 창에서 보여 주고 있기 때문이다. 이 속성 창은 다른 개체를 선택할 때마다 개체에 따라 내용이 바뀐다. 예를 들어 프로젝트 창에서 워크북을 선택하면 워크북의 속성이 속성 창에 나타난다.

워크북의 속성 창에는 우리가 이미 익숙한 이름이나 Saved 또는 Password 등이 있음을 알 수 있다. 이러한 속성들은 사용자들이 속성 창에서 직접 수정할 수 있다.

프로젝트 창에서 워크시트를 선택하면 선택된 워크시트의 속성이 속성 창에 나타난다. 워크시트의 속성도 워크북의 속성과 마찬가지로 속성 창에서 직접 수정할 수 있다. 예를 들어 워크시트의 ScrollArea를 지정하면 사용자는 그 워크시트의 지정된 영역에서만 작업을 수행할 수 있다. 또한 Visible에 -xlSheetHidden을 선택하면 워크시트가 감춰져서 화면에서 사라진다.

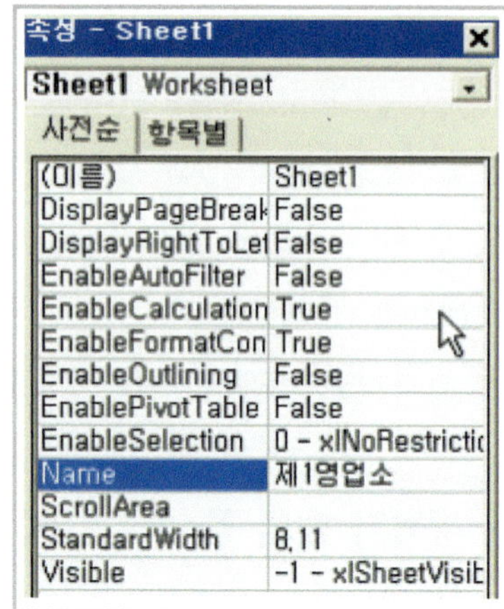

코드 창

코드 창은 프로시저의 코드를 보여 주는 창이다. 프로시저는 어떤 개체에 부여될 수도 있고 어떤 개체와는 별도로 작성될 수도 있다. 예를 들어 사용자 정의 폼을 만들고 그 폼에 부여된 코드를 작성했다면 그 폼을 선택하면 해당 폼에 부여된 코드가 코드 창에 나타난다. 워크시트에 코드를 부여했다면 그 워크시트를 선택하면 그 워크시트에 부여된 코드가 코드 창에 나타난다. 특정한 개체에 부여되지 않는 코드는 별도의 모듈에 속해 있다.

직접 실행 창

프로그램을 작성하다보면 오류가 발생할 수 있고 오류를 확인하기 위해서는 그때그때 작성된 코드를 실행해 보아야 한다. 이때 VBE에서 직접 코드를 실행하고 그 결과를 나타내도록 하는 창이 직접 실행 창이다. 직접 실행 창이 화면에 나타나게 하기 위해서는 VBE 메뉴의 보기-직접 실행 창을 선택한다.

2. VBA의 구성 요소

엑셀 VBA에서 사용되는 프로그램은 개체 지향 프로그램으로 프로그램이 개체 중심으로 구성되어 있다. 구체적으로 구성 요소에는 개체, 속성, 메서드, 이벤트 등이 있다.

개체

개체란 워크시트나 셀 또는 그림, 파일과 같이 컴퓨터가 작업할 수 있는 구체적인 대상을 지칭한다. 예를 들어 엑셀에서는 셀이나 시트의 일부분(Range)을 선택하여 숫자를 입력하거나 형식을 바꾸거나 하는 작업을 한다. 이때 작업 대상이 되는 셀이나 선택 영역은 개체가 된다.

엑셀에서의 개체에는 여러 가지 종류가 있고 이러한 개체들이 계층을 이루고 있다. 예를 들어 파일, 워크시트, 워크시트 내의 한 셀은 모두 개체이지만 워크시트 내 하나의 셀은 워크시트의 일부이고, 워크시트 역시 워크북인 파일의 일부이다.

또한 차트는 여러 가지의 개체들이 모여서 구성되어 있다. 차트 내에서의 개체들은 차트 영역, 그림 영역, 차트 제목, 범례, X축, Y축 등 다양하게 구성되어 있다. 마찬가지로 엑셀에서 사용되는 대화상자나 메뉴, 도구 모음 등도 개체에 해당된다. 상위의 개체에서 하위의 개체를 선택하고자 하는 경우에는 상위개체 다음에 점(Period)을 찍어 표시한다. Sheets("표지").Range("C4") 등.

개체들은 하나만 사용되는 경우도 있지만 대개의 경우 집단적으로 사용된다. 이때 개체들의 집단을 컬렉션(Collection)이라고 한다. 하나의 워크북은 여러 개의 워크시트로 이루어져 있고, 하나의 워크시트에는 많은 셀들이 들어 있다. 컬렉션은 개체와 사용 방법이 거의 유사하고 집단적으로 사용된다는 점에서만 다르다. 우리는 엑셀에서 작업을 하는 경우에 하나의 셀만을 다루기보다는 영역(Range)을 설정하여 작업하는 경우가 많다. 개체나 컬렉션을 다루는 방법에는 메서드(Method)가 있다.

속성

속성(Property)이란 개체가 가지고 있는 성질을 말한다. 속성이란 개체의 성질로 그 개체를 묘사하는 값이나 상태를 말한다. 예를 들어 어떤 셀에 입력된 값, 수식, 문자열, 서식 또는 색깔은 셀 개체의 속성에 해당된다. 시트의 경우에도 시트명이나 시트 탭의 색깔, 열의 폭, 시트 보호 암호 등과 같은 속성이 있다.

어떤 개체가 가지고 있는 속성은 사용자의 작업 결과에 따라 달라진다. 예를 들어 엑셀의 어떤 셀에 들어 있는 값은 사용자의 작업에 따라 달라질 수 있고, 셀의 서식이나 그림의 색깔도 달라질 수 있다. 개체가 가지고 있는 속성을 변경시키는 방법은 워크시트나 속성 창에서 직접 입력하거나 VBA에서 '개체.속성=값'의 형태로 값을 지정할 수 있다.

```
Activesheet.Range("C4").Value=48
Activesheet.Range("C4").FormulaR1C1=RC[-1]*R[-1]C[-1]
Me.TbReceiveSheet.Value="명단"
```

메서드

메서드(Method)란 개체에 대해 컴퓨터나 사용자가 행할 수 있는 어떤 작업이나 행위를 말한다. 엑셀에서 가장 많이 사용되는 메서드는 Select(선택)이다. 어떤 셀에 입력된 값을 복사하거나 붙여 넣는 것도 셀이라는 개체에 대해 수행하는 일종의 메서드인 것이다. 또한 워크시트를 선택하거나 활성화하는 것, 또는 파일을 여는 것도 워크시트나 파일 개체에 대해 부여할 수 있는 메서드들이다.

엑셀에서는 마우스나 키 입력을 이용하여 메서드를 일으키지만, VBA에서 메서드를 일으키기 위해서는 '개체.메서드'의 형식을 사용한다.

```
Range("C4:F10").Select
Selection.Copy
Sheets("기간").Activate
```

이벤트

이벤트란 개체의 속성이 변하거나 메서드가 발생하는 것을 말한다. 예를 들어 시트가 선택되어 활성화된다든지, 파일이 열린다든지, 어떤 개체를 선택했다든지 하는 상황을 말한다. 윈도우 프로그램에서는 키보드에서 입력을 한다든지, 마우스의 우측 버튼을 누른다든지 대화상자에서 확인 버튼을 누른다든지 등등의 여러 가지 형태의 이벤트가 있을 수 있고, VBA에서는 이벤트가 일어나는 순간에 일정한 프로시저가 작동하도록 지정할 수 있다.

```
Sub CommandButton1_Click
-필요한 코드-
End Sub
Sub Workbook_open
-필요한 코드-
End Sub
```

3. VBE 지원 도구

VBE에도 작업을 용이하게 하기 위한 도구 모음들이 있다. 이 도구 모음에 대해 간단하게 알아보자.

: Sub/사용자 정의 폼 실행, 선택된 서브루틴이나 사용자 폼을 실행한다.
: 중단, 실행 중인 서브루틴의 실행을 중단한다.
: 재설정, 서브루틴의 중단점이나 오류를 재설정한다.
: 디자인 모드, 컨트롤 도구의 디자인에서 실행을 보류하고 디자인한다.
: 프로젝트 탐색기, 프로젝트 창을 보여 준다.
: 속성 창, 속성 창을 보여 준다.

 : 개체 찾아보기, 개체 찾아보기 대화상자가 나타난다.

 : 도구 상자, 컨트롤 도구 모음을 보여 준다.

 : 도움말, 코드 창에서 코드에 커서를 위치시키고 도움말을 선택하면 해당되는 용어에 대한 설명을 제공한다.

이 중에서 특히 개체 찾아보기와 도움말은 크게 도움이 된다. 도움말은 코드 작성 중에 모르는 단어나 개체가 있을 때, 그 단어에 커서를 놓고 도움말을 클릭하면 그에 대한 다양한 설명과 사용 방법을 제공한다.

예를 들어 앞에서 작성한 테두리형식 매크로

```
Sub 테두리형식()
    Selection.CurrentRegion.Select
    Selection.Borders.LineStyle=xlContinuous
    Selection.HorizontalAlignment=xlCenter
    Selection.Style="Comma [0]"
    Range("A1").Select
End Sub
```

에서 CurrentRegion에 커서를 놓고 F1을 누르면 CurrentRegion 속성에 대한 다음과 같은 도움말이 나타난다. VBA를 가장 빨리 익힐 수 있는 방법 중의 하나는 이 도움말에 나와 있는 예제들을 검토하고 익히는 것이다.

CurrentRegion 속성

참고 항목적용 대상예제 사양

현재 영역을 나타내는 Range 개체를 반환한다. 현재 영역은 빈 행과 빈 열로 둘러싸인 범위이다. 읽기 전용이다.

주의

이 속성은 AutoFormat 메서드와 같이 선택영역을 현재 영역 전체로 자동 확장하는 여러 가지 작업에 유용하다.
이 속성은 보호된 워크시트에서 사용할 수 없다.

예제

다음은 Sheet1에서 현재 영역을 선택하는 예제이다.

```
Worksheets("Sheet1").Activate
ActiveCell.CurrentRegion.Select
```

다음은 Sheet1에 머리글 행이 있는 테이블이 있을 때 머리글 행은 빼고 테이블을 선택하는 예제이다. 이 예제를 실행하기 전에 현재 셀이 테이블 안에 있어야 한다.

```
Set tbl=ActiveCell.CurrentRegion
tbl.Offset(1, 0).Resize(tbl.Rows.Count-1, tbl.Columns.Count).Select
```

또한 개체 찾아보기를 클릭하면 다음과 같은 개체 찾아보기 대화상자가 나타나고 여기에서 개체를 찾을 수 있다.

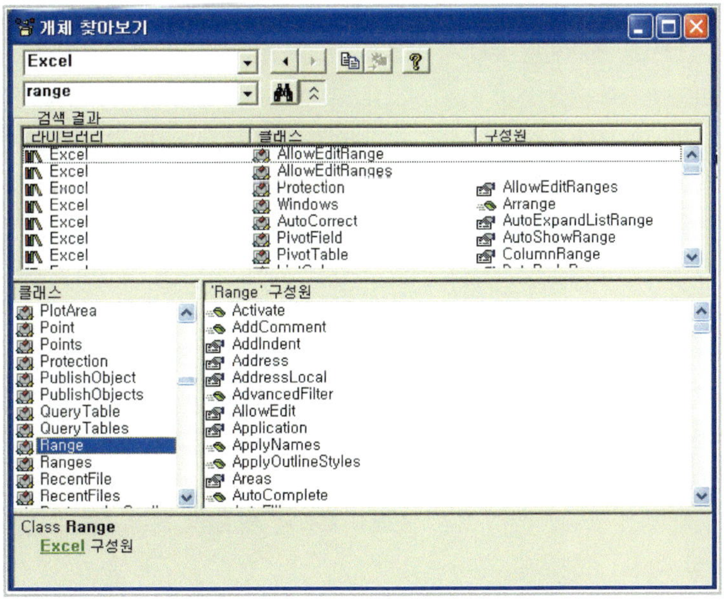

또한 코드의 입력 중 메뉴의 편집-속성/메서드 목록을 선택하면 다음과 같은 속성/메서드 목록이 나타나고 이 목록 중 하나를 선택해서 자동으로 코드를 입력할 수 있다.

TIP

매크로 설정

모든 매크로 제외(알림 표시 없음)

신뢰할 수 있는 위치에 등록되어 있지 않은 문서의 모든 매크로를 실행할 수 없으며 보안 경고 알림 메시지도 나타나지 않는다. 단 사용자가 신뢰할 수 있는 위치에 등록된 문서는 보안 센터의 보안 시스템의 확인 없이 매크로를 실행할 수 있다.

모든 매크로 제외(알림 표시)

기본 설정으로 가장 많이 사용한다. 매크로가 포함된 통합 문서를 열 때마다 보안 경고 알림 메시지가 나타나서 사용자로 하여금 현재 문서가 신뢰할 만한 문서인지 아닌지 선택해서 매크로 실행 여부를 결정하도록 한다.

디지털 서명된 매크로만 포함

매크로가 포함된 문서에 디지털 서명이 있는 경우 매크로를 실행하고 없으면 실행하지 않는다. 보안 경고 알림 메시지는 나타나지 않는다.

모든 매크로 포함(권장하지 않음. 위험성 있는 코드가 실행될 수 있음)

매크로 보안 경고 없이 모든 매크로를 실행한다. 신뢰할 수 없는 매크로 포함 통합 문서일 경우 컴퓨터에 해로운 코드가 포함되어 있을 수 있으므로 사용하지 말 것을 권함.

개발자 매크로 설정

개발자 설정 모드로 VBA 프로젝트에서 포함된 AxtiveX 개체 모델을 안전하게 액세스 할 것인지 선택할 수 있다.

Chapter 03

하고 싶은 말

지금까지 엑셀의 워크시트에서 매크로를 기록하여 다시 실행하는 방법에 대해 알아보았다. 이러한 방법으로 유용한 매크로를 작성할 수 있지만 다른 사용자를 위한 매크로를 작성하는 데는 한계가 있다. 왜냐하면 다른 사용자를 위한 매크로를 작성하기 위해서는 사용자로부터 데이터나 선택을 받는 입력 수단이 있어야 하기 때문이다.

이러한 입력 방법은 양식 도구 모음의 콤보상자나 입력란을 이용해 받을 수도 있지만 이러한 양식 도구들은 대개 이미 정해져 있는 내용 중에서만 사용자가 선택할 수 있으므로 한계가 있다. 이제부터 매크로에서 사용자로부터 입력을 받는 가장 간단한 수단인 InputBox와 MsgBox에 대해 알아보자.

1. InputBox 사용하기

❶ 엑셀을 시작하여 만들어진 새 파일에서 개발 도구 메뉴의 코드그룹의 Visual Basic를 선택하여 VBE를 불러낸다. VBE 메뉴의 삽입-모듈을 선택하여 새 파일에 모듈을 추가한다. 모듈이 추가되면 자동으로 코드 창이 열리면서 코드를 입력할 수 있다.

❷ 코드 창에 커서가 깜박이는 것을 확인하고, 'Sub 하고싶은말()' 이라고 입력하고 [Enter↵] 키를 누르면, 자동으로 'End Sub' 가 다음 줄에 나타날 것이다. Sub는

'Subroutine'의 약자로 프로그램의 일부라는 뜻으로 프로그램의 코드가 시작된다는 의미이고, End Sub는 코드가 끝났다는 의미이다. 그러므로 코드는 둘 사이에만 작성되어야 한다.

❸ 그 사이에 [Tab] 키를 한 번 누른 다음, 다음과 같은 한 줄의 코드를 작성해 보자.

```
Sub 하고싶은말()
    ActiveCell.Value=InputBox("무슨 말을 하고 싶어요?", "하고 싶은 말")
End Sub
```

이 코드의 의미는 현재 선택된 셀의 값에 InputBox에서 받은 값을 입력하라는 것이다.

ActiveCell.Value는 현재 선택된 셀의 값을 나타낸다.

InputBox는 VBA에서 사용자로부터 입력을 받기 위해 가장 자주 사용되는 함수로 다음과 같은 사용 형식을 가지고 있다.

InputBox(*prompt* [, *title*] [, *default*] [, *xpos*] [, *ypos*] [, *helpfile, context*])

InputBox가 실행되면 대화상자에서 프롬프트를 보여 주고 사용자가 텍스트를 입력하거나 버튼를 누를 때까지 기다린 다음 입력란의 내용을 포함하는 문자열을 반환한다.

구성 요소	설명
prompt	필수적인 요소. 대화상자에 메시지로 나타나는 문자식이다.
title	선택적인 요소. 대화상자의 제목 표시줄에 나타나는 문자식이다.
default	선택적인 요소. 입력란에 특별한 내용을 입력하지 않으면 문자식은 기본값으로 입력란에 나타난다. *default*가 생략되면 입력란은 빈 상태로 나타난다.
xpos	선택적인 요소. 화면 왼쪽 가장자리에서 대화상자의 왼쪽 가장자리까지의 간격을 트윕 단위로 지정하는 수식이다. 만약 *xpos*가 생략되면 대화상자는 수평 중앙에 놓인다.

ypos	선택적인 요소. 화면 맨 위에서 대화상자의 위쪽 가장자리까지의 간격을 트윕 단위로 지정하는 수식이다. *ypos*가 생략되면 대화상자는 화면의 1/3가량 아래로 내려가 놓인다.
helpfile	선택적인 요소. 상황에 맞는 도움말을 대화상자에 제공하는 데 사용되는 도움말 파일을 확인하는 문자식이다. *helpfile*을 제공하면 *context*도 반드시 제공해야 한다.
context	선택적인 요소. 도움말 작성자가 적절히 작성한 도움말 항목에 지정한 도움말 컨텍스트 번호를 나타내는 수식이다. *context*를 제공하면 *helpfile*도 반드시 제공해야 한다.

❹ 이 간단한 프로그램이 완성되었으면, 엑셀로 돌아가서 프로그램을 실행해 보자.

❺ 엑셀 화면에서 개발 도구 메뉴의 코드그룹의 매크로를 선택하면 다음과 같은 '매크로' 대화상자가 나타나고 우리가 작성한 매크로의 이름이 목록에 나타날 것이다. 이처럼 VBE에서 직접 코드를 입력해도 매크로에서 실행할 수 있다.

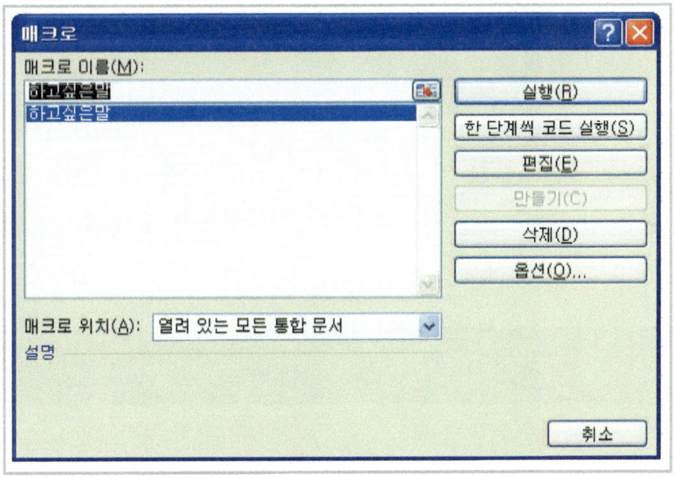

❻ 매크로 이름에서 '하고싶은말'을 선택하여 실행하면 다음과 같은 대화상자가 나타난다.

이 대화상자는 InputBox라는 함수에 의해 작성된 것이다. 앞에서 입력하였던 코드와 대화상자를 비교해 보자.

InputBox("무슨 말을 하고 싶어요?", "하고 싶은 말")

❼ 이제 하고 싶은 말 대화상자의 빈칸에 "독도는 우리 땅"이라고 입력하고 확인을 선택해 보자. 현재 선택되어 있는 셀의 값이 '독도는 우리 땅' 이라고 변경되어 있을 것이다. 이는 ActiveCell.Value, 즉 선택된 셀의 값에 InptBox에서 입력된 값을 대체하라는 프로그램에 의해서 수행된 것이다.

❽ 양식 도구 모음의 버튼를 만들어 화면에 그리고 매크로 지정 대화상자에서 이 버튼에 '하고 싶은 말' 매크로를 연결하면 매크로의 실행이 훨씬 간편해질 것이다.

2. 지우기

이제는 입력된 내용을 지우는 코드를 작성해 보자.

❶ '독도는 우리 땅' 이 입력된 셀을 선택한 상태에서 개발 도구 메뉴의 코드 그룹에서 매크로 기록을 선택하여 매크로 이름을 '지우기' 로 입력하여 매크로 기록을 시작하고 Del 키를 눌러 셀의 내용을 지운 다음, 매크로 기록을 중지한다.

❷ 다시 Alt + F11 을 눌러 VBE로 돌아가면 Module2라는 새로운 모듈이 생성되어 그 모듈에 다음과 같이 입력되어 있을 것이다.

```
Sub 지우기()
' 지우기 Macro
' 이대용이(가) 2009-12-01에 기록한 매크로
'
    Selection.ClearContents
End Sub
```

초록색으로 되어 있는 부분은 실행과는 상관없는 설명문이므로 이 부분은 지운다. 위 코드는 선택된 부분을 지운다는 의미이다.

❸ 다시 엑셀 화면으로 돌아가서 양식 도구 모음의 버튼를 선택하여 앞의 '하고 싶은 말'을 실행하는 버튼 오른쪽에 그려 넣고 '매크로 지정' 대화상자에서 지우기를 선택한다. 다시 '하고 싶은 말' 매크로를 실행하여 '비 갠 날 오후'라고 입력하고 확인하면 선택된 셀에 이 내용이 입력될 것이다. 다시 지우기 버튼을 클릭하면 내용이 간단히 사라진다.

3. 여러 번 말하기

우리는 간단한 두 가지 프로그램을 작성해 보았다. 이제는 두 프로그램을 약간 수정하여 보다 복잡한 기능을 수행하도록 해보자. 하고 싶은 말을 한 번만이 아니라 여러 번 할 수 있도록 해 보자. 이를 위해서는 하고 싶은 말을 사용자로부터 받아야 할 뿐만 아니라 몇 번을 반복해야 하는지도 사용자로부터 받아야 한다.

그리고 이렇게 받은 내용을 바로 입력하기는 복잡하므로 받은 내용을 저장할 공간을 마련해 두어야 한다. 이처럼 값을 임시로 저장하는 곳을 변수라고 하고, 변수를 사용하기 위해서 따라야 하는 규칙이 있다. 이 규칙에 대해서는 다음에 설명한다.

❶ VBE로 돌아가서 하고 싶은 말 프로그램에 다음과 같이 코드를 추가한다.

```
Sub 하고싶은말()
    Msg=InputBox("무슨 말을 하고 싶어요?", "하고 싶은 말")
    k=InputBox("몇 번 하고 싶은데?", "횟수")
    For i=1 To k
        ActiveCell.Value=Msg
        ActiveCell.Offset(1,0).Select
    Next i
End Sub
```

이번에는 사용자로부터 하고 싶은 말을 받아서 Msg에 저장하고, 반복하고 싶은 횟수를 k에 저장한 다음, Active Cell에서 Msg의 내용을 입력하고, Active Cell의 바로 아래에 있는 셀을 선택하는 동작을 k번 실행한다. 앞에서 학습한 바와 같이 OFFSET 함수는 현재 선택된 Active 셀에서의 상대적인 위치를 나타내고 있다.

반복하는 방법으로 For~Next 구문을 사용하고 있는데, 이는 프로그램에서 같은 동작을 반복하는 데 가장 널리 사용되는 구문이다.

❷ 지우는 것도 이제는 하나의 셀에 있는 내용만을 지울 것이 아니라 여러 번 반복된 내용을 지워야 하므로 다음과 같이 변경해 보자.

```
Sub 지우기()
    Cells.ClearContents
End Sub
```

이 프로그램에서는 Cells라는 컬렉션을 사용하고 있는데, 이는 워크시트에 있는 모든 셀을 지정할 때 사용되는 컬렉션이다. 즉, 워크시트 전체의 내용을 지우라는 것이다. 이제 이 프로그램들을 실행해 보자. 프로그램의 이름은 변경되지 않았으므로 지정된 매크로도 동일하다. 다시 워크시트로 돌아가서 '하고 싶은 말'과 '지우기'를 버튼를 이용하여 실행해 보자.

하고 싶은 말을 실행하는 과정에서 다음 셀을 선택하는 것이 화면에 나타날 것이다. 반복하는 횟수가 많아지면 상당한 시간이 걸리는 것도 알 수 있다. 예를 들어 2,000번을 실행하면 2초 이상의 시간이 걸린다. 다음 셀을 선택하는 과정에서 깜박임을 없애기 위해 다음과 같이 수정하면 이 프로그램을 보다 매끄럽게 만들 수 있다.

```
Sub 입력3()
    Dim Msg As String
    Dim k As Integer

    Msg=InputBox("무슨 말을 하고 싶어요?", "하고 싶은 말")
    k=InputBox("몇 번 하고 싶은데?", "횟수")
    For i=0 To k-1
        ActiveCell.Offset(i, 0).Value=Msg
    Next i
End Sub
```

4. MsgBox 사용하기

이번에는 하고 싶은 말과 횟수를 저장하는 변수들인 Msg와 k를 프로그램의 서두에 선언해 두었다. 변수를 사용하기 위해서는 이처럼 미리 변수를 선언해 두는 것이 좋다. Msg는 String 즉 문자열로 선언되었고, k는 Integer 즉 정수로 선언되었다. 변수를 선언할 때는 변수가 사용될 용도를 미리 지정해 두어야 한다.

그리고 시간이 걸리는 Select를 생략하고 바로 다음 셀에 하고 싶은 말을 입력하도록 수정하였다.

❶ 지우기도 전체의 셀에 있는 내용을 지울 것이 아니라 현재의 셀이 있는 영역만을 지우도록 다음과 같이 수정하고 다른 이름으로 저장해 보자.

```
Sub 지우기2()
    ActiveCell.CurrentRegion.ClearContents
End Sub
```

❷ 이번에는 사용자가 입력하고자 하는 내용을 확인하고 내용이 본인이 원하는 것이라고 인정하는 경우에만 입력하도록 다음과 같이 수정하고 이름을 바꿔 보자. 이 프로그램에서는 MsgBox를 사용하여 사용자가 입력한 내용을 확인하고 If~End If 구문을 사용하여 사용자가 원하는 경우에만 입력하도록 했다.

```
Sub 하고싶은말2()
    Dim Msg As String
    Dim k As Integer, key As Integer

    Msg=InputBox("무슨 말을 하고 싶어요?", "하고 싶은 말")
    k=InputBox("몇 번 하고 싶은데?", "횟수")
    key=MsgBox("이 말을 하고 싶은가요?" & vbCr & Msg, vbOKCancel, "확인")
    If key=vbOK Then
        For i=0 To k-1
            ActiveCell.Offset(i, 0).Value=Msg
        Next i
    End If
End Sub
```

MsgBox에서는 '이 말을 하고 싶은가요' & Msg를 화면에 보내고 사용자로부터 확인이나 취소 버튼을 누르는 입력값을 받아서 key에 저장한다. 사용자가 확인을 선택하면 key에는 vbOK(1)가, 취소를 선택하면 key에는 vbCancel(2)이 저장된다.

❸ 새로운 하고싶은말2를 실행해 보자. 다음의 대화상자가 나타나고 확인 버튼을 클릭한 경우에만 사용자가 입력한 말이 입력될 것이다. MsgBox는 이처럼 사용자로부터 응답을 받아 사용자의 응답 여부에 따라 프로그램을 실행하는 데 사용된다.

다음은 MsgBox의 사용에 대한 도움말이다.

MsgBox(*prompt*[, *buttons*] [, *title*] [, *helpfile*, *context*])

대화상자에서 메시지를 보여 주고 사용자가 버튼를 누를 때까지 기다린 다음 사용자가 누른 버튼가 지시하는 Integer를 반환한다.
MsgBox 함수 구문은 다음과 같은 명명된 인수로 되어 있다.

구성 요소	설명
prompt	필수적인 요소. 대화상자에서 메시지로 나타나는 문자식이다. *prompt*의 최대 길이는 약 1024문자이며, 사용된 문자의 너비에 따라 다르다. *prompt*가 두 행 이상으로 구성되면, 캐리지 리턴 문자(Chr(13)), 라인 피드 문자(Chr(10)), 캐리지 리턴 및 라인 피드 문자(Chr(13)&Chr(10))를 이용하여 행을 구분한다.
buttons	선택적인 요소. 표시할 단추의 수와 형식, 사용할 아이콘 유형, 기본 단추의 ID 및 메시지 상자의 양식을 지정하는 값의 합을 나타내는 수식이다. 생략하면 *buttons*의 기본 값은 0이다.
title	선택적인 요소. 대화상자의 제목 표시줄에 나타나는 문자식이다. *title*을 생략하면 응용 프로그램 이름이 제목 표시줄에 나타난다.
helpfile	선택적인 요소. 상황에 맞는 도움말을 대화상자에 제공하는 데 사용되는 도움말 파일을 확인하는 문자식이다. *helpfile*이 제공되면 *context*도 반드시 제공되어야 한다.
context	선택적인 요소. 도움말 작성자가 적절히 작성한 도움말 항목에 지정된 도움말 컨텍스트 번호를 나타내는 수식이다. *context*가 제공되면 *helpfile*도 반드시 제공되어야 한다.

MsgBox에서 나타나는 버튼의 수와 종류는 Buttons에서 지정하게 되어 있는데 그 종류는 다음의 표와 같다. Buttons는 상수로 지정하거나 숫자로 지정할 수 있다. 상수를 사용하는 이유는 모든 숫자를 기억하기 어려우므로 상수에 숫자를 부여하고 이를 사용한다.

상수	값	설명
vbOK	1	확인
vbCancel	2	취소
vbAbort	3	중단
vbRetry	4	다시시도
vbIgnore	5	무시
vbYes	6	예
vbNo	7	아니오

Chapter 04

적금통장 2

우리는 앞에서 엑셀을 이용하여 적금통장을 만드는 방법에 대해 알아보았다. 이번에는 여기에 매크로를 더하여 자동으로 적금통장을 생성하는 프로그램을 작성해 보자. 이 모든 과정을 직접 코드로 입력하면 프로시저가 상당히 복잡해지지만, 엑셀의 워크시트와 매크로를 결합하면 간단하게 이를 만들 수 있다. 엑셀 VBA의 장점이 여기에 있는 것이다.

1. 적금통장 자동화하기

❶ Part 06 폴더에서 '적금통장-매크로.XLS'를 불러온다. 이 적금통장은 이자율, 기간, 월불입액을 입력하고 원하는 기간만큼 공식을 복사하면 적금통장이 완성된다. 이번에는 이자율, 기간, 월불입액만 입력하면 자동으로 적금통장이 완성되는 매크로를 만들어 보자. 자동으로 적금통장이 만들어지기 위해서는 우선 이미 입력되어 있는 공식들을 지우고 나서, 새로 입력된 기간에 해당하는 영역까지 공식을 복사한다.

예를 들어 현재 만들어진 적금통장은 이자율 6%, 기간 10년, 월불입액 300,000원인데, 이번에는 이자율 5.5%, 기간 3년, 월불입액 150,000원이라면 각각의 셀에 해당하는 값을 입력하고 A11:E128의 내용을 지운 다음, A10:E10의 공식을 E44까지 복사한다. 매크로에서는 이 과정만을 자동화한다.

❷ 먼저 이 과정을 매크로 기록을 이용해 기록해 보자. 이자율, 기간, 월불입액을 각각 5.5%, 3, 150,000으로 입력한다. 메뉴의 도구-매크로-새 매크로 기록을 선택하여 매크로 기록을 시작한다.

❸ 매크로의 이름을 '적금통장'으로 입력한다. A11:E11을 선택하고 Shift 키를 누른 상태에서 End 키를 누르고 ↓ 키를 누르면 A11부터 데이터가 입력된 모든 부분이 선택될 것이다. 이 상태에서 Del 키를 누르면 선택된 영역의 내용이 지워진다. 다시 빠른 실행 도구 모음의 테두리에서 테두리 없음을 클릭하여 선택된 영역의 테두리를 없앤다.

이제는 A10:E10을 선택하고 나서 44행까지 채우기 핸들을 이용하여 복사하고, A1을 선택한다. 마지막으로 기록 중지 버튼을 클릭하여 매크로 기록을 중지한다.

이제 우리가 기록한 매크로의 내용을 살펴보자.

❹ Alt + F11 을 눌러서 VBE로 가면 프로젝트 탐색기에는 적금통장-매크로.XLS 파일이 있고 그 아래에 모듈이 있다. 모듈을 더블클릭 하면 Module1이 나타나고 이를 클릭하면 Module1의 코드 창이 나타난다.

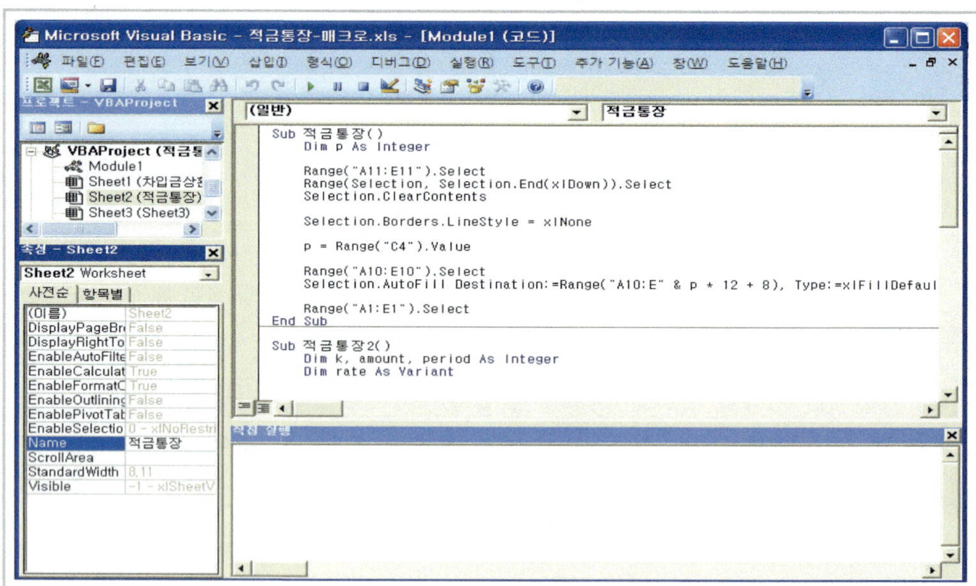

적금통장()에 입력된 코드는 다음과 같다.

```
Sub 적금통장()
' 적금통장 Macro
' 이대용이(가) 2009-12-01에 기록한 매크로
'
    Range("A11:E11").Select
    Range(Selection, Selection.End(xlDown)).Select
    Selection.ClearContents

    Selection.Borders.LineStyle=xlNone
    Range("A10:E10").Select
    Selection.AutoFill.Destination:=Range("A10:E44"),     Type:=xlFillDefault
    Range("A10:E44").Select
    Range("A1:E1").Select
End Sub
```

엑셀에서 기록한 매크로는 불필요한 내용을 포함하는 경우가 많다.

❺ 이번에도 테두리 그리기나 스크롤 막대의 움직임 등 우리가 필요로 하지 않는 내용이 많이 포함되어 있으므로 이것들을 삭제하고 다음과 같이 수정한다.

```
Sub 적금통장()
    Range("A11:E11").Select
    Range(Selection, Selection.End(xlDown)).ClearContents
    Range(Selection, Selection.End(xlDown)).Borders.LineStyle=xlNone
    Range("A10:E10").AutoFill Destination:=Range("A10:E44"), Type:=xlFillDefault
    Range("A1:E1").Select
End Sub
```

이 프로그램은 3부분으로 구성되어 있다. 먼저 이미 입력되어 있는 내용을 지우는 작업이 처음의 두 줄에 들어 있고, 셋째 줄은 테두리를 없애는 것, 마지막은 공식을 복사하는 내용이다. 수정된 프로그램이 제대로 수행되는지 확인해 보자.

간단하게 VBA 프로그램을 작성했지만 마지막으로 해결해야 할 문제가 남아 있다. 우리가 작성한 프로그램은 3년짜리 적금통장만을 만들 수 있다는 것이다. 이를 해결하는 방법에 대해 알아보자. 공식을 복사하는 부분은 다음의 내용인데,

```
Range("A10:E10").Select
Selection.AutoFill Destination:=Range("A10:E44"), Type:=xlFillDefault
```

여기에서 공식들이 복사되는 Destination:=Range("A10:E44")가 기간에 입력된 숫자에 따라서 달라져야만 우리가 원하는 적금통장을 만들 수 있다. 복잡할 것 같지만 앞에서 배운 문자열 연산자 &(Short And)와 변수를 이용하면 쉽게 해결할 수 있다.

❻ 먼저 기간은 C4에 입력되어 있으므로, 기간에 12를 곱하고 적금통장이 시작되는 행을 고려하여 복사되는 영역을 계산하고, 이를 변수에 저장하여 지정한다.

```
Period=Range("C4").Value*12+8
Range("A10:E10").Select
Selection.AutoFill Destination:=Range("A10:E" & Period), Type:=xlFillDefault
```

❼ 마지막으로 변수는 정수값만을 가지므로 프로그램의 맨 앞에 변수를 정수(Integer)로 선언한다. 완성된 프로그램은 다음과 같다.

```
Sub 적금통장()
    Dim Period As Integer

    Range("A11:E11").Select
    Range(Selection, Selection.End(xlDown)).ClearContents
    Range(Selection, Selection.End(xlDown)).Borders.LineStyle=xlNone
    Period=Range("C4").Value*12+8
```

```
    Range("A10:E10").AutoFill Destination:=Range("A10:E" & Period), Type:=xlFillDefault
    Range("A1:E1").Select
End Sub
```

프로그램이 완성되었으면 양식 도구 모음의 버튼를 그려 넣고 매크로를 지정한 다음, 다양한 이자율, 원금, 월불입액을 이용하여 매크로를 실행해 보자.

2. InputBox와 MsgBox 사용하기

이번에는 앞에서 연습하였던 InputBox와 MsgBox를 이용하여 사용자 인터페이스를 보다 매끄럽게 만들어 보자.

❶ 먼저 MsgBox를 이용하여 사용자에게 적금통장을 만들 것인지에 대해 물어보고, 확인을 받은 다음, 이자율, 기간, 월불입액을 InputBox를 이용하여 입력하도록 다음과 같은 내용을 추가한다. 사용자가 적금통장 만들기를 거부하면 메시지를 보내고 프로그램을 종료하도록 한다.

```
k=MsgBox("적금통장을 작성합니다.", vbOKCancel, "적금통장")
If k=vbOK Then
    rate=InputBox("이자율을 입력하세요-% 포함", "이자율")
    period=InputBox("기간을 년 단위로 입력하세요", "기간")
    amount=InputBox("월 불입액을 입력하세요.", "월 불입액")
    Range("c3").Value=rate
    Range("c4").Value=period
    Range("c5").Value=amount
Else
    MsgBox("적금통장 작성을 종료합니다.")
    Exit Sub
End If
```

❷ 다음에는 사용자가 입력한 내용이 정확한지에 대해 MsgBox를 이용해 사용자에게 확인을 받는다.

```
Msg="다음과 같이 적금통장을 작성합니까?" & vbCR
Msg=Msg & "원금=" & amount & vbCR
Msg=Msg & "기간=" & period & vbCR
Msg=Msg & "이자율=" & rate
k=MsgBox(Msg, vbOKCancel, "확인")
```

사용자가 입력한 내용이 맞는다고 확인하면 앞에서 작성한 코드를 이용해 적금통장을 만들고, 그렇지 않으면 프로그램을 끝낸다.

❸ 불입액이 커졌을 경우에 발생할 수도 있는 에러를 방지하기 위해 다음과 같은 코드들을 추가한다.

```
Columns("A:E").EntireColumn.AutoFit
```

❹ 마지막으로 프로그램이 실행되는 동안 화면 변화가 나타나지 않도록 다음과 같은 코드들을 추가한다.

```
Application.ScreenUpdating=False
Application.ScreenUpdating=True
```

여기에서 사용된 Application.ScreenUpdating은 매크로를 실행하는 동안에 변화된 내용을 화면에 반영하는 것을 지정한다. Application.ScreenUpdating=False를 삽입하면 Application.ScreenUpdating=True가 나타날 때까지 변화된 내용은 화면에 전혀 나타나지 않는다. 이러한 내용을 추가하여 수정된 프로그램의 내용은 다음과 같다.

이제는 Excel 옵션을 약간만 수정하고, 인쇄에 관련된 부분만 추가하면 적금통장을 만들어서 인쇄해 주는 훌륭한 프로그램이 된다.

```
Sub 적금통장2()
    k=MsgBox("적금통장을 작성합니다.", vbOKCancel, "적금통장")

    If k=vbOK Then
        rate=InputBox("이자율을 입력하세요-% 포함", "이자율")
        period=InputBox("기간을 년 단위로 입력하세요", "기간")
        amount=InputBox("월 불입액을 입력하세요.", "월 불입액")

        Range("c3").Value=rate
        Range("c4").Value=period
        Range("c5").Value=amount
    Else
        MsgBox("적금통장 작성을 종료합니다.")
        Exit Sub
    End If
    Msg="다음과 같이 적금통장을 작성합니까?" & vbCR
    Msg=Msg & "원금=" & amount & vbCR
    Msg=Msg & "기간=" & period & vbCR
    Msg=Msg & "이자율=" & rate
    k=MsgBox(Msg, vbOKCancel, "확인")
    Application.ScreenUpdating=False
    If k=vbOK Then
        Range("A11:E11").Select
        Range(Selection, Selection.End(xlDown)).ClearContents
        Range(Selection, Selection.End(xlDown)).Borders.LineStyle=xlNone

        period=period*12+8
        Range("a10:F10").AutoFill _
```

```
        Destination:=ActiveSheet.Range("a10:F" & period), Type:=xlFillDefault
        Columns("A:E").EntireColumn.AutoFit
        Range("A1").Select
    Else
        MsgBox ("적금통장 작성을 종료합니다.")
    End If
        Application.ScreenUpdating=True
End Sub
```

E X E R C I S E

연습문제

01 사용자가 시작 연도 마지막 연도 그리고 인원수를 입력하면 인원수에 해당하는 이름과 주민번호가 자동으로 생성되는 매크로를 작성해 보자.

사용자는 작업 내용을 알 수 없고 그 결과만을 볼 수 있도록 해야 할 것이다. 즉, 이름이나 주민번호를 생성하는 시트는 감춰지고, 결과를 기록한 시트만 사용자가 볼 수 있어야 할 것이다. 사용자가 년도와 인원수를 입력하도록 하기 위해 InputBox를 이용해 보자.

02 이자율, 기간, 원금을 입력하면 차입금상환표를 자동으로 생성해 주는 매크로를 작성해 보자.

먼저 차입금상환표를 나타내는 워크시트를 작성하고, InputBox와 MsgBox를 이용하여 사용자로부터 이자율, 기간, 원금을 입력받고 이를 각각의 셀에 입력한 후, 해당 기간만큼 채우기 핸들을 이용해 복사하면 될 것이다.

Chapter 05

사용자 정의 함수

엑셀을 높은 수준으로 사용하기 위해서는 다양한 함수를 사용해야 한다. 엑셀에서는 수백 가지의 다양한 함수를 제공하고 있지만 경우에 따라서는 자신이 필요한 함수를 직접 만들어서 사용해야 할 수도 있다. 엑셀에서 사용자 정의 함수를 만들기 위해서는 VBA를 이용해야 하는데, VBA를 이용해서 사용자 정의 함수를 만드는 예제를 검토하면서 사용자 정의 함수에 대해서 알아보자.

매크로의 프로시저가

```
Sub 프로그램명()
End Sub
```

로 구성되어 있는 것과 유사하게 엑셀의 함수는

```
Function 함수명(인수)
End Function
```

으로 구성되어 있다.

프로시저와 함수의 또 하나의 차이점은 프로시저는 인수를 받는 경우가 이벤트를 제외하고는 드문데, 함수는 대부분의 경우에 인수를 사용한다는 것이다. 예를 들어 가장 흔히 사용하는 SUM 함수도 =SUM(B2:B10)과 같이 인수를 가지고 있다.

그리고 함수의 내부에는 함수명을 가진 변수에 값을 지정하는 구문이 꼭 들어 있어야 한다. 즉, 요일이라는 함수를 사용하면 그 함수의 코드 내에는 요일=****라는 요일에 값을 지정해 주는 코드가 있어야 한다는 것이다.

다음에는 실제로 사용할 수 있는 유용한 사용자 정의 함수를 만들면서 이에 대해 좀 더 자세히 알아보자.

1. 요일 함수

어떤 날짜가 주어지면 요일이 자동으로 계산되는 함수를 생각해 보자. 물론 엑셀의 WEEKDAY 함수와 CHOOSE 함수를 중첩해서 사용하면 요일을 계산할 수 있지만 이번에는 VBA를 이용해서 요일을 계산하는 함수를 작성해 보자.

❶ 먼저 새 파일을 불러 '사용자 함수' 라는 이름으로 저장한다. A1에 '요일 함수' 라고 입력하고 A3에 '2009-05-01' 이라고 입력한 다음, 채우기 핸들을 이용해 A20까지 복사한다.

❷ 각 날짜의 요일을 알아보기 위해 B3에 다음과 같이 입력하고 B20까지 복사한다.

▶ B3 : =WEEKDAY(A3)

A3:B20에는 다음과 같이 날짜와 숫자가 나타날 것이다.

	A	B	C	D	E	F
1	요일 함수					
2						
3	2009-05-01	6				
4	2009-05-02	7				
5	2009-05-03	1				
6	2009-05-04	2				
7	2009-05-05	3				
8	2009-05-06	4				
9	2009-05-07	5				
10	2009-05-08	6				
11	2009-05-09	7				

우리는 WEEKDAY 함수의 값이 1이면 일요일, 2이면 월요일 등등이라는 것을 알고 있다. 이를 CHOOSE 함수를 이용할 수도 있지만 VBA에서 다음과 같이 정리하면 쉽게 요일 함수를 만들 수 있다.

❸ [Alt]+[F11]을 사용하여 VBE를 불러낸다. 모듈을 삽입하고 모듈에 다음과 같이 입력하고 [Enter↵]를 누르면 End Function이 자동으로 삽입된다.

```
Function 요일(n1 As Date) As String
End Function
```

위의 선언문은 요일이라는 함수를 선언한 것이고, 요일 함수는 날짜 형식의 인수를 받아서 문자열 형식의 결과를 반환한다는 의미이다.

❹ 이제 WEEKDAY 함수의 결과를 이용해 다음과 같이 함수를 완성하자.

```
Function 요일(n1 As Date) As String
    날짜=Weekday(n1)
    Select Case 날짜
        Case 1
            요일="일요일"
        Case 2
            요일="월요일"
```

```
        Case 3
            요일="화요일"
        Case 4
            요일="수요일"
        Case 5
            요일="목요일"
        Case 6
            요일="금요일"
        Case 7
            요일="토요일"
    End Select
End Function
```

위의 함수에서는 n1로 받은 인수를 WEEKDAY 함수를 이용해 요일 숫자로 전환한 다음, Select Case~End Select를 이용하여 각 숫자에 요일을 부여하였다.

❺ [Alt]+[F11]을 사용하여 워크시트로 돌아가서 C3에 다음과 같이 입력하고 C20까지 복사해 보자.

	A	B	C	D	E	F
1	요일 함수					
2						
3	2009-05-01	6	금요일			
4	2009-05-02	7	토요일			
5	2009-05-03	1	일요일			
6	2009-05-04	2	월요일			
7	2009-05-05	3	화요일			
8	2009-05-06	4	수요일			
9	2009-05-07	5	목요일			
10	2009-05-08	6	금요일			
11	2009-05-09	7	토요일			

이 파일에서 만들어진 함수는 이 파일이 열려 있는 경우, 다른 엑셀 파일에서도 사용할 수 있다.

2. 문자열 역순 함수

주어진 문자열을 역순으로 반환하는 함수를 만들어 보자.

❶ Sheet2를 선택하고 A1에 '역순 함수' 라고 입력한다. A3:A6에 각각 다음과 같이 입력해 보자.

- ▶ A3 : 전기줄
- ▶ A4 : 기찻길
- ▶ A5 : 마그네슘
- ▶ A6 : 월드컵

❷ Alt + F11 을 사용하여 VBE를 불러내고 모듈에 다음과 같이 입력한다.

```
Function 역순(InString As String) As String
```

이는 문자열을 받아서 문자열을 반환하는 함수라는 의미이다.

❸ 다음과 같이 함수를 완성한다.

```
Function 역순(InString) As String
    역순=""
    길이=Len(InString)

    For i=0 To 길이-1
        역순=역순 & Mid(InString, 길이-i, 1)
    Next i

End Function
```

위의 함수에서는 처음에 역순에 빈칸을 부여하고 문자열의 길이를 길이라는 변수에 입력한다. 그 다음의 For~Next에서는 문자열의 길이만큼 문자열의 뒤에서부터 한 글자씩 추출하며 역순에 붙여 넣는다. 따라서 마지막에 반환되는 역순에는 원래 문자열의 역순이 들어 있게 된다.

엑셀 오류 사례

핵심적인 엑셀 프로그램을 독학으로 작성

Frontline Systems 사의 Grenville Croll 씨는 「런던 시에 있어서 스프레드시트의 중요성과 위험성」이라는 논문에서 130억 파운드에 달하는 금융서비스 분야에서 13명의 전문가를 조사한 결과를 다음과 같이 보고하고 있다. 응답자들에 의하면 스프레드시트는 광범위하게 사용되고 있으며 대부분 핵심적인 업무에 활용되고 있다. 하지만 스프레드시트의 품질을 보증하는 어떤 수단도 없으며 스프레드시트를 작성하고 수정하는 사람들이 대부분 독학에 의존하고 있다. 최근에 발견된 사례에 의하면 스프레드시트의 오류로 인한 부정적 효과가 수천만 달러에 이른다고 한다.

http://www.telegraph.co.uk/money/main.jhtml?xml=/money/2005/06/30/ccspread30.xml&menuId=242&sSheet=/money/2005/06/30/ixcoms.html에서 인용

EXERCISE

연습문제

01

사람마다 태어난 해에 따라 띠가 다르다. 출생 연도를 입력하면 띠가 자동으로 계산되는 사용자 정의 함수를 만들어 보자.

사람의 띠는 쥐, 소, 호랑이, 토끼, 용, 뱀, 말, 양, 원숭이, 닭, 개, 돼지의 순으로 주어지며 1983년생의 띠는 돼지이다.

VBA에서 숫자를 12로 나눈 나머지를 구하기 위해서는 "Modnumber=Number MOD 12"라는 구문을 사용해야 한다.

Chapter 06

홍길동상회 2

우리는 앞에서 상덕건재와 홍길동상회의 예제를 통해 엑셀에서 재고 시뮬레이션을 해 보았다. 하지만 시뮬레이션의 결과는 매번 계산할 때마다 차이가 나므로 어떤 경우가 최적인가를 확실하게 알 수 없다. 이번에는 많은 횟수의 시뮬레이션을 수행하고 이의 평균을 구해서 최적의 해를 찾는 매크로를 작성해 보자.

1. 기본 매크로 작성

❶ Part 06 폴더에서 '홍길동상회.XLS'를 불러온다. '기본자료' 시트의 B24에는 현재의 구입량과 주말구입량에 대한 500일 동안의 평균 총마진이 계산되어 있다. 이 상태에서 F9 키를 눌러 재계산을 하면 계산 결과가 달라질 것이다. 구입량이 100이고 주말구입량이 200인 경우, 총마진은 140,000과 170,000 사이에서 움직일 것이다.

❷ 주어진 구입량과 주말구입량의 평균 총마진을 100회 계산하여 그에 대한 평균을 구하는 매크로를 작성해 보자. '기본자료' 시트의 A29 셀에 평균 총마진이라고 입력하고,

▶ A29 : 평균 총마진

Alt + F11 키를 눌러 VBE를 연 다음, 메뉴의 삽입-모듈을 선택하여 모듈을 추가하고 코드 창을 연다. 코드 창에 Sub 홍길동()을 입력하고 다음과 같이 코드를 입력한다.

```
Sub 홍길동()
    Margin=0
    For i=1 To 100
        Calculate
        Margin=Margin+Sheets("기본자료").Range("B24")
    Next i
    Sheets("기본자료").Range("B29")=Margin/100
End Sub
```

❸ 이 코드의 의미는 100회의 재계산을 해서 그 결과를 Margin이라는 변수에 더하고 Margin을 100으로 나눈 값을 기본 자료 시트의 B29에 기록하라는 것이다. 여기에서 Calculate는 F9 키를 눌러 재계산한 것과 같은 결과를 가져온다. 재계산하여 B24에 총마진이 계산되면 이 값을 Margin에 매회 반복할 때마다 기록하고 마지막으로 합계를 100으로 나누어 이를 B29에 기록한다.

양식 도구 모음의 버튼를 클릭하여 기본 자료 시트의 F24:F25에 그려 넣고 홍길동 매크로를 연결하고 버튼의 캡션을 '홍길동' 이라고 입력한 후 버튼를 실행 모드로 바꾼다. 버튼를 클릭하여 매크로를 실행하면 B29 셀에는 100회의 평균 총마진이 기록될 것이다.

2. 구입량과 주말구입량 변경

이번에는 구입량에 여러 가지 수치를 입력하고 각각의 구입량에 해당하는 평균 총마진을 구해 보자. 이를 위해서는 구입량이 입력된 B5에 각각의 값을 입력하고 여기에 해당하는 총마진의 평균을 구하면 될 것이다.

❶ 우선 기본 자료 시트의 B31:H31에 60부터 90까지의 값을 5단위로 증가시켜 입력한다. 홍길동 매크로를 다음과 같이 수정한다.

```
Sub 홍길동()
    Set R1=Sheets("기본자료").Range("A31")
    j=1
    While Not R1.Offset(0, j).Value=""
        Sheets("기본자료").Range("B5")=R1.Offset(0, j).Value
        Margin=0
        For i=1 To 100
            Calculate
            Margin=Margin+Sheets("기본자료").Range("B24")
        Next i
        R1.Offset(1, j).Value=Margin/100
        j=j+1
    Wend
End Sub
```

이 코드의 의미는 기본 자료의 A31에서 오른쪽으로 이동하면서 빈 셀이 나타날 때까지 각 셀의 값을 B5에 입력하고 100회의 재계산을 해서 이를 각 값의 아래에 기록하라는 것이다. 여기에 이용된 While~Wend 구문은 이처럼 조건이 부여된 상태에서 반복 계산을 하는 데 적당하다. 이 구문을 사용할 때도 j값을 하나씩 증가시켜 기본 자료 A31에서 다음 셀로 이동하는 Offset 속성의 인수로 사용하였다.

> While condition
>
> [*statements*]
>
> Wend
>
> While...Wend 문은 다음과 같은 구성요소로 되어 있다.

참고

*condition*이 True이면 Wend 문을 만날 때까지 모든 *statement*를 계속 실행한다. 그런 다음 프로그램의 컨트롤이 While 문으로 반환되고, *condition*은 다시 평가된다. *condition*이 여전히 True인 경우 그 처리 과정이 반복되고, *condition*이 True가 아닌 경우 Wend 문 다음에 나오는 문이 실행된다.

While...Wend 루프는 어느 수준에서든 중첩하여 사용할 수 있다. 각 Wend 문은 가장 최근의 While 문에 대응한다.

Do...Loop 문은 프로그램의 루프를 보다 더 유연하고 구조적으로 처리할 수 있다.

❷ 버튼을 눌러 매크로를 실행시켜 보자. B32:H32에는 각 구입량에 해당하는 평균 총마진이 계산되어 있을 것이다. 어떤 구입량에서 가장 큰 마진이 실현되는가?

	A	B	C	D	E	F	G	H
23								
24	총마진	154,720				홍길동		
25	구분	정규판매	할인판매	떨이판매				
26	평균판매량	44.86	57.54	18.7				
27	평균마진	134,580	57,540	- 37,400				
28								
29	평균총마진	-						
30								
31		60	65	70	75	80	85	90
32		152,303	154,285	157,091	159,398	160,001	161,788	162,662

❸ 이번에는 구입량뿐만 아니라 주말구입량도 마찬가지 방법으로 변경해 보자. A32: A38에 130부터 160에 해당되는 숫자를 5씩 증가하게 입력한다. VBE에서 홍길동 매크로를 다음과 같이 수정한다.

```
Sub 홍길동()
    Set R1=Sheets("기본자료").Range("A31")
    j=1
    While Not R1.Offset(0, j).Value=""
        Sheets("기본자료").Range("B5")=R1.Offset(0, j).Value
        k=1
        While Not R1.Offset(k, 0).Value=""
            Sheets("기본자료").Range("B6")=R1.Offset(k, 0).Value
            Margin=0
```

```
            For i=1 To 100
                Calculate
                Margin=Margin+Sheets("기본자료").Range("B24")
            Next i
            R1.Offset(k, j).Value=Margin/100
            k=k+1
        Wend
        j=j+1
    Wend
End Sub
```

이번에는 두 번의 While~Wend가 사용되었다. B31:H31에 입력된 각각의 주문량과 A32:A38에 입력된 주말구입량을 각각 B5, B6에 입력하고 이 조합에 대해 100회의 재계산을 하고 그 결과를 각각의 구입량과 주말구입량에 교차하는 셀에 기록한다.

	A	B	C	D	E	F	G	H
24	총마진	176,000				홍길동		
25	구분	정규판매	할인판매	떨이판매				
26	평균판매량	46.44	54.48	8.9				
27	평균마진	139,320	54,480	- 17,800				
28								
29	평균총마진	-						
30								
31		60	65	70	75	80	85	90
32	130	162,107	164,430	166,717	168,779	170,533	171,134	172,799
33	135	162,207	164,769	167,994	169,677	170,974	171,958	172,624
34	140	162,559	164,790	167,884	169,530	171,176	172,031	172,616
35	145	162,154	165,036	167,932	169,386	170,387	170,929	172,996
36	150	161,998	164,902	166,399	169,263	170,798	170,819	171,864
37	155	161,414	163,833	166,773	168,877	169,879	170,935	172,145
38	160	161,610	163,701	166,853	168,127	170,083	170,110	171,472

❹ 어떤 조합에서 최고의 평균 총마진을 나타내는지 살펴보자. 계산된 총마진들 중 가장 높은 값을 쉽게 알 수 있도록 다음과 같은 조건부 서식을 지정해 보자.

❺ 메뉴의 홈-조건부 서식을 선택하여 조건부 서식 대화상자를 불러내고 새 서식 규칙을 선택하여 다음과 같이 Large 함수를 이용한 수식 조건을 입력하고 각 조건에 맞는 서식을 지정한다.

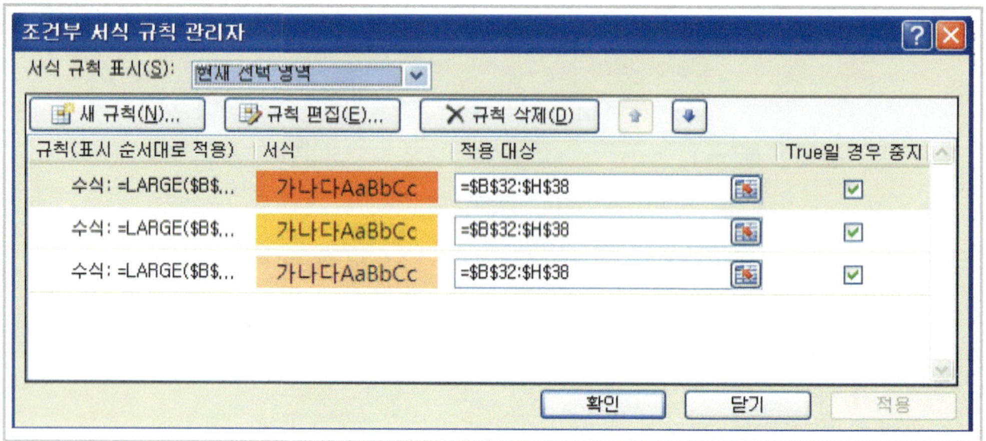

서식을 지정하면 매회 매크로가 실행될 때마다 가장 높은 총마진을 보인 셀이 두드러지게 보이므로 쉽게 파악할 수 있다.

	A	B	C	D	E	F	G	H
24	총마진	**177,100**						
25	구분	정규판매	할인판매	떨이판매		홍길동		
26	평균판매량	47.28	53.42	9.08				
27	평균마진	141,840	53,420	- 18,160				
28								
29	평균 총 마진	164,063						
30								
31		70	75	80	85	90	95	100
32	130	163,616	166,015	169,413	170,302	171,845	172,853	173,668
33	135	163,975	166,042	168,687	170,452	171,691	173,089	174,119
34	140	164,127	166,426	169,048	171,206	172,923	173,512	174,083
35	145	164,319	166,660	169,038	170,395	172,147	172,465	174,321
36	150	163,762	165,783	168,617	170,777	171,797	172,909	173,582
37	155	162,837	166,089	168,492	169,612	170,605	172,750	173,616
38	160	163,176	165,417	167,099	170,221	171,237	171,736	172,525

3. 사용자 정의 대화상자의 이용

사용자로부터 구입량과 주말구입량을 입력받아 시뮬레이션을 실행시키는 방법을 추가해 보자. 이를 위해서는 InputBox 함수를 사용할 수도 있지만 이번에는 사용자 정의 폼을 이용해 보다 편리한 인터페이스를 작성해 보자. 사용자 정의 폼(대화상자)

은 사용하기에는 편리하지만 이를 작성하고 각 구성 요소에 속성을 부여한 다음, 이를 실행하기 위한 코드를 작성하는 데는 더 많은 노력이 필요하다.

❶ VBE의 메뉴에서 삽입-사용자 정의 폼을 선택하여 사용자 폼이 나타나도록 한다.

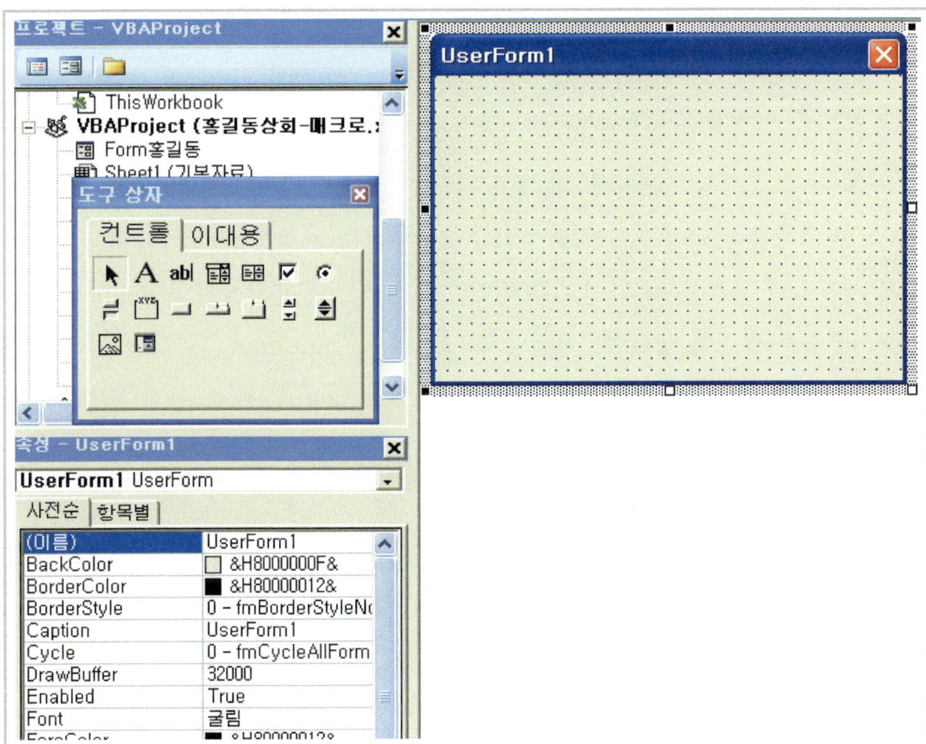

화면에 UserForm1이라는 사용자 정의 폼이 나타날 것이다. 여기에 보이는 사용자 폼은 그림을 그리기 전의 백지와 같다. 이 폼에 우리가 필요로 하는 컨트롤 도구들을 그려 넣어야 한다. 사용자 폼의 좌측에 보이는 도구상자는 워크시트에서의 양식 도구 모음과 유사해 보이지만 실제로는 많이 다르다. 워크시트의 양식에서 제공되는 콤보상자나 확인란, 목록상자 등은 컨트롤 서식에서 일부의 값만 지정해 주면 사용할 수 있지만, VBA에서 사용되는 컨트롤 도구상자의 도구들에 대해서는 그 속성을 속성 창이나 코드를 이용해 일일이 지정해 주어야 한다.

❷ 먼저 UserForm1을 클릭하여 속성 창에 UserForm1의 속성이 나타나도록 한다. 여기에 나타난 사용자 폼의 속성에 대해서는 해당 항목을 클릭하여 속성을 변경할 수 있다. 이름은 'Form홍길동'으로, Caption은 '홍길동 시뮬레이션'으로 변경한다.

▶ 이름 : Form홍길동

▶ Caption : 홍길동 시뮬레이션

여기에서 이름은 사용자 폼을 지칭하는 이름이고, Caption은 화면에 나타날 때 제목줄에 보이는 제목을 말한다. Font 속성의 오른쪽을 더블클릭 하여 글꼴 크기를 12로 설정한다.

❸ Form홍길동에서는 구입량과 주말구입량을 사용자로부터 받아야 하는데, 이를 위해서 시작값과 증분을 각각 받도록 한다. 먼저 컨트롤 도구상자의 Label을 선택하고 Form홍길동의 중앙 상단에 그려 넣고 Label1의 Caption을 '구입량'이라고 변경한 후, Label1 속성 창의 TextAlign에서 2-fmTextAlignCenter를 선택한다.

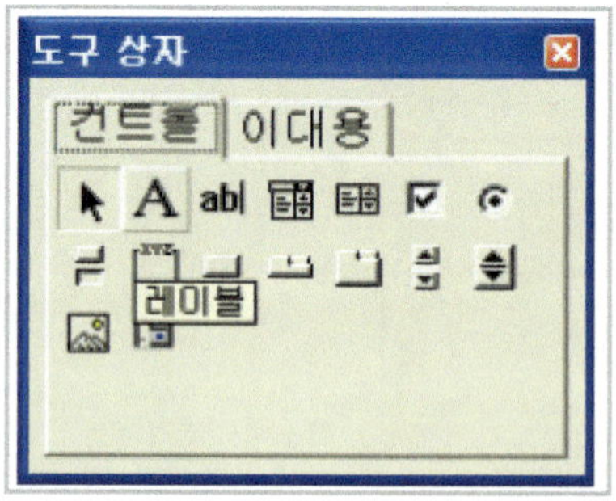

다시 Label1의 속성 창에서 Font 우측의 버튼을 클릭하여 글꼴 대화상자를 부르고 글꼴 크기를 12로 지정한다.

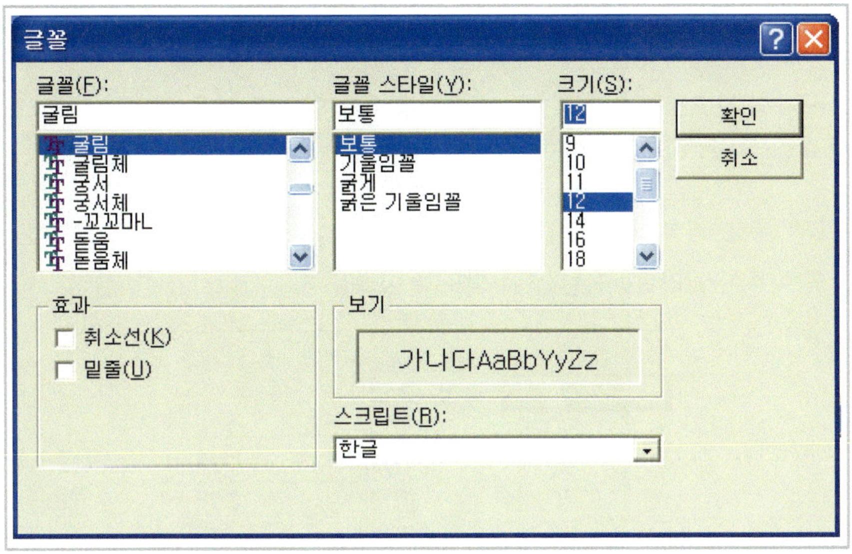

컨트롤 도구 크기를 조절함에 따라 속성 창의 Hight와 Width의 값이 변하는 것을 알 수 있다.

❹ Label1을 Ctrl 키를 이용하여 우측으로 복사하고 새로 생성된 Label2의 Caption을 주말구입량이라고 변경한다. 마찬가지 방법으로 대화상자의 우측에 시작값과 증분 단위를 입력하고 Form홍길동의 높이를 조정한다.

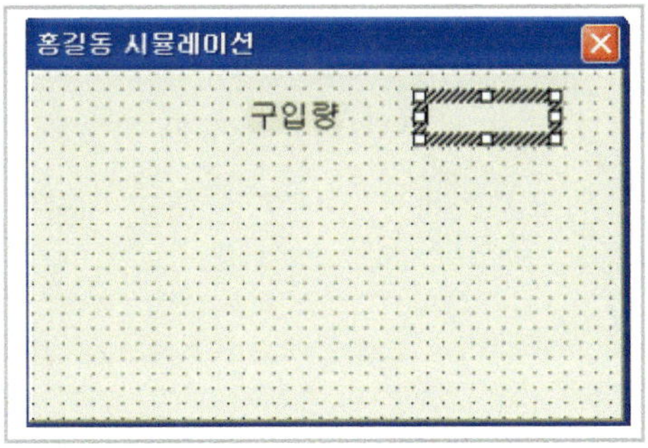

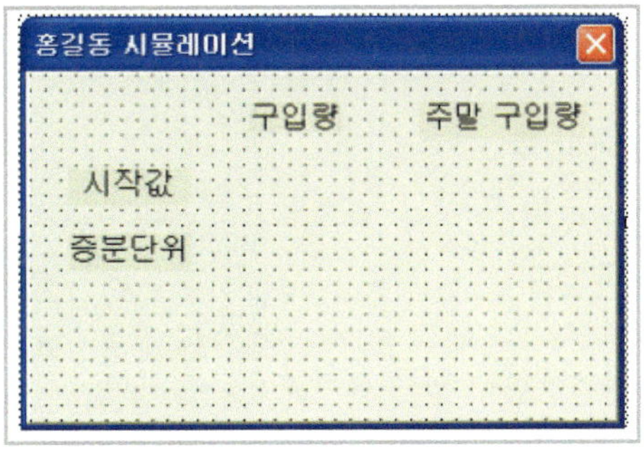

❺ 이번에는 콤보상자를 Form홍길동에 그려 넣어 보자. 컨트롤 도구상자에서 콤보상자를 선택하고 Form홍길동의 구입량 아래 시작값의 오른쪽에 그려 넣는다. 콤보상자의 속성 창에서 이름을 'cb주중시작'이라고 입력한다. 콤보상자는 사용자가 드롭다운 버튼을 클릭하면 미리 지정된 목록이 나타나고 이들 중 사용자가 선택한 값이 콤보상자의 값으로 주어진다. 하지만 사용자가 임의의 값을 입력할 수도 있다. 따라서 워크시트에서 미리 목록을 입력하고 이를 지정해 주는 것이 편리하다.

❻ 기본 자료 시트의 J1:L11에 각각 다음과 같이 입력하고 J2:J11, K2:K11, L2:L11의 이름이 각각 J1, K1, L1이 되도록 이름을 지정한다.

J	K	L
구입	주말구입	증분
50개	100개	1개
60개	110개	2개
70개	120개	3개
80개	130개	4개
90개	140개	5개
100개	150개	6개
110개	160개	7개
120개	170개	8개
130개	180개	9개
140개	190개	10개

cb주중시작의 RowSource에 워크시트에서 부여한 이름인 '구입'을 입력한다.

- ▶ 이름 : cb주중시작
- ▶ RowSource : 구입

❼ Ctrl 키를 이용하여 이를 아래로 복사하고 새로 복사된 콤보상자의 이름을 'cb주중증분'이라고 입력한 다음 RowSource에 워크시트에서 부여한 이름인 '증분'을 입력한다.

- ▶ 이름 : cb주중증분
- ▶ RowSource : 증분

마찬가지 방법으로 주말구입량을 위한 콤보상자를 그리고 콤보상자의 이름과 RowSource를 다음과 같이 지정한다.

▶ 이름 : cb주말시작

▶ RowSource : 주말구입

▶ 이름 : cb주말증분

▶ RowSource : 증분

❽ 컨트롤 도구상자에서 명령 버튼를 선택하여 사용자 폼 사다리의 좌측하단에 그려 넣고, 이름을 'Com확인' 으로, Caption을 '확인' 으로 변경한다.

▶ 이름 : Com확인

▶ Caption : 확인

변경 후, 다시 Ctrl 키를 이용하여 이를 오른쪽으로 복사한다. 복사된 명령 버튼의 이름을 'Com취소', Caption을 '취소' 로 변경한다.

▶ 이름 : Com취소

▶ Caption : 취소

❾ 이제 사용자 폼 사다리를 작성하는 것을 완료하였다. 다시 폼 사다리를 선택한 다음, F5 키를 눌러서 폼을 실행해 보자. 다음과 같은 폼이 화면에 나타날 것이다.

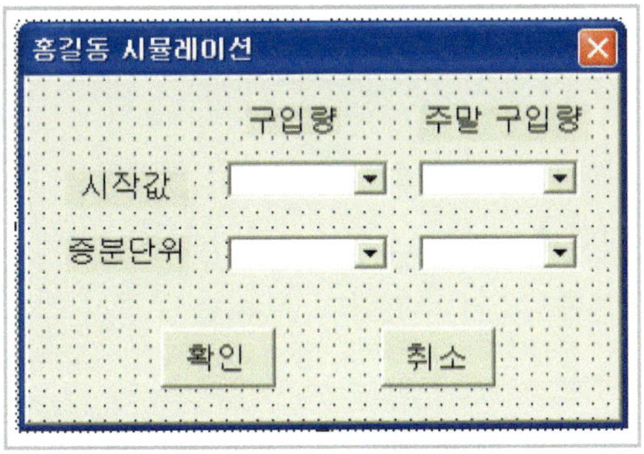

하지만 콤보상자의 목록을 선택하거나 확인 버튼를 클릭해도 아무런 변화가 나타나지 않는다. 그 이유는 사용자 폼을 그리기만 하였지 사용자 폼에서 어떤 이벤트가 일어났을 때에 대한 코드가 입력되지 않았기 때문이다. 이제 사용자 폼에 대한 코드를 입력해 보자.

⑩ 먼저 사용자 폼을 더블클릭 하여 코드 창을 부른다. 사용자 폼의 코드 창에는 다음과 같이 나타날 것이다.

```
Private Sub UserForm_Click()
End Sub
```

⑪ 이 부분은 필요가 없으므로 무시하고, 코드 창의 좌측상단의 개체 목록에서 UserForm을 선택한 다음, 우측상단의 프로시저 목록에서 Initialize를 선택하면, 다음과 같은 프로시저가 나타날 것이다.

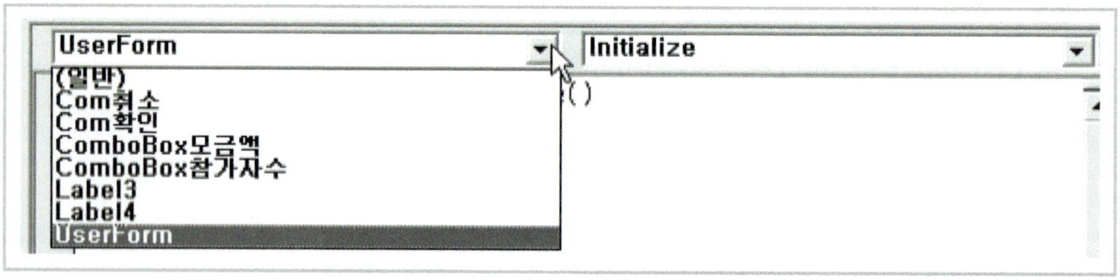


```
Private Sub UserForm_Initialize()
End Sub
```

이는 사용자 폼이 실행될 때마다 초기화 상태를 지정하는 프로시저이다. 여기에서는 매번 사용자 폼이 실행될 때마다 cb주중시작의 콤보상자에는 50이, cb주말시작에는 100이 나타나고 증분에는 5가 나타나며, 커서는 주중시작의 콤보상자에 위치하도록 지정하자. 이를 위한 코드는 다음과 같이 작성된다.

```
Private Sub UserForm_Initialize()
    Me.cb주말시작.Value=100
    Me.cb주중시작.Value=50
    Me.cb주말증분.Value=5
    Me.cb주중증분.Value=5
    Me.cb주중시작.SetFocus
End Sub
```

여기에서 사용된 Me는 현재의 사용자 폼, 즉 Form홍길동을 지칭한다.

⑫ 이 프로시저가 제대로 작동하는지 F5 키를 누르거나 도구 모음의 ▶(Sub/사용자 정의 폼 실행 버튼)을 클릭하여 사용자 폼을 실행해 보자. 실행 중에 오류가 나타나면 이를 수정하고 ■(재설정 버튼)을 클릭하여 재설정하면 원래의 상태로 전환할 수 있다.

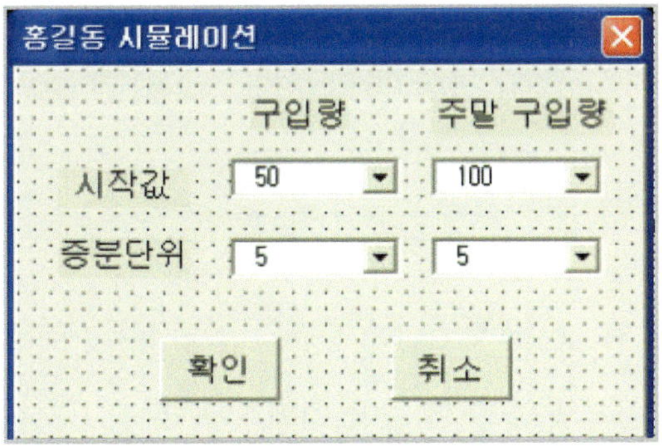

이제는 확인 버튼을 클릭하거나 취소 버튼을 클릭하는 이벤트에 대한 코드를 작성해 보자.

⑬ 먼저 코드 창의 개체 목록에서 Com취소를 선택하고 프로시저 목록에서 Click을 선택하면 취소 버튼을 클릭하는 이벤트에 대한 프로시저를 작성할 수 있다. 취소 버튼을 클릭한 경우에는 아무런 조치 없이 폼이 화면에서 사라지면 되므로 다음과 같이 입력한다.

```
Private Sub Com취소_Click()
    Unload Me
End Sub
```

여기에서는 Unload Me 대신에 폼의 이름을 사용하여 'Unload Form홍길동' 이라고 입력해도 같은 결과를 가져온다.

⓮ 확인을 클릭하는 경우에는 콤보상자에서 받은 값들을 '기본자료' 시트에 옮겨 적어야 할 것이다. 그러므로 다음과 같이 코드를 작성한다.

```
Private Sub Com확인_Click()
    Set R1=Sheets("기본자료").Range("A31")
    For i=1 To 7
        R1.Offset(i,0).Value=Me.cb주말시작.Value+Me.cb주말증분.Value*(i-1)
    Next i
    For i=1 To 7
        R1.Offset(0,i).Value=Me.cb주중시작.Value+Me.cb주중증분.Value*(i-1)
    Next i
    Unload Me
End Sub
```

위 코드의 내용은 '기본자료' 시트의 A32부터 A38까지에 콤보상자인 cb주말시작에서 받은 값에 cb주말증분을 더한 값을 입력하고, 다시 B31부터 H31까지에 cb주중시작에서 받은 값에서 cb주중증분을 더한 값을 입력한 후, Form홍길동을 화면에서 사라지게 하라는 것이다.

이제까지 대화상자를 구성하고 대화상자가 실행되기 위한 코드를 작성하였다. 대화상자를 이용한 매크로를 실행하기 위해서는 모듈의 코드 창에서 대화상자를 실행하는(보여 주는) 코드를 작성해야 한다. 그리고 대화상자에서 구입량과 주말구입량을 받아서 워크시트에 기록하고 나면 원래의 시뮬레이션 매크로가 실행되어야 할 것이다. 그러므로 모듈의 Module1에 다음과 같은 코드를 추가한다.

```
Sub 홍길동2()
    Form홍길동.Show
    홍길동
End Sub
```

이 코드는 Form홍길동을 보여 주고, 원래 홍길동 프로시저를 실행하라는 것이다.

기본 자료 시트에 새로운 홍길동2 프로시저를 지정한 명령 버튼를 그려 넣고 홍길동2 매크로를 실행한 결과가 다음과 같다. 사용자마다 엑셀에서 계산하는 난수가 다르므로 결과의 수치는 다를 수 있다.

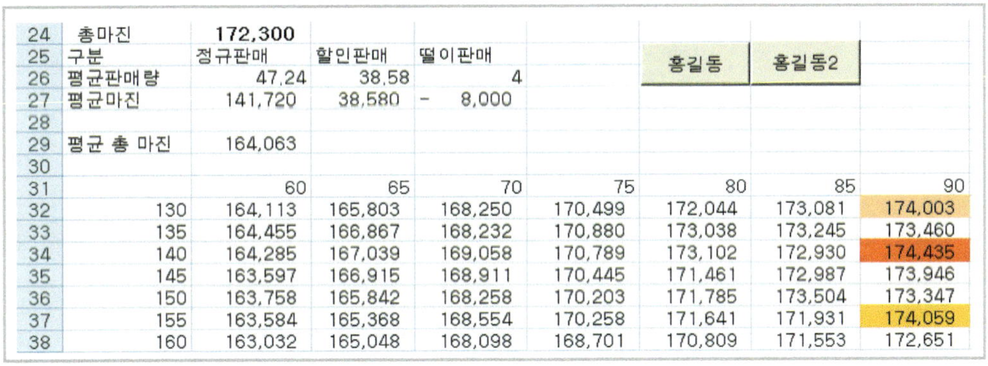

24	총마진	172,300						
25	구분	정규판매	할인판매	떨이판매		홍길동	홍길동2	
26	평균판매량	47.24	38.58	4				
27	평균마진	141,720	38,580	- 8,000				
28								
29	평균 총 마진	164,063						
30								
31		60	65	70	75	80	85	90
32	130	164,113	165,803	168,250	170,499	172,044	173,081	174,003
33	135	164,455	166,867	168,232	170,880	173,038	173,245	173,460
34	140	164,285	167,039	169,058	170,789	173,102	172,930	174,435
35	145	163,597	166,915	168,911	170,445	171,461	172,987	173,946
36	150	163,758	165,842	168,258	170,203	171,785	173,504	173,347
37	155	163,584	165,368	168,554	170,258	171,641	171,931	174,059
38	160	163,032	165,048	168,098	168,701	170,809	171,553	172,651

EXERCISE

연습문제

01 상덕건재의 사례에서 최소의 재고비용을 나타내는 재주문 수준과 주문량을 찾는 매크로를 작성해 보자.

- Part 06 폴더의 연습문제 폴더에서 '상덕건재.XLS'를 불러 기본 자료 시트의 A18에 '평균 총비용'이라고 입력하고 B18에 100회의 재계산을 실행하여 평균을 계산하는 매크로를 작성해 보자.
- B21:H21에 1000부터 1500까지의 재주문 수준을 입력하고 각 재주문 수준에 해당하는 평균 총비용을 B22:H22에 계산하는 매크로를 작성해 보자.
- A22:A27에 2200부터 2700의 주문량을 입력하고 B22:H27에 각각의 재주문 수준과 주문량에 해당하는 평균 총비용을 계산하는 매크로를 작성해 보자.
- 사용자로부터 재주문 수준과 주문량을 직접 입력받는 사용자 정의 대화 상자를 작성해 보자.

Chapter 07

목록 정리

1. 기본 프로그램 작성

매크로를 이용하면 많은 양의 작업을 빠르게 처리할 수 있을 뿐만 아니라 초보자들은 하기 어려운 작업을 쉽게 처리할 수 있도록 프로그램을 작성할 수 있다. 이번에는 엑셀에서 명단을 관리하는 데 필요한 매크로를 작성해 보자.

❶ 먼저 Part 06 폴더에서 '명단정리.XLS' 파일을 불러 보자.

	A	B	C	D	E	F
1	이름	주민번호	직장우편번호	직장주소	직장명	직위
2	유민리	801003-2124214	100-778	서울 중구 남창동 51-1 대한	대한화재해상보험	부사장
3	조지희	691125-2141129	540-743	전남 순천시 덕월동 224-9	순천청암대학 유아교육과	교수
4	박보진	730801-1640115	501-759	광주 동구 서석동 375	조선대학교 경영학부	교수
5	김귀곤	670819-2620121	502-244	광주 서구 화정4동 896-3	국세청	서광주세무서장
6	정도영	811225-2303336	641-370	경남 창원시 신촌동 118-12	칸워크홀딩(주)	대표이사사장
7	임홍별	760424-1100316	500-130	광주 북구 오치동	용봉중학교	교장
8	최창영	640507-2533429	100-814	서울 중구 서소문동 75-95	한국리스여신(주)	대표이사
9	김동무	730821-1204316	134-850	서울 강동구 성내동 539-2	김동무세무사사무실	대표

명단 / MT참석 / 회비납부

	A	B	C
1	이름	주민등록번호	참가여부
2	김귀곤	670819-2620121	참가
3	권송혜	730821-1530317	참가
4	박현아	680705-1813038	참가
5	전지우	790928-2741126	참가
6	윤용호	760513-2923436	참가
7	최주웅	620830-1602314	참가
8	이병건	641219-2430427	참가
9	박정정	741103-1843038	참가

명단 / MT참석 / 회비납부

	A	B	C
1	이름	주민번호	회비
2	김귀곤	670819-2620121	완납
3	최창영	640507-2533429	완납
4	김지혜	750326-1703131	완납
5	백보현	800725-1241110	완납
6	전지우	790928-2741126	완납
7	윤용호	760513-2923436	완납
8	김은아	650125-2122130	완납
9	남유민	681007-2604421	완납

명단 / MT참석 / 회비납부

이 파일에는 3개의 워크시트가 포함되어 있는데 '명단' 시트에는 전체 회원의 명단이, 'MT참석' 시트에는 MT에 참석한 회원의 명단이 들어 있다. '회비 납부' 시트에는 회비를 납부한 내역이 포함되어 있다. 명단을 효과적으로 이용하기 위해서는 'MT참석' 시트와 '회비납부' 시트에 입력된 내용이 '명단' 시트에 포함되어야 할 것이다.

하지만 이를 수작업으로 수행하는 것에는 많은 노력이 수반된다. 예를 들어 MT에 참여한 회원들을 찾아서 명단에 이를 기록하기 위해서는 'MT참석' 시트의 주민번호와 '명단' 시트의 주민번호를 비교하여 주민번호가 일치하는 경우에 'MT참석' 시트의 참석 여부에 입력된 내용을 '명단' 시트에 기록해야 할 것이다. 이를 수작업으로 진행하는 것은 상당한 시간이 걸린다. 이를 매크로를 이용해 처리하는 방법에 대해 생각해 보자.

❷ 주민번호를 비교하는 것은 'MT참석' 시트의 B2부터 맨 아래까지 입력된 값과 '명단' 시트의 B2부터 맨 아래까지 입력된 값들을 비교하고 값들이 일치하면 'MT참석' 시트의 C열에 입력된 값들을 '명단' 시트의 G열에 입력해야 할 것이다. 이를 매크로 코드로 표시하면 다음과 같다.

```
Sub SendData()
    Set R1=Sheets("MT참석").Range("B2")
    Set R2=Sheets("명단").Range("B2")
    N1=Range(R1.End(xlDown), R1).Count
    N2=Range(R2.End(xlDown), R2).Count
    For i=1 To N1
        For j=1 To N2
            If R1.Offset(i-1,0).Value=R2.Offset(j-1,0).Value Then
              R2.offset(j-1,5).Value=R1.offset(i-1,1).Value
            End If
        Next j
    Next I
End Sub
```

이 코드에서는 비교할 열의 시작 셀들을 각각 R1과 R2에 지정해 놓고,

```
Set R1=Sheets("MT참석").Range("B2")
Set R2=Sheets("명단").Range("B2")
```

각 비교 열에 입력된 데이터의 수를 계산한 다음,

```
N1=Range(R1.End(xlDown), R1).Count
N2=Range(R2.End(xlDown), R2).Count
```

'MT참석' 시트의 각 주민번호를 '명단' 시트의 주민번호와 비교하여 이들이 일치하면

```
If R1.Offset(i-1,0).Value=R2.Offset(j-1,0).Value Then
```

'MT참석' 시트의 주민번호가 입력된 열의 오른쪽에 있는 열의 값을 '명단' 시트의 주민번호가 입력된 열의 오른쪽에서 5번째 열에 입력한다.

```
R2.Offset(j-1,5).Value=R1.Offset(i-1,1).Value
```

❸ 이 코드를 VBE에서 모듈을 삽입하고 입력한 다음, 실행해 보자. MT 참석 여부가 '명단' 시트에 자동으로 기록될 것이다.

	A	B	C	D	E	F	G
1	이름	주민번호	직장우편번호	직장주소	직장명	직위	
2	유민리	801003-2124214	100-778	서울 중구 남창동 51-1 대한	대한화재해상보험	부사장	
3	조지희	691125-2141129	540-743	전남 순천시 덕월동 224-9	순천청암대학 유아교육과	교수	
4	박보진	730801-1640115	501-759	광주 동구 서석동 375	조선대학교 경영학부	교수	
5	김귀곤	670819-2620121	502-244	광주 서구 화정4동 896-3	국세청	서광주세무서장	참가
6	정도영	811225-2303336	641-370	경남 창원시 신촌동 118-12	칸워크홀딩(주)	대표이사사장	
7	임홍별	760424-1100316	500-130	광주 북구 오치동	용봉중학교	교장	
8	최창명	640507-2533429	100-814	서울 중구 서소문동 75-95 ·	한국리스여신(주)	대표이사	
9	김동무	730821-1204316	134-850	서울 강동구 성내동 539-2 ·	김동무세무사사무실	대표	
10	김지혜	750326-1703131	100-758	서울 중구 을지로2가 50	기업은행 인력개발부	조사역	
11	권송혜	730821-1530317	506-714	광주 광산구 서봉동 59-1	호남대학교 경영학과	교수	참가
12	김영명	781208-1710027	550-749	전남 여수시 둔덕동 96-1	여수대학교 경영학부	교수	
13	박현아	680705-1813038	135-500	서울 강남구 대치동 1023 민	현대자동차 개포지점	부장	참가

2. InputBox를 이용한 사용자 입력

위 프로시저는 두 개의 시트에 대해 훌륭하게 작업을 수행한다. 하지만 다른 시트에 입력된 자료를 복사하기 위해서는 프로시저 내에 있는 코드를 수정해야 할 것이다.

❶ 사용자가 시트명과 비교할 데이터의 위치, 그리고 복사할 데이터의 상대적인 위치를 지정하도록 하면 보다 융통성이 있는 프로그램이 될 것이다. 이를 위해 InputBox를 이용하여 다음과 같이 수정한 코드를 입력해 보자.

```
Sub SendData0()
    Dim R1 As Range
    Dim R2 As Range
    SendSt=InputBox("보내는 자료가 포함된 시트 이름은?", "보내는 시트")
    ReceiveSt=InputBox("자료를 입력할 시트 이름은?", "받는 시트")
    SendMatch=InputBox("보내는 시트의 찾는 열의 시작 주소는?", "보내는 주소")
    ReceiveMatch=InputBox("받는 시트의 찾는 열의 시작 주소는?", "받는 주소")
    SendCol=Val(InputBox("보내는 시트의 자료가 포함된 열은 찾는 _
      자료(0)에서 몇 번째?", "보내는 열 위치"))
    ReceiveCol=Val(InputBox("받는 시트에서 자료가 포함된 열은 찾는 _
      자료(0)에서 몇 번째?", "받는 열 위치"))
    Set R1=Sheets(SendSt).Range(SendMatch)
    Set R2=Sheets(ReceiveSt).Range(ReceiveMatch)
    N1=Range(R1.End(xlDown), R1).Count
    N2=Range(R2.End(xlDown), R2).Count
    For i=1 To N1
        For j=1 To N2
            If R1.Offset(i-1,0).Value=R2.Offset(j-1,0).Value Then
```

```
            R2.offset(j-1,ReceiveCol).Value=R1.offset(i-1,SendCol).Value
            End If
        Next j
    Next i
End Sub
```

위의 코드는 앞에서 작성한 코드에 InputBox를 이용하여 시트명, 시작 위치, 복사할 자료의 위치만을 받은 부분을 추가한 것이다. SendCol과 ReceiveCol을 받을 때, InputBox 앞에 Val 함수를 이용한 것은 InputBox에서 받은 값을 숫자 변수에 입력하기 위함이다. InputBox 함수를 이용해 숫자를 바꾸기 위해서는 이를 사용하는 것이 좋다.

이렇게 수정하면 다른 자료가 입력된 워크북에 대해서도 훌륭하게 적용될 것이다.

❷ 이번에는 배열 변수를 이용하여 보다 효율적인 코드를 작성해 보자. 원래의 코드에 두 개의 배열 변수 Oldlist()와 New()를 선언하고,

```
Dim Oldlist()
Dim Newlist()
```

비교되는 자료가 입력된 두 열의 길이에 맞게 배열을 재선언하고 다시 두 열의 값을 각각의 배열에 입력한 다음,

```
DEDim Oldlist(1 TO N1)
Dedim Newlist(1 TO N2)

For i=1 To N1
    Oldlist(i)=Val(R1.offset(i-1,0).Value)
Next i
For i=1 To N2
```

```
        Newlist(i)=Val(R2.offset(i-1,0).Value)
    Next i
```

두 배열에 입력된 값들을 비교하여 값들이 일치하면 원하는 위치의 값들을 복사한다. 마지막으로 복사하는 과정을 화면에 나타내지 않기 위해서 다음의 코드를 추가한다.

```
    Application.ScreenUpdating=False
```

이렇게 수정한 새로운 프로시저는 다음과 같다.

```
Sub SendData0()
    Dim Oldlist()
    Dim Newlist()
    Dim R1 As Range
    —— 원래의 코드 ——
    N2=Range(R2.End(xlDown), R2).Count
    ReDim Oldlist(1 To N1)
    ReDim Newlist(1 To N2)
    For i=1 To N1
        Oldlist(i)=Val(R1.offset(i-1,0).Value)
    Next i
    For i=1 To N2
        Newlist(i)=Val(R2.offset(i-1,0).Value)
    Next i
    Application.ScreenUpdating=False
    For i=1 To N1
        For j=1 To N2
            If Oldlist(i)=Newlist(j) Then
```

```
                R2.offset(j-1, ReceiveCol).Value=R1.offset(i-1, SendCol).Value
                End If
            Next j
        Next i
        Application.ScreenUpdating=True
    End Sub
```

이 프로시저를 실행하면 InputBox를 이용해 각각의 값을 묻고 원하는 데이터를 복사할 것이다.

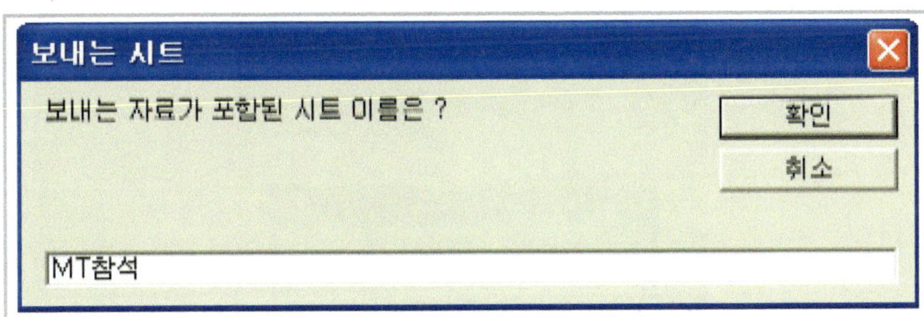

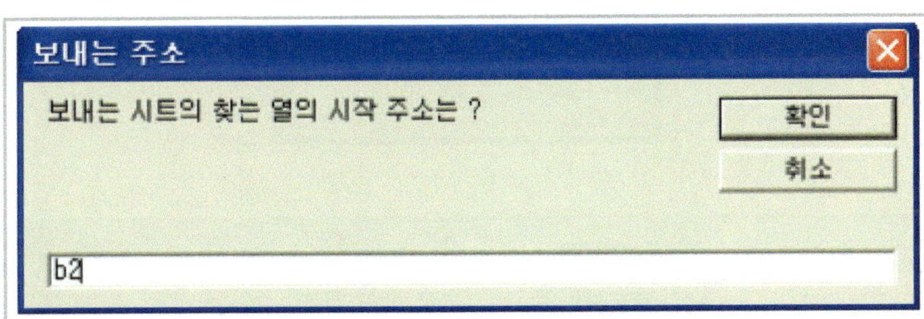

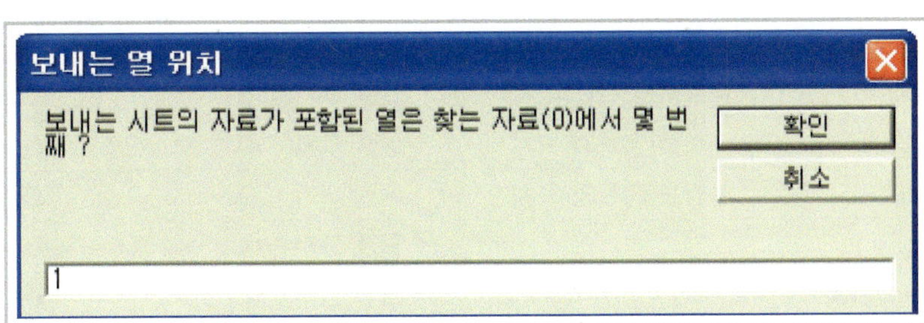

3. 사용자 정의 대화상자의 이용

위의 프로시저는 원하는 작업을 수행하지만 사용자가 시트명을 입력하고 비교 데이터의 위치, 그리고 복사할 데이터의 위치를 수치로 입력하는 것이 불편하다. 매번 InputBox가 나타나고 확인 버튼을 클릭하는 것이 불편하므로 이를 개선하기 위해 사용자 정의 대화상자를 이용해 보자.

❶ 먼저 VBE에서 메뉴의 삽입-사용자 정의 폼을 선택하여 사용자 정의 폼을 삽입한다. 속성 창에서 비어 있는 사용자 정의 폼의 이름을 'FormSend', Caption을 '자료받기' 라고 지정한 다음, 컨트롤 도구 모음을 이용하여 다음과 같은 Label 개체들을 추가하고 속성을 지정한다.

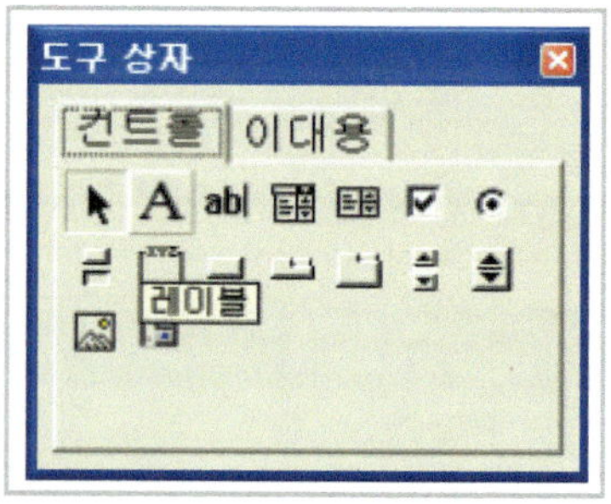

개체명	Caption	Font	SpecialEffect
Label1	보내는 시트명	글꼴 크기 : 14	1
Label2	받는 시트명	글꼴 크기 : 14	1
Label3	비교하는 자료의 시작	글꼴 크기 : 10	0
Label4	비교하는 자료의 시작	글꼴 크기 : 10	0
Label5	보낼 자료의 위치	글꼴 크기 : 10	0
Label6	받는 자료의 위치	글꼴 크기 : 10	0
LabSend		글꼴 크기 : 14	0
LabReceive		글꼴 크기 : 14	0

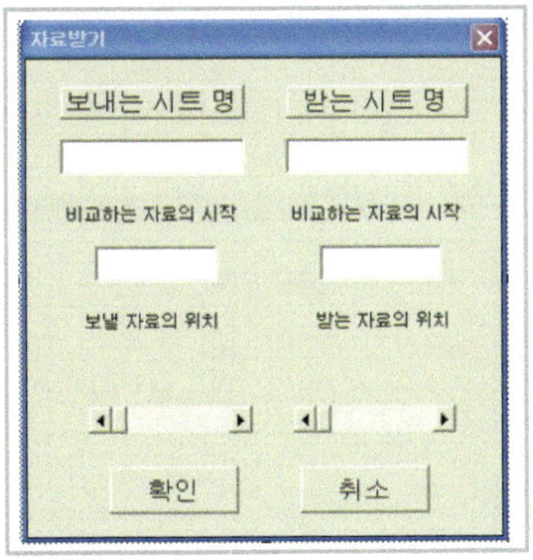

각 개체의 이름이나 속성을 지정하기 위해서는 속성 창에서 속성을 클릭하고 선택한다. SpecialEffect의 값이 1이면 SpecialEffectRaised로 속성 창에는 1-fmSpecialEffectRaised라고 표시될 것이다.

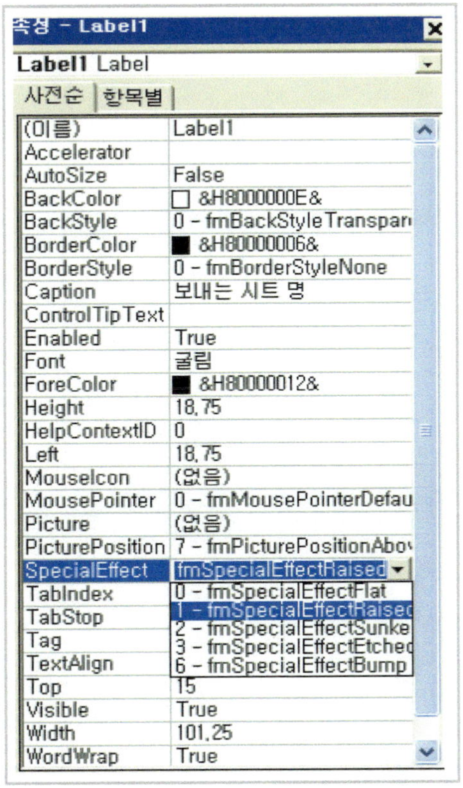

❷ 다시 컨트롤 도구 모음에서 텍스트 상자를 선택하여 다음의 개체들을 사용자 정의 폼에 추가한다.

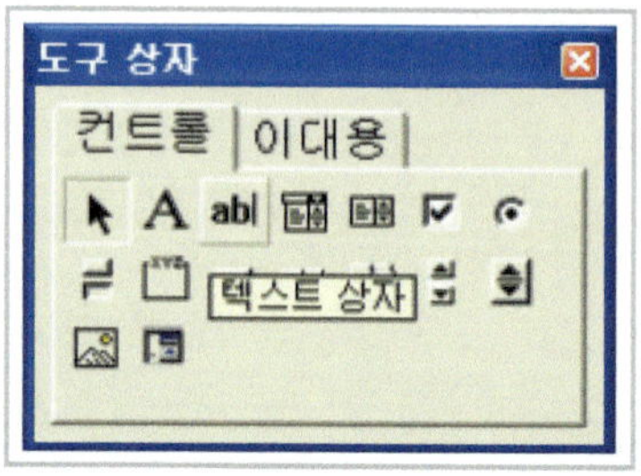

개체명	IMEMode	Font	SpecialEffect	ControlTipText
TbSendSheet	10	글꼴 크기 : 14	2	
TbReceiveSheet	10	글꼴 크기 : 14	2	
TbSendCel	10	글꼴 크기 : 10	2	B2의 형식으로 입력
Tb Receive Cel	10	글꼴 크기 : 10	2	B2의 형식으로 입력

❸ 컨트롤 도구상자에서 스크롤 막대를 선택하여 다음의 개체들을 사용자 정의 폼에 추가한다.

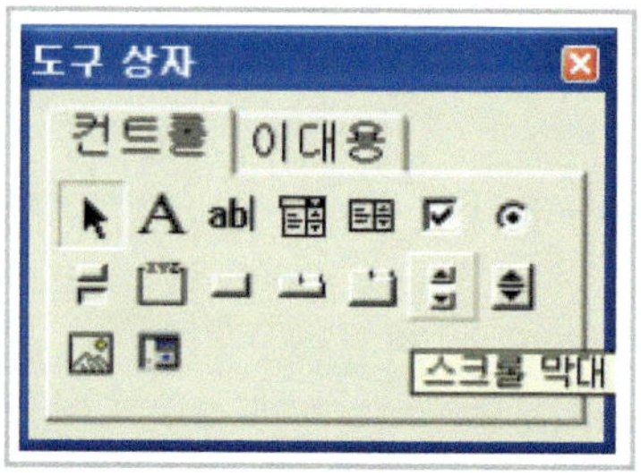

개체명	Min	Max	SmallChange
ScSend	0	20	1
ScReceive	0	20	1

❹ 마지막으로 컨트롤 도구 모음에서 명령 버튼을 선택하여 사용자 정의 폼에 다음과 같이 추가한다.

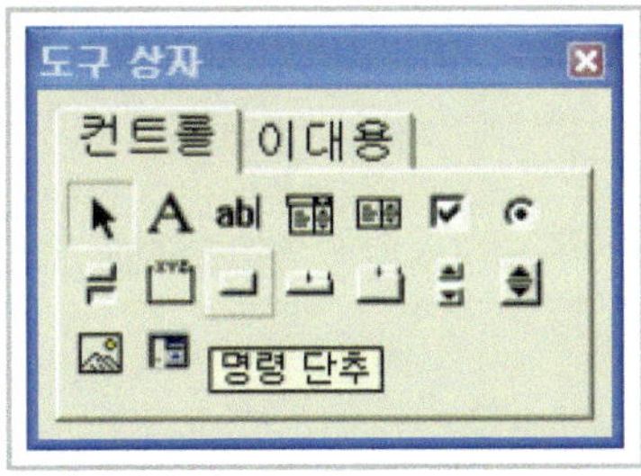

개체명	Caption	Font	Accelerator
ComOK	확인	글꼴 크기 : 14	o
ComCancel	취소	글꼴 크기 : 14	a

여기에서 Accelerator는 단축키를 지정하는 것으로 대화상자가 실행된 상태에서 Ctrl +단축키를 누르면 바로 실행된다. 사용자 정의 대화상자에 각 개체들을 추가하고 F5 키를 눌러 대화상자를 실행하면 다음과 같이 화면에 표시될 것이다.

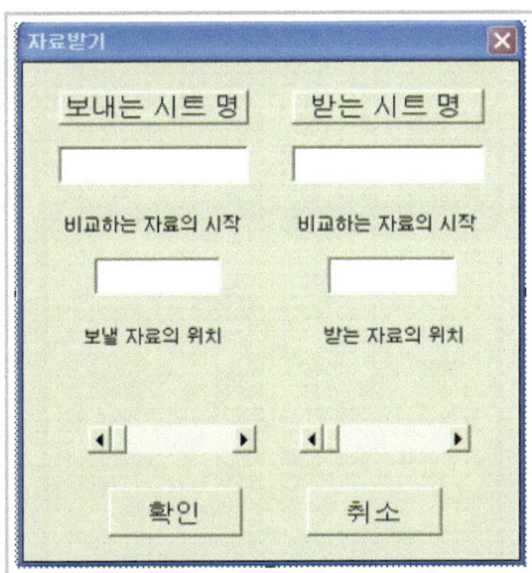

❺ 이제는 작성된 사용자 정의 대화상자에 코드를 지정하여 원하는 작업을 수행하도록 한다. 먼저 사용자 정의 폼 FormSend를 더블클릭 하여 폼의 코드 창이 나타나면 코드 창 상단의 개체 목록에서 UserForm을, 프로시저 목록에서 Initialize를 선택하여 나타난 프로시저에 다음의 코드를 입력한다.

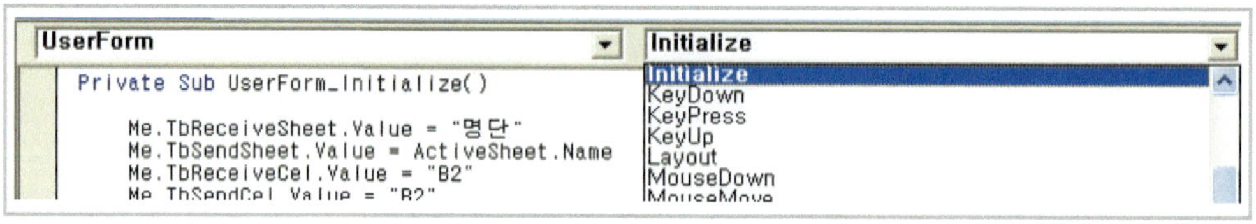


```
Private Sub UserForm_Initialize()
    Me.TbReceiveSheet.Value="명단"
    Me.TbSendSheet.Value=ActiveSheet.Name
    Me.TbReceiveCel.Value="B2"
    Me.TbSendCel.Value="B2"
End Sub
```

이 프로시저에서는 각 텍스트 상자의 값이 사용자가 자주 입력하는 값으로 미리 지정되도록 하였다. 예를 들어 받는 시트는 기본으로 '명단'으로 지정하고 보내는 시트는 현재 선택된 시트의 이름이 자동으로 입력되도록 하였다. 또한 비교되는 셀의 값도 B2로 지정하였다. 사용자는 이 내용이 맞지 않으면 수정할 것이다. 이제 F5 키를 눌러 대화상자를 실행하면 다음과 같이 화면에 표시될 것이다.

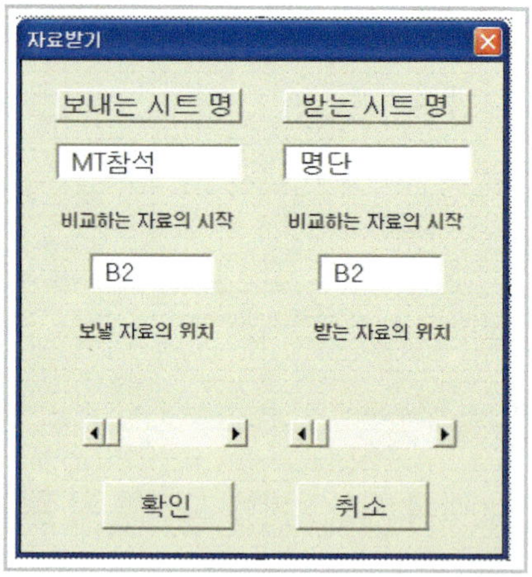

❻ 이제는 스크롤 막대를 움직였을 때, 지정한 값이 LabSend와 LabReceive에 나타나도록 다음과 같은 프로시저를 작성한다.

```
Private Sub ScReceive_Change()
    Me.LabReceive.Caption=Me.ScReceive.Value
End Sub
Private Sub ScSend_Change()
    Me.LabSend.Caption=Me.ScSend.Value
End Sub
```

이를 위해서는 코드 창 상단의 개체 목록과 프로시저 목록에서 각각 ScSend와 Change를 선택하여 프로시저명을 생성한 다음 코드를 입력한다. 받는 시트의 위치도 같은 방법으로 작성한다.

❼ 이번에는 취소 버튼과 확인 버튼을 클릭하는 이벤트에 대한 프로시저를 작성해야 한다. 이를 위해서는 사용자 정의 폼에서 취소 버튼을 더블클릭 하여 나타난 프로시저명에 다음과 같이 입력한다.

```
Private Sub ComCancel_Click()
    Unload Me
End Sub
```

이는 사용자 정의 폼을 화면과 메모리에서 없애라는 것이다.

❽ 마지막으로 확인 버튼을 클릭하는 이벤트에 대한 코드를 작성해야 한다. 여기에서는 각 텍스트 상자와 스크롤 막대에서 지정한 값을 이용하여 자료를 복사해야 하므로 이전에 작성한 코드를 수정하여 다음과 같이 입력한다.

```
Private Sub ComOK_Click()
    Dim Oldlist()
    Dim Newlist()
    Dim R1 As Range
    Dim R2 As Range
    SendSt=Me.SendSheet.Text
    ReceiveSt=Me.ReceiveSheet.Text
```

```
    SendCell=Me.TbSendCel.Text
    ReceiveCell=Me.TbReceiveCel.Text
    SendCol=Me.ScSend.Value
    ReceiveCol=Me.ScReceive.Value
    Set R1=Sheets(TbSendSt).Range(SendCell)
    Set R2=Sheets(TbReceiveSt).Range(ReceiveCell)
    ── 나머지 코드는 이전과 같음 ──
    Unload Me
    Application.ScreenUpdating=True
End Sub
```

이제 F5 키를 눌러 대화상자를 실행하면 FormSend가 화면에 표시되고 원하는 작업을 수행할 것이다. 하지만 사용자 정의 대화상자를 엑셀 화면에서 실행하기 위해서는 사용자 정의 대화상자를 보여 주는 코드를 작성해야 한다.

❾ 모듈의 Module1의 코드 창에 다음의 코드를 입력하여 사용자 정의 대화상자를 불러올 수 있게 한다.

```
Sub SendData1()
            FormSend.Show vbModeless
End Sub
```

이는 FormSend를 화면에 보여 주되, 대화상자가 화면에 나타난 상태에서도 워크시트를 선택하는 것이 가능하도록 vbModeless를 추가하였다.

4. RefEdit를 이용하기

위의 대화상자를 이용한 프로시저가 원하는 작업을 수행하지만 이와 같이 셀을 지정하는 경우에는 RefEdit 개체를 이용하는 것이 훨씬 편리하다. 이번에는 이 개체를 이용하는 대화상자를 만들어서 작업을 수행하는 프로시저를 작성해 보자.

❶ 먼저 VBE에서 메뉴의 삽입-사용자 정의 폼을 선택하여 또 다른 사용자 정의 폼을 삽입한다. 새로 삽입된 폼의 속성 창에서 이름을 'FormSend2', Caption을 '자료받기' 라고 지정한 다음, 컨트롤 도구 모음을 이용하여 다음과 같은 Label 개체들을 추가하고 속성을 지정한다.

개체명	Caption	Font	SpecialEffect	WordWrap
Label1	보내는 비교 셀	글꼴 크기 : 14	1	True
Label2	받는 비교 셀	글꼴 크기 : 14	1	True
Label3	보내는 셀	글꼴 크기 : 10	1	True
Label4	받는 셀	글꼴 크기 : 10	1	True

❷ 다음에는 컨트롤 도구상자에서 RefEdit를 선택하여 다음과 같이 개체를 추가한다.

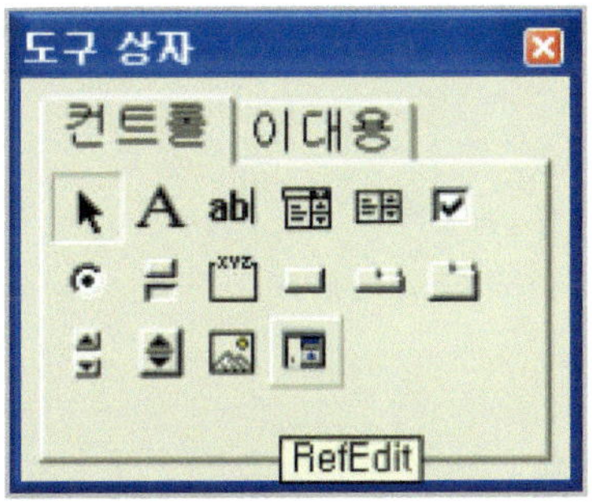

개체명	MousePointer	EnterFieldBehavior
ReSend	15-fmMousePointerSelectAll	0-fmEnterFieldBehaviorSelectAll
ReReceive	15-fmMousePointerSelectAll	0-fmEnterFieldBehaviorSelectAll
ReCopyFrom	15-fmMousePointerSelectAll	0-fmEnterFieldBehaviorSelectAll
ReCopyTo	15-fmMousePointerSelectAll	0-fmEnterFieldBehaviorSelectAll

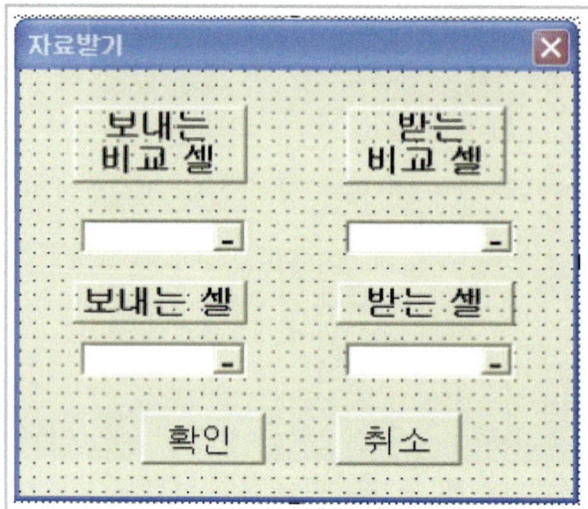

❸ 다음과 같이 사용자 정의 폼이 실행될 때의 초기화를 위한 코드를 입력한다.

```
Private Sub UserForm_Initialize()
    Me.ReSend.SetFocus
End Sub
```

❹ 취소 버튼을 클릭했을 경우는 앞에서와 마찬가지로 폼을 Unload하면 되므로 이를 위한 프로시저를 작성한다.

```
Private Sub ComCancel_Click()
    Unload Me
End Sub
```

❺ 확인 버튼을 클릭했을 경우에는 각 RefEdit 개체에서 받은 값을 변수에 지정하고 이를 이용하여 필요한 부분을 복사하면 되므로 다음과 같이 코드를 추가한다.

```
Private Sub ComOK_Click()
    Dim Oldlist()
    Dim Newlist()
```

```
Dim R1 As Range
Dim R2 As Range
Dim R3 As Range
Dim R4 As Range

Set R1=Range(Me.ReSend.Text)
Set R2=Range(Me.ReReceive.Text)
Set R3=Range(Me.ReCopyFrom.Text)
Set R4=Range(Me.ReCopyTo.Text)

—— 나머지는 전과 동일함 ——
End Sub
```

엑셀 오류 사례

관리가 안 되고 있는 엑셀 프로그램

연방예금보험공사(FDIC)의 최소비용테스트 모델을 감사한 보고서에는 다음과 같은 내용이 포함되어 있다. 결론적으로 이 모델이 전반적으로 의도된 결과를 내고 있다. 하지만 프로그램이 접근, 소프트웨어 개발, 갱신에 대한 통제가 취약하다. 이 소프트웨어가 충분한 테스트를 거쳤다는 기록이 없다. 모델의 변경에 대한 요청, 수정, 테스트, 승인을 위한 시스템이 개발되지 않았다. 매크로와 수식에 대한 보안이 거의 행해지지 않았으며 호환성에도 문제가 있다. FDIC는 이 스프레드시트 모델을 개발한 DRS의 직원을 고용하고 있지도 않고, 수정이 필요할 경우에 요구되는 모델의 개발에 관련된 문서를 아무도 가지고 있지 않다. 심지어 일부의 수식들은 중복된 경우도 있다.

http://www.fdicig.gov/reports01/01-025.pdf에서 인용

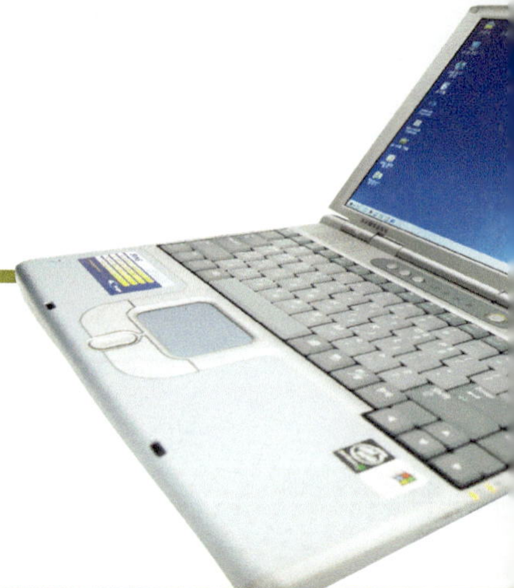

부록

EXCEL

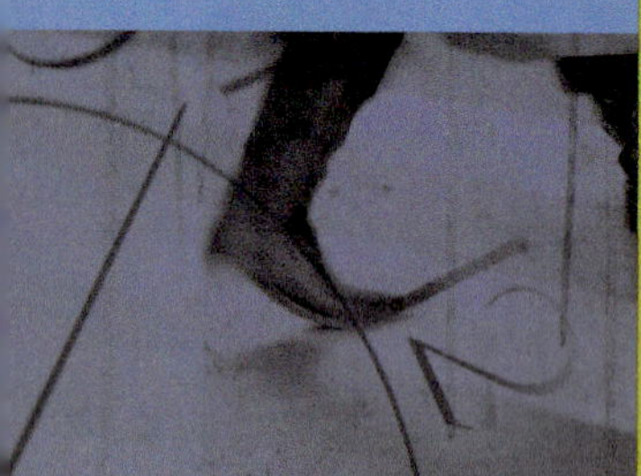

Chapter 01

엑셀 바로가기 키

엑셀에서는 워크시트의 작업 속도를 높이고 숙련 사용자의 편의를 위해 다양한 바로가기 키를 제공하고 있다. 작업 유형별로 유용한 바로가기 키는 다음과 같다.

셀 서식

바로가기 키	내용
Alt+'	스타일 대화상자를 나타냅니다.
Ctrl+1	셀 서식 대화상자를 나타냅니다.
Ctrl+Shift+~	일반 숫자 서식을 적용합니다.
Ctrl+Shift+$	소수 두 자리의 통화 서식을 적용합니다(음수는 괄호로 표시).
Ctrl+Shift+%	소수 자릿수 없이 백분율 서식을 적용합니다.
Ctrl+Shift+^	소수 두 자리의 지수 숫자 서식을 적용합니다.
Ctrl+Shift+#	일, 월, 년의 날짜 서식을 적용합니다.
Ctrl+Shift+@	시간과 분, AM/PM으로 시간 서식을 적용합니다.
Ctrl+Shift+!	소수 두 자리의 숫자 서식, 1000 단위 구분 기호, 빼기 기호(−) 등으로 숫자 서식을 적용합니다.
Ctrl+B	굵게 서식을 적용하거나 제거합니다.
Ctrl+I	기울임꼴 서식을 적용하거나 제거합니다.
Ctrl+U	밑줄 서식을 적용하거나 제거합니다.
Ctrl+5	취소선 서식을 적용하거나 제거합니다.
Ctrl+9	선택한 행을 숨깁니다.
Ctrl+Shift+(	선택 영역 안에서 숨겨진 행의 숨김을 모두 취소합니다.

바로가기 키	내용
Ctrl+0	선택한 열을 숨깁니다.
Ctrl+Shift+)	선택 영역 안에서 숨겨진 열의 숨김을 모두 취소합니다.
Ctrl+Shift+&	선택한 셀에 윤곽선 테두리를 적용합니다.
Ctrl+Shift+_	선택한 셀에서 윤곽선 테두리를 제거합니다.

셀 선택

바로가기 키	내용
Ctrl+Shift+*	현재 셀 주위의 현재 영역을 선택합니다.
Ctrl+/	현재 셀이 들어 있는 배열을 선택합니다.
Ctrl+Shift+O	메모가 있는 셀을 모두 선택합니다.
Ctrl+\	선택된 행에서 현재 셀 값과 일치하지 않는 셀을 선택합니다.
Ctrl+Shift+l	선택된 열에서 현재 셀 값과 일치하지 않는 셀을 선택합니다.
Ctrl+[	선택 영역의 수식에서 직접 참조하는 셀을 모두 선택합니다.
Ctrl+Shift+{	선택 영역의 수식에서 참조하는 셀을 모두 선택합니다.
Ctrl+]	현재 셀을 직접 참조하는 수식이 들어 있는 셀을 선택합니다.
Ctrl+Shift+}	현재 셀을 참조하는 수식이 들어 있는 셀을 선택합니다.
Alt+;	현재 선택 영역에 나타난 셀만 선택합니다.
F8 키	확장 모드를 설정하거나 해제합니다.
Shift+F8	선택 영역에 다른 셀 범위를 추가합니다.
Shift+화살표 키	선택 영역을 한 셀씩 확장합니다.
Ctrl+Shift+화살표 키	선택 영역을 현재 셀과 같은 열이나 행의 비어 있지 않은 마지막 셀까지 확장합니다.
Shift+Home	행 시작 위치까지 선택 영역을 확장합니다.
Ctrl+Shift+Home	선택 영역을 워크시트의 시작 부분까지 확장합니다.
Ctrl+Shift+End	선택 영역을 워크시트에서 마지막으로 사용한 셀까지 확장합니다.
Shift+Page Down	선택 영역을 한 화면 아래로 확장합니다.
Shift+Page Up	선택 영역을 한 화면 위로 확장합니다.
End+Shift+화살표 키	선택 영역을 현재 셀과 동일한 열이나 행에서 비어 있지 않은 마지막 셀까지 확장합니다.

바로가기 키	내용
End+Shift+Home	선택 영역을 워크시트에서 마지막으로 사용한 셀까지 확장합니다.
End+Shift+Enter	선택 영역을 현재 행의 마지막 셀까지 확장합니다.
Scroll Lock+Shift+Home	선택 영역을 창의 왼쪽 위 모서리 셀까지 확장합니다.
Scroll Lock+Shift+End	선택 영역을 창의 오른쪽 아래 모서리 셀까지 확장합니다.

데이터 입력

바로가기 키	내용
Enter 키	셀 입력을 완료하고 바로 아래 셀을 선택합니다.
Alt+Enter	동일한 셀에서 새 줄을 시작합니다.
Ctrl+Enter	선택한 셀 범위를 현재 입력으로 채웁니다.
Shift+Enter	셀 입력을 완료하고 위의 이전 셀을 선택합니다.
Tab 키	셀 입력을 완료하고 오른쪽에 있는 다음 셀을 선택합니다.
Shift+Tab	선택 입력을 완료하고 왼쪽에 있는 이전 셀을 선택합니다.
Esc 키	셀 입력을 취소합니다.
화살표 키	위, 아래, 왼쪽 또는 오른쪽으로 한 글자 이동합니다.
Home 키	해당 줄의 시작 부분으로 이동합니다.
F4 또는 Ctrl+Y	바로 전 작업을 반복합니다.
Ctrl+Shift+F3	행/열 레이블로부터 이름을 만듭니다.
Ctrl+D	아래로 채웁니다.
Ctrl+R	오른쪽으로 채웁니다.
Ctrl+F3	이름을 정의합니다.
Ctrl+K	하이퍼링크를 삽입합니다.
Ctrl+;	날짜를 입력합니다.
Ctrl+Shift+:	시간을 입력합니다.
Alt+아래쪽 화살표	목록의 현재 열 값을 드롭다운 목록으로 나타냅니다.
Ctrl+Z	바로 전 작업을 취소합니다.

자동 필터

바로가기 키	내용
Alt+아래쪽 화살표	드롭다운 화살표가 있는 셀에서 현재 열에 대해 자동 필터 목록을 나타냅니다.
아래쪽 화살표 키	자동 필터 목록에서 다음 항목을 선택합니다.
위쪽 화살표 키	자동 필터 목록에서 이전 항목을 선택합니다.
Alt+위쪽 화살표	현재 열의 자동 필터 목록을 닫습니다.
Home 키	자동 필터 목록에서 첫째 항목(모두)을 선택합니다.
End 키	자동 필터 목록에서 마지막 항목을 선택합니다.
Enter 키	자동 필터 목록에서 선택한 항목을 기준으로 목록을 필터링합니다.

창 표시

바로가기 키	내용
Alt+Tab	다음 창으로 전환합니다.
Alt+Shift+Tab	이전 창으로 전환합니다.
Ctrl+Esc	Windows 시작 메뉴를 표시합니다.
Ctrl+W	선택한 통합 문서 창을 닫습니다.
Ctrl+F5	선택한 통합 문서 창의 크기를 복원합니다.
F6 키	워크시트에서 나눠진 다음 창으로 전환합니다.
Shift+F6	워크시트에서 나눠진 이전 창으로 전환합니다.
Ctrl+F6	통합 문서 창이 두 개 이상 열려 있으면 다음 통합 문서 창으로 전환합니다.
Ctrl+Shift+F6	이전 통합 문서 창으로 전환합니다.
Ctrl+F7	통합 문서 창이 최대화되지 않았으면 통합 문서 창의 컨트롤 메뉴에서 이동 명령을 수행합니다.
Ctrl+F8	통합 문서 창이 최대화되지 않았으면 통합 문서 창의 컨트롤 메뉴에서 크기 명령을 수행합니다.
Ctrl+F9	통합 문서 창을 아이콘으로 최소화합니다.
Ctrl+F10	선택한 통합 문서 창을 최대화하거나 복원합니다.
PrtScr	화면의 그림을 클립보드로 복사합니다.
Alt+Print Screen	선택한 창의 그림을 클립보드로 복사합니다.

수식 계산

바로가기 키	내용
=	수식을 시작합니다.
F2 키	셀 편집이 해제되었을 때 삽입 포인터를 수식 입력줄 안으로 이동합니다.
백스페이스	수식 입력줄에서 왼쪽의 한 글자를 삭제합니다.
Enter 키	셀이나 수식 입력줄에서 셀 입력을 완료합니다.
Ctrl+Shift+Enter	수식을 배열 수식으로 입력합니다.
Esc 키	셀이나 수식 입력줄에서 입력을 취소합니다.
Shift+F3	수식에서 함수 마법사 대화상자를 나타냅니다.
Ctrl+A	삽입 포인터가 수식의 함수 이름 오른쪽에 있으면 함수 인수 대화상자가 나타납니다.
Ctrl+Shift+A	삽입 포인터가 수식의 함수 이름 오른쪽에 있으면 인수 이름과 괄호를 삽입합니다.
F3 키	정의된 이름을 수식에 붙여 넣습니다.
Alt+=	SUM 함수로 자동 합계 수식을 삽입합니다.
Ctrl+Shift+”	현재 셀 위의 셀에 있는 값을 셀이나 수식 입력줄에 복사합니다.
Ctrl+’	현재 셀 위의 셀에 있는 수식을 셀이나 수식 입력줄에 복사합니다.
Ctrl+	셀 값 표시와 수식 표시 사이를 전환합니다.
F9 키	열려 있는 모든 통합 문서의 모든 워크시트를 계산합니다.
Shift+F9	현재 워크시트를 계산합니다.
Ctrl+Alt+F9	마지막 계산 이후 변경 내용이 있는지 여부에 관계없이 열려 있는 모든 통합 문서의 모든 워크시트를 계산합니다.
Ctrl+Alt+Shift+F9	참조되는 수식을 다시 검사한 다음 열려 있는 모든 통합 문서에서 계산하도록 표시되지 않은 셀까지 포함하여 모든 셀을 계산합니다.

Chapter 02

엑셀 함수

엑셀에서는 300가지 이상의 내장 함수를 제공하고 있다. 앞에서 자주 사용되는 엑셀 함수에 대해 사례를 통해 알아보았지만 더 많은 함수들이 있다. 엑셀은 함수에 대해 함수 마법사를 비롯한 뛰어난 도움말 기능을 제공하고 있으므로 모든 함수를 암기할 필요는 없다. 하지만 유형별 함수들의 종류를 정리하는 것은 의미가 있다. 다음에서는 유형별 함수의 종류와 기능을 설명한다.

데이터베이스 함수

함수	설명
DAVERAGE	데이터베이스나목록에서찾을조건과일치하는열의값의평균을구합니다.
DCOUNT	데이터베이스의필드에서찾을조건과일치하는숫자가들어있는셀의개수를셉니다.
DCOUNTA	데이터베이스의필드에서찾을조건과일치하는값이들어있는셀의개수를셉니다.
DGET	데이터베이스의필드에서찾을조건과일치하는단일값을추출합니다.
DMAX	데이터베이스의필드에서찾을조건과일치하는가장큰수를구합니다.
DMIN	데이터베이스의필드에서찾을조건과일치하는가장작은수를구합니다.
DPRODUCT	데이터베이스의필드에서찾을조건과일치하는값들을곱합니다.
DSTDEV	데이터베이스의필드에서찾을조건과일치하는값을사용하여표본으로부터모집단의표준편차를추정합니다.
DSTDEVP	데이터베이스의필드에서찾을조건과일치하는값을사용하여전체모집단으로부터모집단의표준편차를계산합니다.
DSUM	데이터베이스의필드에서찾을조건과일치하는값들의합을구합니다.
DVAR	데이터베이스의필드에서찾을조건과일치하는값을사용하여표본으로부터모집단의분산을추정합니다.

DVARP	데이터베이스의필드에서찾을조건과일치하는값을사용하여전체모집단으로부터 모집단의분산을계산합니다.
GETPIVOTDATA	피벗테이블보고서에저장된데이터를구합니다.GETPIVOTDATA함수를사용하여 피벗테이블보고서로부터요약데이터를읽어들입니다.

논리 함수

AND	인수가모두TRUE이면TRUE를표시합니다.
FALSE	논리값FALSE를표시합니다.
IF	logical_test를평가하여그값이TRUE면값을나타내고FALSE면다른값을나타냅니다.IF를사용하여값이나수식에대한조건부검사를할수있습니다.
NOT	인수값의역을표시합니다.값이특정값과같지않은지확인할때NOT을사용합니다.
OR	TRUE인인수가있으면TRUE를표현합니다.인수가모두FALSE인경우에만FALSE 를표시합니다.
TRUE	논리값을TRUE로표시합니다.

날짜와 시간 함수

DATE	특정날짜의일련번호를구합니다.
DATEDIF	두날짜사이의날짜수
DATEVALUE	텍스트로표시된날짜를DATEVALUE를사용하여일련번호로변환합니다.
DAY	주어진날짜에서일에대한일련번호로구합니다.일은1에서31까지의정수로표시됩니다.
DAYS360	1년을360일(12달*30일)로가정하고두날짜사이의일수를구합니다.회계계산에사용됩니다.회계체계가12달30일을기준으로할때이함수를사용하여임금을계산할수있습니다.
EDATE	시작일부터지정한개월수이전이나이후날짜의일련번호를구합니다.EDATE를사용하여발행일과월과일이같은만기일을계산할수있습니다.
EOMONTH	지정된달수이전이나이후의달의마지막날의날짜일련번호를표시합니다.EOMONTH를사용하여임의의달의마지막날에해당하는만기일을계산할수있습니다.
HOUR	시간값의시간을구합니다.시간은0(12:00A.M.)에서23(11:00P.M.)까지의정수로 표시합니다.

MINUTE	시간값의분을표시합니다.분은0에서59까지의정수로표시됩니다.
MONTH	일련번호로표시된날짜의월을표시합니다.월은1(1월)에서12(12월)까지의정수로표시됩니다.
NETWORKDAYS	시작한날짜와끝나는날짜사이의전체작업일수를구합니다.작업일수에주말과휴일은포함되지않습니다.NETWORKDAYS를사용하여특정기간동안작업한일수를기초로하여발생된종업원의임금을계산합니다.
NOW	현재날짜와시간의일련번호를구합니다.
SECOND	시간값의초단위를표시합니다.초는0에서59까지의정수입니다.
TIME	지정한시간에대한실수를표시합니다.TIME이표시하는실수는0에서0.99999999까지의소수로0:00:00(12:00:00A.M.)에서23:59:59(11:59:59P.M.)까지의시간을표시합니다.
TIMEVALUE	문자열로표시된시간에대한실수를표시합니다.실수는0에서0.99999999까지의소수로0:00:00(12:00:00A.M.)에서23:59:59(11:59:59P.M.)까지의시간을표시합니다.
TODAY	현재날짜에대한일련번호를표시합니다.일련번호는날짜와시간을계산하기위해 Microsoft EXcel이사용하는날짜시간코드입니다.
WEEKDAY	날짜에해당하는요일을표시합니다.기본적으로요일은1(일요일)에서7(토요일)까지의정수입니다.
WEEKNUM	지정한주가일년중몇번째주인가를나타내는숫자를반환합니다.
WORKDAY	일정한날(시작날짜)부터그이후나이전의작업일수를더하거나뺀날짜를나타내는숫자를구합니다.작업일에서주말과공휴일은제외됩니다.WORKDAY를사용하면송장만기일이나배달예정일,작업일수등을계산할때주말이나휴일을제외할수있습니다.
YEAR	날짜에해당하는연도를표시합니다.연도는1900에서9999까지의정수입니다.
YEARFRAC	일년에대한시작일과마지막날사이의날짜수비율을구합니다.YEARFRAC함수를사용하여특정기간에대한연이익또는채무의비율을구할수있습니다.

공학 함수

BESSELI	순허수인수를계산하는Bessel함수와유사한수정된Bessel함수를구합니다.
BESSELJ	Bessel함수를구합니다.
BESSELK	순허수인수를계산하는Bessel함수와유사한수정된Bessel함수를구합니다.
BESSELY	Weber함수또는Neumann함수라고도부르는Bessel함수를구합니다.
BIN2DEC	2진수를10진수로변환합니다.
BIN2HEX	2진수를16진수로변환합니다.

BIN2OCT	2진수를8진수로변환합니다.
COMPLEX	실수부와허수부계수쌍을X+Yi또는X+Yj형태의복소수로변환합니다.
CONVERT	다른단위체계의숫자로변환합니다.예를들어CONVERT함수를사용하여마일단위의거리를킬로미터단위로변환할수있습니다.
DEC2BIN	10진수를2진수로변환합니다.
DEC2HEX	10진수를16진수로변환합니다.
DEC2OCT	10진수를8진수로변환합니다.
DELTA	두값이같은지검사합니다.Number1=Number2이면1을표시하고그렇지않으면0을표시합니다.이함수를사용하여값을필터링할수있습니다.이함수는Kronecker Delta함수라고도합니다.
ERF	Lower_limit에서upper_limit까지적분된오류함수를구합니다.
ERFC	X에서무한대까지적분된오류함수의여함수를구합니다.
GESTEP	Number≥step이면1을표시하고
HEX2BIN	16진수를2진수로변환합니다.
HEX2DEC	16진수를10진수로변환합니다.
HEX2OCT	16진수를8진수로변환합니다.
IMABS	X+Yi또는X+Yj텍스트형식으로되어있는복소수의절대값(법)을구합니다.
IMAGINARY	X+Yi또는X+Yj텍스트형식으로되어있는복소수의허수부계수를구합니다.
IMARGUMENT	각도가라디안으로표시되는인수(theta)를구합니다.
IMCONJUGATE	X+Yi또는X+Yj텍스트형식인복소수의켤레복소수를구합니다.
IMCOS	X+Yi또는X+Yj텍스트형식인복소수의코사인값을구합니다.
IMDIV	X+Yi또는X+Yj텍스트형식인두복소수의나눗셈몫을구합니다.
IMEXP	X+Yi또는X+Yj텍스트형식인복소수의지수를구합니다.
IMLN	X+Yi또는X+Yj텍스트형식인복소수의자연로그값을구합니다.
IMLOG10	X+Yi또는X+Yj텍스트형식인복소수의상용로그(밑이10)값을구합니다.
IMLOG2	X+Yi또는X+Yj텍스트형식인복소수의밑이2인로그값을구합니다.
IMPOWER	X+Yi또는X+Yj텍스트형식인복소수의멱을구합니다.
IMPRODUCT	X+Yi또는X+Yj텍스트형식인복소수2에서29개까지의곱을구합니다.
IMREAL	X+Yi또는X+Yj텍스트형식인복소수의실수부를구합니다.
IMSIN	X+Yi또는X+Yj텍스트형식인복소수의사인값을구합니다.
IMSQRT	X+Yi또는X+Yj텍스트형식인복소수의제곱근을구합니다.
IMSUB	X+Yi또는X+Yj텍스트형식인두복소수의차를구합니다.
IMSUM	X+Yi또는X+Yj텍스트형식인두개이상의복소수의합을구합니다.

OCT2BIN	8진수를2진수로변환합니다.
OCT2DEC	8진수를10진수로변환합니다.
OCT2HEX	8진수를16진수로변환합니다.

재무 함수

ACCRINT	정기적으로이자를지급하는유가증권의발생이자를계산합니다.
ACCRINTM	만기에이자를지급하는유가증권의발생이자를계산합니다.
AMORDEGRC	매회계기간에대한감가상각액을구합니다.이함수는프랑스식회계시스템을위한것입니다.회계기간중에구입한자산은상각기간에따라감가상각액을비례배분합니다.이함수는자산의내용년수에따라감가상각계수를달리적용하는것을제외하면AMORLINC과유사합니다.
AMORLINC	매회계기간에대한감가상각액을구합니다.이함수는프랑스식회계시스템을위한것입니다.회계기간중에자산을취득하면상각기간에따라감가상각액을비례배분합니다.
COUPDAYBS	이자지급기간의시작일부터결산일까지의일수를계산합니다.
COUPDAYS	결산일이들어있는이자지급기간의일수를계산합니다.
COUPDAYSNC	결산일부터다음이자지급일까지의일수를계산합니다.
COUPNCD	결산일다음첫번째이자지급일을나타내는숫자를구합니다.
COUPNUM	결산일과만기일사이의이자지급횟수를계산한다음가장가까운정수로반올림합니다.
COUPPCD	결산일바로전이자지급일을나타내는숫자를구합니다.
CUMIPMT	주어진기간사이에납입하는대출금이자의누계액을계산합니다.
CUMPRINC	주어진기간사이에납입하는대출금원금의누계액을계산합니다.
DB	정율법을사용하여지정된상각기간의감가상각액을구합니다.
DDB	이중체감법이나기타방법을사용하여지정된기간의감가상각액을구합니다.
DISC	유가증권의할인율을계산합니다.
DOLLARDE	분수로표시된금액을소수로표시된금액으로변환합니다.DOLLARDE를사용하여유가증권가격처럼분수로표시된금액을소수로변환합니다.
DOLLARFR	소수로표시된금액을분수로표시된금액으로변환합니다.DOLLARFR을사용하여소수로표시된금액을유가증권가격처럼분수로변환합니다.
DURATION	액면가$100에대한MacauleY듀레이션을구합니다.DURATION은현금흐름의현재가치를가중평균한것으로채권가격이수익률변동에얼마나민감하게반응하는지를나타내는척도로사용됩니다.

EFFECT	연간명목이자율과연간복리계산횟수가주어지면연간실질이자율을계산합니다.
FV	일정금액을정기적으로불입하고일정한이율을적용하는투자의미래가치를계산합니다.
FVSCHEDULE	초기원금에일련의복리이율을적용했을때의예상금액을구합니다. FVSCHEDULE함수를사용하여투자액에다양한이율을적용했을때의예상금액을계산할수있습니다.
INTRATE	완전투자한유가증권의이율을구합니다.
IPMT	일정금액을정기적으로납입하고일정한이율이적용되는투자에대한주어진기간동안의이자를계산합니다.
IRR	숫자로표시되는일련의주기적인현금흐름에대한내부수익률을구합니다. 이현금흐름은연금과같이일정할필요는없습니다. 내부수익률은주기적으로발생하는납입액(음수)과수익액(양수)으로구성되는투자이율입니다.
ISPMT	특정투자기간동안지급되는이자를계산합니다. 이함수는Lotus1-2-3과호환성을위해제공됩니다.
MDURATION	가정된액면가$100에대한증권의수정듀레이션을구합니다.
MIRR	정기적인현금흐름에대한수정된내부회수율을계산합니다.MIRR는투자비용과현금을재투자하여얻은이자를모두고려합니다.
NOMINAL	실질적인이율과연간복리계산횟수를사용하여명목상의연이율을구합니다.
NPER	정기적으로일정금액을불입하고일정한이율을적용하는투자에대한투자기간수를구합니다.
NPV	할인율과앞으로의지출(음수)과수입(양수)을사용하여투자의현재가치를계산합니다.
ODDFPRICE	첫이수기간이경상이수기간과다른(짧거나긴)유가증권의액면가$100당금액을구합니다.
ODDFYIELD	첫이수기간이경상이수기간과다른(짧거나긴)증권의연수익률을구합니다.
ODDLPRICE	마지막이수기간이경상이수기간과다른(짧거나긴)유가증권의액면가$100당가격을구합니다.
ODDLYIELD	마지막이수기간이경상이수기간과다른(짧거나긴)채권의수익률을구합니다.
PMT	정기적으로불입하고일정한이율이적용되는대출에대해매회불입액을계산합니다.
PPMT	정기적으로일정금액을지불하고일정한이율이적용되는투자액에대한주어진기간동안의원금상환액을계산합니다.
PRICE	정기적으로이자를지급하는유가증권의액면가$100당금액을구합니다.
PRICEDISC	할인된유가증권의액면가$100당가격을구합니다.
PRICEMAT	만기일에이자를지급하는유가증권의액면가$100당가격을구합니다.

PV	투자액의현재가치를계산합니다.현재가치는앞으로지불할일련의납입금의현재가치의총합입니다.예를들어돈을빌릴때대출금은대출자에게현재가치가됩니다.
RATE	이자지급기간당이율을계산합니다.RATE는반복해서계산되고0이상의해를가질수있습니다.RATE의연속되는결과값이20회반복후0.0000001의범위내에수렴하지않으면#NUM!오류값을표시합니다.
RECEIVED	완전투자유가증권에대하여만기시수령하는금액을구합니다.
SLN	단위기간동안자산의감가상각액을정액법으로계산합니다.
SYD	지정한기간동안연수합계법에의한자산의감가상각액을구합니다.
TBILLEQ	국채의연수익율을구합니다.
TBILLPRICE	국채의액면가$100당가격을구합니다.
TBILLYIELD	국체의수익률을구합니다.
VDB	이중체감법이나지정한기타다른방법으로일정기간동안일부기간을포함한자산의감가상각을구합니다.
XIRR	비정기적인현금흐름의내부회수율을구합니다.정기적인현금흐름의내부회수율을계산하려면IRR함수를사용합니다.
XNPV	비정기적인현금흐름의순현가를구합니다.정기적인현금흐름의순현가를구하려면NPV함수를사용합니다.
YIELD	정기적으로이자를지급하는유가증권의수익률을구합니다.YIELD을사용하여채권의수익률을구합니다.
YIELDDISC	할인된유가증권의연수익률을구합니다.
YIELDMAT	만기시이자를지급하는유가증권의연수익률을구합니다.

정보 함수

CELL	참조영역의첫째셀의서식이나위치,내용에대한정보를제공합니다.
COUNTBLANK	지정한범위에있는공백셀의개수를셉니다.
ERROR.TYPE	오류스타일에해당하는번호를나타냅니다.오류가없으면#N/A오류를나타냅니다.IF함수에서ERROR.TYPE을사용하여오류값을검사하고오류값대신메시지같은문자열을나타낼수있습니다.
INFO	현재의운영체제에대한정보를나타냅니다.
ISEVEN	수가짝수면TRUE를표시하고수가홀수면FALSE를표시합니다.
ISODD	수가홀수면TRUE를표시하고
N	숫자로변환된값을표시합니다.

NA	오류값#N/A를표시합니다.#N/A는"어떤값도사용할수없음"을의미합니다.NA를사용하여빈셀을표시합니다.정보가누락된셀에#N/A를입력하여계산에빈셀이포함되지않도록할수있습니다.수식이#N/A가들어있는셀을참고하게되면#N/A오류값을표시합니다.
TYPE	값의스타일을구합니다.특정셀의값의스타일에따라함수실행이달라질때TYPE함수를사용합니다.
IS Functions	IS함수라고불리는함수들은값의스타일을검사하여그결과에따라TRUE또는FALSE를돌려줍니다.예를들어ISBLANK함수는값이빈셀을참조하면TRUE를그렇지않으면FALSE를돌려줍니다.

찾기와 참조 함수

ADDRESS	주어진행과열번호를가지고셀주소를나타내는텍스트를구합니다.
AREAS	참조영역에있는영역의개수를알려줍니다.영역은인접한셀범위이거나하나의셀입니다.
CHOOSE	indeX_num을사용하여인수목록에서값을구합니다.CHOOSE함수를사용하여29개까지의값중에서하나를색인번호로선택할수있습니다.예를들어value1에서value7까지가요일을나타내고indeX_num이1에서7까지의번호일때CHOOSE함수는요일중하나를구합니다.
COLUMN	주어진참조영역의열번호를구합니다.
COLUMNS	배열이나참조영역의열개수를구합니다.
HLOOKUP	표나배열의첫째행에서값을찾아지정한행의같은열에서데이터를추출합니다.
HYPERLINK	네트워크서버,하드드라이브,인터넷등에저장된문서로이동할바로가기키를만듭니다.
INDEX	표나범위의값이나값에대한참조영역을구합니다.INDEX()함수에는배열형과참조영역형의두가지형태가있습니다.배열형은항상값이나값의배열을돌려주고참조형은특정행과열이교차되는위치의셀참조를반환합니다.
INDIRECT	문자열이지정하는참조영역을구합니다.참조영역의내용은바로화면에나타납니다.식은변경하지않고셀참조영역만을바꾸고싶을때INDIRECT함수를사용합니다.
LOOKUP	벡터또는배열에서값을찾습니다.LOOKUP함수는벡터형과배열형의두가지구문형식을갖고있습니다.벡터형은한개의행이나한개의열로이루어진벡터범위에서값을찾고,한개의행이나한개의열로이루어진두번째범위의동일한위치에서값을반환합니다.배열형은배열의첫번째행이나열에서지정된값을찾고,배열의마지막행이나열의동일한위치에서값을반환합니다.

MATCH	지정한방법으로지정한값과일치하는배열요소를찾아상대위치를표시합니다.항목자체보다항목의위치를알아내려할때LOOKUP함수대신MATCH함수를사용합니다
OFFSET	지정한행또는열수만큼떨어진곳에있는특정높이와너비의참조영역을표시합니다.참조영역은한셀이나여러셀이될수있습니다.
ROW	참조영역의행번호를표시합니다.
ROWS	참조영역또는배열의행개수를표시합니다.
TRANSPOSE	배열의행과열을바꿉니다.TRANSPOSE는배열수식으로입력해야하고이를입력하는범위의행및열수는각각배열의열및행수와같아야합니다.
VLOOKUP	표의가장왼쪽열에서특정값을찾아표배열의다른열에있는같은행에서값을반환합니다.

수학과 삼각 함수

ABS	절대값을구합니다.절대값은부호가없는숫자입니다.
ACOS	아크코사인값을구합니다.어떤숫자의아크코사인값은코사인값을구하면그숫자가되는각도입니다.결과각도는라디안으로표시되며0에서pi까지입니다.
ACOSH	1과같거나큰수의역하이퍼볼릭코사인값을구합니다.어떤숫자의역하이퍼볼릭코사인값은하이퍼볼릭코사인값이그숫자인값이므로ACOSH(COSH(Number))=Number입니다.
ASIN	아크사인값을구합니다.어떤숫자의아크사인값은사인값을구하면그숫자가되는각도입니다.표시되는각도는-pi/2에서pi/2사이의라디안값입니다.
ASINH	역하이퍼볼릭사인값을구합니다.어떤숫자의역하이퍼볼릭사인값은하이퍼볼릭사인값이그숫자인값이므로ASINH(SINH(Number))=Number입니다.
ATAN	아크탄젠트값을구합니다.어떤숫자의아크탄젠트값은탄젠트값이그숫자인각도입니다.표시되는각도는-pi/2에서pi/2까지의라디안값입니다.
ATAN2	지정된X,Y좌표의아크탄젠트값을구합니다.단-pi값은제외됩니다.
ATANH	역하이퍼볼릭탄젠트값을구합니다.어떤숫자의역하이퍼볼릭탄젠트값은하이퍼볼릭탄젠트값이그숫자인값이므로ATANH(TANH(Number))=Number입니다.Number는-1에서1사이의값(-1과1은제외)이어야합니다.
CEILING	가장가까운significance의배수로올림(음수의경우내림)된수를구합니다.예를들어제품가격이1,245원인경우제품가격으로1원단위를사용하지않으려면수식=CEILNG(1245,10)을사용하여가장가까운10원단위로가격을올림합니다.
COMBIN	주어진개수의개체로만들수있는조합의개수를구합니다.
COS	주어진각도의코사인값을구합니다.

COSH	하이퍼볼릭코사인값을구합니다.
COUNTIF	주어진찾을조건과일치하는셀의개수를셉니다.
DEGREES	라디안을도단위로변환합니다.
EVEN	가장가까운짝수로반올림한수를구합니다.이함수를사용하여두개씩작업하는품목을처리할수있습니다.예를들어포장용나무상자에여러줄의한품목이나두품목을넣습니다.가장가까운짝수로반올림된수가상자의용량과일치하면상자는가득차게됩니다.
EXP	e를Number만큼거듭제곱한값을구합니다.e=2.71828182845904이고자연로그의밑입니다.
FACT	계승값을구합니다.Number의계승값은1*2*3*...*Number입니다.
FACTDOUBLE	이중계승값을구합니다.
FLOOR	숫자를0방향으로내려가장가까운배수를구합니다.
GCD	두개또는그이상의정수에서최대공약수를구합니다.최대공약수는Number1과Number2의약수중가장큰수입니다.
INT	가장가까운정수로내립니다.
LCM	정수의최소공배수를구합니다.최소공배수는모든정수인수의배수중가장작은양수입니다.분모가다른분수를더할때LCM을사용합니다.
LN	자연로그값을구합니다.자연로그의밑은상수e(2.71828182845904)입니다.
LOG	지정한밑에대한로그값을구합니다.
LOG10	밑이10인로그값을구합니다.
MDETERM	배열의행렬식을구합니다.
MINVERSE	배열로저장된행렬에대한역행렬을구합니다.
MMULT	두배열의행렬곱을구합니다.결과는ArraY1과같은수의행과ArraY2와같은수의열을가지는배열입니다.
MOD	Number를Divisor로나눈나머지를구합니다.결과는Divisor와같은부호를갖습니다.
MROUND	원하는배수로반올림된수를구합니다.
MULTINOMIAL	각계승값의곱에대한합계의계승값비율을계산합니다.
ODD	숫자를가장가까운홀수정수로올림합니다.
PI	3.14159265358979를표시합니다.수리상수pi15자리까지의정밀도로구합니다.
POWER	거듭제곱값을구합니다.
PRODUCT	인수를모두곱한결과를표시합니다.
QUOTIENT	나눗셈의몫을구합니다.나눗셈을하고나머지를버릴때이함수를사용합니다.

RADIANS	도로표시된각의크기를라디안값으로변환합니다.
RAND	0과같거나크고1보다작은난수를구합니다.워크시트가계산될때마다새로운난수가 구해집니다.
RANDBETWEEN	지정한두수사이의난수를구합니다.시트를계산할때마다새로운난수를구합니다.
ROMAN	아라비아숫자를텍스트인로마숫자로변환합니다.
ROUND	숫자를지정한자릿수로반올림합니다.
ROUNDDOWN	0에가까운방향으로내림합니다.
ROUNDUP	0에서먼방향으로수를올림합니다.
SERIESSUM	정해진식에따라멱급수의합을구합니다.
SIGN	숫자의부호를결정합니다.Number가양수이면1을표시하고0이면0을,음수이면-1을돌려줍니다.
SIN	주어진각도의사인값을표시합니다.
SINH	하이퍼볼릭사인값을표시합니다.
SQRT	양의제곱근을구합니다.
SQRTPI	(number*pi)의제곱근을구합니다.
SUBTOTAL	목록이나데이터베이스에서부분합을구합니다.일반적으로데이터메뉴의부분합명령을사용하여부분합목록을작성하는것보다더쉽습니다.일단부분합목록이만들어지면SUBTOTAL함수를편집하여목록을수정할수있습니다.
SUM	목록에있는숫자를모두합한결과를표시합니다.
SUMIF	주어진조건에따라지정되는셀의합을구합니다.
SUMPRODUCT	주어진배열에서대응하는요소를모두곱하고그곱의합계를구합니다.
SUMSQ	인수의제곱합을구합니다.
SUMX2MY2	두배열에서대응하는값의제곱의차를모두더한값을구합니다.
SUMX2PY2	두배열에서대응하는값의제곱의합을모두더한값을구합니다.제곱합의합계는통계 계산에서많이쓰입니다.
SUMXMY2	두배열에서대응하는값간의차를제곱한합계를구합니다.
TAN	주어진각도의탄젠트값을구합니다.
TANH	하이퍼볼릭탄젠트값을구합니다.
TRUNC	숫자의소수점이하를버리고정수로변환합니다.

통계 함수

AVEDEV	절대편차의평균을구합니다.AVEDEV는데이터집합의흩어진정도를나타내는척도입니다.
AVERAGE	산술평균을구합니다.
AVERAGEA	인수목록에서산술평균값을구합니다.인수에서텍스트와FALSE는0으로취급하며TRVE는1로취급합니다.
BETADIST	누적베타확률밀도함수값을구합니다.누적베타확률밀도함수는하루중텔레비전을보는시간을백분율로나타내는것처럼표본에서백분율의분포를알아볼때사용합니다.
BETAINV	누적베타확률밀도함수의역함수값을구합니다.
BINOMDIST	이항분포의확률값을구합니다.어떤시행의결과값이단지성공또는실패일뿐이고실험전체에서성공확률이일정한독립시행문제에서사용됩니다.
CHIDIST	카이제곱분포의단측검정확률을구합니다.$x2$분포는$x2$검정과관련되어있습니다.$x2$검정을시용히면관측값과기대값을비교할수있습니다.예를들어유전실험에서다음세대식물의색상들에대한가설을세운다음관측결과를기대값과비교하여가설이맞는지알아볼수있습니다.
CHIINV	카이제곱분포단측검정확률의역함수값을구합니다.
CHITEST	독립성검정을수행합니다.주어진통계량에대한카이제곱($x2$)분포값을구합니다.$x2$검정을사용하면가설이유의한지를평가할수있습니다.
CONFIDENCE	모집단평균의신뢰구간을구합니다.신뢰구간은표본평균을중심으로한일정범위를말합니다.예를들어우편으로물품을주문했을때물품이도착할최단시간과최장시간을특정신뢰도에서결정할수있습니다.
CORREL	arraY1과arraY2셀범위사이의상관계수를구합니다.상관계수를사용하면둘사이의관계를알수있습니다.예를들어어떤지역의평균기온과에어콘사용사이의상관관계를알아볼수있습니다.
COUNT	인수목록에서숫자를포함한셀과숫자의개수를구합니다.COUNT를사용하면숫자범위나배열에서숫자필드의항목수를구할수있습니다.
COUNTA	인수목록에서공백이아닌셀과값의개수를계산합니다.COUNTA를사용하면범위나배열에서데이터를가진셀의개수를계산할수있습니다.
COVAR	각데이터요소쌍의편차의곱의평균(공분산)을계산합니다.공분산을사용하면두데이터집합사이의관계를알아볼수있습니다.예를들어수입이높을수록교육수준이높은지를알아볼수있습니다.
CRITBINOM	누적이항분포확률값이기준치이상이되는최소변수값을구합니다.품질보증이필요한분야에서이함수를사용합니다.예를들어조립라인가동중에발생할결함부품의최대허용개수를결정할때이함수를사용합니다.

DEVSQ	표본평균으로부터편차의제곱의합을구합니다.
EXPONDIST	지수분포의확률값을구합니다.이함수를사용하여현금출납기가현금을내주는데걸리는시간등사건들사이의시간을모델화할수있습니다.예를들어그과정이1분이내일확률을구할수있습니다.
FDIST	F-확률분포값을구합니다.이함수를사용하여두데이터집합이서로다른산포도를갖는지를알아볼수있습니다.예를들어고등학교에입학하는남녀학생의성적을조사하여남녀학생들의산포도가서로다른지를알아볼수있습니다.
FINV	F-확률분포의역함수값을구합니다.p=FDIST(X,...)이면FINN(P,...)=X입니다.
FISHER	X에서의피셔변환값을구합니다.이변환은한쪽으로치우지지않고거의고르게분포된함수를만듭니다.이함수를사용하여상관계수에대한가설을검정할수있습니다.
FISHERINV	피셔변환의역함수값을구합니다.이함수를사용하여데이터의범위또는배열의상관관계를분석할수있습니다.Y=FISHER(X)이면FISHERINV(Y)=X입니다.
FORECAST	기존값으로장래의값을계산하거나예측할수있습니다.예측값은주어진X값에대한Y값입니다.알려진값은기존의X값과Y값이며선형회기를사용하여새로운값을예측할수있습니다.이함수를사용하여판매량,재고필요량,소비자추세등을예측할수있습니다.
FREQUENCY	범위내에서해당되는값의빈도를계산하여수직배열로나타냅니다.예를들어FREQUENCY함수를사용하여지정한점수범위에들어가는시험성적의개수를구할수있습니다.FREQUENCY는배열을사용하므로배열식으로입력해야합니다.
FTEST	F-검정의결과를나타냅니다.F-검정은arraY1과arraY2의분산이매우다른가를알아보는단측검정확률을구합니다.이함수는두표본이서로다른분산을갖고있는가를알아볼때사용합니다.예를들어공립과사립학교의시험성적분포가서로다른지를검정할수있습니다.
GAMMADIST	감마확률분포를구합니다.이함수를사용하여한쪽으로몰리는확률분포의변량을연구할수있습니다.감마분포는대기행렬분석에주로사용합니다.
GAMMAINV	감마누적분포함수의역함수값을구합니다.p=GAMMADIST(X,...)이면GAMMAINV(P,...)=X입니다.
GAMMALN	감마함수G(X)의자연로그를구합니다.
GEOMEAN	양수데이터배열또는참조영역에대한기하평균을구합니다.예를들어GEOMEAN함수를사용하여주어진변동이율의평균증가를계산할수있습니다.
GROWTH	기존의데이터로예측되는지수성장을계산합니다.
HARMEAN	데이터집합의조화평균을구합니다.조화평균은산술평균의역수입니다.
HYPGEOMDIST	초기하분포의확률을구합니다.HYPGEOMDIST는주어진표본의크기,모집단의성공도수와크기에대하여주어진표본의성공도수가출현할확률을반환합니다.

INTERCEPT	Known_x' s와Known_y' s의데이터요소로이루어진선형회귀선의절편을구합니다.절편은known_x' s와known_y' s의값으로이루어진회귀선이Y축과만나는점입니다.독립변수의값이0일때종속변수의값을결정하려는경우에절편을사용합니다.예를들어데이터가상온이나그이상의온도에서측정된경우INTERCEPT를사용하여0도에서의금속의전기저항을예측할수있습니다.
KURT	데이터의첨도를구합니다.첨도란분포의뾰족한정도를정규분포와비교하여나타내는것으로양의첨도는상대적으로더뾰족하고음의첨도는덜뾰족합니다.
LARGE	데이터집합에서k번째로큰값을구합니다.이함수를사용하여상대순위값을선택할수있습니다.예를들어LARGE함수를사용하여1등,2등,3등의점수를반환할 수 있습니다.
LINEST	데이터에가장적합한직선을구하는"최소자승법"을사용하여선의통계를계산하고선에대한배열을구합니다.이함수는배열값을구하므로배열식으로입력해야합니다.
LOGEST	회기분석에서데이터에맞는지수곡선을계산하여그곡선을설명하는배열을구합니다.이함수는값을배열로나타내므로배열식으로입력해야합니다.
LOGINV	ln(X)가매개변수mean과standard_dev으로정규분포될때X의로그정규누적분포함수의역을구합니다.
LOGNORMDIST	ln(X)가매개변수mean과standard_dev를가진정규분포일때X의로그정규누적분포의확률을구합니다.이함수를사용하여로그로변환된데이터를분석합니다.
MAX	인수목록에서최대값을구합니다.
MAXA	인수목록에서최대값을구합니다.숫자뿐아니라텍스트나TRUE와FALSE같은논리값도비교됩니다.
MEDIAN	주어진수들의중앙값을구합니다.중앙값은수집합에서가운데에있는수입니다.즉
MIN	인수목록에서가장작은수를구합니다.
MINA	인수목록에서가장작은수를구합니다.숫자뿐아니라텍스트나TRUE와FALSE같은논리값도비교됩니다.
MODE	배열이나데이터범위에서가장빈도수가높은값을구합니다.MEDIAN과마찬가지로MODE도대표값입니다.
NEGBINOMDIST	음의이항분포의확률을구합니다.NEGBINOMDIST함수는일정한성공확률이probabilitY_s일때number_s번째성공전에number_f실패일확률을구합니다.성공횟수가일정하고시행횟수가가변적인것을제외하고는이항분포와비슷하며이항분포와같이독립시행입니다.
NORMDIST	누적정규분포의확률을구합니다.이함수는가설검정등통계의광범위한영역에서응용됩니다.
NORMINV	지정한평균과표준편차에대한정규누적분포의역함수값을구합니다.
NORMSDIST	표준정규누적분포함수의확률값을구합니다.이분포의평균은0이고표준편차는1입니다.표준정규곡선면적표대신이함수를사용합니다.

NORMSINV	표준정규누적분포의역함수값을구합니다.이분포의평균은0이고표준편차는1입니다.
PEARSON	-1.0에서1.0까지의값을가지며두데이터집합사이의선형관계를나타내는피어슨의곱모멘트상관계수r을구합니다.
PERCENTILE	범위에서k번째백분위수값을구합니다.이함수를사용하여수용한계값을정할수있습니다.예를들어90번째백분위수점수이상의후보들을검색하도록할수있습니다.
PERCENTRANK	데이터집합에서백분율순위를구합니다.이함수를사용하여데이터집합에서관측값의상대순위를구할수있습니다.예를들어PERCENTRANK함수로적성검사점수를모집단으로하여점수의상대순위를구할수있습니다.
PERMUT	숫자개체들중에서주어진개수의개체를선택하여만들수있는순열의수를구합니다.순열은나열순서가분명한개체또는사건의집합이거나부분집합입니다.순열은나열순시가분명히지않은조합괴다릅니다.이함수를사용해복권스타일의확률을계산합니다.
POISSON	포아송분포의확률값을구합니다.포아송분포를사용하여유료주차장에1분동안도착하는자동차의수를알아보는것처럼지정시간에일어나는사건을예측할수있습니다.
PROB	범위의두한계값사이에값이들어갈확률을구합니다.upper_limit이정의되지않으면X-range의값이lower-limit과같을확률이반환됩니다.
QUARTILE	데이터집합의사분위수를구합니다.사분위수는판매자료나조사자료의모집단을몇개의그룹으로나눌때사용합니다.예를들어QUARTILE함수를사용하여모집단에서수익이상위25%인자료들을구할수있습니다.
RANK	수의목록에있는어떤수의순위를구합니다.수의순위는목록에있는다른수와의상대크기를말합니다.목록을정렬하면수의위치와순위가같아질수있습니다.
RSQ	known_y' s와known_x' s의데이터요소에대하여피어슨의곱모멘트상관계수의제곱값을구합니다.자세한정보는PEARSON을참고하십시오.r제곱값은X분산에영향을주는Y분신의비율로해석될수있습니다.
SKEW	분포의왜도를구합니다.왜도란평균에대한분포의비대칭정도를나타냅니다.왜도가양수이면분포의비대칭꼬리가양의값쪽으로치우쳐있으며,왜도가음수이면음의값쪽으로치우칩니다.
SLOPE	known_y' s와known_x' s사이의데이터요소에대한선형회귀선의기울기를구합니다.기울기는선의두점사이의수직거리를수평거리로나눈회귀선의변화율입니다.
SMALL	데이터집합에서k번째로작은값을구합니다.이함수를사용하여데이터집합에서특정상대순위를갖는값을찾을수있습니다.
STANDARDIZE	mean과standard_dev로특성화된분포에서표준화변수의값을구합니다.
STDEV	표본의표준편차를예측합니다.표준편차는데이터들이평균값에서벗어나있는정도를나타냅니다.

STDEVA	표본집단의표준편차를구합니다. 표준편차는데이터들이평균값에서벗어나있는정도를나타냅니다. 텍스트와TRUE및FALSE같은논리값도계산에포함됩니다.
STDEVP	인수로주어진모집단전체의표준편차를구합니다. 표준편차는데이터들이평균값에서벗어나있는정도를나타냅니다.
STDEVPA	텍스트와논리값을포함하여인수로주어진모집단전체의표준편차를구합니다. 표준편차는데이터들이평균값에서벗어나있는정도를나타냅니다.
STEYX	회귀분석에서각각의X에대하여예측한Y값의표준오차를구합니다. 표준오차는각각의X값에대한Y예측값의오차량을나타냅니다.
TDIST	소표본t-분포의백분율(확률값)을구합니다. 여기서숫자값(X)은백분율을계산할t의계산값입니다. t-분포는소표본의데이터를가설검정할때사용합니다. t-분포의임계값표대신이함수를사용합니다.
TINV	소표본의t-분포의t-값을확률값의함수와자유도로구합니다.
TREND	선형추세위의값을구합니다. 최소자승법을사용하여known_y' s와known_x' s배열에한직선을접근시키고지정한new-x' s의배열의선에대한y값이구해집니다.
TRIMMEAN	데이터집합의내부평균을구합니다. TRIMMEAN함수는데이터집합의위,아래끝에있는데이터요소의일정비율만큼을제외하고평균을계산합니다.
TTEST	소분포t-검정과관련된확률값을구합니다. TTEST함수를사용하여두개의표본이같은평균값을갖는두개의같은모집단에서추출한것인지를판단할수있습니다.
VAR	표본의분산을계산합니다.
VARA	표본의분산을구합니다. 숫자와함께텍스트와TRUE및FALSE같은논리값도계산에포함됩니다.
VARP	모집단전체의분산을구합니다.
VARPA	모집단전체의분산을구합니다. 숫자와함께텍스트나TRUE및FALSE같은논리값도계산에포함됩니다.
WEIBULL	와이블분포함수의확률값을구합니다. 기계의평균고장시간을계산하는경우와같이신뢰도분석에이분포를사용합니다.
ZTEST	z-검정의양측P-값을구합니다. z-검정은데이터집합과배열에대한X의표준점수를계산하여정규분포의양측확률을구합니다. 이함수를사용하여특정관측값이특정모집단에서추출된것인지를평가할수있습니다.

텍스트 함수

ASC	문자열내의전자(2바이트)영문자를반자(1바이트)문자로변경합니다.
CHAR	코드번호에해당되는문자를구합니다. CHAR을사용하여다른종류의컴퓨터의파일로부터읽어들인코드페이지번호를문자로번역합니다.

CLEAN	인쇄할수없는문자를텍스트에서모두삭제합니다.CLEAN을사용하면다른응용프로그램에서가져온텍스트중에서현재사용중인운영체제에서인쇄할수없는문자를모두삭제할수있습니다.예를들어CLEAN을사용하여주로데이터파일의시작과끝에있으며인쇄할수없는컴퓨터코드를삭제할수있습니다.
CODE	텍스트의첫번째문자에대한숫자코드를구합니다.코드는컴퓨터에서사용하는문자집합에따라달라집니다.(CHAR의코드와같음)
CONCATENATE	여러텍스트항목을한텍스트로합칩니다.
DOLLAR	지정된자리에서반올림하고통화서식을사용하여숫자를텍스트로변환합니다.
EXACT	두문자열을비교하여정확하게일치하면TRUE를표시하고일치하지않으면FALSE를표시합니다.EXACT는대소문자를구분하나서식차이는무시합니다.EXACT를사용하여문서에입력되는텍스트를검사할수있습니다.
FIND	FIND는어떤문자열(find_text)을다른문자열(within_text)에서찾아within_text의첫자로부터find_text가처음발견된위치의문자수를구합니다.어떤문자열을다른문자열에서찾기위하여SEARCH를사용할수있지만FIND는대소문자를구분하며대표문자를허용하지않습니다.
FINDB	FINDB는어떤문자열(find_text)을다른문자열(within_text)에서찾아각문자에서사용하는바이트수를기준으로within_text의첫자로부터find_text가처음발견된위치의문자수를구합니다.이함수는더블바이트문자에서사용합니다.어떤문자열을다른문자열에서찾기위하여SEARCHB를사용할수도있습니다.
FIXED	수를지정된자릿수에서올림하여반환합니다.
JIS	문자열내의반자(1바이트)영문자나숫자를전자(2바이트)문자로변경합니다.
LEFT	지정한문자수에따라문자열의첫문자부터원하는수만큼의문자를표시합니다.
LEFTB	지정한문자수에따라문자열의첫문자부터원하는수만큼의문자를표시합니다.이함수는더블바이트문자에사용합니다.
LEN	문자열의문자수를구합니다.
LENB	문자열의문자를나타내는데사용한바이트수를구합니다.이함수는더블바이트문자에사용합니다.
LOWER	문자열의대문자를모두소문자로변환합니다.
MID	지정한문자수에따라문자열의지정한위치로부터지정한개수의문자를표시합니다.
MIDB	지정한바이트수에따라문자열의지정한위치로부터지정한개수의문자를표시합니다.이함수는더블바이트문자에서사용합니다.
PHONETIC	텍스트에서윗주문자를추출합니다.
PROPER	단어의첫째문자와영문자가아닌문자다음에오는영문자를대문자로변환합니다.나머지문자들은소문자로변환합니다.
REPLACE	REPLACE는지정한문자수에따라문자열의일부를다른문자열로바꿉니다.

REPLACEB	REPLACEB는지정한바이트수에따라문자열의일부를다른문자열로바꿉니다.이 함수는더블바이트문자에서사용합니다.
REPT	텍스트를지정한횟수만큼반복합니다.REPT를사용하여여러개의문자열인스턴스로셀을채울수있습니다.
RIGHT	RIGHT는지정한문자수에따라문자열의마지막문자부터지정된개수의문자를표시합니다.
RIGHTB	RIGHTB는지정한바이트수에따라문자열의마지막문자부터지정한개수의문자를표시합니다.이함수는더블바이트문자에서사용합니다.
SEARCH	SEARCH는start_num에서시작하여특정문자또는문자열이처음발견된문자의위치번호를표시합니다.SEARCH함수를사용하여지정한문자열을다른문자열안에서찾아MID또는REPLACE함수를사용하여문자열을변경할수있습니다.
SEARCHB	SEARCHB는한문자열(find_text)을다른문자열(within_text)에서찾아find_text의시작위치번호를표시합니다.그값은start_num에서시작하여각문자에서사용하는바이트수에따라계산됩니다.이함수는더블바이트문자에서사용합니다.어떤문자열을다른문자열에서찾을때FINDB를사용할수도있습니다.
SUBSTITUTE	문자열에서old_text를new_text로바꿉니다.문자열의특정텍스트를바꾸려면 SUBSTITUTE를사용합니다.문자열의특정위치에있는텍스트를바꾸려면 REPLACE를사용합니다.
T	Value가참고하는텍스트를표시합니다.
TEXT	값을지정한표시형식의텍스트로변환합니다.
TRIM	단어사이에있는한칸의공백을제외하고텍스트의공백을모두삭제합니다.다른응용프로그램에서받은텍스트에불필요한공백이있을때TRIM을사용합니다.
UPPER	텍스트모두를대문자로변환합니다.
VALUE	문자열을숫자로변환합니다.
WON	통화형식을사용하여숫자를지정된자리까지반올림하여텍스트로변환합니다.

저·자·약·력

이대용

전남대학교 경영학과 졸업, The University of Iowa 졸업(경영학 박사)
현 조선대학교 경영학부 부교수

구철모

아주대학교 학사 졸업, 서강대학교 박사 졸업
현 조선대학교 경영학부 조교수

저자와의
협의하에
인지생략

기업에서 쓰는 엑셀 대학에서 꼭 배우기

2011년 1월 27일 초판 인쇄
2011년 2월 10일 초판 1쇄 발행

저　　자 : 이 대 용 · 구 철 모
발 행 인 : 정 광 식
발 행 처 : **비앤엠북스**
서울특별시 금천구 가산디지털1로 70 B1-103
등　　록 : 2004.12.29 / 제313-2004-00298호
전　　화 : 2627-5710~13, 팩스 2627-5720
홈페이지 : www.대학교재.net
이 메 일 : bnmbook@daum.net

값 30,000원

ISBN 978-89-91879-83-6